W0063768

Die wenigsten von uns würden sich als hilflos bezeichnen. Wir bezahlen unsere Rechnungen, kümmern uns um unsere Familie, gehen unseren Verpflichtungen nach. Wir sind erwachsene, verantwortungsbewußte Frauen.

Und doch leben viele von uns insgeheim noch ein Leben, das wie die dunkle Seite des Mondes vor anderen verborgen bleibt. In diesem geheimen Leben verstehen wir die Bedeutung der Hilflosigkeit. In diesem geheimen Leben können uns ewig wiederholte zerstörerische Verhaltensmuster fest im Griff haben. So halten wir zum Beispiel starr an ungesunden Liebesbeziehungen fest; kämpfen endlos mit Eßproblemen oder Süchten; geraten angesichts unvorhergesehener Veränderungen in unserem Leben grundlos in Panik. Depression schleicht sich heimlich wie ein Samurai an uns heran. Viele von uns vermeiden, so gut es geht, sämtliche Risiken oder Herausforderungen, es sei denn, es handelt sich um Gebiete, auf denen wir bereits erfolgreich waren; wir fürchten uns davor, eine neue Aufgabe zu übernehmen und dazuzulernen. Selbst wenn wir die meisten unserer Ziele erreicht haben, bleiben viele von uns von geheimen Selbstzweifeln und niedrigem Selbstwertgefühl geplagt.

Eine negative Macht hat uns im Griff, die wir nicht so recht benennen können, eine Macht, die uns sämtliche Energie raubt und uns das Recht abspricht, den Herausforderungen des Lebens mit freudiger Erregung zu begegnen. Wir tragen eine unnötige Bürde, die uns der Fähigkeit beraubt, Risiken einzugehen und in unserem eigenen Interesse zu handeln. Mit anderen Worten, wir leiden unter einer Lebensbedingung, die wir mit vielen Frauen in unserer Gesellschaft teilen – eine Lebensbedingung, die Fachleute als »Erlernte Hilflosigkeit« (EH) bezeichnen. Erlernte Hilflosigkeit ist der Zusammenbruch unserer gesamten Überzeugungen, der ernsthafte Verhaltensstörungen zur Folge haben kann. Glücklicherweise kann man diesen Lebensstil *ver*lernen; wenn er jedoch unbehandelt bleibt, kann er ein Leben ruinieren, das ansonsten glücklich und erfüllt sein könnte.

Untersuchungen über Erlernte Hilflosigkeit haben viele interessante Erkenntnisse zutage gefördert; eine davon ist jedoch besonders bemerkenswert: Unsere Alltagserklärungen für menschliche Motivation und Durchhaltevermögen erklären in Wirklichkeit menschliche Motivation und Durchhaltevermögen überhaupt nicht. Zum Beispiel geht der gesunde Menschenverstand davon aus, daß insbesondere Intelligenz und erworbene Fähigkeiten wichtig sind, wenn es darum geht, Risiken zu suchen oder zu vermeiden, sich angesichts von Schwierigkeiten hartnäckig zu verhalten oder sich zurückzuziehen und persönliche Eigenschaften angemessen und wirksam einzusetzen und weiterzuentwickeln. Die Forschung zeigt jedoch, daß dies nicht notwendigerweise der Fall ist, besonders nicht bei Frauen. In Studien, in denen bei Kindern experimentell ein Zustand der Verwirrung ausgelöst wird, reagieren Jungen mit geringen geistigen Fähigkeiten regelmäßig *positiv erregt* auf ihre eigene Verwirrung; das heißt, sie versuchen daraufhin noch hartnäckiger, die anstehende Aufgabe zu lösen. Hochbegabte Mädchen andererseits sind die Gruppe, die durch ihre Verwirrung am meisten *behindert* wird; das heißt, sie geben auf.

Diese selbstzerstörerischen Verhaltensmuster werden auch in Studien bei Erwachsenen immer wieder festgestellt. Wenn Frauen gebeten werden, ihre Erfolgsrate bei einer neuen Aufgabe vorherzusagen, unterschätzen sie regelmäßig ihre tatsächlichen Leistungen. Männer dagegen überschätzen ihre regelmäßig. Bei späteren Tests stellt sich erstaunlicherweise heraus: Selbst wenn Frauen bei der Lösung einer Aufgabe erfolgreich waren und Männer versagten, änderte das nichts an den unterschiedlichen Erwartungen des zukünftigen Erfolgs. Gibt man beiden Geschlechtern schließlich die Möglichkeit, die Aufgabe zu vermeiden, werden sich Frauen typischerweise dafür entscheiden.

Wenn unsere Kompetenz also kein guter Gradmesser dafür ist, ob wir Herausforderungen aufsuchen und angesichts von Schwierigkeiten durchhalten, was soll es sonst sein? Die kurze Antwort darauf lautet: Es ist unser Überzeugungssystem – die Art, wie wir Lebensereignisse für uns selbst erklären. Mit anderen Worten: Die kritischen Faktoren, die Durchhaltevermögen und Motivation beeinflussen, sind die Art und Weise, wie wir die Situation *analysieren*, wie wir die Ereignisse *interpretieren* und wie wir die Informationen *verarbeiten*.

So kann ich zum Beispiel bei einer Aufgabe aus einer Vielzahl von Gründen versagen. Vielleicht habe ich zu wenig geschlafen oder mich zu schlecht vorbereitet. Vielleicht hat sich mein Chef oder eine andere Autoritätsperson, die an dem Projekt beteiligt ist, nicht sehr kooperativ verhalten. Vielleicht habe ich den ungeeignetsten Moment gewählt, meine Ideen vorzuschlagen. Möglicherweise habe ich falsch eingeschätzt, was von mir gefordert war. Persönliche Probleme haben mich vielleicht abgelenkt und meine Energie an diesem Tag lahmgelegt. Eine Vielzahl von Erklärungen ist möglich.

Doch wenn ich davon überzeugt bin, daß mein Versagen der Beweis dafür ist, daß mir Intelligenz und besondere Fähigkeiten fehlen, wenn ich davon überzeugt bin, daß *ich* eine Versagerin bin, weil mein Projekt durchgefallen ist, und wenn ich glaube, daß alle meine zukünftigen Versuche ebenfalls fehlschlagen werden, dann kann man mit Recht von mir sagen, daß ich einen Verhaltensstil von Hilflosigkeit erworben habe.

Erlernte Hilflosigkeit enthüllt also Defizite in den grundlegendsten Bereichen: einen mangelnden Glauben an die eigene Effizienz und Intelligenz. Hinter dieser täuschend einfachen Erklärung verbirgt sich ein kompliziertes Muster aus selbstzerstörerischen und miteinander verwobenen Reaktionen, Wahlmöglichkeiten und Verhaltensweisen (die im einzelnen später untersucht werden). Es ist ein Verhaltensstil, den Psychologen als »fehlangepaßt« ansehen.

Dabei sollten Sie im Gedächtnis behalten, daß das Wort *fehlangepaßt* ein wissenschaftlicher Begriff ist und als solcher viel zu klinisch, um die grausame Wirklichkeit Erlernter Hilflosigkeit oder die schreckliche Rolle, die ein solches Verhalten im Leben einer Frau spielen kann, zu erfassen. Wenn man zum Beispiel überlegt, daß die Fähigkeit zur Anpassung den größten Vorteil des Menschen im evolutionären Spielplan darstellt, dann erweist sich jede Lebensbedingung, die diese Anpassungsfähigkeit vermindert, ob sie psychologischer oder körperlicher Natur ist, als ein ernstes, möglicherweise tragisches Defizit. Erlernte Hilflosigkeit kommt derart auf Samtpfoten daher, daß sie sich wie eine heimtückische Krankheit in uns ausbreiten kann; die Tatsache jedoch, daß sie so perfekt mit den Ansichten unserer Kultur über Weiblichkeit übereinstimmt, macht sie für Frauen besonders fatal.

Forschungen aus jüngster Zeit zeigen, daß dieser Verhaltensstil systematisch in jedem davon betroffenen Individuum die Fähigkeit, mit den rigorosen Anforderungen des Lebens in der heutigen Welt fertig zu werden, sabotiert. Erlernte Hilflosigkeit läßt unser Selbstwertgefühl zerbrechen, blockiert unseren Ehrgeiz, lähmt unsere Motivation und trägt zu Depressionen und Panikstörungen bei. Menschen, die unter Erlernter Hilflosigkeit leiden, werden auf Veränderungen weniger flexibel reagieren und häufiger Risiken und Herausforderungen vermeiden. Sie zeigen dann weniger Durchhaltevermögen angesichts von Widerständen und Schwierigkeiten, entwickeln Defizite in der strategischen Planung und sind häufig unfähig, die Ursache sowohl für ihr Scheitern *als auch* für ihren Erfolg angemessen zu bestimmen.

Bewältigung

Das Gegenteil von Erlernter Hilflosigkeit ist ein Handeln, das man als »Bewältigungsverhalten« bezeichnen könnte. Menschen, die gelernt haben, sich innerlich auf die Bewältigung schwieriger Situationen einzustellen, können sich an neue Situationen schnell anpassen, werden durch Herausforderungen in Richtung auf Veränderung eher stimuliert, halten angesichts von Widerständen angemessen lange durch und scheinen die Anstrengung bei der Verfolgung eines Ziels auch noch zu genießen. Sie denken strategisch, wenn sie einem Hindernis begegnen, und wenden einzigartige kreative Lösungen auf ihre Probleme an. Vor allem aber – es macht ihnen Spaß, sich so zu verhalten!

Von Erlernter Hilflosigkeit bis zum Bewältigungsverhalten erstreckt sich ein weites Terrain, das noch nicht ausgelotet wurde und das wiederum spezifisch ist für jedes einzelne Individuum, das die Reise unternimmt. Der Preis der Hilflosigkeit reicht von kleinen Unannehmlichkeiten bis dahin, daß man die wichtigsten Chancen im Leben verpaßt und schließlich gefährliche oder Mißbrauchs-Situationen falsch einschätzt oder übersieht. Bewältigungsverhalten ist ebenfalls weit gespannt, angefangen damit, daß eine Frau lernt, wie sie ihren Videorecorder benutzt, über die Fähigkeit, einen Sackgassenberuf aufzugeben, bis dahin, den miesen Kerl rauszuwerfen, der sie geschlagen hat.

Der wichtigste Aspekt besteht hier darin, daß bewältigungsorientierte Individuen mehr tun, als nur mit einer Sache fertig zu werden. Sie erschaffen sich ihre Wirklichkeit selbst und ändern die Welt, damit sie in ihre Vorstellungen paßt. Zum Wohl für uns alle demonstrieren sie in den lebhaftesten Farben, daß die Welt der kreativen und konzentrierten Psyche einer engagierten Person tatsächlich nachgibt.

Es ist möglich, daß ein Individuum auf der Bewältigungsskala *gleichzeitig* mehrere Positionen innehat, je nach der Anzahl und der Intensität der Herausforderungen, mit denen es zu einer Zeit oder in einem bestimmten Lebensbereich konfrontiert wird. So kann zum Beispiel eine höchst kompetente und aggressive Managerin bleich werden und weiche Knie bekommen bei dem Gedanken, eine Kajakfahrt zu unternehmen, weil sie von ihren athletischen Fähigkeiten nicht gerade überzeugt ist. Während sie also in einem Bereich ihres Lebens ausgesprochen bewältigungsorientiert ist, kann sie nach wie vor in einem anderen Bereich hilflos sein. (Glücklicherweise helfen ihr die Fähigkeiten, die sie bei der Konfrontation mit Risiken und Herausforderungen in ihrem Leben als Managerin erworben hat, dabei, unberechtigte Ängste oder falsche Überzeugungen zu überwinden, und das wird ihr bei der Kajakfahrt ebenfalls von Nutzen sein.)

Bewältigungsorientiert zu werden erfordert nicht nur eine gewisse innere Überzeugung und ein beträchtliches Engagement, sondern auch *Zeit*. Es ist ein Prozeß. Wenn wir noch nicht angekommen sind, bedeutet das nur, daß wir uns noch auf dem Weg befinden. Wie der pädagogische Psychologe Peter Winograd einmal sagte: »Scheitern ist ein Zustand, kein Charakterzug.« Mit anderen Worten: Was zu einer bestimmten Zeit im Leben als Versagen erscheint, kann sich im Rückblick als Teil eines größeren Prozesses erweisen – ein Schritt auf dem Weg zu einem Ziel, das *noch* nicht erreicht wurde.

Dies hier ist nicht nur ein weiteres Buch über Risikoverhalten. Es handelt von umsetzbaren Gegenmitteln gegen Erlernte Hilflosigkeit; es handelt von dem Paradox, wie man lernen kann, Risiken einzugehen, *um* Bewältigungsverhalten zu lernen, und davon, die Furcht vor Veränderung einzusetzen, um zu verändern, wie man sich selber sieht und was aus der eigenen Person wird. Es garantiert keinen Erfolg, auch suggeriert es nicht, daß man danach auf jeden Fall glücklich und sicher sein wird. Vielleicht ja, vielleicht aber auch nicht. Niemand weiß das. Das ist der erschreckende Teil. Es ist aber auch der aufregende Teil. Auf jeden Fall ist es entscheidend, diese Risiken einzugehen, weil es keine Möglichkeit gibt, wie man sie vermeiden kann und trotzdem die eigenen Ziele erreicht.

Dieses Buch untersucht den Unterschied zwischen denjenigen, die – ohne eigene Schuld – Hilflosigkeit erworben haben, und jenen, die Bewältigungsverhalten gelernt haben. Wer Hilflosigkeit erlernt hat, wird Risiken vermeiden und fürchten und dabei letztlich das Leben selbst vermeiden und fürchten, das ja vor Risiken nur so strotzt. Diejenigen, die bewältigungsorientiert sind, akzeptieren sowohl die Schrecken des Lebens wie auch ihr Gegenteil, die Ekstase des Lebens.

Wenn wir diese Wirklichkeiten im ganzen Buch immer genau untersuchen, können wir den Prozeß beginnen, Risiken zu übernehmen und selbstzerstörerisches Verhalten aus Erlernter Hilflosigkeit durch lebensspendendes, selbstbestätigendes Bewältigungsverhalten zu ersetzen.

Teil I

Das Problem verstehen:
Geschichten von der Front

Kapitel 1

Die teure Illusion:
Frauen und Hilflosigkeit

Leben ist ein Übungsfeld für die Seele.
Zen-Weisheit

Die attraktive Rothaarige auf dem zweiten Platz in der vierten Reihe hatte mich während meines gesamten Vortrags intensiv angestarrt. Sie zeigte jenen überwachen Gesichtsausdruck, der im allgemeinen das Bedürfnis zu reden signalisiert, blieb jedoch während der öffentlichen Diskussion im Anschluß an den Vortrag merkwürdig still. Jetzt, nachdem ich zu einer Gruppe von Frauen gestoßen war, die sich informell nach dem Workshop zum Gespräch zusammenfand, wurde sie gesprächig.

»Dieser Workshop ist für mich tatsächlich eine intensive, sogar eine unbehagliche Erfahrung gewesen«, sagte sie. »Ich lebe zur Zeit allein und bin eine überdurchschnittlich gebildete berufstätige Frau. Ich sorge für mich selbst, bezahle sämtliche Rechnungen und trage den Müll allein raus, wenn Sie wissen, was ich meine. Ich hätte mich nie als eine Person beschrieben, die unter Erlernter Hilflosigkeit leidet, aber als Sie die Symptome auflisteten, stellte ich plötzlich fest, daß eine ganze Menge von ihnen auch auf mich zutreffen.«

»In welcher Hinsicht?« fragte ich und freute mich darauf, ihre Geschichte zu hören.

»Sie haben zweifellos schon den Ausdruck ›Publish or perish‹ (veröffentliche oder geh unter) gehört. Tja, als Universitätsprofessorin kann ich Ihnen sagen, das ist nur allzu richtig. Um einen Zeitvertrag verlängert zu bekommen, muß man regelmäßig Beiträge in wissenschaftlichen Zeitschriften veröffentlichen.

Meine Anstellungsüberprüfung war für den letzten Herbst angesetzt. Dazu war es unbedingt erforderlich, daß ich im Frühling und Sommer einige Artikel einreichte, besonders deswegen, weil ich damit schon überfällig war. (Mein Prüfungskomitee verlangt zwei Artikel pro Jahr.) Jedenfalls – und es ist mir peinlich, das zuzugeben – lag ich, statt zu schreiben, auf dem Sofa, schaute mir alte Filme an und aß dabei jeweils kiloweise Cracker. So verstrich der letzte Termin, im Grunde deswegen, weil ich *nach wie vor* nicht an meine Fähigkeit glaube, die akademischen Standards zu erfüllen.«

Die anderen Frauen nickten in schweigendem und mitfühlendem Einverständnis.

»Bis heute hielt ich das für eine einfache Schreibhemmung und haßte mich dafür, so faul zu sein. Jetzt stelle ich fest, daß da noch kompliziertere Kräfte am Werk sind.«

»Was geschah mit Ihrer Stellenverlängerung?« fragte ich.

»Sie wurde nicht genehmigt. Statt dessen wurde ich vom Dekan abgemahnt. Er gab mir noch ein weiteres Jahr, die Artikel zusammenzubekommen, weil er weiß, daß ich eine gute Dozentin bin, aber das ist nicht genug. Ich wurde vor allen Dingen dafür eingestellt, Forschungsprojekte durchzuführen. Es heißt wirklich ›Publish or perish‹, und ich fürchte, ich werde vielleicht untergehen.«

Die Frau, die hinter ihr stand, meldete sich zu Wort.

»Meine Geschichte ist etwas anders, aber im Grunde auch wieder ganz ähnlich. Ich habe ein ziemlich großes Problem, wenn es um Finanzen geht, und versuche schon die ganze Zeit herauszufinden, was ich mit einer großen Summe Geldes machen soll, die ich geerbt habe. Aus irgendeinem merkwürdigen Grund hat mich das vollständig umgeworfen. Ich kann durchaus verantwortliche Entscheidungen treffen, wenn es um meine Familie und den Job geht, aber diese Entscheidung hier hat mich vollkommen gelähmt. Vielleicht weil ich mich gerade habe scheiden lassen und alle wichtigen finanziellen Entscheidungen früher von meinem Mann getroffen wurden.

Jedenfalls hasse ich es, das zuzugeben, aber ich habe das Geld seit zwei Jahren auf dem Sparbuch, wo ich nur magere fünf Prozent Zinsen dafür bekomme, statt es zu investieren und viel mehr damit zu verdienen. Ich weiß, daß ich Geld verliere, und zwar eine ganze Menge, aber ich scheine einfach keine Entscheidung treffen zu können. Ich hoffe, daß die Informationen, die Sie uns heute beim Workshop gegeben haben, mir helfen werden, festzustellen, was wirklich in mir vorgeht. Ich glaube, daß ich dabei bin zu erkennen, warum ich nicht zu meinem eigenen Besten handele. Vielleicht kann ich jetzt diese merkwürdige Trägheit überwinden und etwas unternehmen.«

»A propos merkwürdige Trägheit!« warf eine sportlich aussehende Frau ein. »Ich habe mein Studium elf Jahre unterbrochen, bloß weil ich davon überzeugt war, daß ich die Mathe-Prüfung für die Zulassung zum Wirtschaftsaufbaustudium nicht schaffen würde. Ich habe überhaupt nichts unternommen, um mein Defizit zu korrigieren, verstehen Sie, wie zum Beispiel mir einen Nachhilfelehrer zu besorgen. Ich hab das einfach geschluckt und mich zehn Jahre als Versagerin gefühlt. Ich habe mich geweigert, es auch nur zu versuchen.«

»Und, haben Sie es schließlich geschafft?« fragte eine andere Frau.

»Und ob. Eines Tages wachte ich auf als alleinerziehende Mutter dreier Kinder, für die ich keinerlei Unterhaltszahlungen erhielt. Ich stellte fest, daß ich die Wahl hatte zwischen dem Aufbaustudium und der Armut. Es brauchte aber diese extreme Situation, damit ich etwas gegen meine Selbstzweifel tun konnte.«

»Und wie haben Sie abgeschnitten?«

»Sie werden es nicht glauben«, erwiderte sie mit ironischem Lächeln, »ich habe in der Mathe-Prüfung besser abgeschnitten als in dem ganzen restlichen Teil!«

Während alle kopfschüttelnd die gemeinsamen Erfahrungen überdachten, meldete sich eine weitere Frau zu Wort.

»Ich betrachte mich als Erwachsene, die Verantwortung übernehmen kann. Ich bin sogar stolz darauf, ein kluges Köpfchen zu haben. Aber als Sie den Verhaltensstil umrissen haben, der mit Erlernter Hilflosigkeit einhergeht, dachte ich: ›Mein Gott, das mache *ich* ja alles!‹ Nicht die ganze Zeit natürlich, aber unter bestimmten Bedingungen. Zum Beispiel, wenn es um das Auto geht. Da leugne ich meine Verantwortung vollkommen. Ich höre nicht einmal zu, wenn der Mechaniker erklärt, was getan werden muß. Ich sage ihm einfach, er soll meinen Freund anrufen und ihn die Entscheidung treffen lassen.

Tja, das war schon in Ordnung, solange ich einen Freund hatte. Doch vor wenigen Monaten hatten wir beide sehr viel Streit. Wir kamen einfach nicht mehr miteinander zurecht, und ich wollte nur noch aus der Beziehung heraus, aber dann dachte ich immer: ›Um Himmels willen, wer wird sich dann um das Auto kümmern?‹«

Dieser Kommentar löste in der Gruppe einen Lachanfall aus. Das Wiedererkennen ihres nur allzu vertrauten Dilemmas verbarg nur unzureichend die Panik, die unmittelbar unter der Oberfläche lauerte.

Inzwischen habe ich mich an diese Frauengruppen gewöhnt, die sich nach meinem Workshop »Erlernte Hilflosigkeit überwinden« versammeln. Dieser Workshop war ursprünglich für Unternehmen gedacht, deren Arbeitskräfte mit schwierigen Bedingungen kämpfen mußten wie dem Verkauf des Unternehmens, feindseligen Vorgesetzten, unsicheren Arbeitsplätzen, sinkender Arbeitsmoral usw. Die Zuhörerschaft bestand immer zu gleichen Teilen aus Männern und Frauen.

Was mich mit den Jahren immer wieder beeindruckt hat, ist die Tatsache, daß zwar Männer immer bei diesen Workshops anwesend waren, sie sich aber niemals am Ende zusammentaten und gern über das Thema noch weiter sprechen wollten. (Dies ist jedoch nach meinen Workshops über »Stimulation kreativen Denkens« keineswegs der Fall. Hier sind es vor allen Dingen die Männer, die hinterher noch zusammenstehen und Fragen stellen wollen.)

Da ich diesen deutlichen Interessenunterschied verstehen wollte, begann ich, die Reaktionen von Männern und Frauen auf das von mir dargebotene Informationsmaterial zu beobachten. Dabei stellte ich fest, daß Männer und Frauen sehr verschieden reagieren, nicht nur auf die Information selbst, sondern schon auf den Begriff *Erlernte Hilflosigkeit*. Wenn Frauen den Begriff zum erstenmal hören, verstehen sie ihn unmittelbar aus dem Bauch heraus, ohne daß er erklärt werden muß. Frauen nicken einfach mit dem Kopf und lächeln wissend. Alle Frauen tun das, selbst die erfolgreichsten berufstätigen Frauen im Publikum, die vom gängigen Stereotyp her alles andere als »hilflos« sein sollten.

Männer andererseits reagieren mit überraschtem Gesichtsausdruck und heben die Hand, um nach einer Erklärung des Begriffs zu fragen. Sie verstehen ihn einfach nicht. Es gibt sehr wenig in ihren Lebenserfahrungen, das ihnen ermöglicht, sich mit der Bedingung oder auch nur mit dem Begriff zu identifizieren. Dabei möchte ich nicht mißverstanden werden. Ich sage damit nicht, daß Männer nicht auch unter Erlernter Hilflosigkeit leiden können. Statt dessen scheint es eher so zu sein, daß unsere Kultur ihnen nicht die Erlaubnis gibt, dieses Selbstkonzept als eine verläßliche Alternative zu benutzen, um mit Risiken und Herausforderungen umzugehen, und daß sie es daher nicht so schnell erkennen wie Frauen.

Diese geschlechtstypische Reaktion, die sich spontan und unweigerlich während jedes Workshops ergibt, bestätigt andere Forschungsergebnisse, die zeigen, daß ein kritischer Zusammenbruch des Willens, schwierige und riskante Situationen zu meistern, immer noch ein Kernproblem weiblicher Erfahrung ist. Nachdem ich Hunderte von Frauen befragt und mit ihnen gesprochen habe, bin ich zu der weiteren Schlußfolgerung gelangt, daß Erlernte Hilflosigkeit etwas ist, das Frauen aus dem gesamten sozio-ökonomischen Spektrum betrifft. Diese Erkenntnis hat mich dazu veranlaßt, dieses Buch für und über Frauen zu schreiben.

Ich beabsichtige nicht, damit anzudeuten, nur Frauen litten unter Erlernter Hilflosigkeit. Zwar haben auch manche Männer das gleiche selbstzerstörerische Glaubenssystem wie Frauen, doch im allgemeinen nicht so häufig oder im selben Ausmaß. Wie wir sehen werden, zeigen Männer sehr viel wahrscheinlicher die Charakterzüge des Bewältigungsverhaltens, wenn sie mit einer Herausforderung konfrontiert werden, und sind viel weniger bereit zu glauben, sie seien unterlegen, hätten unrecht oder seien persönlich verantwortlich für jedes Mißgeschick oder jeden Rückschlag in ihrem Leben.

Ob Frauen ihre Karriere im Beruf oder zu Hause machen, sie zeigen im allgemeinen nach außen hin weitaus mehr gespielte Tapferkeit und weniger tatsächliches Bewältigungsverhalten der Art, wie Männer es zeigen – der Art, die Vertrauen in ihre eigenen Fähigkeiten demonstriert, das gewünschte Resultat zu erzielen, wie riskant und gefährlich es auch sein mag. Dieses Vertrauen in die eigenen Fähigkeiten, das Ergebnis der eigenen Handlungen zu beeinflussen, das erwünschte Resultat zu erzielen, kennt man unter dem Begriff Selbstbewußtsein. Wenn wir uns unserer selbst nicht bewußt sind und nicht an uns glauben, haben wir bereits Hilflosigkeit gelernt. Für viele von uns gibt es dicht hinter der Maske der Selbstsicherheit genügend Selbstzweifel, die uns in Zeiten der Krise oder des Risikos lahmlegen, sogar unsere Alltagsentscheidungen schier unmöglich machen können.

Aufgrund eines komplizierten Zusammenspiels von Biologie und Kultur glauben Frauen weiterhin an ihr »Recht«, aus riskanten oder gefährlichen Lebensumständen gerettet zu werden. Unsere Gesellschaft trägt auch viel dazu bei, diese Überzeugung zu bestärken, wenn auch subtiler als noch vor zwanzig Jahren. Es gibt Lebensumstände, in denen von Frauen einfach nicht erwartet wird, daß sie damit fertig werden. Eine physische Einschüchterung oder einen körperlichen Angriff abzuwehren, sich mit defekten Maschinen herumzuschlagen oder sich aus einer Schneewehe zu befreien, aufs Dach zu klettern, um den Sturmschaden zu begutachten, oder auf eine alte Eiche, um dort abgestorbene Zweige abzusägen, aufzustehen, um nachzusehen, was das Geräusch mitten in der Nacht verursacht hat – das sind alles Dinge, die gewöhnlich Männer für uns tun werden. Zum größten Teil sind wir froh darüber. Letztlich ermöglicht uns dieser zugrundeliegende, tief verwurzelte Glaube an unser »Recht, gerettet zu werden«, jedoch die Überzeugung anzunehmen, daß Hilflosigkeit eine durchaus akzeptable Wahlmöglichkeit darstellt.

Schrecken und Begeisterung

Für viele von uns erzeugt Furcht das intensivste Gefühl von Hilflosigkeit. Die Angst vor dem Alleinsein, die Angst, angebunden zu sein; die Furcht zu versagen ebenso wie die Furcht vor Erfolg; die Angst vor Veränderung, die Angst vor Langeweile; die Angst zu leben, die Furcht zu sterben; die Punkte auf der Liste sind so zahlreich wie die Menschen auf der Welt.

Der allererste Schritt auf dem langen Weg, Erlernte Hilflosigkeit zu überwinden, ist die innere Verpflichtung, die Furcht selbst besiegen zu wollen. Wir müssen uns mit der Angst vor der Angst konfrontieren, oder ihre greifbare Gegenwart wird immer und unwiderruflich an jeder neuen Biegung des Weges auf uns warten, grinsend und winkend, uns lähmend auf unserer Reise zur Veränderung unseres Selbst.

Kürzlich sagte mir eine Freundin nach einer langen Unterhaltung über ein an ihr nagendes Problem: »Wenn ich nur einen Blick in die Zukunft werfen könnte. Wenn ich nur wüßte, was passieren wird.« Im Grunde sagte sie damit nichts anderes als: »Wenn ich nur kein Risiko eingehen müßte, wenn ich mich nur nicht fürchten müßte.« Sie hätte genausogut sagen können: »Wenn ich nur kein Mensch sein müßte.«

Fragen Sie einmal irgendeine Wahrsagerin, einen Astrologen oder Handleser, wer den Großteil ihrer bzw. seiner Klientel ausmacht, und er oder sie wird sofort, ohne zu zögern, antworten: Frauen. Warum haben gerade Frauen ein solch brennendes Bedürfnis danach zu wissen, was passieren wird? Warum rennen nicht ebenso viele Männer zur Wahrsagerin, um einen Blick in die Zukunft zu werfen?

Viele Feministinnen, die dem New-Age-Denken anhängen, werden darauf hinweisen, daß Frauen mehr mit »anderen Welten« in Einklang seien und offener für die Einwirkungen des Heiligen und Magischen in ihrem Leben, daß sie andere Arten zu »wissen« eher akzeptieren könnten und sie daher eher ausfindig machen würden. Ich halte das durchaus für möglich und bin oft geneigt, diese Beschreibung auch auf mich selbst anzuwenden. Dennoch denke ich, es gibt doch noch eine zusätzliche Erklärung dafür.

Wer sich die Zukunft voraussagen lassen will, ist offenbar der Überzeugung, daß alle Ereignisse vorherbestimmt sind, und wenn wir nur mehr darüber wüßten, könnten wir uns darauf vorbereiten. Die Verbindung zur Erlernten Hilflosigkeit ist hier offensichtlich. Wenn Ereignisse und Ergebnisse vorherbestimmt sind, haben wir keine Kontrolle darüber. Mit anderen Worten: *Unsere Handlungen beeinflussen das Endergebnis nicht* – und das ist die Definition für Erlernte Hilflosigkeit.

Wenn man darüber nachdenkt, stellt man fest, daß der wichtigste Grund, warum Menschen Wahrsager aufsuchen, um sich wegen bestimmter Probleme beraten zu lassen, darin besteht, daß sie das Gefühl haben, auf das Ergebnis keine Einwirkung haben zu können. Diese Hilflosigkeit macht ihnen Angst und verleiht ihnen ein Gefühl der Unsicherheit, also unternehmen sie einiges, um das Ergebnis vor der Zeit kennenzulernen. Wenn wir glauben, daß unsere Handlungen ausreichen, ein Problem zu lösen, werden wir uns mit viel geringerer Wahrscheinlichkeit an eine Astrologin wenden, die uns die Antwort geben und uns sagen soll, was wir tun müssen.

Die Unsicherheit erschreckt uns nicht nur, sondern als Frauen bezweifeln wir auch häufig unsere Fähigkeit, mit dem Endergebnis von Ereignissen fertig zu werden, wie auch immer es aussehen mag. Interessanterweise scheinen Männer, die keineswegs mehr Informationen zur Verfügung haben als wir (wahrscheinlich sogar eher weniger), sich selbst durchaus zuzutrauen, mit allem fertig zu werden, was auch immer geschehen mag, also suchen sie tendenziell weitaus seltener eine »Seherin« oder einen Astrologen auf.

Wenn Frauen sich in psychotherapeutische Behandlung begeben, sagen sie häufig: »Was sollte ich lernen?« oder »Was sollte ich tun?« Statt persönlich Verantwortung zu übernehmen, bitten sie jemand anderen, ihnen zu raten, was sie tun sollen, für sie die Realität zu interpretieren, ihnen die Furcht und das Risiko, *nicht zu wissen*, was sie tun »sollen«, abzunehmen. Dies ist ein weiterer Versuch, der Unvorhersagbarkeit des authentischen Lebens zu entfliehen.

Die Wahrheit, der sie entkommen wollen, ist die, daß Menschsein das Akzeptieren des Geheimnisses erfordert. Wir haben wirklich keine andere Wahl, als die meisten unserer Entscheidungen in existentieller Einsamkeit mit nur begrenzten Wahrnehmungen als Richtlinien zu treffen. Wir haben keine andere Wahl, als die entnervende Wahrheit zu akzeptieren, daß das Leben erschreckend ist; daß solange ein Herz schlägt, es für Leiden und Tod anfällig ist; daß wir selbst unter den besten Umständen *nicht wissen können, was als nächstes passieren wird.*

Jetzt können wir entweder zulassen, daß uns dies deprimiert und erschreckt, und können uns vor allen Risiken zurückziehen (und uns damit vom Leben selbst zurückziehen, denn eine Vermeidung jedes Risikos ist nichts weiter als eine Illusion), oder wir können uns unten auf festem Boden, so gut wir nur können, vorbereiten und uns dann in die Luft erheben und das Verhalten entwickeln, das uns ermöglichen wird, mit der Wahrheit fertig zu werden, die wir sowieso nicht vermeiden können.

Es gibt nur ein Reiseziel für uns alle. Die Reise geht nach innen, und es ist ein einsamer Flug. Denn obwohl wir die Handlungen anderer oder die Ereignisse um uns herum vielleicht nicht kontrollieren können, haben wir doch eine großartige Anzahl gedanklicher Wahlmöglichkeiten zur Verfügung, die unsere innere Landschaft gestalten. Wenn die Gedanken, für die wir uns entscheiden, Bilder ergeben, die uns erschrecken, folgt darauf eine entsprechende Emotion, und vielleicht gehen wir dann unter. Wenn die Gedanken, die wir wählen, jedoch Bilder entwerfen, die uns freudig erregen und anregen, kann ein anderes, aber ebenso angemessenes Gefühl daraus entstehen, und wir könnten ein neues und exotisches Gebiet erreichen. Lähmendes Entsetzen oder rauschhafte Begeisterung, die Interpretation liegt bei uns.

Wie sagte Tom Robbins in *Even Cowgirls Get the Blues*: »Alles, was ein Mensch in diesem Leben tun kann, ist, ihre Integrität zu sammeln, ihre Phantasie und ihre Individualität, und wenn diese immer bei ihr sind, ganz vorn und in voller Konzentration, in den Tanz der Erfahrung hineinspringen.«[1]

Wenn jetzt bei einigen von Ihnen dieses ganze Gerede über den Sprung in die Erfahrung nichts weiter bewirkt als den Wunsch, in die Sicherheit Ihres Betts zu springen und sich die Decke über den Kopf zu ziehen, sollten Sie vielleicht vorher noch die folgende Geschichte lesen:

Mein Leben wurde verändert durch die Äußerung eines einsilbigen Wortes. Nur drei Buchstaben, aber ich habe seither die Welt vollkommen anders wahrgenommen und mein Leben anders gelebt.

Es begann damit, daß mich eine Freundin einlud, mit ihr Ski fahren zu gehen. Ich dachte mir Entschuldigungen aus, aber sie bestand darauf, versuchte, mich zu überreden, allerdings ohne Erfolg. Ich konnte unendlich lange um den heißen Brei herumreden, und das wußte ich auch.

Schließlich sagte sie: »Du bist dreiunddreißig Jahre alt, in Colorado geboren, wo es die herrlichsten Hänge gibt, die dieser oder jeder andere Planet anzubieten hat, und du bist noch nie Ski gefahren! Ich habe schon die letzten drei Winter versucht, dich mitzunehmen. Was ist das Problem?«

»Nichts, wirklich«, log ich, »ich werd schon noch mit dir Ski fahren, ich verspreche es. Es ist nur, weil ich so beschäftigt bin, ich habe einfach keine Zeit.«

»Seit vier Jahren? Erzähl mir nichts, Marone, da ist doch noch etwas anderes.«

Natürlich war da auch noch etwas anderes, und zwar hatte ich entsetzliche Angst. Mit hoher Geschwindigkeit irgendwelche Hänge hinunterzuwedeln, ohne Kontrolle darüber zu haben, vielleicht direkt anderen in die Quere, die ebenfalls außer Kontrolle waren, gehörte nicht zu meinen bevorzugten Vorstellungen von Winterspaß. Ein Sport, der offenbar wenig mehr zu bieten hatte als schöne Aussicht in Verbindung mit der Möglichkeit unendlicher Schmerzen und dauernder Behinderung, war ein Sport, ohne den ich sehr gut auskam.

Ich tanzte seit dem vierten Lebensjahr, und obwohl ich durchaus über einen gewissen Gleichgewichtssinn und ein Gefühl für Koordination verfügte, war ich sicher, daß mich diese sofort im Stich lassen würden, sobald ich mit einem schneebedeckten Viertausender konfrontiert wäre. Überdies konnte ich in meinem Hinterkopf schon die Stimme meiner Mutter hören: »Was ist, wenn du hinfällst und dir das Bein brichst? Dann kannst du nie wieder tanzen.«

Eines Tages schließlich, nach einer weiteren an den Haaren herbeigezogenen Entschuldigung meinerseits, sagte mir meine Freundin direkt ins Gesicht: »In Ordnung, ich hab's satt. Warum, warum willst du nicht Ski fahren?«

Ich hielt inne und überlegte ernsthaft, ob ich ihr nicht die Wahrheit sagen sollte.

»Ich habe Angst«, erwiderte ich leise.

Und dann kam dieses einsilbige Wort, von dem ich vorhin

sprach und das all meine beruhigenden Mythen zerstörte, meine Überzeugungen erschütterte und mich ungeschützt und verantwortlich zurückließ.

»Und?«

Zunächst begriff ich nicht, was sie wollte.

»Wie bitte?«

»Ich sagte: *Und?*«

»Was meinst du mit – und?«

»Ich meine: Angst zu haben ist keine Rechtfertigung dafür, es nicht zu tun. In Wirklichkeit ist es viel eher ein Grund, es *gerade* zu tun.«

»Ja, aber…«

»Jetzt komm mir nicht mit ›Ja aber‹«, schnauzte sie mich ungeduldig an. »Das sagen Menschen immer, wenn sie ihre Feigheit rechtfertigen wollen.« Dann, etwas ruhiger: »Sieh mal, weißt du denn nicht, daß alle beim ersten Versuch, Ski zu fahren, Angst haben?«

In der Tat hatte ich das bis zu diesem Zeitpunkt nicht gewußt.

»Es stimmt. Entweder haben sie Angst davor, die Kurve nicht zu kriegen und sich umzubringen, oder sie haben Angst davor, aus dem Lift zu fallen und sich lächerlich zu machen. Du mußt schon ein bißchen verrückt sein, um keine Angst zu haben. Worauf es ankommt, ist: Sie tun es trotzdem. Das ist überhaupt der wichtigste Grund, irgend etwas anzufangen. Wenn du es zuläßt, daß eine Angst dich stoppt, von wie vielen anderen Ängsten läßt du dich dann einschüchtern und davon abhalten, das zu tun, was du gern möchtest?«

Nun war es nicht gerade so, daß ich dies zum erstenmal hörte. Selbstverständlich hatte ich es zuvor gehört – die Gelegenheit beim Schopf ergreifen, man lebt nur einmal usw. Aber ich glaubte in meinem kleinen, feigen Herzen, daß Menschen, die die Gelegenheit beim Schopf ergriffen, keine Angst kannten. Daher erschien mir meine Angst als ein absolut plausibler Grund, allem möglichen aus dem Weg zu gehen. Ich hatte eine ausgezeichnete Rechtfertigung dafür, mich selbst zu verhätscheln, und so war es mir auch recht.

Natürlich war es mir gar nicht recht, daß eine, die sich meine Freundin nannte, darauf bestand, alle meine Überzeugungen seien falsch. Noch irritierender war die Bedeutung ihrer Worte: daß die Zeit gekommen war, mich zu ändern.

Nur zu Ihrer Information: Ich habe mir nicht das Bein gebrochen. Doch selbstverständlich fiel ich aus dem Lift und verbrachte den größten Teil des Tages damit, auf allen vieren durch den Schnee zu rutschen. Auf der Fahrt zurück aus dem Skigebiet mümmelte ich in Hochstimmung meinen wohlverdienten Granola-Riegel und dachte über meinen Tag nach.

»Ich *liebe* Skifahren!« rief ich meiner Freundin zu. Aber wie konnte ich es lieben, Ski zu fahren, wenn ich es nach einem Tag noch nicht einmal erfahren hatte? Die Erkenntnis traf mich wie ein Schock: Nicht das Skifahren war es, das ich liebte, sondern *mich selbst*. Das Skifahren war nur das Vehikel dazu.

Möglicherweise ist dies die verborgene Botschaft der Angst, das geheime Geschenk, das sie uns geben kann: Wenn wir uns weigern, angesichts dieser Angst hilflos zu sein, lernen wir, uns selbst mit einer neuerworbenen Definition dessen, wer wir sind und was wir tun können, zu lieben. Unsere Leistungen, unsere Erfahrungen, unser ganzes Leben wird bestimmt von dem, was wir für unsere Grenzen halten – und es sind Angst und Hilflosigkeit, die diese Grenzen setzen.

Inzwischen bin ich eine von diesen Besessenen geworden, denen man Anfang November begegnet, wenn sie, aufgeregt die neue Skisaison erwartend, ihre Ski wachsen, von Zen oder der Kunst des Tiefschneefahrens schwafeln und mit leuchtenden Augen davon schwärmen, wie sie mit fliegenden Haaren dem beißenden Wind trotzen. Und immer noch finde ich mich großartig, jedesmal, wenn ich losfahre, denn, wissen Sie was? Ich habe immer noch Angst. Jedesmal. Es wird nie einfacher für mich. Ein Viertausender ist eine ehrfurchtgebietende Erscheinung, mit der man erst einmal fertig werden muß. Darum geht es. Jedesmal, wenn ich oben stehe und hinabblicke, summe ich wie eine Stimmgabel vor Angst und Erregung des Augenblicks, und, glauben Sie mir, ich stehe da eine ganze Zeitlang. Aber jetzt verstehe ich die verändernde Macht des Berges, und sie gefällt mir. Denn, wie der Zen-Meister sagen würde: »Das Hindernis *ist* der Weg.«

Nicht mehr abspringen (können)

Letztlich ist es nicht mehr als eine heimtückische und verführerische Falle, von sich selbst oder unserer Gesellschaft die Erlaubnis zu haben, aufzugeben und abzuspringen, wenn es riskant oder gefährlich wird. Das schwächt uns nur und ist illusorisch, aber es ist eine Illusion, an der wir Frauen sehr hängen. Wir *wollen* glauben, bestimmte Situationen seien so erschreckend oder überwältigend, daß man einfach nicht von uns erwarten kann, sie zu bewältigen, und daß wir das »Recht« hätten, gerettet zu werden.

Hierin liegt die Falle der geliebten Illusion: daß eine Erfahrung, die zu schmerzhaft, schwierig, riskant oder gefährlich ist, sich sofort in die Kategorie »Das kann man von mir nicht erwarten« einordnen läßt. Wenn wir erst einmal die Erlaubnis haben, so zu verfahren, ist es einfach zu verführerisch, fortzulaufen, wann immer es schwierig wird. Leider stimmt dieser Denkansatz nicht mit den Realitäten des Lebens überein. Das Leben sendet uns nämlich nur äußerst selten die Unterstützung, wenn wir sie brauchen. Das Leben verlangt von uns, daß wir selbst mit ihm fertig werden.

Immer dann, wenn wir glauben, wir hätten alles ganz sicher im Griff, immer wenn wir das Gefühl haben, daß nichts unsere sichere und hart erarbeitete Grundlage reifen Selbstbewußtseins erschüttern kann, dann wird der alte Schurke Leben uns noch einmal auf die Probe stellen. Die Versuchung, sich unter der schützenden Decke der Hilflosigkeit zu verstecken, ist allgegenwärtig, wie auch ich erfahren mußte, schon bald nachdem ich eine Kriegerin der Skihänge geworden war.

Mitten in der produktivsten Zeit meines Erwachsenenlebens, als alle meine Anstrengungen endlich durch das Versprechen der Belohnung gekrönt werden sollten, gerade als ich mich darauf vorbereitete, mit meinem ersten Buch auf eine Lesereise durch zehn Städte zu gehen – endlich hatte ich die Kontrolle über mein Leben, fühlte mich kraftvoll und authentisch, so sehr ich selbst, wie ich nur konnte –, da bekam meine Seele die schwierigste Aufgabe ihres Lebens. Ohne Vorwarnung wurde ich in einen

Kampf mit einem kosmischen Feind gezogen, der meinen Glauben an eine gütige Macht zerstörte und mich hilflos in einem dunklen Universum umherirren ließ. Vor meinen Augen verwandelte die Schizophrenie den Menschen, den ich liebte, in einen erschreckenden Fremden, jemanden, den ich nicht kannte, dessen Handlungen ich nicht vorhersagen konnte und – besonders schrecklich für mich – dem ich nicht mehr trauen konnte.

Das erste Anzeichen meines Absturzes in Hilflosigkeit bekam ich an dem Abend, als Ben (mein Geliebter, mein Vertrauter, mein Freund) plötzlich begann, wie ein verrückt gewordener Rundfunksprecher zu klingen. Normalerweise war er ein bescheidener und ruhiger Mensch, einsilbig, brillant, aber unaufdringlich. Einer der freundlichsten Menschen, die ich je kennengelernt hatte; seine Sensibilität für andere Menschen und ihre Bedürfnisse war so groß, daß es erhebend war, auch nur in seiner Nähe zu sein. Er bemerkte seine körperliche Schönheit gar nicht. Für mich war er eine Kreuzung zwischen Gary Cooper und Gandhi.

An diesem Abend jedoch plapperte er plötzlich unzusammenhängendes Zeug. Eine Flut wirrer Ideen ergoß sich aus seinem Mund, ungebeten, unaufhaltsam, fast als kämen sie von jemand anderem. Er stellte mir eine Frage, doch bevor ich antworten konnte, schwenkte er über zu einer anderen unzusammenhängenden Idee. Um vier Uhr morgens bat ich ihn inständig, den Mund zu halten. Selbst dann konnte er nicht aufhören, gezwungen von seinem verwirrten Zustand und der Überzeugung, er müsse uns vor »der Verschwörung« retten. Mit starren und verwirrt blickenden Augen erklärte er mir, er sei auserwählt, entscheidende Informationen zu erhalten, um die Menschheit zu retten.

Daß mit jemandem, den ich liebte, eine solch monströse Verzerrung vor sich ging, löste in mir ein Gefühl von Hilflosigkeit und Schwindel aus, dessen Bedeutung ich nicht erkennen konnte, aber die Boten des Unheils kreisten uns schon ein. In dem kurzen Zeitraum von vier Tagen verschlechterte sich sein Zustand dramatisch, und die Ereignisse eskalierten in reinstes, Übelkeit erregendes Pandämonium.

Nachdem er aus einem fahrenden Auto gesprungen war, Möbel durch ein Fenster geschleudert hatte, von Haus zu Haus gerannt war, verloren und unzusammenhängend redend, erreichte er meine Haustür, wo er abwechselnd knurrte und winselte, zunächst vor Feindseligkeit schäumte, sich dann vor Angst zusammenkrümmte und schließlich auf meinem Küchenboden zusammenbrach, meine Taille umklammerte, in Krämpfen aus Panik und Verwirrung schluchzte und mich anflehte, »den Wolf hinauszulassen«. Ich wiegte ihn in meinen Armen und weinte aus dem tiefsten Schmerz heraus, den ich je erlebt habe.

Bevor ich mit den Kräften des Chaos, die wir als Geisteskrankheit bezeichnen, kämpfen mußte, war ich davon überzeugt, gewesen, es gäbe keine Lebensumstände, die derart schlimm wären, daß man so hilflos würde, nicht handeln und damit die *Kontrolle* über die Situation zurückgewinnen zu können. Das war, bevor ich einen hochintelligenten und schönen Mann spontan vor meinen Augen in Stücke zerfallen sah. Das war, bevor ich der äußersten Anarchie, dem endgültigen Anfall von Bedeutungslosigkeit im Leben begegnete, den wir als Schizophrenie bezeichnen. Nur Krieg kann noch absurder sein.

Als Ben endlich in der Psychiatrie war, durchlebte ich eine Zeit, die ich nur als flach beschreiben kann. Im Bemühen, meinen irreparabel geschädigten Glauben an die grundsätzliche Güte des Lebens zu stützen, fand ich mich buchstäblich ohne Emotionen wieder – keine Höhen, keine Tiefen, kein Schlaf – als ein hellwaches Wesen, das im Dunkeln lag. Ich hielt meinen Körper wie eine Kranke, der man die Rippen gebrochen hat. Ich schloß mich in ein kleines Zimmer mitten in meinem Haus ein, in das fast kein Licht hineindrang, kletterte ins Bett und blieb dort zwei Monate lang. Ich wechselte nie die Bettwäsche. Ich öffnete nie das Fenster.

Während die Nächte schlaflos und in unaufhörlichem Schmerz quälend langsam an mir vorüberzogen, begann sich eine schreckliche Angst in mir festzusetzen. Überzeugt davon, daß ich unfähig sein würde, die Lesereise zu unternehmen, daß ich einfach keine Energie und kein Selbstvertrauen mehr besaß, blieb ich lange in einem Dämmerzustand aus Furcht und Unentschlossenheit.

Paradoxerweise lehrte *mein* Kampf mit Bens Krankheit *mich* erbarmungslos: Hilflosigkeit. Fassungslos angesichts der grausamen Realität einer Geisteskrankheit und deren Verachtung für den menschlichen Willen, war mein Reservoir an Bewältigungsverhalten erschöpft. Ich, die ich es genossen hatte, stark und unabhängig zu sein, die über einen Viertausender triumphiert hatte, fand mich jetzt passiv, ängstlich und unentschlossen wieder. Ich konnte nicht aufhören, an Dantes Inschrift über den Toren der Hölle zu denken: »Ihr, die ihr hier eintretet, laßt alle Hoffnung fahren.« Ich dachte, das sollte auf dem Portal der Psychiatrischen Klinik und ihrer geschlossenen Station stehen. Es dauerte viele Monate, bevor ich die Lektion gelernt hatte, die mich dort erwartete.

> Vor der Erleuchtung
> hackt man Holz und trägt das Wasser heran.
> Nach der Erleuchtung
> hackt man Holz und trägt das Wasser heran.
> *Zen-Weisheit*

Ich flog durch meine Lesereise per Autopilot. Drei einsame und traurige Wochen verbrachte ich in Hotelzimmern und auf Flughäfen. Ohne eine Nacht durchzuschlafen, niemals wissend, in welcher Stadt ich gerade erwachte, begann ich jeden Tag völlig desorientiert. Der *Jet lag* hatte meine Periode aufgeschoben und quälte mich mit einer Kavalkade von Symptomen; ich fühlte mich aufgebläht, müde, deprimiert und ständig ärgerlich. Meine Tränensäcke waren groß genug, um als Zusatzgepäck aufgegeben zu werden. Ich hörte niemals auf, über Ben zu grübeln.

Als ich auf den Anschlußflug in O'Hare wartete, schaute ich meine Terminplanung durch. Ich war dabei, nach Frankfurt zu fliegen, dort in einen Anschlußflug in eine kleinere Stadt (deren Namen ich nicht kannte) umzusteigen, irgendwo in Deutschland von meiner Kontaktperson begrüßt zu werden (deren Namen ich ebenfalls nicht wußte) und dann irgendwo an meinen Zielort in den bayrischen Alpen gebracht zu werden.

Im Warteraum wurde meine Aufmerksamkeit zeitweise von einer gepflegten Frau abgelenkt, die perfekt bis in die kleinsten Accessoires gekleidet war und sich leicht in den Arm ihres teuer gekleideten Ehemannes schmiegte. Ich haßte sie. Ihr Status als verheiratete Frau mit einem emotional gesunden und beruflich erfolgreichen Mann machte mich ganz krank vor Neid. Ihre Gelassenheit machte mich rasend. *Sie* würde sich nicht erschöpfen, indem sie ihre Koffer durch diesen endlosen Terminal schleppte, denn sie hatte ja jemand, der sich um sie sorgte. Neiderfüllt dachte ich: *Warum kann ich nicht haben, was sie hat?*

Genau in diesem Augenblick wurden wir aufgefordert, an Bord zu gehen, so weit, so gut. Wir würden rechtzeitig abfliegen. An Bord des Flugzeuges nahm ich meine Beobachtung der Gelassenen Frau wieder auf, gegenüber der ich solchen Groll gehegt hatte. Wie vorhergesagt, mühte sich ihr Mann mit dem Gepäck ab, während sie sich sorgfältig hinsetzte und sich Zeit nahm, ihren Rock zu glätten und ihren Sicherheitsgurt so anzulegen, daß ihre Seidenbluse dabei nicht knitterte. Es war deutlich, daß ihr Mann die Aufgabe hatte, ihren Reiseplan durchzusehen, für ihre Bequemlichkeit zu sorgen und alle Probleme vorherzusehen. Das tat er auch, und zwar auf bewundernswerte Weise.

Plötzlich kündigte der Pilot an, daß unser Abflug sich aufgrund des Wetters um mehr als eine Stunde verzögern würde. Während er sich für alle Probleme, die mit Anschlußflügen entstehen könnten, entschuldigte, spürte ich, wie das dünne Sicherheitsnetz meiner Stärke zu zerreißen begann. Ich würde meinen Anschlußflug in Frankfurt verpassen. Ich würde irgendwo in einer Kleinstadt in Deutschland ohne Gepäck auftauchen, niemand würde mich erwarten, und ich hätte keine Ahnung, wohin ich von dort aus fahren sollte. Trotz meiner Verzweiflung und Müdigkeit, trotz meiner Angst und Einsamkeit begann noch eine weitere Prüfung, die emotionale Stärke von mir verlangte. Mit einem Ruck stand ich auf und stürzte in die Toilette.

Ich schmetterte die Tür hinter mir zu und brach heftig in Tränen aus. Warum muß mir das passieren? Was habe ich bloß getan, um solch eine Konzentration von Schmerzen zu verdienen? Warum gibt es da nicht jemanden, der mir hilft, mit all dem fertig zu werden? Warum erhalte ich nicht die Sicherheit und Bequemlichkeit eines starken, stabilen Mannes, an den ich mich in meiner Müdigkeit und Trauer wie die Gelassene Frau anlehnen kann? Warum ist der Mann, den ich liebe, nicht hier, um mich aufzuheitern und mir seine liebevolle Unterstützung anzubieten? Sicherlich muß es doch eine Grenze für das geben, was man mit Reife und Kompetenz bewältigen kann. Man kann doch einfach nicht von mir erwarten, daß ich auch noch damit fertig werde!

Es mag den Anschein haben, daß kaum eine Frau anders reagiert hätte als ich, daß jede, die zusehen mußte, wie ein geliebter Mensch hoffnungslos in eine Geisteskrankheit versinkt, genau zu dem Zeitpunkt, als das Leben von ihr erwartet, einen Marathonlauf an Selbstvertrauen zu absolvieren, in ähnlicher Weise zusammengebrochen wäre. Ich hatte sicher ein Recht darauf, mich hilflos zu fühlen. Manchen mag es sogar inhuman erscheinen, von einer Person in meiner Situation zu erwarten, nicht zusammenzubrechen. Doch, liebe Leserinnen, ich bitte Sie, sich einmal zu überlegen, auf welche Weise es mir hätte helfen können, wenn ich mich in die Hilflosigkeit gefügt hätte? Wäre dann auf wundersame Weise ein Retter erschienen, wären Bens geistige Gesundheit wiederhergestellt oder meine deutschen Kontaktpersonen über meine durchkreuzten Reisepläne informiert gewesen?

Ich sprang nicht ab, weder im wörtlichen noch im übertragenen Sinne, einfach nur deshalb, weil ich es nicht konnte. Ich war schließlich an Bord eines Flugzeuges und, ob ich es nun mochte oder nicht, ob ich dazu bereit war oder nicht, ich war auf dem Weg nach Deutschland. Punkt. Es gab keine Fluchtmöglichkeit. Die unbeugsame, unbewegte, hassenswerte Realität enthielt ein verborgenes Geschenk, eine kostbare Gelegenheit. Sie zwang mich dazu, die Zähne zusammenzubeißen und eine Stärke aus mir zu beziehen, die ich vorher nicht einmal finden wollte.

Jetzt danke ich meinem Schicksal, daß ich gar keine Wahl *hatte*, denn ich hätte mich zweifellos der übermächtigen Illusion (und, oh, wie verführerisch war diese Illusion) hingegeben, daß meine Situation es rechtfertigte, meine Vertragsverpflichtungen nicht länger erfüllen zu müssen. Ich hätte höchstwahrscheinlich die ausgezeichnete Beziehung zu meinem Verleger aufs Spiel gesetzt. Das hätte möglicherweise rechtliche Schritte nach sich gezogen und mir eine hohe Vertragsstrafe eingebracht. Vielleicht hätte ich nie wieder ein Buch veröffentlicht.

Worauf es mir hier ankommt, ist dies: Selbst wenn die Umstände ein Abgleiten in Hilflosigkeit zu rechtfertigen scheinen, nutzt uns diese Reaktion nichts. Jedesmal, wenn wir Hilflosigkeit wählen, selbst wenn sie gerechtfertigt ist, wählen wir eine selbstzerstörerische Reaktion auf die Herausforderungen des Lebens.

So schmerzhaft und so wenig willkommen, wie sie auch sein mag, besteht die Wahrheit doch darin, daß wir den *Willen* entwickeln müssen, unsere Situation zu bewältigen, in der Tat jede Situation zu bewältigen. Denn selbst wenn die äußere Wirklichkeit die Hilflosigkeit geradezu notwendigerweise auslöst, selbst wenn ein Suhlen in Selbstmitleid ausgesprochen gerechtfertigt ist, können wir dennoch ein Mittel der Kontrolle wählen – *die Weigerung, die Niederlage zu verinnerlichen.* Ob wir in einen Kampf auf Leben und Tod verwickelt sind, in dem der endgültige Schlag droht, oder ob wir einfach nur selbst die Koffer tragen, das Holz hacken und das Wasser heimschleppen, wir müssen lernen, uns auf uns selbst zu verlassen. Die Kavallerie wird nicht kommen, die Marine wird nicht landen, der weiße Ritter ist beschäftigt. Wenn wir der Hilflosigkeit anhängen, dann hängen wir an einer Illusion. Wenn wir verstehen, *wie* die Überzeugungen eines hilflosen Verhaltensstils unsere Fähigkeit, mit Risiken und Veränderungen fertig zu werden, unterminieren, und wenn wir statt dessen ein Bewältigungsverhalten an diese Stelle setzen, beginnen wir den Prozeß, Hilflosigkeit gegen Hoffnung einzutauschen.

Kapitel 2

Zur Niederlage konditioniert?

> Wenn wir unsere grundlegenden Verhaltens- und
> Gedankenmuster immer wieder neu erschaffen,
> müssen wir nie mit einem großen Satz in die frische
> Luft oder auf neuen Boden springen.
>
> *Chogyam Trungpa,* Shambhala

Beginnen wir mit der schlechten Nachricht. Erlernte Hilflosigkeit verwickelt eine Frau in ein kompliziertes Netz aus lähmenden Überzeugungen, Gefühlen und Verhaltensweisen. Sie zweifelt dann permanent an sich selbst, während sie ebenso permanent Höchstleistungen erbringt. Überragende Leistungen auf einem Gebiet ihres Lebens werden nicht notwendigerweise in hohes Selbstwertgefühl übersetzt oder verstärken ihr Selbstvertrauen in anderen Lebensbereichen. Kritik kann sie so lähmen, daß sie sich dann sofort unterlegen fühlt (was sie ohnehin ständig tut), so daß sie sorgfältig neue Herausforderungen, Risiken oder Veränderungen vermeiden wird, die möglicherweise mit Verwirrung oder auch nur der Möglichkeit einer negativen Kritik verbunden sein könnten. Angst und Selbstzweifel sabotieren ihre Veränderungsversuche. Und am schlimmsten ist, daß sie schließlich blind wird für die Möglichkeiten, die Bereiche ihres Lebens zu verändern, die sie unglücklich machen. Erlernte Hilflosigkeit wird der Sensenmann all ihrer Träume.

Darüber hinaus befindet sie sich vielleicht selbst immer wieder in der seltsamen Zwickmühle, ihre Grenzen zu verteidigen, weil sie in manchen Situationen und unter manchen Umständen erfährt, daß Hilflosigkeit sich auszahlt. Sehen wir den Tatsachen doch ins Auge: Welche Frau muß nicht zu manchen Zeitpunkten ihres Lebens so tun, als sei sie hilflos, entweder, um aus einer riskanten Situation entkommen zu können, oder als ein Mittel, Aufmerksamkeit und Liebe zu erringen?! Wenn wir ehrlich sind, müssen die meisten von uns zugeben, gelegentliche Episoden von

Hilflosigkeitstaktiken zu durchleben. Diese können in der Tat sehr subtil sein. Zwei Teilnehmerinnen meiner Workshops bieten dafür ein gutes Beispiel.

»Es fällt mir schwer, das zuzugeben, aber vielleicht wird es anderen helfen«, sagte eine zierliche Blondine, die die ganze Zeit so still dagesessen hatte, daß ich schon annahm, sie langweile sich.

»Der Weg, wie ich hilflos wurde, war der, schwanger zu werden. Jedesmal, wenn mein jüngstes Kind alt genug war, damit ich zurück zur Uni gehen und meine Doktorarbeit beenden konnte, wurde ich wieder schwanger. Ich machte das viermal. Es war einfach so leicht, weil mir niemand deswegen Vorhaltungen machen konnte.

Sowohl meine Eltern als auch mein Mann wollten, daß ich zurück zur Uni ging, wenn auch aus verschiedenen Gründen. Meine Eltern wollten, daß ich die Versprechungen meiner früheren geistigen Möglichkeiten doch noch einlöste, als ich mein Biochemie-Diplom gemacht hatte und dabei einige neue Forschungsergebnisse vorlegen konnte. Besonders mein Vater, der ebenfalls Naturwissenschaftler war, äußerte sich sehr enttäuscht darüber, daß ich nie meine Doktorarbeit abgeschlossen hatte. Mein Mann wollte, daß ich den Doktor mache, damit ich ihm helfen konnte, den Lebensunterhalt für unsere Familie zu verdienen.

Aber in dem Augenblick, in dem sie erfuhren, daß ich schwanger war, wurde das Thema sofort fallengelassen. Jeder nahm einfach an, daß mein Schicksal für weitere vier oder fünf Jahre besiegelt war.

Interessant daran ist«, fuhr sie fort, »daß ich niemals wirklich erkannte, daß ich mich wie eine Ertrinkende an den Strohhalm an meine Hilflosigkeit klammerte. Irgendwo in meinem Hinterkopf wußte ich es wahrscheinlich, aber ich dachte nicht bewußt darüber nach. Jetzt, wo ich älter bin, stelle ich fest, daß ich Angst hatte vor dem Wettbewerb unter Doktoranden, besonders unter den harten Bedingungen in den Naturwissenschaften, und daß die Mutterschaft ein solch bequemer Weg war, mich nicht damit auseinandersetzen zu müssen.«

Jetzt, liebe Leserin, sind wir an einem heiklen Punkt angelangt, also bitte ich Sie, mich nicht mißzuverstehen. Ich will damit nicht andeuten, alle Schwangerschaften seien »Akte von Hilflosigkeit«, noch will ich die Risiken, die in Geburten liegen, verkleinern. Doch wenn Sie sich selbst als eine Frau wiedererkennen, die schwanger wird, *um andere Risiken zu vermeiden,* ist es unbedingt nötig, anzuerkennen, daß Sie genau dies und nichts anderes tun.

Ein weiteres Beispiel für die subtile »Wahl, hilflos zu sein« erzählte mir eine junge Medizinstudentin, die ich Elyce nennen werde.

»Kevin, mein Freund, mag es, wenn eine Frau intelligent ist, aber er haßt es, wenn eine Frau etwas macht, das er ›ihm ihre Intelligenz ins Maul stopfen‹ nennt«, erzählte sie mir. »Er hält das für maskulin, und das turnt ihn ab, also spiele ich bei ihm eher eine hilflose Rolle.

Ich glaube, der Grund liegt darin, daß das Medizinstudium wirklich hart ist, und je hilfloser ich zu Hause handele, desto mehr Sympathie bekomme ich von Kevin. Wenn ich mich kompetent verhalte, bekomme ich eben nichts. Wenn ich mich hilflos zeige, erzählt er mir, daß ich eines Tages eine große, böse Chirurgin werde, aber daß ich abends bei ihm sein süßes, kleines Häschen bleiben werde.

Es ist das Gefühl, geliebt zu werden, hinter dem ich her bin. Das Medizinstudium ist einsam und hart, besonders für eine Frau, und ich bin es leid, den ganzen Tag nur kompetent sein zu müssen. Ich weiß, das klingt dumm, aber ich glaube nicht, daß ich es schaffen könnte, wenn ich immerzu alle Schwierigkeiten selbst bewältigen müßte.«

Für mich klingt das gar nicht dumm, und ich wette, auch in Ihren Ohren klingt es nicht dumm. Als Frauen wissen wir oft die Möglichkeit zu schätzen, daß andere sich um uns kümmern, und geben diese nur mit großem Widerstand und innerem Groll auf. Darüber hinaus scheint Hilflosigkeit – Elyce wies darauf hin – eine Möglichkeit zu sein, von Männern Zuwendung zu bekommen, die ihre Liebe darin ausdrücken, daß sie eine Frau beschützen und retten.

Daher sehe ich es nicht als meine Aufgabe an, die Entscheidung dieser jungen Frau, die Hilflose zu spielen, zu verurteilen, noch will ich damit sagen, daß wir immerzu kompetente Meisterinnen des Universums sein müssen. Ehrlich gesagt, als ich in ein zerknülltes Stück Toilettenpapier schluchzte, das ich in der Toilette des Flugzeuges nach Deutschland fand, hätte ich nur allzugern meine Mitgliedskarte bei den Meisterinnen des Universums auf einem Silbertablett hergeschenkt, wenn ich dadurch nur einen großen, starken Mann hätte gewinnen können, der mich sein kleines Häschen nennt und mich aus meinem Unglück errettet.

Worauf es mir hier ankommt, ist also nicht, andere Frauen zu verurteilen. Sondern auf etwas hinzuweisen: Selbst wenn wir nur allzugern nach Hause kommen und dort einen »richtigen Mann« vorfinden, der alle Entscheidungen trifft und uns in einen Mantel aus Sicherheit hüllt, selbst wenn wir bereit sind, die Illusion von Hilflosigkeit zu schaffen, um uns weiblich zu fühlen, Liebe zu bekommen, Risiken zu vermeiden, besteht die Gefahr darin, daß wir unwillkürlich zu der Überzeugung kommen, daß sie nicht nur eine Illusion ist, diese Hilflosigkeit, die wir da selbst geschaffen haben. Zu diesem Zeitpunkt könnten wir wirklich Probleme bekommen, denn wenn wir einmal gewählt haben, das Glaubenssystem der Erlernten Hilflosigkeit für uns zu akzeptieren, werden wir eine ganze Serie von persönlichen und beruflichen Preisen dafür zahlen müssen.

Das ist die schlechte Nachricht.

Die gute Nachricht ist, daß Erlernte Hilflosigkeit (im weiteren einfach als EH bezeichnet) ein erlerntes Verhalten und als solches *verlernbar* ist. So seltsam es auch erscheinen mag, EH kann in das genaue Gegenteil verwandelt werden, in bewältigungsorientiertes Verhalten. Ich kann nicht genug betonen, wie wichtig es ist, diese Möglichkeit der Verwandlung ständig im Gedächtnis zu behalten. Denn da Frauen dazu neigen, in den empfundenen Erfahrungen ihrer Wirklichkeit verhaftet zu bleiben, und da dieses Kapitel einen Überblick über die Symptome der EH liefert, ist es möglich, daß sie sich vielleicht zu stark mit den Symptomen identifizieren, in dem Schlamassel dieser empfundenen Erfahrung steckenbleiben und sich resignierend damit begnügen, mit ihrer EH zu leben.

Es ist daher, unabhängig davon, wie stark die Symptome in Ihnen nachhallen mögen, ganz wichtig, daß Sie Ihre *Verstandes-*qualitäten aktivieren. Sagen Sie sich, daß Sie Informationen sammeln, um sich auf eine Veränderung vorzubereiten. Erinnern Sie sich daran, daß die Erkenntnis der Symptome der EH nur der erste Schritt ist auf Ihrer langen, aber auch aufregenden Reise zur Veränderung.

Wenn Sie dies im Kopf behalten, ist es vielleicht an der Zeit, die Forschung des Mannes vorzustellen, der den Begriff *Erlernte Hilflosigkeit* prägte, weil diese Forschungsergebnisse darauf hinweisen, wie zerstörerisch sich EH auswirken kann.

Im Jahre 1966 führte Martin Seligman, ein Forscher auf dem Gebiet der klinischen Psychologie an der Universität von Pennsylvania, ein einzigartiges Experiment durch.* Es begann mit einem übergroßen Käfig, der durch eine Trennwand in zwei Teile geteilt war. Eine Seite dieses Käfigs enthielt eine Glühbirne, einen Hebel, einen Fußboden, der unter Strom gesetzt werden konnte, und eine Tür. Die andere Seite war leer. Seligman setzte einen Hund auf die eine Seite des Käfigs, wo die Lampe jedesmal zehn Sekunden, bevor der Boden unter Strom gesetzt wurde, aufleuchtete. Offensichtlich verursachte der elektrische Schock Schmerzen und Unbehagen bei dem Tier. Das Verhalten des Tieres wurde daraufhin sorgfältig aufgezeichnet.

Zunächst führte der Schock bei den Hunden dazu, unruhig im Käfig herumzulaufen, bis sie zufällig den Hebel berührten, woraufhin die Trennwand aufging und sie sich auf die andere Seite in Sicherheit bringen konnten. Sehr schnell lernten die Hunde, jedesmal mit der Pfote auf den Hebel zu drücken, sobald das Licht anging, damit sie den Schock insgesamt vermeiden konnten. Mit anderen Worten, die Hunde lernten, daß ihr Verhalten eine bestimmte Auswirkung auf ihre Umgebung haben konnte. Die Hunde glaubten, es gäbe in der Tat eine Verbindung zwischen ihren Anstrengungen und dem Endergebnis von Ereignissen.

Als nächstes durchtrennten die Forscher die Verbindung zwi-

---

* Ich möchte mich an dieser Stelle persönlich bei den Tierschützern entschuldigen, die diese Forschungsergebnisse jetzt lesen. Diese Art von Wissenschaft ist nicht von der ganz besonders grausamen Art, aber sie hat damit zu tun, daß Tiere leiden müssen. Ich bin selbst im Tierschutz aktiv, und wenn es eine andere Möglichkeit gäbe, die Einzelheiten dieser Forschungsergebnisse darzustellen, würde ich das ganz bestimmt tun. Leider gibt es diese Möglichkeit nicht.

schen dem Hebel und der Tür. Daraufhin ging das Licht an, und es kam zum Elektroschock, doch die Hunde hatten keine Möglichkeit mehr, dieser Qual zu entgehen, da der Hebel nicht mehr in Verbindung damit stand. Woraufhin die Hunde einfach winselten und litten.

In der letzten Phase der Untersuchung wurde die Verbindung zwischen dem Hebel und der Tür wiederhergestellt. Zu diesem Zeitpunkt hatten die Hunde jedoch ihren Versuch aufgegeben, den Hebel zu drücken. Sie erwarteten nicht einmal, fliehen zu können. Selbst als die Forscher den Hunden zeigten, daß sie wieder die Möglichkeit zurückgewonnen hatten, ihre Umgebung zu beeinflussen (den Hebel und die Tür), versuchten die Hunde nicht einmal, in die Sicherheit zu entkommen. Trotz zahlreicher Anstrengungen auf seiten der Forscher, die Hunde dazu zu bewegen, noch einmal den Hebel zu drücken, weigerten sich die Hunde, dies zu tun. Man sagte von ihnen, sie hätten *eine Überzeugung gewonnen, daß es keine Verbindung gab zwischen ihren Handlungen und dem Endergebnis von Ereignissen.* Man sagte von ihnen, sie hätten »Erlernte Hilflosigkeit« erworben.[1]

Die Vorstellung, daß ein Tier eine »Überzeugung« entwickeln kann, mag lächerlich klingen, aber tatsächlich waren diese Hunde davon überzeugt, hilflos zu sein. Selbst Schmerz, vielleicht der größte Motivator der Natur, konnte die Hunde nicht anspornen, neue Versuche zu ihrer Rettung zu unternehmen. Die Überzeugung der Hunde von ihrer eigenen Hilflosigkeit stellte sogar noch ihr Unglück in den Schatten, und sie fügten sich einfach in ihr Leiden.

Diese Studie enthüllte zwei bedeutsame Komponenten der EH: zum einen, daß es sich dabei um eine so mächtige *Überzeugung* handelt, daß sie stärker ist als die Realität; und zum anderen, daß diese Überzeugung ein damit verbundenes Syndrom schafft – etwas, das man angemessenerweise vielleicht als Blindheit für die bestehenden Möglichkeiten bezeichnen könnte.[2] Mit anderen Worten, selbst wenn es eine neue Möglichkeit gibt, die Umgebung zu beeinflussen, ist das Individuum häufig unfähig, diese Möglichkeit wahrzunehmen, so wie die Hunde nicht in der Lage waren, die neuen Möglichkeiten zu ihrer Rettung wahrzunehmen.

Ein faszinierendes Beispiel dieser Blindheit gegenüber den eigenen Möglichkeiten kann man bei der Ausbildung von indischen Arbeitselefanten beobachten. Das Tier wird mit einer schweren Eisenkette, die an einem seiner Vorderfüße angebracht ist, an einen Stahlträger gekettet. Natürlich versucht der Elefant, sich freizustrampeln, und zieht mit aller Kraft an seiner Kette, aber vergeblich. Nach einer gewissen Zeit wird das Tier davon überzeugt sein, daß es ihm nicht gelingen wird, die Kette zu sprengen. Danach kann der Ausbilder ein harmloses Seil statt der Eisenkette um das Bein des Tieres binden und das Tier genauso sicher an seinem Platz festhalten. Selbst wenn sich die Umstände verändert haben und die Stärke des Elefanten das Seil wie einen dünnen Faden abreißen könnte, glaubt er nicht länger, daß seine Handlungen einen Effekt auf seine Lebensumstände haben könnten, und er versucht nicht mehr, seine Ketten zu sprengen. Dieser Elefant hat dann die Hilflosigkeit akzeptiert und ist blind für die Möglichkeit des Entkommens geworden.

Der Zusammenhang mit menschlichem Verhalten ist offensichtlich, und ich werde mich über diesen Punkt hier nicht näher auslassen. Behalten Sie jedoch bitte im Hinterkopf, daß die meisten von uns emotional noch lange nicht verstanden haben, wie dominierend, gründlich und heimtückisch der Prozeß des Erlernens von Hilflosigkeit gewesen sein kann.

So fragen sich viele von uns zum Beispiel, warum mißhandelte Frauen ihren Mißhandlern nicht entkommen, sobald sich eine Möglichkeit dafür bietet. Da solche Frauen nicht fliehen, werden sie für ihr »Versagen«, sich entsprechend zu verhalten, verurteilt. Manche Autoren von Fachliteratur nehmen sogar an, daß diese Frauen das »süße Leiden« ihrer Schläge genießen. Die EH-Studien zeigen uns jedoch, daß andere Faktoren hierbei die entscheidende Rolle spielen könnten. Diese Frauen sind in ein Überzeugungssystem hineingeprügelt worden, das sie im wahrsten Sinne des Wortes blind macht für die Möglichkeiten der Flucht. Wie der angekettete Elefant sind solche Frauen unterworfen worden, »geblendet«, wenn Sie so wollen.

Wenn wir an diese armen leidenden Hunde denken, die einem schmerzhaften Stromschlag ausgesetzt sind und entkommen könnten, aber nicht daran glauben, daß es möglich ist, können wir eher verstehen, wie die Macht eines Glaubenssystems die eigenen Fähigkeiten zur Handlung blockieren kann, aber auch, wie tief und gründlich diese Macht sich auswirkt. Wir kommen einem mitempfindenden Verständnis der Dynamik ein wenig näher, die dem Unvermögen einer geschlagenen Frau, zu ihrem eigenen Besten zu handeln, zugrunde liegt. Letztlich können wir damit ein besseres, einfühlsameres Verständnis für uns selbst und die herkulesartigen Anstrengungen entwickeln, die nötig sind, um uns aus unserem eigenen, uns aufgezwungenen Glaubenssystem zu befreien.

Test: Leiden Sie unter Erlernter Hilflosigkeit?

Im folgenden finden Sie einen kleinen Test, der Ihnen helfen könnte, das Ausmaß festzustellen, in dem EH in Ihrem Leben eine Rolle spielt. Das wichtigste ist, daß Sie die Fragen so beantworten, wie Sie es in Ihrem Alltag ehrlicherweise tun würden. Mit anderen Worten, versuchen Sie nicht, so zu antworten, wie Sie glauben, daß man idealerweise antworten sollte oder wie Sie eines Tages gerne sein würden, sondern wählen Sie statt dessen die Antwort, die Ihrem tatsächlichen Verhalten wohl am nächsten kommt.

1. Das Fliegengitter an Ihrer Balkontür ist aus seiner Halterung gefallen und liegt auf dem Balkon auf dem Boden. Es ist ein heißer Sommertag, und Sie möchten gerne die Balkontür öffnen, um etwas frische Luft hereinzulassen, aber wenn Sie das tun, werden die Fliegen hereinkommen. Wenn Sie es nicht tun, werden Sie in der Hitze dahinschmelzen, da Sie keinen Ventilator haben. (Wenn Sie über einen Ehemann oder einen Vermieter im Haus verfügen, dann nehmen Sie der Einfachheit halber an, daß er gerade nicht in der Stadt ist.) Was werden Sie wahrscheinlich tun?

A   Das Fliegengitter reparieren?

B   Bei geschlossener Tür leiden, bis Sie Ihren Mann, Freund, Nachbarn, Handwerker oder Vermieter dazu gebracht haben, herüberzukommen und sie zu reparieren?

C   Auf den Balkon gehen und einige Minuten das Fliegengitter betrachten, ein bißchen daran herumfummeln, wenn es sich aber herausstellt, daß eine Reparatur schwieriger ist, als Sie angenommen haben, die ganze Sache durchleiden, bis Sie jemanden finden, der es repariert?

D   Hinausgehen und das Fliegengitter eine Weile betrachten, etwas damit herumspielen und dann, wenn es sich herausstellt, daß diese Reparatur schwieriger ist, als Sie vorhergesehen hatten, noch entschlossener sein, es selbst zu schaffen?

E   Irgendeine Zwischenlösung finden (wie die, das Fliegengitter gegen die Öffnung zu lehnen), die »es erst einmal tut«, in Wirklichkeit aber recht unwirksam ist, bis Sie jemanden bekommen, der die Tür reparieren kann?

2. Sie sind auf einer Party. Der Mann, mit dem Sie den ganzen Abend schon Blicke getauscht haben, kommt herüber und beginnt eine Unterhaltung mit der Frau, die direkt neben Ihnen steht. Was werden Sie mit größter Wahrscheinlichkeit tun?

A   Zu den neben Ihnen Stehenden dazustoßen und eine freundliche Unterhaltung mit beiden beginnen?

B   Sich selbst hassen, sich fett, häßlich oder alt fühlen und versuchen, sich hinter die nächste Topfpalme zurückzuziehen?

C   Zu der Entscheidung kommen, daß die andere Frau auf irgendeine Weise attraktiver ist (dünner, hübscher, sexyer, jünger usw.) als Sie?

D   Denken, der Typ habe wohl einige Probleme, daß er *Ihre* Attraktivität nicht erkennt?

E   Noch eine Weile zusehen und warten, bis er kurze Zeit allein ist, und dann hinübergehen, um mit ihm zu reden?

3. Der Mann, mit dem Sie leben (entweder zeitweise oder die ganze Zeit), wird immer gewalttätiger – verbal, emotional, vielleicht sogar körperlich. Was werden Sie mit größter Wahrscheinlichkeit tun?

A Ihre Koffer packen und fortgehen (oder auch seine Koffer packen und die Schlösser auswechseln) und sich weigern, auch nur eine Minute weiter mit ihm zusammenzuleben, bis er zum Therapeuten gegangen ist?

B Ihr eigenes Verhalten überprüfen, um festzustellen, was Sie bloß angestellt haben, daß Sie ihn so aus der Fassung bringen?

C Entscheiden, daß es am besten ist, ihn nicht zu provozieren, da doch so viele andere Dinge auf dem Spiel stehen?

D Ihn davon informieren, daß Sie, falls er Sie jemals schlägt oder *irgendeine* Art von gewalttätigem Verhalten zeigt, warten werden, bis er tief schläft, und ihn dann mit einer gußeisernen Bratpfanne erschlagen?

E Feststellen, daß er derjenige ist, der das Problem hat, aber beschließen, daß Sie Ihren Anteil zur Lösung beitragen werden, indem Sie vorschlagen, daß Sie beide eine Eheberatung aufsuchen?

4. Sie haben sich in Ihren ersten Computerkurs eingeschrieben. Sie haben sehr viel *weniger* Schwierigkeiten mit dem Material, als Sie erwartet hatten. Wahrscheinlich werden Sie recht gut abschließen. Was werden Sie wahrscheinlich tun?

A Sehr viel mehr Vertrauen in Ihre eigenen Fähigkeiten haben als vorher?

B Beschließen, daß das Kursmaterial doch einfach sehr leicht war und daß Sie die Schwierigkeiten des Materials überschätzt haben?

C Sich etwas erleichtert fühlen?

D Ein wenig gelangweilt sein, mehr Herausforderung wollen?

E Gelangweilt, aber erleichtert sein?

5. Sie haben sich in einen weiteren Computerkurs eingeschrieben, aber diesmal geht es *nicht* so gut. Sie sind verwirrt und können mit dem Material nichts Rechtes anfangen. Was werden Sie wahrscheinlich tun?

A Eine Menge Fragen stellen, regelmäßig die Hausarbeiten machen, sich eine Sonderstunde vom Lehrer geben lassen, noch mehr Fragen in der Klasse stellen und selbst einen Privatunterricht verlangen, wenn es nötig ist?

B Ihre Hausarbeiten machen, aber das Gefühl bekommen, daß es hoffnungslos ist, sich selbst zu hassen beginnen und versuchen, so unsichtbar wie möglich in der Klasse zu bleiben, indem Sie den Augenkontakt mit dem Lehrer vermeiden?

C Frustriert werden, allmählich das Interesse an den Hausarbeiten verlieren, immer mehr zurückfallen und schließlich aufhören?

D Die Möglichkeit zulassen, daß der Lehrer vielleicht nicht so gut ist, und sich von außen Hilfe holen?

E Sich so durchwursteln, an Ihrer Intelligenz zweifeln und schwören, nie wieder einen Computerkurs zu belegen?

6. Erstellen Sie eine kurze Liste Ihrer Tagesaktivitäten, sowohl im Freizeitbereich als auch bei der Arbeit. Welcher der folgenden Punkte beschreibt diese Aktivitäten am besten?

A Es sind Dinge, die Sie früher einmal nur widerwillig taten oder vor denen Sie Angst hatten.

B Es sind Dinge, in denen Sie immer schon gut waren oder für die Sie eine natürliche Begabung haben.

C Es sind Dinge, die keine negative Kritik an Ihnen herausfordern werden.

D Es sind brandneue Dinge, die Sie niemals zuvor versucht haben.

E Es sind Dinge, die Ihnen eher ein Gefühl der erfolgreichen Leistung als einer Herausforderung vermitteln.

7. Aufgrund einer Vielzahl von Umständen haben Sie sich eine Weile schlecht ernährt. Ihre Kleidung ist Ihnen zu eng geworden. Als Sie schließlich den Schritt auf die Waage wagen, stellen Sie fest, daß Sie acht Pfund zugenommen haben. Was werden Sie mit größter Wahrscheinlichkeit tun?

A Einige Zeit damit zubringen, darüber nachzudenken, warum Sie so zugenommen haben, dann einen verantwortbaren Weg suchen, wie Sie das Problem korrigieren können, und sich eine tägliche Belohnung gönnen, die nichts mit Ernährung zu tun hat?

B Eine Panikattacke bekommen, sich selbst hassen, sich als Versagerin fühlen und gelähmt sein vor Depressionen und der Angst, nicht mehr zu genügen?

C Hysterisch alles aus dem Kühlschrank in den Mülleimer werfen, eine Hungerkur machen, die Sie um vier Uhr nachmittags schon durchbrochen haben, und wieder anfangen, sich zu hassen und als Versagerin zu fühlen?

D Keine Zwischenmahlzeit mehr zu sich nehmen und das Abendessen wegfallen lassen?

E Diätbücher lesen, mit Freundinnen über Diäten reden, Ihre Diät planen und auch damit beginnen, aber nie so richtig damit in die Gänge kommen?

8. Sie fühlen sich in Ihrer jetzigen Arbeitssituation festgefahren. Entweder befinden Sie sich schon am obersten Ende Ihrer Karriereleiter oder sehr weit oben, doch Sie beziehen nicht mehr sehr viel Befriedigung aus Ihrer Arbeit. Was werden Sie mit größter Wahrscheinlichkeit tun?

A Andere fragen, die Veränderungen vorgenommen haben, wie sie das gemacht haben, sich Notizen machen und Fragen stellen, wieder mit ihnen reden und noch mehr Fragen stellen?

B Die Elemente in Ihrem Leben überdenken, die man in Betracht ziehen muß, und dann entmutigt sein von den Schwierigkeiten einer Veränderung der beruflichen Laufbahn?

C Das Gefühl bekommen, daß Sie die Energie nicht haben oder auch nicht das Wissen, um so drastische Veränderungen wirklich durchziehen zu können?

D Listen machen, immer wieder selbst und mit anderen darüber nachdenken und strategische Wege entwerfen, die unvermeidlichen Widerstände zu überwinden?

E Ihre Investitionen an Zeit, Energie und Geld noch einmal überdenken, feststellen, daß es nicht wert ist, das alles aufzugeben, im selben Beruf weitermachen und einfach versuchen, das Beste daraus zu machen, indem Sie andere Bereiche in Ihrem Leben finden, in denen sich noch etwas Aufregendes tut?

9. Wieder wollen Sie eine neue berufliche Laufbahn einschlagen. Dafür müßten Sie zurück zur Schule oder an die Uni gehen und noch einmal eine Aufnahmeprüfung bestehen. Sie forschen nach und stellen fest, daß Sie dafür auch eine Mathematikprüfung machen müssen. Was werden Sie mit größter Wahrscheinlichkeit tun?

A Alte Mathe-Bücher ausgraben oder sich neue kaufen, bei Seite 1 anfangen und sich dann durcharbeiten?

B Beschließen, daß es keine Möglichkeit gibt, wie Sie diese Prüfung bestehen können, und entmutigt sein, was die neue berufliche Laufbahn angeht?

C In eine Buchhandlung gehen, ein Exemplar eines Mathematikbuchs kaufen, ein paar Seiten durchblättern und beschließen, daß es keine Möglichkeit gibt, die Mathe-Prüfung zu bestehen, und dann entmutigt sein, was Ihre neue Laufbahn angeht?

D Einen Nachhilfelehrer engagieren, das Material durchsehen, die Hausarbeiten machen und dabei bleiben, gleichgültig, wie frustriert Sie zwischendurch sind?

E Für die nächsten Jahre alle Handlungen in diese Richtung aufschieben?

10. Ihre Ehe (oder Ihre langjährige Partnerschaft) geht in die Brüche. Ihr Partner erklärt, daß er Sie zwar noch mag, sich aber mit den Jahren verändert hat und einen Neuanfang ohne Sie wünscht. Was werden Sie nach der ersten Schock- und Trauerreaktion mit größter Wahrscheinlichkeit tun?

A Akzeptieren, daß sich Menschen und Lebensumstände verändern können, und ihm, obwohl Sie ihn schrecklich vermissen werden, alles Gute wünschen und dazu übergehen, Ihr neues Leben zu planen und sich auf das Single-Dasein einzustellen?

B Das Gefühl haben, wenn Sie nur hübscher, dünner, lustiger, lebhafter, sexuell attraktiver oder sonstwie *anders* gewesen wären, würde er heute noch bei Ihnen sein?

C Sich in Ihr Schneckenhaus zurückziehen und sich einsam und verbittert fühlen?

D Feststellen, daß sein Weggehen mehr über ihn aussagt als über Sie, und ihn ziehen lassen?

E Einen Plan entwerfen, wie Sie ihn zurückgewinnen können?

11. Ihre Familie hält Sie (und all Ihre harte Arbeit) für nicht der Rede wert. Sie erwartet einfach von Ihnen, daß Sie bestimmte Aufgaben übernehmen, sie bedankt sich nie oder erkennt auch nur Ihre Anstrengung an. Was werden Sie mit größter Wahrscheinlichkeit tun?

A Eine Familienversammlung einberufen und allen erklären, wie es Ihnen damit geht?

B Stumm leiden, sich verletzt und vernachlässigt fühlen, aber weiterhin die Arbeit machen, ohne etwas zu sagen?

C Sich vorstellen, daß es sowieso nicht gut wäre, irgend etwas zu sagen, also warum sollten Sie weiter darüber nachdenken?

D (Wenn Strategie A sich als nicht erfolgreich erweist.) Aufhören, diese Arbeiten durchzuführen, bis es jemand bemerkt, und dann mit dem- oder derjenigen darüber diskutieren, warum Strategie A mißlungen ist, und andeuten, daß es in Zukunft zu einer massiven Veränderung in Ihren Haushaltsverantwortlichkeiten kommen wird?

E Durchdrehen, herumschreien, die Arbeit weitermachen, wieder durchdrehen, noch mehr herumschreien, noch weiter arbeiten usw.?

12. Sie gehen mit einem neuen Mann aus, dessen Gesellschaft Sie sehr genießen. Er verspricht anzurufen. Drei Tage vergehen. Er ruft nicht an. Sie warten, inzwischen ist eine Woche vergangen. Immer noch kein Anruf. Was werden Sie mit größter Wahrscheinlichkeit tun?

A Annehmen, daß er vielleicht beschäftigt war, Ihre Telefonnummer verlegt hat oder etwas in der Art, und ihn selbst anrufen?

B Sich jeden Moment des Abends noch einmal ins Gedächtnis rufen (was er sagte, was Sie sagten, Nuancen seines Verhaltens usw.) und versuchen herauszufinden, was um Himmels willen Sie gesagt oder getan oder getragen haben könnten, das ihn so abgeschreckt hat?

C Beschließen, daß Männer einfach nur ein Haufen Mistkerle sind?

D Sich vorstellen: »Tja, es ist *sein* Verlust« und dann mit Ihrem Leben weitermachen?

E Beschließen, daß er es nicht wert ist, ihn zu sehen, wenn er Sie nicht sehen will, aber sich immer noch für den verpatzten Abend etwas verantwortlich fühlen?

13. Ihre Mutter besucht Sie für zwei Wochen. An den ersten Tagen geht es gut, aber schon bald bekommen Sie sich in die Haare und streiten schließlich so, wie Sie es als Kind immer schon getan haben. Schließlich wird die Spannung unerträglich, Sie schreien Ihre Mutter an und bekommen einen heftigen Krach mit ihr. Was werden Sie nach dem Streit mit größter Wahrscheinlichkeit tun?

A Sich mit Ihrer Mutter hinsetzen und ganz ehrlich von Frau zu Frau mit ihr reden, ihr Ihre Sicht der Dinge erklären und noch Detailinformationen hinsichtlich des Verhaltens nachliefern, das Sie so hat reagieren lassen?

B Sich den ganzen Tag schuldig fühlen, als wären Sie »ein böses Mädchen« gewesen, und versuchen, es wiedergutzumachen?

C Sich vorstellen, daß sie sich, so alt, wie sie ist, sowieso niemals ändern wird, und nichts sagen?

D Sich sagen, das läge nun mal in der Natur der Sache bei intimen Beziehungen, es abhaken und ohne weiter darüber nachzudenken, in Ihren Tagesgeschäften fortfahren?

E Sich wie unter B beschrieben schuldig fühlen, aber dann ärgerlich werden, weil sie Ihnen solche Gefühle gemacht hat?

14. Stellen Sie sich vor, daß Sie eine sehr streßreiche Zeit in Ihrem Leben durchmachen, in der sehr viele unvorhergesehene Veränderungen passieren. Vielleicht erinnern Sie sich auch an solche Zeiten. (Andererseits mögen Sie sich vielleicht gerade gar nicht an sie erinnern!) Jedenfalls ist Ihre allgemeine Stimmung eher aufgeregt und sorgenvoll. Was werden Sie mit größter Wahrscheinlichkeit tun?

A Akzeptieren, daß Veränderungen immer mit einem gewissen Unbehagen verbunden sind, dabei versuchen, das Unbehagen in eine Lernerfahrung zu verwandeln, indem Sie mit einem Therapeuten/einer Therapeutin reden, sich in einem Selbsthilfeprogramm engagieren, eine unterstützende Gruppe aufsuchen, meditieren oder alles zusammen tun?

B Sich auf den Kühlschrank stürzen im Versuch, sich etwas zu trösten und der Angst zu entkommen?

C Von der Arbeit nach Hause kommen und sich einen Drink machen (einen Joint drehen, einen Tranquilizer einwerfen), um der Angst zu entkommen?

D Sich an Ihre letzte streßreiche Zeit als eine Wachstumsperiode erinnern und darüber nachdenken, wie Sie damit damals fertiggeworden sind, was funktioniert hat und was nicht, und diesmal bessere, raffiniertere Strategien entwickeln?

E Zu einer Therapeutin gehen oder einer Selbsthilfegruppe beitreten und weiterhin Ihre Angst wegessen oder -trinken?

15. Sie hatten einen großen Erfolg bei der Arbeit oder in Ihrem Privatleben. Eine Bekannte, deren Meinung Sie schätzen, macht Ihnen wegen Ihrer großartigen Arbeit Komplimente. Auf deren Frage »Was ist das Geheimnis deines Erfolges?« werden Sie mit größter Wahrscheinlichkeit antworten:

A »Intelligenz, Erfahrung und Anstrengung.«

B »Es war wirklich nicht so schwer. Ich hatte wahrscheinlich nur Glück.«

C »Ich hatte eine Menge Hilfe von anderen.«

D »Harte Arbeit, Durchhaltevermögen und feste Entschlossenheit.«

E »Tja, ich weiß nicht. In Wirklichkeit waren es eine ganze Menge Sachen. Hmm, es ist schwer, es auf eine oder zwei Ursachen zurückzuführen. Weißt du, was ich meine?«

16. Als Sie sich in der Oberstufe entscheiden konnten, Sprachen oder Mathematik abzuwählen, was haben Sie da getan?

A Sich für Mathe entschieden, erst einmal gar nichts verstanden, dann aber hart gearbeitet, sich durchgebissen und eine gute Note bekommen?

B Sich für Sprachen entschieden und sich ungeheuer erleichtert gefühlt, nicht Mathe genommen zu haben?

C   Sich für Mathe entschieden, erst einmal überhaupt nichts verstanden, keine Hausarbeiten mehr gemacht, aufgegeben und schließlich eine schlechte Note bekommen?

D   Sich für Sprachen entschieden, sich dann aber doch zugetraut, daß Sie auch mit Mathe fertig werden würden, und dann bei der nächsten Gelegenheit auch einen Mathe-Kurs gewählt?

E   Mathe gewählt, es gerade auf eine Vier gebracht und beschlossen, nie wieder einen Mathe-Kurs zu wählen?

17. Stellen Sie sich vor, daß Sie aus irgendeinem Grund Ihren Beruf wechseln *müssen*. Denken Sie über andere Wege nach, die Sie dann einschlagen würden. Was würden Sie tun?

A   Sich die wildesten Möglichkeiten ausdenken?

B   Alles, was auf einem vollständig neuen Gebiet liegen würde, übersehen oder von vornherein ausschließen?

C   Sich nur innerhalb Ihres gegenwärtigen oder der verwandten Bereiche umschauen – Bereiche, in denen Sie sich bereits erfolgreich geschlagen und bewiesen haben, daß Sie etwas leisten können?

D   Sich all Ihre verschiedenen Interessen noch einmal vergegenwärtigen, um zu sehen, welche neuen Möglichkeiten oder alten Talente in der Vergangenheit übersehen wurden?

E   Sich danach sehnen, ein altes, vernachlässigtes Talent oder entsprechende Interessen verfolgen zu können, aber den Gedanken wiederum zurückweisen wegen der Zeit oder der Anstrengung, die nötig wäre, um es doch noch zu einem Beruf darin zu bringen?

18. Erinnern Sie sich an ein besonderes Risiko (ein finanzielles, körperliches oder intellektuelles – nicht ein Risiko in bezug auf eine Beziehung), *gegen* das Sie sich entschieden haben. Was wäre die am meisten zutreffende Beschreibung des Grundes dafür, weshalb Sie sich gegen dieses Risiko entschieden haben?

A   Der Zeitpunkt war falsch.

B   Ich stellte mir alles vor, was falsch laufen könnte, bis ich schließlich in einen Zustand absoluten Entsetzens geriet.

C   Ich entdeckte, daß ich dabei mindestens Unbehagen, wenn nicht sogar »Leiden« in Kauf nehmen müßte.

D   Ich stellte fest, daß ich mehr Informationen oder eine bessere Ausbildung dafür gebraucht hätte.

E   Ich hatte keine Zeit oder kein Geld.

19. Erinnern Sie sich noch einmal an dieses Risiko, für das Sie sich *nicht* entschieden haben. Wenn Sie heute noch einmal vor diesem Risiko stünden, was würden Sie tun?

A   Noch einmal alle die negativen »Was wäre, wenn…«-Gedanken durchgehen, beschließen, daß Sie sich inzwischen genügend geändert haben, um damit fertig zu werden, und diesmal das Risiko eingehen?

B   Noch einmal all die negativen »Was wäre, wenn…«-Gedanken durchgehen und sich wiederum dagegen entscheiden?

C   Es zurückweisen, ohne allzu sehr darüber nachzudenken, weil Sie ja schon früher einmal darüber nachgedacht haben und es damals schon zurückwiesen?

D   Sagen: »Ach, zur Hölle damit« und es anpacken, ohne allzu sehr darüber nachzudenken?

E   Darüber nachdenken, sich danach sehnen, noch mehr darüber nachdenken, sich noch mehr eingesperrt fühlen, aber sich weder endgültig für noch gegen die Idee entscheiden können?

20. Denken Sie an das letzte Risiko, das Sie tatsächlich eingegangen *sind* (wiederum ein finanzielles, körperliches oder intellektuelles, kein Risiko in bezug auf eine Beziehung). Im Rückblick: Was war Ihr häufigstes Gefühl?

A   Hochstimmung.

B   Ängstliche Erregung.

C   Entsetzen.

D   Aufregung.

E   Gedämpfte Begeisterung.

21. In Ihrem Briefkasten steckt das Vorlesungsverzeichnis Ihrer örtlichen Volkshochschule. Eine aufregende Vielzahl neuer Kurse aus zahlreichen verschiedenen Gebieten und zu unzähligen Themen wird darin angeboten. Was werden Sie mit größter Wahrscheinlichkeit tun?

A Sich für einen Kurs anmelden, der sich mit einem Thema beschäftigt, das Sie schon immer interessiert hat, aber von dem Sie keine Ahnung haben?

B Einen Kurs wählen, der dem, was Ihnen vertraut ist, am nächsten ist?

C Sich für einen Kurs entscheiden, bei dem Sie wahrscheinlich einen guten Abschluß machen können?

D Sich für etwas entscheiden, über das Sie noch nie nachgedacht haben, aber das diesmal Ihre Aufmerksamkeit erregte?

E Sich zu etwas Neuem hingezogen fühlen, aber sich dann vorstellen, daß es wahrscheinlich schöner wäre, wenn man schon ein wenig Ahnung hätte?

22. Sie beginnen ein neues Projekt (einen Kurs, eine neue Arbeitsstelle, erwerben eine neue Fähigkeit, erlernen eine neue Sportart, leben zum erstenmal allein, was auch immer). Es ist schwierig und fordert von Ihnen eine ganze Menge Anstrengung. In welche Richtung tendieren Sie?

A Verstehen, daß harte Arbeit ein Teil des natürlichen Prozesses ist, ein Ziel zu erreichen, und daß dies für alle Menschen gilt?

B Das Gefühl haben, wenn Sie so hart arbeiten müssen, dann fehlt Ihnen sicher etwas, das dazugehört, und sich entmutigen lassen?

C Immer weniger Interesse daran haben, das Ziel zu erreichen?

D Sich sagen, daß es Zeit braucht, neue Fähigkeiten zu erwerben, und sich selbst einen Kredit einräumen, noch ein paar Fortschritte zu machen?

E Sich entmutigt fühlen, aber weitermachen, ohne Freude oder Befriedigung?

23. Nehmen wir wieder einmal an, daß Sie eine Veränderung in Ihrem Leben vornehmen wollen. Sie beginnen, darüber mit Freunden zu reden. Wenn diese bestimmte Ideen vorschlagen, wie wird dann Ihre typische Reaktion aussehen?

A »Wie würdest du das ganz genau machen? Könntest du mir bei den einzelnen Schritten helfen?«

B »Ja, aber es wäre doch zu schwierig (würde zu lange dauern, wäre zu teuer usw.).«

C »Ja, aber ich habe doch nicht die nötigen Fähigkeiten (oder Geld, Talent, Ausbildung, Zeit usw.).«

D »Laß uns sehen, ob uns noch mehr einfällt. Ich habe noch keine brauchbare Idee, aber das hier hilft mir schon.«

E »Ich weiß nicht, es ist eine nette Idee, vielleicht könnte ich es auch, aber irgendwie klingt es nicht nach mir. Ich weiß nicht, ich muß noch mal darüber nachdenken.«

24. Greifen Sie ein Problem heraus, das sich in Ihrem Leben ständig zu wiederholen scheint, zum Beispiel, daß Sie immer und immer wieder auf den gleichen Typ Mann hereinfallen, der Ihnen nicht guttut, oder daß Sie chronisch verschuldet sind oder ständig Gewichtsprobleme haben. Denken Sie ein paar Minuten darüber nach. Welche der folgenden Äußerungen beschreibt Ihre Gefühle am genauesten?

A Vielleicht hatte ich vorher nicht genügend Informationen, oder es fielen mir nicht die richtigen Strategien ein, oder ich bekam nicht genügend Hilfe von außen.

B Es ist unwahrscheinlich, daß sich das jemals verändern wird. Ich habe schon alles versucht, was mir nur einfällt. Es ist einfach hoffnungslos.

C Es ist vor allem mein Fehler, so dumm (undiszipliniert, verrückt, ohne Kontrolle, bedürftig usw.) zu sein.

D Vielleicht habe ich es bisher falsch angepackt.

E Ich glaube, ich könnte vielleicht etwas daran ändern, aber dieses Problem betrifft auch alles andere in meinem Leben, und deswegen ist es so schwer.

25. Stellen Sie sich vor, Sie sind in eine neue Stadt umgezogen oder, alternativ, Ihre engsten Freunde sind umgezogen. Sie fühlen sich einsam. Was werden Sie mit größter Wahrscheinlichkeit tun?

A Einer Gruppe beitreten, um neue Menschen kennenzulernen?

B   Ein Vermögen für Ferngespräche mit den alten Freunden ausgeben?

C   Sich zurückziehen und sich noch einsamer fühlen?

D   Sich gezielt um Menschen bei der Arbeit, in der Kirche oder der Uni bemühen und sie wissen lassen, daß Sie für eine neue Freundschaft offen sind?

E   Sich informieren, welche neuen Gruppen es überall gibt, den Gemeindebrief durchforsten, mit Freunden darüber reden, wie es wäre, neue Menschen zu treffen, in Ihrem Kalender Daten notieren, wo Menschen wie Sie sich treffen könnten – und dann nirgendwo hingehen?

Welche Punktzahl haben Sie erreicht?

Zählen Sie Ihre Antworten zusammen, indem Sie sich für jedes B, C oder E einen Punkt geben. Allgemein gesprochen: Je mehr Punkte Sie haben, desto mehr beeinflußt Erlernte Hilflosigkeit Ihr Leben.

Bevor Sie sich jedoch Ihre Punktzahl noch einmal im Detail anschauen, gibt es noch einige wichtige Dinge, die über diesen Test und wie er anzuwenden ist zu sagen wären. Wenn Sie ihn sorgfältig studieren, wird Ihnen dieser Test, wenn auch vereinfacht, drei Dinge vor Augen führen:

1.   das Ausmaß, in dem sich EH sowohl in Ihrem Privatleben als auch in Ihrem Berufsleben äußert;

2.   das Ausmaß, in dem EH Ihre Bereitschaft beeinflußt, Risiken zu übernehmen;

3.   das Ausmaß der emotionalen Zähigkeit, die von Ihnen verlangt wird, um Ihnen durch all die Rückschläge und Frustrationen, die unweigerlich auftreten werden, hindurchzuhelfen.

Wenn Sie bereit sind, sich Zeit zu nehmen, sich immer wieder einmal die Antworten zu überlegen und sie noch einmal anzusehen, während Sie den Rest dieses Buches lesen, dann können bestimmte Themen daraus für Sie besonders wichtig werden: Bereiche Ihres Lebens, in denen EH aktiver ist als in anderen;

Bereiche, in denen Sie bereits bewältigungsorientiertes Verhalten zeigen; Möglichkeiten, gegenwärtiges Bewältigungsverhalten auf neue Situationen zu übertragen usw. Wenn Sie die Übungen und Techniken durchlesen, die in diesem Buch angeboten werden, dann können Sie diese auf Ihre spezifischen Bedürfnisse anwenden.

Lesen Sie alle Abschnitte durch, die sich auf die unterschiedlichen Punktwerte beziehen, nicht nur denjenigen, der auf Sie zutrifft. Selbst wenn Sie nicht in eine bestimmte Kategorie fallen, können Sie dennoch diesen anderen Bereichen wichtige Informationen entnehmen.

Zusammengefaßt: Wenn Sie den Test machen und dann einmal Ihre Antworten durchgehen oder Ihren Punktwert einmal bestimmen und dann nur den Abschnitt lesen, der anscheinend auf Sie zutrifft, dann wird das nicht unbedingt schon etwas verändern. Andererseits können Sie vielleicht die Informationen in sich aufnehmen, damit arbeiten und sie anwenden, um Ihr Überzeugungssystem zu verändern, sich zu neuem Verhalten zu inspirieren und Ihre spezifische Situation zu verbessern – und damit haben sie dann genau das Bewältigungsverhalten entwickelt, um das es hier geht.

Punktwerte

20 bis 25 Punkte
EH spielt in Ihrem Leben eine bedeutsame, Sie schwächende und vielleicht sogar zerstörerische Rolle, und das kann mit Ihrem allgemeinen Gefühl von Panik, Depression, Hoffnungslosigkeit, Bitterkeit, Ihrem Mangel an Motivation und der Unfähigkeit, mit Veränderungen umzugehen oder sie auch selbst zu initiieren, zusammenhängen. Vielleicht sind Sie ebenfalls:

- nicht gewillt, etwas Neues zu versuchen;
- erleichtert, statt gelangweilt, wenn das Leben keine Herausforderung mehr bietet;
- schlagartig entmutigt, sobald Sie frustriert sind;
- bei allem, was schiefgeht, voller Schuldgefühle;

- bei allem, was gelingt, ganz sicher, daß es nichts mit Ihren Fähigkeiten zu tun hatte;
- nicht in der Lage, alternative Pläne zu entwickeln, um ein Ziel zu erreichen.

13 bis 19 Punkte

Obwohl nicht so schwerwiegend wie oben, ist EH dennoch ein kritischer Faktor in Ihrem Leben. Deutlich unterminiert sie Ihre Fähigkeit, ein Ziel zu erreichen, Hindernisse zu überwinden und Ihre Begeisterung auch in schwierigen Zeiten aufrechtzuerhalten. Manchmal kann sie sogar dazu führen, daß auch die einfachsten Lebensaufgaben zu einem Riesenproblem werden. Im Alltag funktionieren Sie vielleicht so, wie Sie es sich wünschen, aber wahrscheinlich zeigen Sie die oben genannten Charaktermerkmale, wann immer unvorhergesehene Veränderungen oder Risiken in Ihrem Leben auftauchen.

7 bis 12 Punkte

Wahrscheinlich funktionieren Sie recht gut, solange alles nach Plan verläuft. Niemand würde Sie als hilflos oder unflexibel betrachten. Dennoch, wenn Sie eher zu der höheren Punktzahl neigen, stellen sich Ihnen trotzdem die Nackenhaare hoch, sobald es um Risiken und Veränderungen geht, und wahrscheinlich gehen solche Veränderungen nicht gerade von Ihnen aus. Darüber hinaus besteht für Sie die größte Herausforderung darin, nicht nachzugeben und weiterhin an sich zu glauben, wenn mitten im Risiko oder der Veränderung Mißerfolge und Rückschläge auftauchen.

Wenn Sie eine nur geringe Punktzahl haben, gehen Sie wahrscheinlich bereits Risiken ein. Ihre größte Schwierigkeit wird aber die Situation »mittendrin« sein, wenn Sie sich vermutlich selbst sabotieren, indem Sie zu schnell aufgeben. Seien Sie für diese Tendenz aufmerksam und arbeiten Sie daran, mehr Durchhaltevermögen zu entwickeln.

1 bis 6 Punkte

Herzlichen Glückwunsch! Sie sind im Grunde eine bewältigungsorientierte Frau. Sie können dieses Buch schließen und etwas anderes tun. Doch auch für Sie kann es durchaus hilfreich sein, sich noch einmal ganz genau anzusehen, in welchen Bereichen ihre EH-Antworten (B, C oder E) auftraten. Das wird es Ihnen ermöglichen, Ihre wunden Punkte herauszufinden, damit Sie beginnen können, auch in für Sie neuen Bereichen Risiken einzugehen.

12 oder mehr E-Antworten

Wenn die meisten Ihrer Antworten in die E-Kategorie fallen, dann sind Sie eine Schauspielerin und verstecken sich hinter einer Maske, die Sie sorgfältig konstruiert haben und die Ihren öffentlichen Auftritten dient. Wahrscheinlich können Sie gut reden und scheinen für andere durchaus fähig zu sein, mit schwierigen Situationen fertig zu werden. Bei genauerem Hinsehen jedoch sabotieren Sie sich wahrscheinlich mit heimlichen Selbstzweifeln, mit Zögern oder Resignation und bringen sich dahin zu akzeptieren, »wie die Dinge nun einmal sind«.

Diese subtile EH ist – wie der subtile Sexismus der neunziger Jahre – vielleicht sogar noch perfider, weil sie schwerer feststellbar ist. Wenn Sie in diese Kategorie fallen, dann achten Sie wachsam auf die clevere Art und Weise, wie Sie sich heimlich selbst das Wasser abgraben. Beobachten Sie Ihr Verhalten und achten Sie einmal darauf, ob Sie feststellen können, wo Sie einfach nur so tun, als würden Sie Situationen bewältigen, und wo Sie sie wirklich bewältigen. Während Sie dieses Buch lesen, achten Sie besonders auf die subtile Weise, in der Sie dieses Verhalten zeigen, während Sie andere zum Narren halten.

Zusammenfassung

Wenn die Mehrzahl Ihrer Antworten in die EH-Kategorie fallen (B, C und E), dann verfügen Sie über eine allgemeine Lebenseinstellung, der eine gute Portion Selbstsicherheit fehlt. Diese Selbstsicherheit bezieht sich auf die Fähigkeit, das gewünschte Ergebnis auch anstreben und erzielen zu können. Wer nicht an sich selbst glaubt, hat damit schon die Grundlage für EH gelegt. Selbstverständlich wird jede, die unter diesem Mangel an Selbstvertrauen leidet, sich bei der Verfolgung von Zielen geschwächt fühlen, auf Veränderungen nicht flexibel reagieren können und kaum bereit sein, Risiken einzugehen und Hindernisse zu überwinden. Mit einem Mangel an Selbstvertrauen zu leben kann die Bewältigung alltäglicher Herausforderungen zu einer ermüdenden und unbefriedigenden Art der Existenz machen.

Wer diese Überzeugung verkörpert, gehört vielleicht zu jenen, die besonders leicht zu identifizieren sind, wie Opfer von Konzentrationslagern, mißbrauchte und mißhandelte Frauen. Vielleicht aber zeigt sie sich bei Ihnen subtiler, etwa durch ein geringes Selbstwertgefühl, einen Mangel an Initiative und Durchhaltevermögen, eine verminderte Anstrengung angesichts von Schwierigkeiten, eine allgemein ängstliche Reaktion auf das Leben. Ein mangelnder Glaube an die eigene Durchsetzungsfähigkeit kann eine Vielfalt psychischer Symptome auslösen, von Panikattacken bis Depressionen.

Darüber hinaus können menschliche Wesen – wie Seligmans Hunde, die blind waren für die Möglichkeit zu fliehen, weil sie an diese Möglichkeit nicht länger glaubten – ähnliche Arten von Situationsblindheit entwickeln, basierend auf ihrem Glaubenssystem. Die menschliche Version dieser Blindheit für die eigenen Möglichkeiten zeigt sich als ein Zusammenbruch der Problemlösefähigkeit – der Fähigkeit, strategisch ein Problem zu durchdenken, mehr als ein Mittel zum Erreichen des Zieles zu entwickeln und Schwierigkeiten durchzustehen –, eine traurige und schwierige Art zu leben.

Wenn Sie eine EH-Punktzahl erreichten, die Sie persönlich als wenig akzeptabel betrachten, und wenn Sie diesen Punktwert nach dem Motto »So ist es nun mal« akzeptieren, ohne zumindest bereit zu sein, die Möglichkeit zur Veränderung in Betracht zu ziehen, dann wird dieser Test für Sie in der Tat eine deprimierende Erfahrung sein. Wenn Sie Ihre Testergebnisse dagegen im Geist der Veränderung, den er meint, auch annehmen können und Ihren Punktwert als ein Werkzeug betrachten, das Ihnen in den frühen Stadien des Wachstums und der Entwicklung helfen kann, dann hat dieser Test seinen Zweck erfüllt.

Das Ziel des Tests ist also nicht, Ihre Realität zu definieren, sondern Ihnen zu helfen, die Art und Weise genauer unter die Lupe zu nehmen, wie diese Realität sich ändern könnte. Wenn Sie sich selbst häufig B-, C- und E-Antworten ankreuzen sahen, dann sind Sie vielleicht ein freiwilliges Opfer, aber erinnern Sie sich daran, daß Sie diesen Zustand verändern können, da alle Bestandteile der EH – Überzeugungen, Reaktionen und Verhaltensweisen – durchaus Ihrer persönlichen Kontrolle unterstehen.

Vielleicht ist der beste Weg zu begreifen, wie EH arbeitet, mit einem allgemeinen Überblick zu beginnen (Kapitel 3), der noch einmal etwas detaillierter wird (Kapitel 4) und genauer beleuchtet, was von Seligman und seinen Mitarbeitern sowie anderen Forschern in den letzten fünfundzwanzig Jahren entdeckt wurde.

Kapitel 3

Flüchten statt standhalten: Was die Forschung sagt

> Wenn du nicht hier und jetzt glücklich sein kannst,
> wirst du es niemals sein.
>
> *Taisen Deshimaru*

Erklärungsstile

Jeder Mensch erlebt schlimme Situationen. Jeder und jede begegnet Furcht und Versagen, Frustration und Rückschlägen, Angst, Zweifel und Verzweiflung. Alle müssen in diesem Leben Risiken eingehen und mit unerwarteten Veränderungen fertig werden. Dies trifft auf jeden Fall zu, ob wir nun hilflos sind oder bewältigungsorientiert, männlich oder weiblich, reich oder arm, jung oder alt. Also warum kämpfen sich manche durch die Hindernisse hindurch und erreichen letztlich ihre Ziele, während andere vom Weg abkommen und schließlich aufgeben?

Seltsam genug: Die Antwort scheint recht einfach zu sein. (Was kompliziert wird, ist das Verhalten.) Der Unterschied zwischen den Bewältigungsorientierten und den Hilflosen liegt in ihrer Erklärung für schreckliche Ereignisse, genannt »Erklärungsstil«. Mit anderen Worten: Die Art und Weise, wie ein Mensch sich selbst ein schlimmes Ereignis, das ihm zustößt, erklärt, scheint wichtiger zu sein als das, was tatsächlich passiert.

Und so funktioniert es. Menschliche Wesen mit ihrem verteufelten, aber irgendwie rührenden Bedürfnis, dem Leben einen Sinn abzuringen, stellen unentwegt die Frage »Warum?« angesichts jedes Ereignisses in ihrem Leben. Da die Realität für eine Vielzahl von Interpretationen offen ist, können antwortsuchende Menschen durchaus auch eine Vielzahl von Erklärungen für die

Ereignisse finden, von denen sie heimgesucht werden. Ein negativer Erklärungsstil, einer, der im Grunde sagt: »Dies wird immer andauern, es wird alles in meinem Leben in Mitleidenschaft ziehen, und es ist meine Schuld«, ist der Erklärungsstil der Hilflosigkeit.

Forscher haben diesen Stil als *stabil* (dies wird immer dauern), *global* (es wird alles andere in meinem Leben in Mitleidenschaft ziehen) und *intern* (es ist meine Schuld) bezeichnet. Ganz im Gegensatz zu den bewältigungsorientierten Menschen, die einen Erklärungsstil haben, den man als *dynamisch* (Dinge können sich ändern), *spezifisch* (dieses Problem ist nur auf einen Bereich begrenzt) und *extern* (dies ist nicht unbedingt mein Fehler) bezeichnen könnte.

Lassen Sie uns dazu einige Beispiele heranziehen. Zwei Frauen befinden sich plötzlich durch eine Scheidung in der Situation, allein mit dem Leben fertig werden zu müssen. Der Erklärungsstil der einen ist hilflos, das heißt stabil, global und intern. Sie sagt:

»Ich werde niemals einen anderen Mann finden, den ich so sehr lieben werde, wie ich Martin geliebt habe.« (Stabil – *dies wird immer andauern.*)

»Ich werde arm und sozial isoliert sein, mich nach Zuwendung und Sex verzehren.« (Global – *es wird alles in meinem Leben in Mitleidenschaft ziehen.*)

»Wenn ich nur eine bessere Ehefrau (oder dünner oder hübscher oder jünger) gewesen wäre, dann wäre er wahrscheinlich immer noch bei mir.« (Intern – *es ist meine Schuld.*)

Die zweite Frau, demselben unvorhergesehenen Ereignis ausgesetzt, aber eher an Bewältigung orientiert, sagt:

»Es wird wahrscheinlich einige Zeit dauern, aber schließlich werde ich wieder Freude an anderen Männern haben und diesen nahekommen.« (Dynamisch – *die Dinge können sich verändern.*)

»Tja, in meinem Leben gibt es im Beziehungsbereich offenbar im Moment einige Probleme, aber wenigstens geht es in meiner Arbeit gut. Ich habe meinen Hund, meinen Humor, meine Freunde, ich schwimme gern (oder lese oder fahre gern Fahrrad oder liebe die Kunst). Ich werde darauf zurückgreifen, um mit dem Beziehungsproblem besser fertig zu werden.« (Spezifisch – *dieses Problem ist nur auf einen Bereich beschränkt*.)

»Ich war in all diesen Jahren eine gute Partnerin, aber Martin mußte offenbar etwas an seinem Leben verändern, und das sagt mehr über ihn aus als über mich.« (Extern – *dies ist nicht unbedingt mein Fehler*.)

Nehmen wir ein weiteres Beispiel: Ein Großunternehmen setzt viele Arbeitskräfte vor die Tür, davon sind auch zwei Kollegen betroffen, die nebeneinander gesessen haben und beide durch die Umstrukturierung ihre Jobs verlieren. Derjenige mit EH wird sich selbst sagen:

»Ich werde niemals einen Job finden, in dem ich so viel verdiene wie in diesem.« (Stabil)

»Während der Zeit der Arbeitslosigkeit werde ich unglücklich sein. Meine Familie wird leiden, alle werden von mir denken, daß ich ein Versager bin, und meine Gesundheit wird sich verschlechtern.« (Global)

»Ich bin einfach verkorkst. Hätte ich nur mehr Durchsetzungsvermögen (oder wäre ich nur klüger oder was auch immer), dann hätten sie mich behalten.« (Intern)

Sein Kollege ist bewältigungsorientiert. Daher gehen ihm ganz andere Gedanken durch den Kopf:

»Die Dinge ändern sich dauernd. Jetzt gibt es schon wieder neue Möglichkeiten und Gelegenheiten, die ich früher noch nicht gesehen habe, jeden Augenblick gibt es eine neue Herausforderung. In fünf Minuten kann irgend jemand auf der anderen Seite der Stadt den Job hinschmeißen und mir damit eine neue Chance geben.« (Dynamisch)

»Tja, zumindest geht es in meinem sonstigen Leben gut. Ich habe eine liebevolle Familie und großartige Freunde und meine Gesundheit und meinen Humor und meine Erfahrungen.« (Spezifisch)

»Ich kann nichts dafür, daß dieses Unternehmen Probleme bekommen hat und umstrukturiert werden muß.« (Extern)

Zusammengefaßt sind also die beiden Erklärungsstile für schlimme Ereignisse wie folgt:

Erlernte Hilflosigkeit: stabil (keine Veränderung)
global (betrifft auch alles andere)
intern (meine Schuld)

Bewältigungsorientierung: dynamisch (ermöglicht Veränderung)
spezifisch (Problem ist auf bestimmte Bereiche begrenzt)
extern (nicht unbedingt mein Fehler)

Um die Sache noch schlimmer zu machen, lernen wir in unserer Kindheit, wenn wir mit Problemen konfrontiert werden, eine Vielzahl von Sätzen und Denkweisen, die Hilflosigkeit bestärken, besonders in herausfordernden Lebensumständen. Sie alle habe ich schon in meinen Seminaren zu hören bekommen:

Stabil: »Es war schon immer so.«
»Es liegt in unserer Familie.«
»Frauen sind einfach nicht so fähig…«
»Männer sind nun mal so.«
»Es wird nie besser werden.«
»Man kann gegen die da oben sowieso nichts ausrichten.«

>Je mehr sich die Dinge verändern, desto mehr bleiben sie, wie sie sind.«

Global:
>Nichts wird so, wie ich es mir vorgestellt habe.«
>Alles ist vermasselt.«
>Alles andere hängt da dran.«
>Nichts funktioniert. Ich habe schon alles versucht.«
>Ich kann an nichts anderes mehr denken.«

Intern:
>Es ist alles meine Schuld.«
>Ich vermassele immer alles.«
>Was ist bloß los mit mir?«
>Ich werde das nie auf die Reihe kriegen.«
>Wenn ich nicht so dumm, fett, häßlich, undiszipliniert usw. wäre, dann wäre das nie passiert.«
>Menschen, die erfolgreich sind, kennen Versagen einfach nicht. Nur Versager erleben ihr Versagen.«
>Ich habe einfach nicht das Zeug dazu.«
>Ich habe meinen Instinkt verloren.«
>Wie konnte ich bloß so dumm sein?«
>Wie bin ich bloß auf so eine verrückte Idee gekommen?«

Wenn Sie sich einen Augenblick Zeit nehmen, sich noch einmal den Test anzuschauen, dann werden Sie feststellen, daß die Hilflosigkeitskategorien (B, C und E) einen Mangel an Vertrauen in die eigene Durchsetzungsfähigkeit zum Ausdruck bringen, wie er sich in einem negativen Erklärungsstil widerspiegelt. Die bewältigungsorientierten Antworten (A und D) andererseits spiegeln einen Glauben an die eigene Durchsetzungsfähigkeit, basierend auf einem positiven Erklärungsstil. (Dies wird in späteren Kapiteln noch im einzelnen diskutiert werden.)

Im Grunde reflektiert dieser EH-Stil einen noch heimtückischeren und zerstörerischeren Glauben: daß die Wirklichkeit und die eigene Identität sich niemals ändern werden, daß das, was in der Vergangenheit geschah, oder die Art, wie ich mich früher verhalten habe, unverändert auch in der Zukunft genauso bleiben wird, daß meine Mißgeschicke und meine Eigenheiten von früher beweisen, daß ich in Zukunft ebenfalls scheitern werde. Der bewältigungsorientierte Stil spiegelt die entgegengesetzte Überzeugung wider: Was gestern geschah, ist keine Garantie dafür, was morgen geschehen wird, was ich gestern getan habe, läßt nicht unbedingt darauf schließen, für welches Verhalten ich mich morgen entscheiden werde, frühere Mißgeschicke haben nur Einfluß darauf, daß ich meine Strategie entsprechend anpasse, um in Zukunft mehr Erfolg zu haben.

Die Ironie ist, daß keine der beiden Überzeugungen die Realität unbedingt widerspiegelt. Keine der beiden Überzeugungen verzerrt die Realität. In Wirklichkeit geht es überhaupt nicht um die Realität!

Wie befreiend es sein kann, wenn man das wirklich tief verinnerlicht und durchdenkt! Offen gesagt: »Was geschah« spielt überhaupt keine Rolle, lediglich, was Sie *glauben*, was passiert ist, und wie Sie sich daraufhin verhalten, basierend auf Ihrem jeweiligen Erklärungsstil. Die Feststellung, daß bewältigungsorientierte Menschen ihre Wirklichkeit anders erklären als die Hilflosen, bietet genügend Anregung, um die eigene Erklärung der Realität zu verändern, so daß die Aufgabe, das daraus resultierende Verhalten ebenfalls zu verändern, weniger entmutigend wirkt.

In einem meiner Seminare teilte eine schwarze Frau mit großen goldenen Ohrringen und einem Kopftuch mit Tiger-Muster uns folgende Beobachtung mit: »Ich erinnere mich, wie einmal meine Therapeutin etwas zu mir sagte, das mich zu dem Zeitpunkt wirklich beeindruckte und das jetzt für mich sogar noch mehr Sinn bekommt. Ich erzählte ihr irgendeine Geschichte aus meiner Kindheit von meinem Vater. An einem bestimmten Punkt unterbrach ich mich und sagte: ›Tja, tatsächlich bin ich nicht hundertprozentig sicher, daß es sich genauso und nicht anders abgespielt hat.‹ Ihre Reaktion warf mich einfach um. Sie sagte nämlich: ›Es spielt keine Rolle, wie es passiert ist; das einzige, was zählt, ist, wie Sie *glauben*, daß es passiert ist.‹

Das war das erste Mal, ehrlich, daß ich so etwas gehört habe.« Sie kicherte ein wenig und fügte hinzu: »Das bringt mich zum Lachen.«

»Warum zum Lachen?« fragte ich.

»Weil, du meine Güte, wir nehmen alle die Wirklichkeit so ernst, als ob wir sie ausfindig machen könnten. Jetzt sehe ich, daß es in Wahrheit so ist: Wir können genausogut die Erklärung wählen, die uns am meisten guttut.«

Das scheint mir ein guter Rat zu sein. Auf der Suche nach der Erklärung, die uns am meisten guttut, wird das nächste Kapitel das spezifische Verhalten aufzeichnen, das aus dem EH-Glaubenssystem folgt. An dieser Stelle wollen wir jedoch die Forschung über Hilflosigkeit versus bewältigungsorientiertem Verhalten bei Kindern betrachten. Dies ist nützlich, da es uns eine Art Landkarte über die beiden verschiedenen Stile mit auf den Weg gibt. Ich bitte Sie, diese Forschungsergebnisse nicht einfach deswegen zu übergehen, weil sie sich auf Kinder beziehen. Schließlich erwerben wir in unserer Kindheit die Muster von Hilflosigkeit oder Bewältigungsorientierung, die wir bis in unser Erwachsenenleben hinein behalten.

Die Kinder in diesen Studien wurden ausgewählt, weil ihre Fähigkeiten in bezug auf Schnelligkeit, Genauigkeit und Denkfähigkeit grundsätzlich ähnlich waren. Man zeigte ihnen Rätsel und / oder Probleme, welche die typischerweise bei einem Eignungs- oder Leistungstest erforderlichen Fähigkeiten verlangten. Da ihre allgemeine Intelligenz kein Unterscheidungsmerkmal darstellte, sollte man erwarten, daß die Kinder auch ähnlich reagierten, wenn sie mit Schwierigkeiten konfrontiert wurden. Dies war jedoch nicht der Fall. In Wirklichkeit spornten die Schwierigkeiten manche Kinder dazu an, daraufhin bessere Leistungen zu erbringen, während andere aufgaben. Manche Kinder waren nach einfachen Fehlern derart gelähmt, daß sie dieselben Probleme, die sie vorher noch leicht gelöst hatten, nicht mehr lösen konnten!

Um die Dynamik dieses Phänomens zu verstehen, entwarfen die Forscher einen weiteren Test, bei dem die Kinder zunächst

Erfolg hatten und dann Mißerfolg erlebten. Mit anderen Worten, Verwirrung, Hindernisse und Scheitern wurden experimentell verursacht.

Die Hauptunterschiede zwischen den Kindern bestanden jetzt in ihrem *Denken* über Scheitern und Erfolg oder in der Art, wie sie ihre Situation *analysierten*. Hilflose Kinder zum Beispiel schrieben einen Fehler eher ihrem eigenen Versagen zu als bewältigungsorientierte Kinder, die, wenn sie einen Fehler erkannten, ihn zunächst dem Zufall zuschrieben oder als etwas Vorübergehendes betrachteten, das mit der Zeit korrigiert werden könnte. Die hilflosen Kinder versuchten, die Fehler zu *erklären*, indem sie sie ihren eigenen mangelnden Fähigkeiten oder ihrem Verlust von Fähigkeiten zuschrieben [»ich kann das nun einmal nicht (mehr)«], während die bewältigungsorientierten Kinder *keine* Erklärungen für ihre Fehler abgaben.

Hilflose Kinder wurden von dem Versuch, ihren Irrtum zu erklären, so in Anspruch genommen, daß sie mehr Zeit damit verbrachten, sich zu erklären, *warum* sie versagten, als zu versuchen, ihren Irrtum zu korrigieren, und deswegen wurden ihre Leistungen immer schlechter. Im Gegensatz dazu kümmerten sich die bewältigungsorientierten Kinder nicht darum, irgendeine Erklärung zu finden, weil sie Fehler nicht als eigenes Versagen interpretierten. Statt dessen verbrachten sie ihre Zeit damit, herauszufinden, wo sie den falschen Weg eingeschlagen hatten und wie sie ihre Leistungen verbessern oder verändern konnten. Daraufhin verbesserte sich ihr Leistungsniveau auch tatsächlich. Im Grunde bestand der Unterschied darin, daß hilflose Kinder einen Fehler als ein Zeichen für ihre mangelnden Fähigkeiten betrachteten, während bewältigungsorientierte Kinder denselben Fehler als einen Hinweis darauf betrachteten, ihre Strategie zu verändern.

Dieselben Fakten, unterschiedliche Schlußfolgerungen.

Doch die Unterschiede gingen noch weiter. Die hilflosen Kinder entwickelten negative Gefühle über die Aufgabe und sich selbst und wollten aufhören. Bewältigungsorientierte Kinder bekamen eine positivere Einstellung und äußerten Vergnügen an der Vorstellung, herausgefordert zu werden, und sie feuerten sich sogar selbst an, indem sie sich laut Mut zusprachen. Schließlich verallgemeinerten die hilflosen Kinder ihr Mißgeschick und sagten sich selbst auch zukünftiges Scheitern voraus, während die bewältigungsorientierten Kinder sich selbst einen Erfolg in der Zukunft zuschrieben, *trotz* ihrer gegenwärtigen Schwierigkeiten. Da die Kernsituation (experimentell erzeugtes Scheitern) für alle an der Studie beteiligten Kinder gleich war, mußten die Unterschiede in den Kindern selbst liegen.

Um die Sache, von unserem Standpunkt aus betrachtet, noch schlimmer zu machen, hat eine Studie nach der anderen gezeigt, daß Mädchen mit viel größerer Wahrscheinlichkeit die hilflose Reaktion auf Scheitern zeigen als Jungen. Erstens bringen sie stets mehr Angst davor zum Ausdruck, sie könnten versagen, als Jungen.[1] Zweitens erholen sie sich nicht so schnell von einem Scheitern und vermindern ihre Erwartung an sich selbst in neuen Situationen.[2] Eine Studie erfaßte die Auswirkungen der Verwirrung auf Mädchen und ihr darauf folgendes Lern- und Leistungsniveau. So seltsam es auch scheinen mag: Je *klüger* die Mädchen, desto *weniger* wahrscheinlich bewältigen sie neues, verwirrendes Material.[3] Drittens haben Mädchen, die schon in der Kindheit besonders große Angst vor Versagen bekommen, im Erwachsenenalter mit größerer Wahrscheinlichkeit ebensoviel Angst zu versagen, anders als Jungen, die die Furcht vor Versagen in ihr Erwachsenenleben mitnehmen – oder auch nicht.[4]

Ursachen für Erlernte Hilflosigkeit

Über die Gründe dafür, daß dieses hilflose Verhalten bei Frauen auch heutzutage noch existiert, lassen sich interessante Spekulationen anstellen. Schließlich – hat die Frauenbewegung nicht unsere Einstellungen verändert? Gehen heutzutage nicht mehr und mehr Frauen größere Risiken ein? Haben unsere Erfahrungen in Panama und im Golf-Krieg nicht gezeigt, daß Frauen selbst in Kriegssituationen sehr wohl bestehen können? Fallen wir uns nicht selbst in den Rücken, wenn wir annehmen, Frauen seien hilfloser als Männer?

In mancher Hinsicht könnte die Antwort auf all die oben genannten Fragen ein klares und deutliches Ja sein, wären da nicht zwei Fakten. Erstens: Die oben erwähnten Veränderungen sind nur bei einer Minderheit von Frauen zu beobachten. Und zweitens: Die Forschung beweist das Gegenteil. Frauen neigen dazu, Konflikte oder Gefahren zu vermeiden, und zeigen, wenn sie erst einmal ein Scheitern erlebt haben, ein verringertes Ausmaß an Selbstsicherheit und einen deutlichen Mangel an Initiative.

Tatsache ist, daß Veränderungen sehr viel langsamer vor sich gehen, als die meisten von uns glauben. Einstellungen mögen sich verändern, aber das Verhalten, das daraus folgen muß, entwickelt sich sehr viel langsamer. Für die meisten von uns (Gewohnheitstiere, die wir sind) ist eine Einstellungsveränderung und deren Umwandlung in beobachtbares Verhalten eine langwierige, mühsame Angelegenheit. Denn nach wie vor sind eine Reihe von Kräften am Werk, sowohl kulturell als auch individuell, die Hilflosigkeit bei Frauen verstärken.

Zunächst ist da das Thema Gewalt. In einer Gesellschaft zu leben, die Frauen gegenüber gewalttätig ist, sie sogar in mancher Hinsicht als Beute betrachtet, ruft Angst und Hilflosigkeit bei Frauen hervor. In den USA wird, statistisch gesehen, alle achtzehn Sekunden eine Frau brutal von einem Mann mißhandelt. Jedes Jahr sterben viertausend Frauen durch die Hand von Männern, die eigentlich vorgeben, sie zu lieben.[5] Selbst wenn Frauen nicht mißhandelt werden, so sind sie doch täglich mit Schlagzeilen von Vergewaltigung, sexuellem Mißbrauch, Entführung und Ermordung konfrontiert; sie sehen im Kino oder Fernsehen brutale Filme, deren Opfer regelmäßig jung und weiblich sind; sie betrachten Musik-Videos, deren Texte häufig männliche Phantasien von Gewalt und Beherrschung der Frauen verherrlichen und fördern. Also fühlen sich Frauen unsicher in ihrer eigenen Gesellschaft. Sie neigen dann weniger dazu, Risiken einzugehen (wer kann es ihnen auch verdenken?), und suchen sich statt dessen einen »sicheren Mann«, der sie beschützen soll.

Das zweite Thema ist die Abwertung von Frauen im allgemeinen. Zwar hat es in dieser Hinsicht ein paar Veränderungen gegeben, doch nach wie vor sendet unsere Gesellschaft die Botschaft aus, daß die Charakterzüge, die mit Weiblichkeit zu tun haben, nicht so geschätzt werden wie diejenigen, die man mit Männlichkeit assoziiert. Dies spiegelt sich vor allem in den unterschiedlichen Löhnen wider, wobei Dienstleistungsberufe (weibliche Berufe) sehr viel schlechter entlohnt werden als Berufe in der Produktion (männliche Berufe), um nur ein Beispiel zu nennen.[6] Wann immer eine Gruppe auf diese oder ähnliche Weise unterbewertet wird, neigen die Mitglieder dieser Gruppe dazu, die Verantwortung für ihre Probleme zu verinnerlichen. Mit anderen Worten, wenn sie auf Schwierigkeiten stoßen, Rückschläge oder ein Scheitern erleben, verhalten sie sich so, wie die Gesellschaft es von ihnen erwartet, und kommen zu der Schlußfolgerung, daß mit ihnen etwas nicht stimmen kann. Diese Tendenz innerhalb der weiblichen Bevölkerung spiegelt sich genauso in der schwarzen Bevölkerung in den USA und stimmt auch mit der Forschung zu EH bei gesellschaftlichen Minderheiten[7] überein.

Drittens werden die Eltern zu Fackelträgern der kulturellen Vorurteile und Überzeugungen und reichen diese von einer Generation zur anderen weiter (oft unbewußt), indem sie ihre Kinder dazu erziehen, das Verhalten zu zeigen, das die Gesellschaft als jeweils angemessen für sie betrachtet. Zum größten Teil sind das harmlose, häufig sogar notwendige Praktiken, welche die soziale Maschinerie in Gang halten. Sind kulturelle Erwartungen aber mit subtilem Sexismus getränkt, können diese Fackeln, wenn sie weitergegeben werden, einige Mitglieder dieser Gesellschaft verbrennen und dauernde Narben hinterlassen, etwa Angst und Hilflosigkeit.

In einer Studie wurden Eltern dabei beobachtet, wie sie ihren Söhnen und Töchtern (getrennt) halfen, ein kompliziertes Puzzle zusammenzusetzen; das Verhalten der Eltern zeigt, wie eine solche Fackel weitergegeben wird.[8] In dieser Studie betonten beide Eltern, besonders aber die Väter, bei den Jungen den Leistungsaspekt der Aufgabe. Sie legten Wert auf die Bewältigung der Aufgabe und die Prinzipien des Problemlösens. Sie beantworteten mehr aufgabenorientierte Fragen bei den Jungen und setzten ihnen höhere Standards. Die Betonung bei den Mädchen lag andererseits auf dem Spaß am Spiel. Hier konzentrierten sich die Väter mehr auf die zwischenmenschliche Kommunikation mit ihren Töchtern, das heißt, sie scherzten mit ihnen, trösteten sie, spielten mit ihnen – ganz im Gegensatz zu der aufgabenorientierten Kommunikation mit ihren Söhnen. Und schließlich zeigten die Väter sich bei den Töchtern mehr besorgt um ihr emotionales Wohlergehen als um die Lösung der Aufgabe.

Die bedeutendste Facette dieser Studie verweist jedoch darauf, wie eine Art des Entkommens, des Erlösen-lassen-Wollens antrainiert wird. Wenn ein Mädchen im Laufe der Versuche, das Puzzle zusammenzubekommen, frustriert wurde und entsprechende Gefühle zeigte, versuchten die Väter, jedes Unbehagen ihrer Tochter zu beseitigen, indem sie die Puzzlestücke *für* die Tochter an die richtige Stelle legten, *bevor sie um Hilfe gebeten hatte.* Dieses Verhalten, bekannt als *vorzeitige Rettung,* stand in deutlichem Kontrast zum Verhalten der Väter gegenüber ihren Söhnen, deren emotionale oder frustrierte Ausbrüche sie ignorierten. Wenn ihre Söhne Gefühle zeigten, übersahen die Väter sie einfach und betonten weiterhin die Lösung der Aufgabe und die Prinzipien des Problemlösens.

Die vorzeitige Rettung der Tochter durch den Vater ist offensichtlich durch Liebe motiviert, aber sie lehrt mit tödlicher Sicherheit Erlernte Hilflosigkeit. Denken Sie einmal darüber nach. Die Botschaft hinter der vorzeitigen Rettung lautet: »Du kannst das nicht allein. Du brauchst meine Hilfe.« Obwohl Väter sicherlich nicht beabsichtigen, ihre Töchter hilflos zu machen, enden ihre offensichtlich eifrigen Bemühungen, sie vor jedem Risiko oder dem Unbehagen einer angsterregenden Situation gegenüber zu bewahren, darin, daß sie ihnen Erlernte Hilflosigkeit beibringen.

Es ist nur fair zu sagen, daß wir Frauen gewöhnlich dankbar sind für diese Art der Rettung. Wenn unsere Väter sich besonders eifrig zeigen, uns vor den Konsequenzen unserer Handlungen zu beschützen (zum Beispiel unsere Schulden bezahlen, unser Auto reparieren, die Miete vorstrecken, uns in Konfliktsituationen mit anderen vertreten), werden wir es schließlich geradezu erwarten. Doch der Preis für diese Rettung ist hoch – mangelndes Vertrauen in unsere Fähigkeit, das alles selbst zu tun.

Eine weitere Studie, die im Jahre 1974 durchgeführt wurde*, zeigte auf ähnliche Weise, wie kulturelle Vorurteile selbst unsere Wahrnehmung der Geschlechter beeinflussen können.[9] In der Studie wurden männliche und weibliche Neugeborene nach Größe und Gewicht ausgesucht. Eine Gruppe (sie bestand sowohl aus Mädchen wie aus Jungen) wurde in Blau gekleidet; die andere, ebenfalls beiderlei Geschlechts, in Rosa. Die Eltern wurden dann gebeten, die Babys zu beschreiben. Die blaue Gruppe wurde als gesund, robust, stark und aufmerksam beschrieben; die rosa Gruppe als süß, zerbrechlich, anmutig und hübsch.

Offensichtlich werden solche Überzeugungen die Eltern dazu verleiten, sich dem Kind gegenüber entsprechend zu verhalten, also die »starken, robusten« Babys anders als die »zerbrechlichen, anmutigen« Babys zu behandeln. Eine Reihe von Studien zeigt, daß Väter mit ihren Söhnen mehr spielen als mit ihren Töchtern.[10] Darüber hinaus sind Väter mit den Jungen körperlich mehr aktiv und fordern sie mehr heraus. Sie heben ihre Söhne mehr hoch als ihre Töchter und werfen sie in die Luft, mit den Töchtern wiederum interagieren sie auf ruhigere Weise, sie necken sie, umarmen sie und schmusen mit ihnen.

Die große Ironie besteht hier darin, daß weibliche Babys in Wirklichkeit körperlich robuster sind als männliche. Die Sterblichkeitsrate bei der Geburt ist für weibliche Babys niedriger; diese haben ein reiferes Skelett bei der Geburt als die Jungen (obwohl die etwas schwerer sind); und sie neigen dazu, weniger Ärger zu machen und schneller heranzuwachsen.

In ihrer Reifung führen die Mädchen die Entwicklung weiter an. Sie sprechen früher, lesen früher, rechnen früher und sind in der Regel besser in der Schule, sogar in Mathematik, bis zum Eintritt in die Mittelstufe, wenn die »Weiblichkeit« für sie zur Priorität wird, und dann erzielen sie nach und nach immer

* Obwohl eine Studie aus dem Jahre 1974 uns etwas alt vorkommen mag, bitte ich Sie, doch im Gedächtnis zu behalten, daß die Mädchen, die in dem Jahr dieser Studie geboren wurden, jetzt fast zwanzig sind. Was sie als Kinder gelernt haben, von einer Elterngeneration, von der man annahm, daß sie das weibliche Potential eher erkannte, erscheint überraschend altmodisch.

schlechtere Leistungen.[11] (Nebenbei bemerkt verbessern sich die durchschnittlichen Notenwerte für die Jungen in dieser Zeit ihres Lebens.)

Die Wahrnehmungen und Beschreibungen von Angehörigen des männlichen beziehungsweise des weiblichen Geschlechts beruhen nicht auf Tatsachen, sondern auf kulturell vorherbestimmten Erwartungen. Die Wahrnehmung, ein Mädchen sei schwächer als ein Junge, verstärkt die Überzeugung, daß es beschützt und gerettet werden muß, motiviert die Eltern, ihre Tochter zu früh aus angsterregenden Situationen zu retten, ruft mehr EH bei Mädchen hervor – und so schließt sich der Teufelskreis.

In einer weiteren Studie, die 1977 durchgeführt wurde (die Kinder der Teilnehmer dieser Studie sind heute fünfzehn Jahre alt), wurden zweitausend Eltern gebeten, eine Reihe von Charakterzügen aufzulisten, die sie für ihre Söhne und Töchter wünschten.[12] Doppelt so viele Eltern notierten »hart arbeitend« und »ehrgeizig« als Wunsch für ihre Söhne im Vergleich zu ihren Töchtern. Die Eltern hielten es auch für wichtig, daß ihre Söhne »selbstverantwortlich« und »verantwortlich für andere« sein sollten, während sie von ihren Töchtern erwarteten, »sich gut zu benehmen«, »nett« und »attraktiv« zu sein – nicht gerade die Wesensmerkmale der Verwegenheit, wie sie ein Risikosucher der bewältigungsorientierten Art benötigt!

In vielen Haushalten trifft Vati immer noch die wichtigen Entscheidungen, etwa wenn es ums Geld geht oder die Wahl des Wohnortes. Wenn das nicht ausgeglichen wird durch beobachtbare Entscheidungen, die von der Mutter getroffen werden, übermittelt diese Praxis den Töchtern einige sehr negative Botschaften – zum Beispiel »Frauen treffen schlechte Entscheidungen«, »Frauen brauchen keine Entscheidungen zu treffen (andere werden das für sie tun)«, »Frauen brauchen keine Verantwortung für ihre Handlungen zu übernehmen«. Keine dieser zwischen den Zeilen zu lesenden Botschaften ist dazu geeignet, bewältigungsorientiertes Verhalten bei einer Heranwachsenden zu fördern.

Bald danach verhält sich die Gesellschaft genauso wie die Kleinfamilie und verstärkt die frühe Rettung der Mädchen. Studien zeigen, daß Lehrer den schulisch schwachen Jungen in ihrer Klasse mehr Rückmeldung geben als den schwachen Mädchen.[13]

Jungen werden für ihre mangelnde Anstrengung verantwortlich gemacht, und man sagt ihnen, sie könnten Erfolg haben, wenn sie es nur ernsthafter versuchen würden. Mädchen bekommen »Hilfe« bei schwierigem Material. Lehrer beauftragen immer noch die Jungen, wenn es darum geht, Bücher zu tragen und Möbel zu rücken, während Mädchen die Tafel abwischen und Eintragungen ins Klassenbuch vornehmen. Von Jungen erwartet man, daß sie lernen, sich um ihre Autos zu kümmern und die Reifen selbst zu wechseln. Mädchen bitten ihre Freunde und Väter, das für sie zu tun. Von Jungen wird erwartet, daß sie hinausgehen und während des Studiums ihr Geld selbst verdienen, während viele Mädchen (nicht alle) einfach das Geld von zu Hause bekommen. Von Mädchen erwartet man nicht, daß sie lernen, sich körperlich zu verteidigen, von Jungen sehr wohl. Mädchen und Jungen wird nach wie vor gleichermaßen suggeriert, daß der Mann die Verantwortung als Ernährer der Familie haben wird.

So wird den Mädchen subtil EH beigebracht und von Generation zu Generation weitergereicht, durch Erziehungsstile, unbewußte Familieninteraktionen und kulturelle Gewohnheiten. Obwohl wir *sagen*, daß wir unsere Mädchen gerne stark und unabhängig sehen wollen, verrät unser Verhalten eine tiefere, verborgenere Überzeugung, daß Mädchen nämlich zerbrechlicher sind und daß man ihnen Schwierigkeiten, Risiken oder Unbequemlichkeiten ersparen sollte. Als Gesellschaft glauben wir daran, daß ein Mann lernen muß, in seinen Jugendjahren einige Unbequemlichkeiten auf sich zu nehmen, um sich darauf vorzubereiten, in Zukunft Risiken eingehen und bewältigen zu können. Wir versuchen, seinen Charakter zu formen, indem wir ihm beibringen, seine Grenzen auszutesten und weiter zu stecken. Wir vermeiden es, Jungen aus Situationen zu retten, damit sie nicht »weibisch« werden, aber wir tolerieren die Konsequenzen, die eine frühzeitige Rettung von Mädchen mit sich bringt.

Am wichtigsten ist jedoch, daß in unserer Gesellschaft alle Faktoren zusammenwirken: Wir definieren die Charakterzüge eines bewältigungsorientierten, Risiken eingehenden Menschen als »maskulin«. Und in der Tat zeigt uns die Forschung, daß viele Frauen nach wie vor Furcht vor Erfolg haben, weil sie diesen als unvereinbar mit ihren Rollenerwartungen als weibliche Wesen betrachten und negative Konsequenzen voraussehen.[14] Sie unterdrücken ihre Fähigkeiten, besonders in gemischtgeschlechtlichen Wettbewerbssituationen. Dies wird im einzelnen noch in Kapitel 5 diskutiert werden, für den Augenblick soll es genügen, daß das Demonstrieren von bewältigungsorientiertem Verhalten für solche Frauen ein Dilemma darstellt, die sich gern als weiblich betrachtet und behandelt sehen wollen, die gern attraktiv sein wollen und es fürchterlich finden, wenn ihr Verhalten als »männlich« beurteilt wird.

Erlernte Hilflosigkeit, Computer und Mathematik

> Gleichgültig, wieviel Schwierigkeiten Sie
> mit der Mathematik haben,
> meine sind immer noch größer,
> das kann ich Ihnen versichern.
> *Albert Einstein*

Letztlich hat die schlecht angepaßte, hilflose Reaktion, die Mädchen zeigen, wenn sie intellektuell herausgefordert werden, ihre größte Auswirkung auf dem Gebiet der Mathematik. Es gibt wohl keinen größeren Indikator für unseren mangelnden Willen, riskante oder schwierige Lebensumstände zu meistern, als die überwältigend gemeinsame weibliche Krankheit der Mathematik-/Computer-/Technologie-Angst.*

---

* Und die Situation verändert sich nur langsam. Noch im Jahre 1988, als von Mädchen vermutet werden konnte, daß sie auf diesem Gebiet bereits unendliche Fortschritte erzielt hatten, wurden nur 12,2 Prozent aller Doktortitel in Mathematik, Ingenieurwissenschaften und Physik in den USA an Frauen verliehen.[15] Da diese Gebiete in der Vergangenheit absolut männlich dominiert waren, bedeutet jede Erhöhung der Anzahl von Frauen bereits einen großen Anstieg ihres Prozentsatzes. Wenn zum Beispiel eine Mathematikklasse vor fünf Jahren noch bloß drei junge Frauen enthielt und jetzt, fünf Jahre später, neun junge Frauen in der Klasse sitzen, wird die Statistik einen dreihundertprozentigen Anstieg registrieren! Das klingt wunder-

Sollten einmal Wesen von einem anderen Stern uns beobachten, dann würden sie wahrscheinlich zu der Schlußfolgerung kommen, daß die weiblichen Mitglieder unserer Spezies im Alter von etwa dreizehn Jahren von einer Art »Computervirus« attackiert werden. Dieses »Virus« scheint das Mathematik-Zentrum im Gehirn zu attackieren (das nicht existiert, wie ich nebenbei bemerken will, weder im männlichen noch im weiblichen Gehirn), sich dann auf alles auszubreiten, das auch nur entfernt mit Mathematik zu tun hat (Computer, Physik und Technologie), und das von diesem Virus befallene weibliche Wesen davon zu überzeugen, es sei einfach nur dumm oder zumindest irgendwie schrecklich schief gewickelt.

Mit den Jahren haben Forschungsarbeiten auf einer Vielzahl von Gebieten versucht, die Mathematik-Unfähigkeit von Frauen auf biologischer Grundlage zu beweisen, aber diese Beweise stehen bis heute aus. In der Sowjetunion zum Beispiel ist das Leistungsniveau von Jungen und Mädchen sowohl in Mathematik als auch in Physik vergleichbar.[16] Männliche und weibliche Studenten in Asien zeigen ebenfalls gleiche Leistungen in Mathematik und Naturwissenschaften, und das gilt auch für amerikanische Jungen und Mädchen, *die jünger sind als dreizehn Jahre.*

Und so funktioniert das: In der Grundschule ist der Stoff gewöhnlich nicht herausfordernd genug, um Verwirrungen auszulösen, und wenn es doch geschieht, dann gibt es keine Möglichkeit, dem auszuweichen. Ab der Mittelstufe jedoch werden die Mathematikklassen intellektuell anspruchsvoller. Da Mädchen dazu neigen, ihr Scheitern zu verinnerlichen, ist eine schlechte Note oder ein Zustand der Verwirrung für sie der Beweis, daß ihnen die entsprechende Fähigkeit fehlt (anders als bei den Jungen, die sich eher darauf einstellen und es einfach noch stärker versuchen). Unfähig, dem dauernden Angriff auf ihr Selbstwertgefühl standzuhalten, den männliche Jugendliche gar nicht erleben, geben sie auf und wählen Mathematik, wenn die Möglichkeit besteht, ab.

bar, bis man entdeckt, daß die Zahl der Teilnehmer in der Klasse insgesamt zweiundfünfzig betrug. (Diese Zahlen stammen aus einer Oberschule in Denver.)

Da Mathematik ein Fach ist, in dem jeder Schüler mit sehr großer Wahrscheinlichkeit Verwirrung und Mißerfolg erleben wird, besonders zu Beginn eines neuen Stoffes, stellt das Erlernen der Mathematik genau die Art von Bedingung dar, unter der Hilflose typischerweise aufgeben. Aus diesen Gründen ist es so wichtig, neue Erklärungsstile und Verhaltensweisen zu erlernen. Am Ende dieses Kapitels begegnen wir nun Terri und Pat, zwei Frauen mit vollständig verschiedenen Reaktionen auf die Herausforderungen der Mathematik.

Terri, das Schulbeispiel

Die fünfunddreißigjährige ehemalige Hausfrau, die ich Terri nennen werde, nahm an einem meiner Seminare teil, da sie Probleme damit hatte, nach ihrer Scheidung wieder eine Ausbildung zu beginnen. Sie lieferte mir praktisch ein Schulbeispiel von EH, in diesem Fall des uralten weiblichen Problems – Angst vor der Mathematik.

Nach ihrer Scheidung hatte sich Terri zu einem Computerkurs in einem örtlichen Schulungszentrum angemeldet, sowohl aus Abenteuerlust als auch aufgrund der Erkenntnis, ihre berufliche Situation wieder in Angriff nehmen zu müssen. Als der Stoff jedoch schwieriger wurde, reagierte sie entmutigt und kam ein paarmal nicht zum Unterricht. Das rächte sich, denn sie kam immer weniger mit, und schließlich wollte sie aufhören. Leider hatte sie den Zeitpunkt verpaßt, den Kurs ganz fallen zu lassen, und jetzt waren ihre Wahlmöglichkeiten alle unangenehm: Entweder mußte sie versuchen, den Kurs erfolgreich abzuschließen, der zu ihrem Umschulungsprogramm gehörte (und sie bezweifelte, daß sie das schaffen würde), oder die Bescheinigung »unvollständig« akzeptieren (und wäre gezwungen, den Kurs noch einmal zu belegen), oder sie würde durchfallen (und damit eine schlechtere Durchschnittsnote in ihrem gesamten Umschulungszeugnis erhalten). Als sie ihre Situation darstellte und versuchte, sie zu erklären, enthüllte sie die Überzeugungen und Verhaltensweisen der EH, die als die eigentlichen Wurzeln ihres Problems gelten können.

»Wenn ich doch nur wie mein Banknachbar sein könnte«, begann Terri. »Selbst wenn Steves Programme alle falsch laufen, fällt er nicht so in sich zusammen wie ich. Er sitzt einfach ganz ruhig da und versucht herauszufinden, wo er den Fehler gemacht hat.

Ich bin da ganz anders. Wenn ich einen Fehler mache oder den Stoff nicht verstehe, dann werde ich so wütend auf mich, daß ich mich unheimlich beherrschen muß, nicht in Tränen auszubrechen. Ich glaube, Männer sind einfach von Natur aus begabter für Mathematik und solche Sachen, finden Sie nicht auch?«

»Nicht unbedingt«, antwortete ich.

»Na ja, meine Mutter war auch sehr schlecht in Mathe, also habe ich das wahrscheinlich von ihr geerbt«, fuhr sie fort, meinen Kommentar ignorierend. »Ich erinnere mich noch, wie ich in der achten Klasse meine erste und einzige Fünf im Zeugnis nach Hause brachte. Es war in Algebra. Ich dachte, meine Mutter würde mich umbringen, aber sie sagte nur: ›Das ist schon in Ordnung, Liebes, ich war auch nicht gut in Mathematik.‹«

Zu diesem Zeitpunkt versuchte ich, Terri von ihren Rechtfertigungen dafür, daß sie sich ihren Zweifeln und Ängsten ergab, abzubringen, indem ich sie bat, ein paar Beispiele für Steves Bewältigungsverhalten zu geben.

»Tja«, Terri dachte eine Weile nach, »er stellt eine Menge Fragen. Ich habe Angst, daß der Dozent mich für dumm hält, wenn ich zu viele Fragen stelle, aber ihm scheint das nichts auszumachen.« Dann, wieder auf der Suche nach Bestätigung ihrer Überzeugung, sagte sie: »Ich glaube, manche Menschen haben einfach von Natur aus mehr Selbstvertrauen als andere, glauben Sie nicht?«

»Nein, das glaube ich nicht«, erwiderte ich. »Was Sie als so natürlich darstellen, würde ich als gelerntes Verhalten bezeichnen. Für mich klingt das eher danach, als ob Steve irgendwo auf seinem Weg beigebracht bekommen hat, um das zu bitten, was er braucht. In diesem Fall sind es zusätzliche Erklärungen. Er hat gelernt zu lernen, das ist alles.«

»Ja, aber es ist doch leichter, wenn man in einer Sache schon ganz gut ist«, hielt sie dagegen.

»Vielleicht zäumen Sie das Pferd von hinten auf«, rief eine Frau aus dem Hintergrund des Raumes ihr zu. »Vielleicht ist er gut in Mathe, weil er Fragen stellt.«

»Oder vielleicht hat er einfach nur keine Angst davor, etwas falsch zu machen«, schlug eine andere Teilnehmerin vor.

»Er vielleicht nicht, aber… ich«, fügte Terri mit der Endgültigkeit eines Menschen hinzu, der seine Grenzen eindeutig setzen muß.

Zu diesem Zeitpunkt rief eine frustrierte Frau quer durch den Raum: »Was machen Sie dann hier? Alles, was Sie bis jetzt getan haben, ist, jeden Vorschlag, den wir gemacht haben, mit einem ›Ja aber‹ zu beantworten.«

Diese Bemerkung war wichtig. Terri war zwar körperlich bei diesem Workshop anwesend, nicht aber mit ihrem Willen. Sie konnte sehen, was getan werden mußte, um Erfolg zu haben, aber sie wollte sich nicht wirklich anstrengen. Sie war sehr viel mehr daran interessiert, ihre Grenzen zu verteidigen, als eine tatsächliche Veränderung anzustreben. In Wirklichkeit tat sie nur so als ob.

Ihre Eröffnung »Wenn ich doch nur wie mein Banknachbar sein könnte« zum Beispiel verweist auf reines Wunschdenken statt auf strategische Planung. Ihre Bemerkung »Ich bin einfach nicht so« zeigte ihre Überzeugung von der Unverrückbarkeit sowohl des Problems als auch ihrer selbst. Die nächste Äußerung: »Meine Mutter war ebenfalls schlecht in Mathematik« lieferte einen historischen Beweis, um ihre Überzeugung weiter zu festigen, und diente der Abwehr jedes Vorschlages, daß sie es doch noch einmal mit größeren Anstrengungen versuchen könnte.

Auf der positiven Seite zeigte sich ein Bewußtsein für einige der Unterschiede zwischen EH und Bewältigungsverhalten. Sie sagte, daß Steve eine Menge Fragen stellte, aber dann schloß sie das als eine mögliche Verhaltensweise für sich selbst aus, da sie ja Angst davor hatte, ihr Dozent könnte glauben, sie sei dumm. Sie hätte einen Hinweis aus Steves offenbarer Nonchalance, seiner Gleichgültigkeit gegenüber der Meinung anderer, entnehmen und dabei eine bedeutsame bewältigungsorientierte Fähigkeit erlernen können. Statt dessen verwarf sie auch das, indem sie sein Verhalten nicht als eine erworbene Eigenschaft beschrieb, sondern als ein

»natürliches« Selbstwertgefühl – etwas, von dem sie den Eindruck hatte, daß es nicht gelernt oder erworben werden konnte.

Terris Reaktionen sind alle in gewisser Hinsicht vorhersagbar bei einer Frau mit EH. Wenn sie erst einmal festgestellt hat, daß ihr Verhalten irgendwie nicht in Ordnung ist, auf einem negativen Erklärungsstil basiert und vor allen Dingen sich korrigieren lassen würde, ist sie schon auf dem besten Weg, die Fähigkeiten zu erwerben, um ihre Furcht vor Mathematik (oder vor irgend etwas anderem) zu bewältigen. Wenn sie erst einmal beschließt, sich selbst eine neue Geschichte zu erzählen, wie Pat, die Frau, der Sie als nächstes begegnen werden – die Geschichte, in der kluge, erfolgreiche Menschen auch Fehler machen; eine Geschichte, in der Menschen, die Risiken eingehen, auch Angst und Selbstzweifel hegen, sich aber durchkämpfen, eine Geschichte, in der der Erwerb von Bewältigungsverhalten wichtiger ist als das Setzen von Grenzen, die durch die Hilflosigkeit bestimmt werden –, dann, und nur dann, kann sie selbst von den Techniken Gebrauch machen, die in den folgenden Kapiteln vorgestellt werden.

Pat, das Mathe-As

Ein weibliches Mathe-As, eine diplomierte Mathematikerin, die ich für mein erstes Buch interviewte, präsentiert hier einige Ansichten, die vielleicht für diejenigen von uns hilfreich sein können, die in bezug auf Mathematik unter ausgesprochener EH leiden.

»Als ich noch Mathematikstudentin war, hatte ich niemals einen guten Zugang zu dem, was ich tat, bis ich jeweils im nächsten Mathe-Kurs war«, gestand die dunkelhäutige, jungenhafte Frau, die mir im Foyer der Universität gegenübersaß. Sie schaute mich durch lange Wimpern hindurch an und steckte sich ein paar Pommes frites in den Mund. »Wenn ich in den nächsten Kurs kam, wurde alles auf wunderbare Weise plötzlich klar. Natürlich war ich zu diesem Zeitpunkt dann bereits wiederum über den neuen Mathe-Kurs verwirrt. Schließlich lernte ich, daß Verwirrung einfach ein Teil des Lernprozesses ist, und ich akzeptierte sie.«

»Warum glauben Sie, scheinen Männer das besser zu verstehen

als Frauen?« fragte ich sie, da wir schon früher darüber gesprochen hatten.

»Ich glaube, das hat etwas mit Selbstwertgefühl zu tun. Jungen scheinen es sich sofort zu vergeben, wenn sie Fehler machen oder etwas nicht verstehen, aber Frauen geißeln sich selbst für jede Kleinigkeit. Das unterminiert sie einfach auf einem Gebiet wie der Mathematik.«

»Welchen Rat würden Sie Frauen geben, die darüber nachdenken, eine Mathematik- oder Computerausbildung zu absolvieren, vor der sie doch so viel Angst haben?«

»Sie müssen mehr Geduld mit sich selbst haben und es vermeiden, voreilige Schlüsse in der Richtung zu ziehen, daß sie den Stoff nicht verstehen können, nur deswegen, weil sie gerade im Moment nicht durchblicken. Was sie dabei vergessen, ist, daß *jeder*, der höhere Mathematik erlernt, zwischenzeitlich nicht mehr durchblickt.«

»Tatsächlich glaube ich gar nicht, daß sie das vergessen. Ich glaube nur, daß sie nicht davon überzeugt sind«, entgegnete ich.

»Das stimmt, aber diejenigen, die es dann schaffen wie ich, sind nicht unbedingt intelligenter. Wir können Verwirrung bloß besser ertragen. Wir beschuldigen uns nicht selbst oder glauben, daß wir dumm sind, wenn wir nicht durchblicken. Wir verstehen, daß es vorübergehend ist und mit zunehmender Sicherheit auf dem Gebiet abnehmen wird.«

Wir sind es uns selbst schuldig, unsere Selbstzweifel in bezug auf Mathematik, Computer und Technik zu überwinden, nicht weil wir alle Naturwissenschaftlerinnen werden sollen, sondern weil unsere EH in Mathematik uns daran hindert, an einer mechanisierten Welt angemessen teilzuhaben, und dies verringert unsere Möglichkeit, Geld zu verdienen. Wenn wir es nicht schaffen, die nötigen Risiken einzugehen, um unsere mathematische EH zu überwinden, dann kann es gut sein, daß wir in Sackgassenjobs mit wenig Geld und wenig sozialer Anerkennung enden.[17] Wir werden von vielen beruflichen Zielen abgeschnitten, die Mathematikkenntnisse erfordern, wie zum Beispiel:

– Wirtschaftswissenschaften, Rechnungswesen oder Ingenieurwissenschaften

- Physik und Medizin
- Diplome in Sozialwissenschaften (die gewöhnlich eine bestimmte Portion an Mathematikkenntnissen erfordern, zumindest den Nachweis absolvierter Statistikkurse)
- das Programmieren von Computern, statt nur Worte einzugeben und Daten zu bearbeiten (was untergeordnete Angestelltentätigkeiten sind).

Selbst wenn es darum geht, mit unserem Geld sinnvoll umzugehen oder zu lernen, es zu investieren, statt es nur anzusparen, erfordert das von uns die Fähigkeit, mit Zahlen umzugehen.

Wirkliche Veränderung ist schwer. EH zu überwinden ist schwer. Es hat keinen Zweck, so zu tun, als wäre das nicht der Fall. Man muß bereit sein, und zwar intellektuell wie emotional, sich auf Verwirrung einzulassen, sich zu irren, sich anzustrengen, sich selbst etwas leichter zu nehmen, ein Risiko einzugehen, sich noch mehr anzustrengen, zu straucheln, sich die Knie aufzuschürfen, wieder aufzustehen, sich noch mehr anzustrengen, wieder zu irren, darüber zu lachen und wieder etwas falsch zu machen! Das klingt eher nach einer Übung in Masochismus, *wenn* man Verwirrung und Fehler mit Dummheit gleichsetzt wie Terri. Wenn man andererseits Verwirrung, einen Mangel an Durchblick und Fehler als unvermeidlichen Bestandteil von Fortschritt betrachtet – wie Pat –, dann verliert die Angst ihren emotionalen Beiklang und ihre Macht, uns traurig zu machen und uns das Gefühl zu vermitteln, wir würden nicht genügen.

Wenn Sie sich selbst »Ja aber« sagen hören wie Terri, dann halten Sie doch bitte einen Moment inne und überlegen, worauf dies womöglich hinweist. Es mag nämlich ein Zeichen dafür sein, daß Sie nicht bereit sind zu tun, was getan werden muß: die Verwirrung erdulden, sich weigern, sich selbst oder irgend jemandem sonst eine Erklärung dafür anzubieten, warum Sie so verwirrt sind. Es ist vollkommen unnötig, das zu erklären. Sie lernen gerade etwas Neues, das ist alles. Ob es Mathematik ist oder Ski fahren oder ein ganz neuer Verhaltensstil, es wird Ihnen nichts anderes übrigbleiben, als zwischendurch zu straucheln und Fehler zu machen. Die sind jedenfalls unvermeidbar. Alle machen Fehler, auch die Bewältigungsorientierten.

Eine letzte Warnung

Erlernte Hilflosigkeit ist ein kompliziertes und eng gewobenes Netz aus Überzeugungen und Verhaltensweisen, internen Mechanismen und äußeren Manifestationen. Das genaue Modell von EH versus bewältigungsorientiertem Verhalten ist noch in der Entstehung. Mit anderen Worten, es ist eine Theorie, die sich allmählich entwickelt, und als solche enthält sie Überlappungen und Widersprüche. In der Studie menschlichen Verhaltens gibt es jedoch kein Modell, das frei sein könnte von Anomalien.

Für dieses Buch wurde der Begriff *Erlernte Hilflosigkeit* etwas erweitert, über die enge klinische Definition hinaus, da ich in den letzten fünf Jahren, in denen ich Workshops durchgeführt habe, beobachten konnte, daß Menschen häufig ihre eigene Hilflosigkeit nicht erkennen, wenn sie sich strikt an die klinische Definition halten. Mit anderen Worten, auf die Frage, ob sie das Gefühl haben, es gebe eine Verbindung zwischen ihren Handlungen und dem Endergebnis von Ereignissen (das ist die klinische Definition), werden sie fast immer mit großer Selbstverständlichkeit antworten: »Aber natürlich.« Das müssen sie auch, um ihre Selbstwahrnehmung als verantwortungsbewußte Erwachsene aufrechterhalten zu können. Doch wenn ihr Verständnis für die Feinheiten der EH sich vertieft, beginnen sie wahrzunehmen, wie sehr sie tatsächlich die Überzeugungen und Verhaltensweisen dieses zerstörerischen Syndroms verinnerlicht haben.

Ein zweiter Grund für die Erweiterung der Definition für EH hat mit meiner Behauptung zu tun, daß Individuen mit einer generell ängstlichen Lebenseinstellung auch in die EH-Population aufgenommen werden sollten. Diese Gruppe hat gelernt, Angst von einem Moment zum nächsten zu *verallgemeinern*, anders als Tiere, die sich auf etwas verlassen, das man *Schreckreaktion* nennt, die sie beschützen soll und die offenbar nicht in einen dauerhaft ängstlichen Zustand mündet, wenn die Gefahr erst einmal vorüber ist. Menschen benutzen andererseits (obwohl sie natürlich auch über eine Schreckreaktion verfügen) ihren Kopf und können Angst von einem Moment zum nächsten verallgemeinern oder von einer Situation auf die andere übertragen, selbst wenn diese Situationen nur entfernt miteinander zu tun haben. Dies bringt alle möglichen Probleme mit sich, wie Sie sicher wissen, von Phobien bis Panikstörungen, von leichtem Mißtrauen anderer Menschen gegenüber bis zu regelrechter Paranoia, von einer allgemeinen Melancholie, die den Energiefluß ins Stocken bringt, bis zu lähmender Depression, die sämtliche Energie blockiert.

Aus diesen Gründen wird die Definition für EH in diesem Buch über die klinische Definition von Seligman hinaus erweitert und soll jene Menschen einschließen, die eine weniger eindeutige Diagnose haben, deren Handlungen jedoch mit den Verhaltensweisen übereinstimmen, die Seligman beschrieben hat.

Hoffnung

Die Symptome der EH sagen nichts aus über den Schmerz und die verheerenden emotionalen Folgen, die damit einhergehen können, noch kann eine klinische Formulierung von bewältigungsorientiertem Verhalten auch nur im entferntesten die Freude und Stärke zum Ausdruck bringen, die jedem Menschen zur Verfügung stehen, der solche Bewältigung erlernt und sie praktiziert.

Der Rest des Buches wird davon handeln, wie das Drama im Leben von Frauen sich abspielt, vom Opferwerden, von der Hilflosigkeit und der Wandlung zu persönlicher Stärke und Lebensfreude. Viele Frauen laden Sie ein, am Vergnügen ihrer Metamorphose teilzuhaben. Ich lade Sie ein, die Hoffnung in sich aufzunehmen, die in solchen Veränderungen liegt.

Kapitel 4

Die Segel setzen

Das eine Schiff segelt nach Osten,
das andere Schiff segelt nach Westen,
während genau dieselbe Brise weht.
Aber es ist das Segelsetzen und nicht der Sturm,
was sie dahin bringt, wohin sie wollen.

Amerikanisches Volkslied

»Ich hatte mich schon lange Zeit auf das Alleinleben vorbereitet und wartete nur auf die richtige Gelegenheit, was heißen soll, wenn die Kinder endlich aus den Windeln heraus waren, aus dem Stadium heraus, in dem es zu schwer für mich war, mit allem allein fertig zu werden und ihnen auch noch eine gute Mutter zu sein.«

Die Frau, die da gerade sprach, war zierlich, blond und hatte große Augen; sie trug einen khakifarbenen Overall und kaute auf ihrem Bleistift herum. Janets Stimme zitterte. Ihr kindlicher Ausdruck strafte die mutige Geschichte Lügen, die doch nur eine ganz erwachsene Frau hätte erzählen können.

»Ich arbeitete halbtags. Ich verdiente zweihundertfünfzig Dollar alle zwei Wochen. Mein Geld ging für Einkäufe und einen Babysitter drauf. Die nötigsten Einkäufe kosteten zweihundert Dollar und der Babysitter vierzig Dollar.

In dem Jahr, bevor wir uns trennten, dachte ich jedesmal, wenn ich die Einkaufsliste zusammenstellte: ›Soll ich einen Umzugswagen mieten und hier abhauen, oder soll ich zum Supermarkt fahren?‹ Ich konnte entweder abhauen oder uns ernähren, aber beides zugleich ging einfach nicht. Eine sehr begrenzte Auswahl von Möglichkeiten. So schien es zumindest.

Obwohl ich mich innerlich darauf vorbereitet hatte«, fuhr sie mit zitternder Stimme fort, »bekam ich es schrecklich mit der Angst zu tun, als wir uns schließlich wirklich trennten.

Der erste Monat war wahrscheinlich der schlimmste. Wir

wohnten in einem einsam gelegenen Haus in den Bergen, und es war mitten im Winter. Ich dachte: ›Wie soll ich uns diesen Berg herauf- und hinunterbringen? Wie werde ich ein Feuer im Ofen machen, um uns warmzuhalten?‹ Ich wußte nicht einmal, wie man Holz hackt, und natürlich ging er, als kein Holz mehr im Schuppen war. Es war eine Situation, in der es um unser Überleben ging.

Ich hatte so furchtbare Angst, daß ich davon fast körperlich krank wurde. Im Rückblick glaube ich nicht, daß es nur die Herausforderung war, in den Bergen zu überleben, denn letztlich war ich in der Lage, für uns zu sorgen. Es war das Gefühl, daß ich mein ganzes Leben vertan hatte, alles, wofür ich gearbeitet hatte, das mich so krank machte.

Jedenfalls aß ich zwei Monate lang nichts. Immer mal wieder taute ich ein Stück Fleisch auf und dachte: ›Ich muß etwas Eiweiß zu mir nehmen. Ich kann doch nicht zulassen, daß ich sterbe. Ich muß für meine Kinder am Leben bleiben.‹«

Die Zuhörerinnen verharrten in respektvollem Schweigen, warteten geduldig und sahen mitleidig zu, wie sie in ihrer Tasche nach einem Taschentuch wühlte, um sich die Tränen wegzuwischen, die ihre Wimperntusche zu ruinieren drohten.

»Jedenfalls«, fuhr sie fort, »begann ich jeden Tag – immer nur ein ganz klein bißchen auf einmal –, mir selbst zu beweisen, daß ich in der Lage war, für uns zu sorgen, für mich und meine beiden Kinder, diesen Winter hindurch. Es war unglaublich hart, und obwohl sonst niemand wußte, was geschah, konnte ich fühlen, wie meine Kraft zurückkehrte.

Das Holzhacken war der größte Meilenstein für mich. Zunächst dachte ich: ›Ich kann dieses Holz nicht hacken.‹ Dann dachte ich: ›Ich sollte dieses Holz nicht hacken müssen‹, obwohl es absolut irrelevant war, denn wenn ich es nicht hackte, dann würde es nicht gehackt werden, und wir würden uns totfrieren.

Ich ging nach draußen. Ich fühlte mich schwach, weil ich tagelang nichts gegessen hatte, aber ich war fest entschlossen. Ich hob die Axt. Ich schwang sie und betete, daß ich mir nicht den Fuß abhacken würde. Mit jedem Axthieb dachte ich: ›Schau, wie ich ihn nicht brauche.‹ Mit jedem Gang die Berge hinauf und hinunter in Schneestürmen dachte ich: ›Schau, wie ich ihn nicht brauche.‹ Als der Frühling kam, fühlte ich mich wie Nanook, die Frau der Wildnis. Ich holte die Kettensäge heraus und kämpfte mich durch die zugewachsene Einfahrt, und dabei dachte ich: ›Schau, wie ich ihn immer noch nicht brauche.‹«

An dieser Stelle schaltete sich eine Frau aus dem Hintergrund ein: »Ja, und dann holte sie den Vibrator raus und dachte: ›Schau, wie ich ihn immer noch nicht brauche!‹«

Als der ganze Raum von Gelächter widerhallte und dadurch alle Emotionen der Zuhörerinnen herausgelassen werden konnten, war ich wieder einmal gerührt von dem Humor, der Klarheit und Poesie, mit der Frauen beschrieben, was in der klinischen Literatur einfach nur als EH bezeichnet wird. Frauen, die von ihren Erfahrungen sprechen, schmücken diese freimütig mit Wärme, Offenheit und ihrem eigenen Mutterwitz aus. Sie sind in der Lage, ihre Erfahrungen mit EH auf lebendige Weise mit anderen zu teilen und ihnen die kritischen Aspekte ihrer Erholung und ihres Erlernens von bewältigungsorientiertem Verhalten zu vermitteln. Häufig – wie bei meiner Episode an Bord des Flugzeugs nach Deutschland – geschieht diese Veränderung, weil eine Frau keine andere Wahl hat.

»Ich war mit meinem Chef nach Europa geflogen, um über eine Modemesse zu berichten«, erzählte eine andere Frau. »Ich war nur ein Kleinstadtmädchen, das ganz passabel schreiben konnte und glücklicherweise einen Job bei einem Modemagazin bekommen hatte. Ich hatte nicht die geringste Ahnung von Reisen im Ausland.

Mitten während der Messe, die zwei Wochen dauerte, ging er dazu über, mich anzumachen. Ich versuchte, ihn abzuweisen, zunächst höflich, aber als das nicht funktionierte, mußte ich energisch werden.

Tja, eins führte zum anderen, und schließlich mußte ich die Messe verlassen, sogar das Land, um mich vor ihm in Sicherheit zu bringen. Ich hatte zwar fürchterliche Angst, aber schließlich, so sagte ich mir, war ich in Europa, und so konnte ich ja auch das Beste aus der Sache machen, also beschloß ich, nach Italien zu fahren, um mir die Sehenswürdigkeiten anzuschauen.«

Sie unterbrach sich und holte tief Luft.

»Nach einigen Mißgeschicken auf meiner Reise nach Italien

(einmal erwischte ich in meinem Designer-Kostüm mit dem passenden Filzhut, der von einem schicken Schleier gekrönt war, den falschen Zug und endete in einem Güterwagen mitten zwischen Käfigen voller gackernder Hühner und quiekender Schweine, die zum Markt transportiert wurden) fand ich mich eines Tages allein auf meinem Bett sitzend in einem Hotelzimmer wieder, irgendwo in Rom, einsam und von Entsetzen geschüttelt. Ich fühlte mich absolut verloren und isoliert, hatte noch nicht einmal den Trost, mich mit anderen wenigstens in derselben Sprache verständigen zu können. Selbstverständlich erstanden sämtliche Gefahren lebhaft vor meinem geistigen Auge: beraubt zu werden, vergewaltigt zu werden, mich zu verirren, gekidnappt zu werden, als weiße Sklavin im Harem zu landen…

Ich hätte es entschieden vorgezogen, aus dieser Situation errettet zu werden. Ich meine, ich dachte, okay, wer begleitet mich sonst in schlechten Zeiten? Mein Mann oder meine Mutter, aber sie sind beide ein bißchen weit weg. Mein Chef, der mich sicher durch Europa hätte geleiten sollen, stellte sich als jemand heraus, vor dem ich errettet werden mußte! Die amerikanische Botschaft kümmert sich wahrscheinlich überhaupt nicht darum, daß ich hier bin.

Als ich so auf meinem Hotelbett saß, über meine mögliche Rettung nachdachte und alle Möglichkeiten nacheinander ausschloß, weil sie sich als nicht realisierbar herausstellten, gelangte ich schließlich zu dem Offensichtlichen: ›Tja, dann muß ich es wohl allein schaffen. Der letzte Mensch, auf den ich mich verlassen kann, bin ich. Zur Hölle damit, der *einzige* Mensch, den ich habe, das bin ich, also, okay, was kann ich jetzt tun?‹«

Zusammenfassend fügte die Frau hinzu: »Den Prozeß, den Sie uns vorhin beschrieben haben, in dem es darum geht, den eigenen Erklärungsstil zu ändern, den machte ich in sehr kurzer Zeit durch. Es war eine Kombination aus erzwungenem Eingehen von Risiken und einem Bedürfnis nach Veränderung, die mich dazu veranlaßte, meinen Erklärungsstil zu verändern.«

»Könnten Sie uns dies näher erläutern?« fragte ich.

»Das Stabile war, daß ich mich selbst als ein Kleinstadtmädchen betrachtete. Diese Selbstdefinition war bis zu diesem Augenblick wie in Stein gemeißelt. Ich dachte, das sei alles, was ich war, und, noch wichtiger, wenn ich jetzt mehr darüber nachdenke: Das war alles, was ich nur sein konnte. Doch ich wußte, daß ich etwas verändern mußte. Ich wollte kein Kleinstadtmädchen sein, das allein weinend in ihrem Hotelzimmer in Rom sitzen bleibt, also war ich gezwungen, hinauszugehen und mich so bewältigungsorientiert zu verhalten, wie ich nur konnte.

Tja, ich wurde beklaut, genau wie ich es befürchtet hatte. Eine Sekunde, nachdem es passiert war, hatte ich die Masche begriffen. Ich hing noch eine Weile herum und beobachtete diese zwei Kerle, wie sie weiterhin in der Menge arbeiteten. Ich dachte: ›Tja, wenn ich schnell bin, kann ich noch zur Polizei rennen und die hierherholen, und dann kriege ich vielleicht mein Geld zurück.‹

Ich ging zur Polizei im Vatikan, und die machten sich daran, *mich* zu verhören. Sie wollten wissen, was ich hier machte, eine Frau so ganz allein in Rom. Für sie war ich diejenige, die verdächtig war. Später erzählte man mir, dies sei darauf zurückzuführen, daß es im Moment ganz besonders viele Huren in Rom gab. Blond und allein zu sein, das war ihnen schon verdächtig.

Also stellte sich heraus, daß ich die Situation richtig eingeschätzt hatte. Die Gefahren waren da draußen, genauso wie ich dachte. Aber die Alternative bestand darin, mich in mein Hotelzimmer zu verkriechen und diese einmalige Gelegenheit in meinem Leben zu verpassen, eine der wirklich schönsten Städte der Welt kennenzulernen, und das wollte ich ganz gewiß nicht.

Jeden Morgen mußte ich mich selbst in den Hintern treten, um auch nur aus der Tür zu gehen. Ich dachte: ›Ich habe es gestern geschafft, und wenn ich es gestern geschafft habe, dann kann ich es auch heute schaffen.‹ Die Herausforderungen blieben natürlich bestehen. In der Tat wurde ich angepöbelt, in der Tat habe ich mich verirrt. Aber durch diese tägliche Übung verbesserten sich meine Fähigkeiten, mich in der Stadt zurechtzufinden, beträchtlich, mein Selbstvertrauen stieg, und mein Selbstbild veränderte sich. Es dauerte nicht lange, und ich hörte auf, mich als das naive Kleinstadtmädchen zu betrachten, und begann mich als ›internationale‹ Frau von beträchtlicher Intelligenz und Savoir-faire zu sehen.

Alles in allem dachte ich zunächst immer: ›Jetzt ist alles ruiniert. Die ganze Reise ist ein Desaster. Nichts klappt jemals, wie es klappen soll. Es ist alles nur eine Verschwendung von Zeit und Geld.‹«

»Wie hat sich das verändert?« fragte ich.

»Tja, wie ich schon vorhin sagte, hatte es eine Menge damit zu tun, daß ich gezwungen war, Risiken einzugehen. Ich mußte die Situation bewältigen, auch wenn mir zunächst gar nicht danach zumute war. Ich mußte zunächst einmal so tun als ob. Als ich hinausging und die Stadt zu erkunden begann, stellte ich fest, daß es gar nicht stimmte, daß meine ganze Reise ruiniert war. In Wirklichkeit waren es nur ein paar Tage, und auch das konnte man so oder so sehen.«

»Und wie sah es in Ihrem Inneren aus?« fragte ich und ahnte schon, was kommen würde.

»Innerlich habe ich mich noch lange für meine schwierige Situation verantwortlich gefühlt. Ich habe mir immer gesagt, ich hätte niemals herkommen dürfen, ich hätte irgendwie wissen müssen, daß mein Chef ein Problem werden könnte, ich hätte ihn niemals verlassen und mich selbst auf die Reise machen dürfen. Aber dann wurde ich wütend auf meine Schuldgefühle und dachte: ›Jetzt hör aber auf. Das ist doch nicht *mein* Fehler! Es ist doch nicht meine Schuld, daß mein Boß ein Idiot ist und ich gehen mußte.‹ Dieser Zorn gab mir die Energie und Motivation, hinauszugehen und Spaß zu haben, obwohl er so eklig gewesen war. Ich dachte: ›Ich werde nicht zulassen, daß dieses Arschloch alles kaputtmacht, da dies wahrscheinlich meine einzige Gelegenheit ist, Europa kennnenzulernen.‹«

»Ich kann ihre Geschichte gut verstehen«, fügte Nanook, die Frau der Wildnis, hinzu, die sich mit ihrer Kettensäge gegen die Hilflosigkeit gewehrt hatte. »Auch ich war gezwungen, Risiken einzugehen. Als mir nichts anderes übrigblieb, als ganz bestimmte Dinge zu tun, mußte ich auch mein Selbstkonzept verändern. In Wirklichkeit ist es eigentlich ganz einfach.«

Tu's einfach!

Es ist einfach, aber widersprüchlich. Sehen Sie, die meisten von uns glauben, erst müßten wir uns innerlich verändern, bevor wir unsere äußeren Lebensumstände verändern. Manchmal funktioniert das. Häufiger jedoch ist es umgekehrt.

In Wahrheit können wir Risiken nicht vermeiden. Wir können nur so tun als ob. Risiken sind in die komplizierte Struktur unseres Lebens hineingewoben. Als Lebewesen sind wir immer nur einen Atemzug vom Nichtsein entfernt. Obwohl wir den nächsten Atemzug jeweils als selbstverständlich hinnehmen, ist es in Wahrheit so, daß jedes Herz, solange es schlägt, verletzbar ist. Ob uns das gefällt oder nicht, das Leben ist ein einziges großes Glücksspiel, ein Risiko nach dem anderen von Anfang an. Schon aus dem Bett zu kommen ist ein kolossales Risiko. Die meisten von uns tun so, als sei das nicht der Fall. Wir geben vor, sicher zu sein, so daß wir nicht gelähmt sind vor lauter Gedanken an die unzähligen Möglichkeiten, was alles falsch laufen könnte.

So wie ich es sehe, haben wir die Wahl zwischen zwei Alternativen. Wir können entweder abwarten und in einem trügerischen Sicherheitskokon leben in der Hoffnung, daß uns das Leben nicht zwingen wird, Risiken einzugehen, ob wir dafür bereit sind oder nicht, *oder* wir können heute damit anfangen, kalkulierte Risiken einzugehen, unser Bewältigungsverhalten zu entwickeln und uns auf die Herausforderungen, Risiken und Belohnungen vorzubereiten, die das Leben unvermeidlich mit sich bringen wird.

Wenn wir uns für das letztere entscheiden, werden uns Risiken und Veränderungen immer weniger bedrohlich vorkommen. Wir lernen, Mehrdeutigkeiten in unserem Leben in verschiedenem Ausmaß zu tolerieren, dann selbst auszulösen und schließlich auch willkommen zu heißen und damit die Interpretation von Risiken und Veränderungen als erschreckend und unangenehm zu überwinden.

Diese Interpretation ist ganz wichtig. Reizvermeider (diejenigen, die Sicherheit suchen und unter EH leiden) interpretieren die Gefühle, mit denen Risiken und Veränderungen verbunden sind, als »Entsetzen«. Konsequenterweise versuchen sie, jedem Risiko zu entgehen, da es ja so erschreckend und unangenehm ist. Reizsucher (diejenigen, die Risiken bewußt eingehen und bewältigungsorientiert leben) empfinden dasselbe, während sie ein Risiko eingehen, aber sie erleben dieses Gefühl als eine Art Hochstimmung. Daher sind Risiken erwünscht für ihre Fähigkeit, sich stimulieren und erregen zu lassen. Die meisten von uns sind eine Kombination von beidem, und wir etikettieren diese Gefühle sehr unterschiedlich, je nach der Situation.

Wir Frauen machen häufig den Fehler zu glauben, daß die emotionalen Risiken, die wir eingehen, irgendwie nicht so gefährlich sind wie andere Arten von Risiken. Wir täuschen uns in der Hinsicht, daß wir zumindest nicht unseren Job gefährden oder unser Leben, so wie Männer das tun. Das ist vollkommener Blödsinn. Schon so manche Frau ist mitten in einer Risikosituation aufgewacht und mußte entdecken, daß das emotionale Spiel, das sie für sicher hielt, in Wirklichkeit ihre finanzielle Sicherheit oder sogar ihr ganzes Leben in Gefahr brachte. Sehen wir der Tatsache ins Auge: So etwas wie ein sicheres Risiko gibt es nicht. Es gibt nur kalkulierte Risiken. Um eine Abwandlung von Gertrude Steins berühmtem Ausspruch zu zitieren: Ein Risiko ist ein Risiko ist ein Risiko.

Diejenigen unter uns, die ausschließlich im emotionalen Bereich der Risikoübernahme steckenbleiben, werden sich nie erlauben, die Freude derjenigen zu erleben, die bereit sind, große Veränderungen in Angriff zu nehmen – wie die Frau, die Ihnen später begegnen wird, eine »bescheidene kleine Sekretärin« mit einem mittleren Bildungsabschluß und ohne Wildniserfahrung, die plötzlich einen Riesensatz nach vorn machte, an sich selbst glaubte und dabei half, Geschichte zu machen, indem sie an einer Studie über das Verhalten von Schneeleoparden in ihrem natürlichen Lebensraum in Nepal teilnahm. Wir werden niemals wissen, wie es ist, die Sonne hinter einem schneebedeckten, windumtosten Gipfel hoch im Himalaja untergehen zu sehen. Wir werden niemals wissen, wie es sich anfühlt, unseren Körper mit dem ruhigen Rhythmus der Natur in Einklang zu bringen, wie sie die Zeit in Tagen und Nächten vergehen läßt, ohne daß wir eine Uhr zu Rate ziehen können. Wir werden niemals die zitternde Erregung einer Begegnung mit einem wilden Tier in seiner natürlichen Umgebung erleben. Traurigerweise werden wir uns nicht erlauben, auf eine Art und Weise berührt und verändert zu werden, wie nur diese Erfahrungen uns berühren und verändern können.

Letztlich ist dies eine gute Gelegenheit, um Ihnen ins Gedächtnis zu rufen, daß der Widerwille, ein Risiko einzugehen, sich in einem beliebigen Bereich Ihres Lebens zeigen kann, in anderen vielleicht überhaupt nicht. Eine Frau mag vielleicht begeistert aus einem Flugzeug mit einem Fallschirm abspringen, ohne auch nur einen Moment zu zögern, aber in die Knie gehen bei dem Gedanken daran, das Vermögen der Familie sinnvoll zu investieren. In welchem Lebensbereich wir auch immer EH entwickeln oder einen mangelnden Glauben an unsere eigenen Fähigkeiten, das wird der Teil unseres Lebens sein, in dem wir wenig Risiken einzugehen bereit sind. Dort können wir dann beobachten, daß wir uns kaum weiterentwickeln und daher auch nicht über die Situation hinauswachsen.

Man kann mit Sicherheit sagen: Das Risikoverhalten ist ein verläßliches Maß für das eigene Glaubenssystem. Wenn Sie wissen wollen, was Sie glauben, dann schauen Sie sich an, was Sie zustande gebracht haben und was Sie dafür riskieren mußten. Dann werden Sie einschätzen können, wo Sie sich selbst zugetraut haben, das erwünschte Ergebnis zu erzielen, und wo nicht.

Versuchen Sie es einmal mit der folgenden Übung, die Ihnen helfen kann, Bilanz zu ziehen. Beginnen Sie mit zwei Spalten. Die erste Spalte sollte aufweisen, was Sie bisher in Ihrem Leben geschafft haben, in der zweiten Spalte sollten Sie notieren, was Sie dafür riskieren mußten. Unter die jeweiligen Spalten schreiben Sie Bemerkungen über den Glauben an sich selbst, den Sie aufbringen mußten, um das Risiko eingehen zu können. Zum Beispiel:

Was ich geschafft habe	*Was ich riskieren mußte*
1. Ein Haus gekauft	Geld und (in mancher Hinsicht) Freiheit

Selbstwertäußerungen:
> »Ich mußte daran glauben, daß ich ein verantwortungsbewuß-
> ter Mensch bin, daß ich bereit war, mich an einem Ort nieder-
> zulassen und die Verantwortung eines Hausbesitzers zu tra-
> gen.«
> »Ich mußte daran glauben, daß ich einen Vollzeitjob behalten
> konnte, um das Haus abzubezahlen.«
> »Ich mußte daran glauben, daß ich mein Gehalt auf einem be-
> stimmten Niveau halten und vielleicht sogar eine Gehaltser-
> höhung oder eine Beförderung erreichen konnte.«
> »Ich mußte daran glauben, daß ich entweder die Hausarbeit
> selbst erledigen oder jemanden dafür anstellen konnte.«

2. Kinder bekommen   Mein Leben, mein Körper,
meine Freiheit

Selbstwertäußerungen:
> »Ich mußte daran glauben, daß ich stark und gesund genug
> war, um eine Geburt zu überleben, sowohl im wörtlichen (die
> körperlichen Risiken) wie im übertragenen Sinne.«
> »Ich mußte wiederum daran glauben, daß ich eine verantwor-
> tungsbewußte Erwachsene bin, die in der Lage ist, die un-
> glaubliche Bürde der Elternschaft auf sich zu nehmen.«
> »Ich mußte daran glauben, daß mein Mann einen guten Vater
> abgeben würde, daß er mir dabei helfen würde, die Kinder
> großzuziehen und zu ernähren, daß er mir eine Stütze sein
> würde, sowohl emotional wie finanziell.«
> »Ich mußte an meine Fähigkeit glauben, einen bestimmten Le-
> bensstil und ein bestimmtes Sicherheitsniveau zu schaffen und
> aufrechtzuerhalten, um eine stabile Umwelt für meine Kinder
> zu schaffen.«

3. Umzug in eine neue Stadt   Geld, Freunde, Sicherheit, Einsamkeit

Selbstwertäußerungen:
> »Ich mußte an meine Fähigkeit glauben, einen Job zu fin-
> den.«

»Ich mußte an meine Fähigkeit glauben, neue Freunde zu gewinnen.«

Auf die gleiche Weise könnten Sie die Übung aus dem entgegengesetzten Blickwinkel heraus machen – Risiken, die Sie sich weigerten einzugehen, und welche Gründe es möglicherweise gab, die darauf hinweisen, daß Sie damals nicht genug an sich geglaubt haben (daß Sie nicht geglaubt haben, Sie könnten das erwünschte Ergebnis erzielen). Zum Beispiel:

1. Kein neues Haus kaufen
Unsicherheit hinsichtlich Ihrer Fähigkeit, genug zu verdienen, Ihres Wunsches, an einem Ort zu bleiben, Ihrer Fähigkeit, sich um ein Haus zu kümmern.

2. Keine Kinder haben
Unsicherheit hinsichtlich Ihrer Fähigkeit, ein Kind auf die Welt bringen zu können, eine gute Mutter zu sein, ein Kind finanziell zu unterstützen oder sich auf die Verantwortung der Elternschaft ernsthaft einzulassen.

Offensichtlich können die oben genannten Situationen noch andere Gründe haben als nur einen mangelnden Glauben an die eigene Wirksamkeit. Vielleicht leiden Sie unter unsicheren Arbeitsbedingungen (in einem Unternehmen, in dem dauernd gekündigt wird usw.). Vielleicht haben Sie nicht die finanziellen Möglichkeiten, ein Haus zu kaufen. Möglicherweise haben Sie keinen Partner, der Ihnen helfen kann, ein Kind großzuziehen, oder vielleicht wollen Sie ja auch gar keine Kinder. Der Wert dieser Übung liegt jedoch darin, genau zu bestimmen, ob Ihre Entscheidungen auf den Realitäten beruhten, die durch die Umstände gegeben waren, oder ob sie einfach damit zusammenhingen, daß Sie nicht genug an sich geglaubt haben.

Wenn wir uns das Verhalten der Bewältigungsorientierten aneignen, selbst wenn es zunächst nur ein »So tun als ob« ist, passiert unvermeidlich etwas ganz Bestimmtes – Veränderung, Wachstum, Entwicklung, Verwandlung, Alchimie, Metamorphose, Selbstverwirklichung.

»Die Belohnung für die am Tage eingegangenen Risiken erhielt ich nachts«, sagte die Frau, die mit den Hühnern in Rom ankam. »Wenn ich in mein Hotelzimmer zurückkehrte, war ich so freudig erregt, daß ich es kaum aushalten konnte. Ich fühlte mich so hellwach, so lebendig, hatte so viel Vertrauen in meine Kräfte, wissen Sie?

Und dann begann sich alles zum Guten zu wenden. Eines Abends ging ich zum Abendessen in den Speisesaal des Hotels hinunter. Auf der anderen Seite des Raumes saß dieser blendend aussehende Italiener mit dunkel glühenden Augen, der mich über seine Speisekarte hinweg fixierte. Ich wußte sofort, daß er zur Oberschicht gehörte, denn er hatte gute Zähne. In Europa hatte ich gelernt, daß ein Lächeln die Klassenzugehörigkeit verrät.

Jedenfalls begannen wir, uns über unsere Speisekarten hinweg gegenseitig diskret zu mustern, dann Augenkontakt herzustellen, zu flirten. Vorsichtig und schüchtern, aber mit ungeheurem Charme kommt er zu mir an den Tisch und sagt: ›Sind Sie Amerikanerin? Ich würde so gern mein Englisch aufpolieren. Darf ich mich zum Abendessen zu Ihnen gesellen?‹

Sein Name war Everisto – abgekürzt Ito. Während des gesamten Abendessens beugten wir gemeinsam die Köpfe über ein Englisch-Italienisch-Wörterbuch, tranken Wein, lachten, unterhielten uns prächtig. Ich erinnere mich noch, wie er mir sagte, er sei mit Avagardner verheiratet – genauso hat er den Namen jedesmal ausgesprochen – meine Frau Avagardner. In einem Wort. Das hat bei mir das Eis gebrochen.

Jedenfalls fragte er mich, ob ich Lust hätte, ihn zu einem Nightclub zu begleiten, der im Moment absolut ›in‹ sei, denn die dort gezeigte Show, so hieße es, sei die derzeit beste Unterhaltung in Europa. Ich protestierte, wir seien schließlich beide verheiratet, aber er versicherte mir, italienische Männer seien anders als amerikanische Männer, sie könnten nämlich eine Romanze ohne Untreue durchaus genießen. Ich frage Sie: Welche Frau, die noch all ihre Sinne beisammen hat, würde ein solches Angebot ablehnen?

Im Taxi versuchte ich mir vorzustellen, wie die Show wohl aussehen würde. Schließlich waren wir im übersättigten und dekadenten Rom. Hier gab es nichts, was man noch nicht gesehen hatte, stellte ich mir vor. Ich wollte mich auf alles vorbereiten, was mir möglicherweise passieren könnte, also stellte ich mir selbstverständlich Nacktszenen vor und vielleicht auch etwas live gebotenen Sex. Und jetzt kommt's, sind Sie bereit? Es stellte sich heraus, daß es sich um tanzende Bären handelte! Bei deren Anblick brachen wir beide derart in Gelächter aus, daß uns der Maître höflich, aber eindeutig bat, das Etablissement sofort zu verlassen.

In gespielter Beschämung ließen wir die Köpfe hängen und marschierten hinaus wie Kinder, die auf den Flur geschickt werden, weil sie die Klasse gestört haben, doch wir schafften es kaum auf die Straße, wo wir von Lachkrämpfen geschüttelt zusammenbrachen. Wir hingen übereinander, schrien immer wieder auf, hielten uns die Seiten, versuchten aufzustehen und ein Taxi zu rufen, alles gleichzeitig.

Kurz und gut«, grinste sie, »so verbrachten wir drei sehr romantische Tage gemeinsam in Rom. Er hielt sein Wort von der Romanze ohne Untreue.

Als es für ihn Zeit wurde, Rom zu verlassen, war das eine Szene wie aus einem Hollywoodfilm. Ich stand auf der Terrasse meines kleinen Hotelzimmers und blickte hinunter auf ein pittoreskes kleines Gäßchen, sah dort die Staffelei eines Künstlers auf dem Bürgersteig, Straßenmusiker, die zufällig gerade vorbeikamen, und Ito, der tatsächlich von Kopf bis Fuß in ein schwarzes Cape gekleidet war. An der Ecke drehte er sich noch einmal um, lüpfte leicht den Hut und rief: ›Ciao, Deborah.‹ – ›Ciao, Ito‹, rief ich zurück. Alles, woran ich denken konnte, als ich zusah, wie er in der Menge verschwand, war: ›Julia Roberts, du würdest vor Neid erblassen.‹«

Die Zuhörerinnen applaudierten begeistert.

Und so endete ihre Geschichte: »Die Sache ist die«, sagte Deborah, »ich bin leider immer noch manchmal eine ängstliche und hilflose Person, aber wann immer ich eine Situation vorfinde, die sowohl angsterregend als auch attraktiv ist, erinnere ich mich an Rom – das Risiko und die Belohnung –, und es gelingt mir, mich aus der Tür und ins Leben hinein zu bugsieren.«

Der Kern des bewältigungsorientierten Verhaltens – handeln und Risiken eingehen – besteht darin, Veränderung hervorzurufen, und damit genau das, was die Hilflosigkeit – die ein stabiler

Erklärungsstil ist – nicht für möglich hält. Deborah sorgte nicht nur dafür, eine Erinnerung mit nach Hause zu nehmen, die sie bis ans Ende ihrer Tage nicht vergessen wird, sie veränderte auch ihr Selbstbild. Manchmal resultieren die Veränderungen, die wir hervorrufen, nur in einer schönen Erinnerung; manchmal verändern sie unser ganzes Leben. Wie Sie sehen werden, haben Frauen ihre berufliche Laufbahn verändert, sich ins Geschäftsleben gestürzt, die Welt bereist, sind durch Nepal getrekkt, haben gewalttätige Partner verlassen, ihr Selbstbild und ihr ganzes Leben geändert – nur weil sie beschlossen, nicht weiterhin freiwillig das Opfer ihrer Umstände zu sein, und weil sie die vielgeliebte Überzeugung aufgaben, sie könnten im Leben Risiken und Veränderungen vermeiden.

Ich lade Sie also ein, die Belohnung für das Risiko gegen den Preis der Hilflosigkeit abzuwägen. Wenn Sie dann einer Situation begegnen, die ebenso angsterregend wie aufregend ist, oder sich in einer Zwangssituation befinden, die entsetzlich, aber unvermeidbar ist, werden Sie in der Lage sein, wie Deborah es ausdrückte: »sich selbst aus der Tür und ins Leben hinein zu bugsieren«.

Die beste Art und Weise, sich selbst so gut zuzureden, daß Sie sich aus der Tür und ins Leben bugsieren können, besteht darin, die Verhaltensunterschiede zu verstehen, die sich aus den beiden verschiedenen Erklärungsstilen ergeben. Im folgenden eine kurze Zusammenfassung dieser Verhaltensunterschiede:

Verhaltensunterschied 1 – Ziele: Wachstum oder Status quo?

Untersuchungen über Motivationen und Durchhaltevermögen zeigen, daß die Menschen im allgemeinen in zwei Kategorien fallen: Die einen wählen das, was die Experten *Verhaltensziele* nennen – das sind im allgemeinen solche Ziele, zu denen Menschen mit EH greifen; die anderen wählen das, was die Experten *Lern-*

ziele nennen.[1] Verhaltensziele verweisen auf das Bedürfnis, günstige Bewertungen für das eigene Verhalten zu erzielen (oder negative Kritik zu vermeiden). Lernziele deuten auf das Bedürfnis des oder der Betreffenden hin, eine neue Aufgabe zu bewältigen oder die eigene Kompetenz zu erhöhen.

Und so funktioniert das: Menschen mit EH glauben, daß Intelligenz und Fähigkeiten feststehende Merkmale sind, Charakterzüge, die im Grunde resistent sind gegenüber Veränderungen und nicht auf Entwicklungsstrategien reagieren. Wenn sie die perfekte Situation für Konfusion / Frustration vor sich haben, die sich zwangsläufig ergibt, wenn man etwas Neues lernt oder sich an eine Veränderung anpaßt, interpretieren sie dies als ein Zeichen, daß etwas mit *ihnen* nicht stimmt.

Was sie dann tun, ist, einen unpersönlichen Prozeß zu personalisieren. Sie schlußfolgern, die Ursache ihrer Verwirrung sei ein Mangel an Intelligenz oder Fähigkeiten. Indem sie ihre Intelligenz oder ihre Fähigkeiten jedesmal bezweifeln, wenn sie mit Unsicherheit, Verwirrung oder Frustration konfrontiert werden, fühlen sie sich am Ende immer unsicherer. Daher wählen sie Verhaltensziele (Bereiche, in denen sie sich bereits erprobt haben) und ziehen diese entschieden allen Lernzielen vor (Bereiche, die potentiell Verwirrung auslösen), um diesen schmerzhaften Zustand des Selbstzweifels zu vermeiden. Die Ironie besteht darin, daß dieser schmerzhafte Zustand ein Ergebnis ihres eigenen negativen Erklärungsstiles ist.

Glücklicherweise unterstützt die Forschung die Theorie, nach der Intelligenz oder Fähigkeiten »feste Einheiten« darstellten, keineswegs. Studien haben gezeigt, daß die IQ-Werte sich mit der Zeit verändern können und es in der Tat auch tun. Manche Forscher weisen darauf hin, daß es sogar nach dem Alter von vierunddreißig Jahren eine Verbesserung bei den IQ-Werten geben kann, und zwar bis zu zwanzig Punkten.[2]

Darüber hinaus werden Menschen mit hohem IQ oder einer eindrucksvollen Liste von erreichten Leistungen, wenn sie eine neue Aufgabe lernen müssen, *ebenfalls* verwirrt und machen Fehler genau wie wir alle. Dies ist die schlichte Wahrheit, die Menschen mit EH entweder nicht glauben oder einfach vergessen.

Zusammengefaßt: Eine starke Neigung zu Verhaltenszielen ist

ein Symptom für EH. Diese Neigung, immer nur das zu tun, was sie bereits gut können, hält den Status quo aufrecht und verhindert eine Vorbereitung auf mögliche Widrigkeiten des Lebens. Ironischerweise kann die Fixierung einer Frau darauf, Zustimmung zu bekommen, dazu führen, daß sie bereits die Herausforderungen meidet, denen sie sich unbedingt stellen müßte, um die Fähigkeiten entwickeln zu können, für die sie dann gelobt würde. Das ist gleichbedeutend mit der Aussage: »Um eine besondere Fähigkeit bei dieser neuen Unternehmung erwerben zu können, muß ich bereits eine besondere Fähigkeit in diesem Bereich haben.« Ein solches Denken ist so nützlich wie dehydriertes Wasser.

»Eine hilflose Phi Beta Kappa?«*

»Ich machte gleich nach dem Abitur den Fehler, ein Verhaltensziel einem Lernziel vorzuziehen, und schlug daraufhin drei Jahre lang den falschen Weg ein«, erzählte Betty, eine engagierte, sprachgewandte Frau mittleren Alters, die ein Förderprogramm für Mädchen eingerichtet hatte.

»Wie viele Mädchen war ich in den Sprachen immer gut gewesen, aber schlecht in Mathe. Zwar war es mein Berufsziel, einen Abschluß in den Wirtschaftswissenschaften zu bekommen, doch mein Studienberater warf einen Blick auf meine Mathe-Noten und verkündete: ›Sie gehören nicht aufs College und werden niemals einen wirtschaftswissenschaftlichen Abschluß schaffen.‹ Tja, daraufhin machte ich den ganzen Prozeß durch, den Sie beschrieben haben: Ich hielt mich einfach für zu dumm, in Mathe gut zu sein, und glaubte, alle Anstrengungen der Welt würden das nicht ändern. Ich war also davon überzeugt, daß mir nur die Geisteswissenschaften übrigblieben.

In meinem dritten Jahr im kommunikationswissenschaftlichen Studium war ich gezwungen, einen Schein in einem Statistikkurs zu machen. Es war mir entsetzlich peinlich, möglicherweise als

---

* Phi Beta Kappa = Mitglied einer Vereinigung herausragender Akademikerinnen, Anm. d. Ü.

dumm betrachtet zu werden, also arbeitete ich hart, machte meine Hausaufgaben und suchte den Lehrer auf, um ihm noch zusätzliche Fragen zu stellen. All das hatte ich vor dem Abitur nicht gemacht, damals bestand mein Verhaltensstil darin, aufzugeben, wann immer es schwierig wurde. Also, ich bekam meinen Schein, zwar nicht mit einer Eins, aber immerhin mit einer Zwei, und ich war stolz auf meine Leistung. Daraufhin begann sich mein Denken zu verändern: Wenn ich mich irrte, was meine Statistik-Fähigkeiten anging, dann irrte ich mich möglicherweise auch, wenn ich es vermied, ein wirtschaftswissenschaftliches Studium anzufangen.

Das Ganze lief darauf hinaus, daß ich meinen Studiengang im dritten Jahr, sehr zum Kummer meiner Eltern, wie ich hinzufügen möchte, wechselte. Wie dem auch sei, nach meiner Graduierung schickte ich eine Kopie meines Diploms in Wirtschaftswissenschaften und meinen Phi-Beta-Kappa-Schlüssel an meinen Studienberater, damit er nicht noch mehr Studentinnen Hilflosigkeit lehrte.«

Mit anderen Worten: Wenn wir nach der Überzeugung handeln, daß Intelligenz oder besondere Fähigkeiten sich verbessern können – und die Forschung weist darauf hin, daß es so ist –, dann wählen wir die Art von Ziel (Lernen), die dann tatsächlich zu unserem intellektuellen Wachstum führt. Und umgekehrt: Wenn wir glauben, Intelligenz sei eine feste Größe, wählen wir eine andere Art von Ziel (Verhalten), die zu intellektueller Stagnation oder später im Leben sogar zu einem Niedergang der intellektuellen Fähigkeiten führen kann.

Wenn wir es für möglich halten, daß wir uns bessern, dann tun wir das auch. Wenn wir glauben, wir könnten es nicht, dann tun wir es nicht. Wie Henry Ford einmal sagte: »Ob Sie daran glauben, daß Sie es können, oder ob Sie glauben, Sie könnten es nicht, Sie haben immer recht!«

Das ist ebenso ironisch wie zutreffend. Es bedeutet, daß wir alles zurückbekommen. Es bedeutet, daß unser Glaubenssystem (das unseren Erklärungsstil hervorbringt) vollkommen in der Lage ist, die Realität zu schaffen, die unser Erklärungsstil erklären sollte. Und damit haben wir das Pferd von hinten aufgezäumt. Mit anderen Worten: Glaubenssysteme erfüllen einen doppelten Zweck. Sie können verändert, modifiziert, umgewandelt, neu geformt, angepaßt und gemildert werden, nicht nur um die Vergangenheit und Gegenwart zu erklären, sondern auch um die Zukunft zu *schaffen*.

Verhaltensunterschied 2 – Zuschreibungen:
Wem gebührt die Anerkennung? Wer ist schuld?

Wenn man erfolgreiche Männer und Frauen fragt, auf was sie ihren Erfolg und ihr Scheitern zurückführen, dann sind ihre Antworten sehr verräterisch. Männer neigen insgesamt dazu, Erfolge ihren Charaktermerkmalen zuzuschreiben, wie etwa ihren Fähigkeiten, ihrer Intelligenz, ihrer Anstrengung. Ihr Scheitern jedoch schreiben sie äußeren Umständen zu, wie etwa der Schwierigkeit der Aufgabe, dem schlecht gewählten Zeitpunkt oder mangelnder Unterstützung. Und jetzt raten Sie mal: Frauen antworten genau umgekehrt.[3] Sie neigen dazu, ihr Scheitern inneren Defiziten zuzuschreiben, und äußern sich entsprechend: »Ich war einfach nicht klug genug« oder »Ich war nicht gut genug« oder »Ich habe es nicht genug versucht«. Ihren Erfolg hingegen schreiben sie äußeren Umständen zu wie Glück, Hilfe, der Leichtigkeit der Aufgabe, und dazu äußern sie sich zum Beispiel so: »Das war doch gar nichts« oder »Ich habe viel Hilfe bekommen« oder »Es war kinderleicht«.[4]

Diese Forschungsergebnisse über den von Psychologen so genannten *Attributionsstil* unterstreichen dramatisch den Unterschied zwischen denjenigen, die Bewältigungsorientierung gelernt haben (gewöhnlich Männer), und denjenigen, die Hilflosigkeit gelernt haben (typischerweise Frauen), und zwar hinsichtlich ihrer Reaktionen auf Erfolg und Scheitern. Es ist traurigerweise sehr einfach: Alles in allem *verinnerlichen Männer ihre Verantwortung für den Erfolg und akzeptieren sie, Frauen dagegen verinnerlichen und akzeptieren ihre Verantwortung für ihr Scheitern.*

Diese Zuschreibungen für Scheitern und Erfolg haben weitreichende Auswirkungen, nicht nur auf unser Selbstwertgefühl und auf die Wahrscheinlichkeit, daß wir eine schwierige oder riskante Situation durchstehen werden. Hören Sie dazu die beiden folgenden Geschichten. Die erste ist meine eigene. Die zweite wurde mir von einer Frau in einem Workshop erzählt.

Meine Geschichte begann, als meine Terrassentür nicht mehr richtig auf- und zuging. (Ich erinnerte mich, am Tag zuvor hineingegangen zu sein, und die Art, wie ich die Tür zugemacht hatte, war vielleicht für ihren jetzigen Zustand verantwortlich.) Jedenfalls hatte mein Mieter versprochen, mir abends, wenn er von der Arbeit nach Hause käme, die Tür zu reparieren. Ich war sehr froh darum. Doch im Laufe des Tages dachte ich: »Eigentlich – wenn er das kann, warum nicht ich? Ich bin schließlich nicht dumm. Es ist ja keine Maschine mit beweglichen Teilen, zum Teufel. Wenn er den Fehler finden kann, dann kann ich ihn auch finden.«

Tapfer stürzte ich mich in mein Abenteuer, eine Kriegerin, wild entschlossen, sämtlichen Herausforderungen von Kraft und Drehmoment zu trotzen, bewaffnet nur mit meiner Rechtshändigkeit, einem elektrischen Schraubenzieher und meinem positiven Erklärungsstil!

Zwei Stunden später lag meine Verandatür öltriefend in häßlichen Einzelteilen auf der Seite, überall lag Werkzeug herum, daneben ich, frustriert und aufgelöst in Zornestränen. Also rief ich Brian an, um ihm zu erzählen, daß ich zwar versucht hatte, die verdammte Tür selbst zu reparieren, aber ein noch schlimmeres Durcheinander angerichtet hatte. Ich fühlte mich so dumm und hilflos. Er versuchte mich aufzumuntern, indem er mir versicherte, sich bei der Heimkehr sofort meiner und der Tür anzunehmen.

»Darum geht es doch gar nicht!« schrie ich den armen Mann an. »Ich bin so entmutigt! Ich bin nicht mal so clever wie die Tür. Ich fühle mich einfach so dämlich!«

»Meiner Meinung nach«, erwiderte er ruhig, »sind Sie nicht so dumm. Ich würde eher sagen, wer auch immer der Kerl war, der die Tür entworfen hat, war der Dumme. Ich habe sie mir schon gestern abend angesehen und dachte, wie schlecht sie entworfen und konstruiert ist. Kein Wunder, daß Sie Probleme damit bekommen haben.«

Alles klar? Ich verhielt mich auf typisch weibliche Weise, als ich mit einem Mißgeschick konfrontiert wurde, und schrieb das Problem sofort meiner Dummheit oder meiner mangelnden Kenntnis einer Türmechanik zu. Brian verhielt sich dagegen auf typisch männliche Weise und schrieb jemand anderem Dummheit zu. Auf lange Sicht gesehen war es vollkommen unwichtig, wie nun die »Wahrheit« aussah. Seine Erklärung ermutigte sehr viel mehr, und dadurch war es sehr viel wahrscheinlicher, daß er angesichts von Schwierigkeiten durchhalten würde.

Was mich so überraschte, war, wie leicht und schnell ihm seine Antwort über die Lippen kam. Wie natürlich. Schließlich sollte eigentlich *ich* die Autorität auf diesem Gebiet sein. Ich war es ja schließlich, die gerade ein Buch über das Thema schrieb! Doch die Tendenz ist so eingefleischt, so durchdringend, daß ich mitten im Schreiben über die weibliche Tendenz, Scheitern zu verinnerlichen, das Scheitern verinnerlichte! Das lehrte mich (und ich hoffe, Sie auch), wie tief diese Überzeugungen und Verhaltensweisen in uns eingepflanzt sind und wie bewußt, aufmerksam und energisch wir kämpfen müssen, um sie auszureißen.

Ich hielt mich für bewältigungsorientiert, indem ich mich in das Abenteuer stürzte, draußen auf der Terrasse die Tür zu reparieren. Das war ja auch alles richtig. Doch sobald ich mich einem Mißgeschick gegenübersah, rutschte ich wieder in die alte EH- (und damit die weibliche)Reaktion.

Die andere Geschichte erzählte mir eine Frau in einem Workshop, die an Wochenenden als Linienrichterin bei Wettkämpfen fungierte. Offensichtlich hatte sich auf ihrer Seite ein Unfall ereignet, und sie sollte einen Unfallbericht ausfüllen, in dem sie detailliert die von ihr beobachteten Ereignisse schilderte. Danach mußte dieser Bericht von ihrem Vorgesetzten durchgesehen werden.

Pflichtbewußt schrieb sie ihren Bericht. Als sie ihn zum Unterschreiben ihrem Vorgesetzten vorlegte, bestand dieser darauf, daß der andere Linienrichter (ein Mann), der zur gleichen Zeit in derselben Ecke gestanden hatte, den Bericht ausfüllte. Mit anderen Worten, der Vorgesetzte glaubte ihre Schilderung des Unfallhergangs nicht.

»Als ich am Abend nach dem Wettkampf nach Hause fuhr, fühlte ich mich so elend. Ich erzählte meinem Mann, Peter, daß ich bestimmt völlig ungeeignet bin, weil mein Vorgesetzter meine Zeugenaussage nicht akzeptiert hatte.

Peter blickte mich ungläubig an und sagte: ›Was? Du glaubst tatsächlich, daß er den Bericht nicht akzeptiert hat, weil du inkompetent bist? Das nehm ich dir nicht ab. Du bist ganz einfach das Opfer von Geschlechterdiskriminierung, weiter nichts, und hier stehst du noch und sprichst dich selbst schuldig!‹

Statt peinlich berührt zu sein, daß es einen Mann brauchte, um mir dies zu erklären, war ich so erleichtert! Es war mir nicht einmal in den Sinn gekommen, daß ich diskriminiert worden war. Ich hatte einfach ein Mißgeschick automatisch verinnerlicht. Peter andererseits schrieb das Problem automatisch jemand anderem zu, und wahrscheinlich hatte er eher recht.«

Daß Peter und Brian wahrscheinlich mit ihren Erklärungen recht hatten, bedeutet nicht unbedingt, daß sie immer recht haben und wir immer unrecht (das wäre dann schon wieder die Tendenz, Scheitern zu verinnerlichen). Es ist nur so, daß die Art der Zuschreibung, die ein Mann wählt, es ihm erleichtert, Herausforderungen zu bewältigen, und – das ist entscheidend – ihn motiviert, verschiedene Strategien zu entwickeln, falls er scheitert. Mit anderen Worten: Indem er sich weigert, ein Mißgeschick zu verinnerlichen, dem er begegnet, ist er motiviert, die Veränderungen der Strategie ins Auge zu fassen, die letztlich das erwünschte Ergebnis produzieren können.

Lernen wir also von diesen bewältigungsorientierten Männern und ziehen wir andere mögliche Ursachen für unser Scheitern in Betracht. Lernen wir, daß wir für die *Erfolge* in unserem Leben ebenso verantwortlich sein können wie für die Mißerfolge. Lernen wir, daß vielleicht nicht alle Mißgeschicke unsere Schuld sind. Wenn das zu diesem Zeitpunkt als eine schwere Aufgabe erscheint, nur keine Angst. Spezifische Strategien, wie Sie lernen können, Ihr Denken zu verändern, werden in Teil III (Kapitel 7 bis 13) vorgestellt.

Verhaltensunterschied 3 – Unangemessener Vergleich: Gewogen und zu leicht befunden?

Ein weiterer Verhaltensunterschied zwischen den Hilflosen und den Bewältigungsorientierten betrifft unangemessene Vergleiche zwischen sich selbst und anderen. Eine Teilnehmerin an einem Workshop erzählte diese Geschichte:

»Meine Tochter ist eine begabte Musikerin. Als sie etwa zehn Jahre alt war, nahm sie Privatstunden bei einem bekannten Lehrer und übte schon recht ernsthaft, um Konzertcellistin zu werden. Dann nahmen wir sie vor einigen Jahren mit in ein Konzert von Yo-Yo Ma und glaubten, das würde sie inspirieren. Es stellte sich als das Schlimmste heraus, was wir ihr nur hätten antun können.

Nach seinem Konzert kam sie zu der Schlußfolgerung, gleichgültig wie hart und lang sie übte, sie würde niemals als Musikerin so gut werden wie er, und daraufhin gab sie alle weiteren Anstrengungen auf, Cello zu spielen. Wir wurden ganz krank davon. Wir versuchten alles, um ihre Meinung zu ändern, aber ich vermute, sie hatte bereits das Hilflosigkeitssyndrom und hörte einfach nicht zu.«

Sich selbst mit einem der größten Virtuosen auf dem Konzertpodium zu vergleichen, der als erfolgreicher und reifer Musiker auftrat, war nicht nur unangemessen, sondern ausgesprochen unrealistisch und kontraproduktiv. Dieses Verhalten tritt häufig bei jenen auf, die einen hilflosen Verhaltensstil und die Angewohnheit entwickelt haben, ihren Selbstwert an dem Verhalten von anderen zu messen (oder, wie Erwachsene, am zur Schau gestellten Reichtum anderer). Wenn wir uns einen unangemessenen Vergleichspartner suchen, so als ob wir bereits zur Weltelite der Künstler, Wissenschaftler oder Sportler gehörten, schaffen wir damit Bedingungen, die unser Selbstwertgefühl vermindern und unsere Anstrengungen, unser Ziel zu erreichen, als zum Scheitern verurteilt erscheinen lassen müssen.*

---

* Vielleicht haben Sie ebenfalls bemerkt, daß die junge Frau sich selbst ein Verhaltensziel statt ein Lernziel aufgebürdet hatte. Wir haben bereits die

Eine weitere Teilnehmerin desselben Workshops erzählte mir noch ein ganz anderes Beispiel für einen unangemessenen Vergleich. Sie kam am Ende eines Vortrags zu mir, und nachdem ich ihre Geschichte kurz angehört hatte, lud ich sie zu mir nach Hause ein, um sie zu interviewen.

Linda und Barbara

Als Linda mir auf meinem Sofa gegenübersaß und auf meinen Kassettenrecorder sprach, war ihr Charisma geradezu atemberaubend. Sie trug Jeans, eine Folklore-Bluse und klirrende Silberohrringe, die das Spätnachmittagslicht einfingen und einen interessanten Kontrast zu ihrem dunklen Haar und ihrer olivfarbenen Haut bildeten. Sie schaute mich aus ungeheuer ausdrucksvollen mandelförmigen Augen über hohen Wangenknochen an. Während sie sich auf meinem Sofa zusammenrollte und an ihrem Tee nippte, dachte ich, daß sie nicht im traditionellen Sinne hübsch war, aber jene Art aristokratischer Schönheit und geheimnisvoller Aura besaß, die man gelegentlich bei Indianerprinzessinnen findet. Und so begann sie ihre Geschichte zu erzählen:

»Diese Frau namens Barbara und ich gehörten derselben Frauenselbsterfahrungsgruppe an, das ist schon einige Jahre her. In ihrer Gegenwart fühlte ich mich immer wie eine komplette Versagerin, weil sie alles zu haben schien – einen Job mit einem hohen Status, Sicherheit und ein gutes Einkommen, eine glückliche Ehe und einen liebevollen Mann, ungewöhnlich begabte Kinder, ein hübsches Haus genau im richtigen Vorort, ein hübsches Gesicht, eine hübsche Figur, was Sie wollen. Und zu allem Überfluß war sie auch noch sechs Jahre jünger als ich. Um die Sache noch schlimmer zu machen, kam ich mir auch noch kleinlich vor, weil

Auswirkungen von Verhaltenszielen besprochen, wenn sie vorzeitig den Lernprozeß beenden. Hier behinderte die Wahl eines Verhaltensziels in Kombination mit einem unangemessenen Vergleich ein talentiertes Wesen und beendete eine vielversprechende Karriere. Auch hier hatte die »Wirklichkeit« nichts mit dem Scheitern zu tun, nur der Erklärungsstil.

ich sie beneidete. Ich konnte an keiner Front gewinnen«, sagte sie, während sie ihre Hand an der Teetasse wärmte.

»Wir lernten uns alle im Laufe des Jahres sehr gut kennen, und es stellte sich heraus, daß sie *wirklich* alles hatte! Sie war nur in der Selbsterfahrungsgruppe, um ein paar neue Freundinnen zu finden. Wir anderen hatten alle große Probleme, doch sie saß da mitten unter uns, glücklich, nur ein wenig auf der Suche nach Frauenfreundschaften.«

Linda lachte befangen. »Gott, ich klinge immer noch so neidisch, es ist wirklich peinlich. Was ich jedoch sagen wollte, es war nicht nur Neid. In ihrer Gegenwart fühlte ich mich immer so unzulänglich, irgendwie wertlos, verstehen Sie?«

Nach Lindas Schilderung war Barbara schon als hübsches Kind auf die Welt gekommen. Die Leute erzählten ihr immer, sie sähe aus wie die blonde Ausgabe einer damals berühmten Schauspielerin. Ihre Familie war intakt und glücklich, weiß und republikanisch gesinnt. Ihr Vater war Ingenieur, ihre Mutter Hausfrau. Sie lebten zu dritt in einem Haus mit fünf Zimmern in einer wohlhabenden Gegend. Barbara ging auf Privatschulen. Im Sommer nahmen ihre Eltern sie mit auf exotische Reisen nach Europa und in den Orient. Als sie sechzehn war, schenkten ihr die Eltern ein Auto.

»Soviel ich weiß«, meinte Linda, »bezahlten ihr die Eltern das College, und sie schaffte es im Schnelldurchgang, heiratete einen netten jungen Mann, der es sich leisten konnte, sie finanziell zu unterstützen. Als ich sie kennenlernte, hatte sie gerade ihr Diplom gemacht, ohne auch nur jemals dafür arbeiten zu müssen, sollte ich hinzufügen, und war dabei, einen lukrativen neuen Job anzutreten.

Gestern beim Workshop stellte ich fest, daß Barbara eine jener Personen für mich war, die Sie als einen ›unangemessenen Vergleich‹ bezeichnet haben. Ich habe mich mit ihr gemessen, und während Sie sprachen, stellte ich fest, daß es wirklich nicht fair war, mich mit ihr zu vergleichen. Unser Leben ist so unterschiedlich verlaufen. Mein Leben, meine Familie, die Ereignisse, die mich zu der gemacht haben, die ich bin, sind so völlig anders im Vergleich zu Barbara, als ob wir von zwei verschiedenen Planeten kämen.«

»Inwiefern?« ermutigte ich sie.

»Nun ja, meine Familie war so verschieden von der Barbaras, wie man es sich nur vorstellen kann. Meine Familie war von Anfang an eine einzige Katastrophe. Als meine arme Mutter mich zur Welt brachte, war sie selbst fast noch ein Kind – sechzehn, um genau zu sein. Sie war schwanger, als sie meinen Vater heiratete. Später sah sie ihren Irrtum ein und ließ sich mit achtzehn von ihm scheiden, doch da hatte sie schon ein zweites Baby.

Meine Mutter kämpfte, um für uns drei zu sorgen, als alleinerziehende Mutter und Kellnerin die nächsten sieben Jahre lang. Sie ließ sich Zeit damit, noch einmal zu heiraten, weil sie einen guten Mann wollte. Mit fünfundzwanzig begegnete sie jemandem, den sie für einen netten, verantwortungsbewußten Menschen hielt, aber zwei weitere Kinder und drei Jahre später ließ er uns einfach sitzen. Wir fielen in die Armut zurück. Da ich die Älteste war, mußte ich auf die Kinder aufpassen, während sie zwei, manchmal drei Jobs hatte, nur um uns durchzubringen.«

Linda rutschte unruhig auf dem Sofa herum, verlagerte das Gewicht, verzog das Gesicht und rieb sich das linke Bein.

»Doch eine Sache half mir. Ich war klug. Ich hatte ein Stipendium bekommen und eine Klosterschule besucht, und alle Nonnen ermutigten mich, aufs College zu gehen. Wir hatten jedoch nicht das Geld dazu, also arbeitete ich ein Jahr lang und sparte das Geld. Ich fing spät an, aber mit einer kleinen Spende von den Nonnen, einem Stipendium von der Universität und dem von mir gesparten Geld hatte ich das Gefühl, endlich auf dem richtigen Weg zu sein.«

Doch mitten in ihrem vorletzten Studienjahr passierte die Tragödie. Linda hatte einen schweren Unfall, ein Auto riß sie auf ihrem Weg zur Universität vom Fahrrad und schleuderte sie mit solcher Gewalt durch die Luft, daß sie mit ihrem Bein einen Zaunpfahl herausriß. Als der Unfallwagen sie zum Krankenhaus fuhr, war das einzige, was ihren Fuß noch mit ihrem Knie verband, eine lange Sehne.

Die Ärzte, Mitglieder der Medizinischen Fakultät, an der sie studierte, schlugen ihr vor, sie ohne zusätzliche Kosten zu behandeln, wenn sie ihnen erlauben würde, mit neuen Techniken zu experimentieren, um ihr Bein zu retten. Sie rekonstruierten den Knochen und hefteten Schweinehaut an ihr Bein, denn die Wunde war zu groß, um eigenes Gewebe zu benutzen, und Schweinehaut ist der menschlichen Haut am ähnlichsten. Sie waren in der Lage, das Bein zu retten, aber zwei Jahre später hatte sie noch fast ununterbrochen Schmerzen.

»Während meiner Rehabilitation habe ich fast aufgegeben. Nicht nur, daß ich mit dem Trauma meines Unfalls und meiner Verletzung fertig werden mußte, daß ich lernen mußte, wieder zu gehen, sondern ich hatte auch kein Geld mehr, war schon zwei Jahre nicht mehr auf der Uni gewesen und war abhängig geworden von den morphinhaltigen Schmerzmitteln, die mir die Ärzte während der Behandlung verschrieben hatten.

Auf das Drängen von Freunden machte ich einen Entzug und wurde meine von den Ärzten verschriebene Sucht los. Ich nahm ein Darlehen auf und beendete mein letztes Jahr an der Universität.«

Linda starrte für eine Weile aus dem Fenster auf den sanft fallenden Schnee, tief in Gedanken versunken, wobei sie sich unbewußt ihr linkes Bein massierte. Ich saß ganz ruhig da und wartete. Plötzlich kam sie zurück, nippte einmal nachdenklich an ihrem Tee und fuhr fort.

»Gelegentlich treffe ich mich mit Männern, aber die meisten scheinen unfähig zu sein, mit meiner Behinderung fertig zu werden. Nicht nur, daß mein Bein ziemlich häßlich aussieht, sondern ich hinke auch. Ich lebe also allein, mein Leben ist schon in Ordnung, aber hauptsächlich ist alles, was ich tun kann, mit dem Schmerz und der Behinderung fertig zu werden, die ich sowohl physisch wie emotional erlitten habe und die dieser Unfall verursachte.«

Wenn Linda also, und das gilt natürlich auch für alle anderen, ihren Wert an den äußeren Merkmalen des Lebens von Barbara mißt – akademischer Abschluß, liebevoller und erfolgreicher Ehemann, hochbezahlter Job, hübsches Gesicht, gute Figur –, dann wird sie sich in der Tat als »Versagerin« fühlen. Sie mißt sich dann mit einem unangemessenen Bezugsobjekt und, das kann man in einem solchen Fall vorhersagen, wird sich »gewogen und zu leicht befunden« fühlen.

Barbara ist ein unangemessenes Vergleichsobjekt, denn ihr Leben, in deutlichem Kontrast zu Lindas, enthält alle Elemente, die in Amerika durch Privilegien gespendet werden. Lindas Mut, Zähigkeit, Willensstärke und Durchhaltevermögen angesichts von Schwierigkeiten sind samt und sonders Merkmale extrem guten Funktionierens, ein Niveau, das vielleicht nicht einmal Barbara selbst erreichen oder halten könnte.

Als Außenstehende können wir das leicht erkennen, doch für Linda ist der unangemessene Vergleich, dem sie sich aussetzt, dazu geeignet, sie blind zu machen für ihre eigenen Leistungen. Obwohl Linda uns offensichtlich als ein bewältigungsorientierter Mensch erscheint, hat sie doch einen Charakterzug des EH-Stiles entwickelt.

»Wie dem auch sei, als ich Sie im Workshop über unangemessene Vergleiche reden hörte, begann ich zu verstehen, warum ich mich in Gegenwart von Barbara immer so schrecklich fühlte. Ich war einfach unrealistisch hart zu mir selbst, indem ich einen unfairen und unangemessenen Vergleich mit ihr zog.«

Die Bewältigungsorientierten neigen dazu, sich *nicht* mit anderen zu vergleichen, besonders nicht zu Beginn eines neuen Unternehmens. Sie konzentrieren sich auf ihr eigenes Wachstum, ihre eigene Entwicklung. Sie schauen sich an, wo *sie* angefangen haben und wie weit *sie* bereits gekommen sind, statt die Entfernungen, die andere bereits zurückgelegt haben. Sie verstehen, daß Vergleiche mit anderen nur sehr wenig bewirken, außer Konflikte und Dramen auszulösen, die ihr Durchhaltevermögen und ihre Begeisterung in den schwierigen Zeiten, die mit jeder Veränderung einhergehen, unterminieren.

Verhaltensunterschied 4 –
Mangel an strategischem Denken

Martin Seligman selbst sagte, eine der Störungen, die durch EH hervorgerufen werden, sei die behinderte Motivation zu reagieren. Ein Aspekt dieser behinderten Motivation ist der Mangel an strategischem Denken, etwas, das die Bewältigungsorientierten regelmäßig und wiederholt unternehmen. Mit anderen Worten, es macht ihnen nichts aus, immer und immer wieder, so häufig, wie es eben nötig ist, ihre Schulaufgaben zu machen.

Strategische Planung ist die Bereitschaft, kreativ zu denken, indem man neue Optionen schafft, die wildesten Möglichkeiten in Betracht zieht und veraltete Verhaltensweisen ändert. Leider wird die Kreativität unter der Wirkung von EH dadurch gemindert, daß man für solche Möglichkeiten blind wird, so daß selbst die Fähigkeit, bestehende Optionen überhaupt wahrzunehmen, geschweige denn neue zu schaffen, schwer eingeschränkt ist. Die Unfähigkeit einer unter EH leidenden Person, strategisch zu denken, stammt letztlich aus derselben Quelle wie ihr Zwang, Lernziele zu vermeiden: der Angst vor negativer Kritik, Traurigkeit, Verwirrung und einer mangelnden Toleranz gegenüber Frustrationen.

Auf der anderen Seite sind die Bewältigungsorientierten in der Lage, vielfältige Strategien zu entwickeln und kreativ zu sein, da sie die Möglichkeit negativer Kritik von anderen nicht schreckt. Mit anderen Worten, sie fürchten sich nicht vor der Herausforderung, die in einer solch frechen Frage liegt wie: »Wie um alles in der Welt bist du bloß auf eine solch blödsinnige Idee gekommen?« Das Glaubenssystem der Bewältigungsorientierten zwingt sie nicht, sich in Sicherheit zu bringen (Verhaltensziele anzustreben), um jener Kritik auszuweichen, also kann umgekehrt ihre Kreativität nicht eingeschränkt werden.

Strategien zu entwickeln kostet Zeit, wenn Sie also Veränderungen an Ihrem Leben vornehmen wollen, dann hören Sie auf, Wunschvorstellungen nachzujagen, und beginnen Sie mit harter Planung. Wünschen ist passiv, Planen ist aktiv. Wünschen ist hilflos, Planen ist bewältigungsorientiert. Da Veränderung tatsächlich ein Prozeß ist, kein Produkt, werden Sie – vorausgesetzt, Sie akzeptieren, daß es Zeit kostet – motiviert genug sein, sich so bald wie möglich an die Planung zu machen. Außerdem verwandelt strategische Planung eine Zeit, die wie nutzloses Warten wirkt, in Planungszeit, ein viel bewältigungsorientierterer und produktiverer Ansatz.

Wenn Sie sich in einer hoffnungslosen Situation gefangen

fühlen, nicht in der Lage, einen Ausweg zu sehen, dann wird Ihnen vielleicht die Geschichte einer Frau, die gut planen konnte, helfen, daß Sie sich weniger allein fühlen.

Sue Anns Flucht ins Leben

»In den ersten zwei Jahren unserer Ehe hat mich mein Mann nicht geschlagen, aber emotional und verbal mißhandelt. Er nannte mich zum Beispiel eine ›fette Kuh‹, Sachen in der Art. Ich steckte es weg und dachte mir, es könnte noch viel schlimmer sein. Als Kind sah ich, wie meine Mutter herumgestoßen wurde, also dachte ich: ›Tja, zumindest schlägt er mich nicht.‹ Als er mich zum ersten Mal ins Gesicht schlug, stellte ich jedoch fest, daß es schlimmer *wurde*. Als er mich das nächste Mal schlug, einige Monate später, diesmal mit der Faust, begann ich, einen Fluchtplan auszuarbeiten.⁵

Ich wußte, was ich am meisten brauchte, war Geld, aber Carl ließ mich nicht arbeiten. Das einzige, was er mir jede Woche gab, war das Haushaltsgeld für Einkäufe und Benzin. Wenn ich also etwas Geld beiseite schaffen wollte, würde ich es mir von dem bißchen abknapsen müssen.

Ich ging also dazu über, jede Menge Suppen, Nudelgerichte und Eintöpfe mit Reis und Bohnen auf den Tisch zu bringen, so konnte ich billiges Fleisch kaufen und etwas bei den Einkäufen sparen. Außerdem ließ ich das Mittagessen weg. Das war ganz gut für meine Figur.« (Kichern im Publikum.) »Ich ging auch dazu über, am Benzingeld zu sparen, indem ich mich mit Freundinnen zusammentat, um zum Supermarkt zu fahren und so weiter. Nachdem sie meinen Plan gehört hatten, haben mir meine Freundinnen nur zu gern geholfen.

Ich hatte mir überlegt, meine Familie und meine Freunde darum zu bitten, mir zum Geburtstag und zu Weihnachten Bargeld zu schenken. Ich bat sie, mir irgendeine billige Kleinigkeit zu schenken, die ich Carl zeigen konnte, mir das Restgeld aber heimlich zuzustecken, so daß ich es wegtun konnte.

Als Carl eines Nachts heimkam und sich auf die Couch warf,

nachdem er wieder mit seinen Kumpels getrunken hatte, was er jeden Freitagabend tat, bemerkte ich, daß mir noch eine weitere Geldquelle offenstand. Ich stahl etwas aus seinem Portemonnaie, gewöhnlich fünf Dollar oder etwas weniger. Da er betrunken war, konnte er sich später nicht mehr daran erinnern, mit wieviel er nach Hause gekommen war.«

An diesem Punkt der Geschichte reckte eine Frau in der Gruppe den Daumen hoch und rief: »Recht so! Beklau diesen Bastard!« Die anderen johlten und pfiffen zustimmend.

Sue Ann lächelte und fuhr fort: »Ich gab das Geld meiner Schwester, die es gemeinsam mit ihrem eigenen Geld in Anlagen investierte, wobei sie bessere Zinsen bekam als auf einem normalen Sparbuch. Sie führte genau Buch darüber, damit wir immer wußten, wem von uns welches Geld gehörte, und auf diese Weise sparte ich langsam etwas an.

Ich weiß, fünf bis acht Dollar die Woche klingt nicht nach sehr viel, aber in den zwei Jahren, in denen Carl immer gemeiner, gewalttätiger und unberechenbarer wurde, hatte ich etwas über siebenhundert Dollar zusammengekratzt. Es war genug, um eine Kaution zu hinterlegen und die erste Monatsmiete für eine kleine Wohnung zu bezahlen.

Ich plante alles sehr sorgfältig. Meiner Familie hatte ich eingeschärft, wann ich gehen würde, so daß sie sich jeweils die passende Geschichte ausdenken konnten.«

An dieser Stelle hielt Sue Ann, die bisher mit großer Hast gesprochen hatte, inne und trank einen großen Schluck Kaffee aus der kleinen Styroportasse, die sie im Schoß gehalten hatte.

»Und jetzt kommt der Teil, wo ich schon anfange zu zittern, wenn ich bloß daran denke«, sagte sie.

»Lassen Sie sich Zeit«, erwiderte ich, »Ihre Geschichte ist für uns alle sehr anregend.«

Sie errötete und fuhr dann fort: »Wie ich schon sagte, ging Carl freitags abends immer mit seinen Kumpels trinken. Da ich wußte, daß er dann betrunken nach Hause kommen würde, hatte ich vor, an einem Freitag abzuhauen. Nachdem er endlich auf der Couch zusammengesunken war und einschlief, ließ ich ihm die Luft aus den Reifen, so daß er mir nicht folgen konnte. Und mehr noch. Ich schlitzte sie auch mit einem Messer auf.« (Weiteres Gejohle.)

»Ich hatte schon vorher das Nötigste in den Kofferraum gepackt: ein paar Kleider, einschließlich ein paar bessere Sachen, in denen ich mich auf Jobsuche begeben konnte, einen Teller, eine Pfanne, einen Topf, einmal Gabel, Messer und Löffel und meine Lieblingskaffeetasse, einen Schlafsack und mein Schweizer Messer.

Ich wußte, daß ich die Stadt verlassen mußte, denn er hatte mir gesagt, daß er mich umbringen würde, sollte ich jemals versuchen, ihn zu verlassen. Er sagte immer: ›Wenn ich dich nicht haben kann, dann soll dich auch kein anderer haben.‹

Ich fuhr in eine Stadt direkt hinter der Staatsgrenze, mietete ein billiges Appartement und bekam zwei Jobs: einen als Kellnerin – ein Job, den ich nebenbei bemerkt bloß weiterempfehlen kann, weil man dauernd durch die Trinkgelder Bargeld bekommt, eine bittere Notwendigkeit, wenn ihr noch einmal von vorne anfangen müßt – und einen weiteren bei der Telefonseelsorge; den Job haßte ich.

Meine Mutter rief mich an und erzählte mir, daß Carl mich als vermißt gemeldet hätte; das war einfach nur dumm. Er wußte genau, daß ich ihn verlassen hatte. Wer, glaubte er, hatte wohl seine Reifen zerstochen? Jedenfalls rief ich die Polizisten in meiner Heimatstadt an und erzählte ihnen, sie bräuchten nicht weiter nach mir zu suchen, ich sei nicht vermißt und hätte ihn aus freien Stücken verlassen.«

Hier hörte Sue Ann etwas abrupt auf und betrachtete ihre Geschichte offenbar als beendet. Ich spürte, daß die Zuhörerinnen noch mehr wissen wollten, und fragte: »Wie lange ist das her?«

»Etwas weniger als zwei Jahre.«

»Und jetzt?«

»Jetzt? Tja, es ist okay. Nicht großartig, aber okay. Lange Zeit war es wirklich hart. Ich meine, *wirklich* hart. Es hatte den Anschein, als ob alles, was ich tat, nur noch arbeiten war. Aber das ist immer noch besser, als ständig in Angst zu leben. Ich glaube, Carl wird sich irgendwann beruhigt und akzeptiert haben, daß ich gegangen bin. Aber um die Wahrheit zu sagen, ich habe Angst, die Scheidung einzureichen. Ich habe Angst, das alles noch einmal aufzurühren. Ich bin nicht sicher, was ich da machen soll. Da es zur Zeit niemanden in meinem Leben gibt, kann ich keinen rechten Grund erkennen, warum ich mich jetzt scheiden lassen sollte.«

»Gehen Sie mit Männern aus?« wollte eine andere Frau wissen.

»Nein«, antwortete Sue Ann seufzend. »Manchmal fühle ich mich schon recht einsam und sehne mich danach, daß jemand mich in den Armen hält, aber ich habe einfach Angst, mir schon wieder einen schlechten Kerl auszusuchen. Ich werde das nicht von mir aus forcieren. Wenn jemand mir über den Weg läuft, werde ich vielleicht so tapfer sein und darauf eingehen, aber im Moment will ich nichts weiter als meine Ruhe.«

Sue Anns Geschichte ist ein Meisterwerk in strategischer Planung. Sie nahm sich Zeit, sich ihre Handlungen genau strategisch zu überlegen. Sie sparte, brachte andere dazu, ihr Bargeld zu geben, stahl ihrem Mißbraucher ein paar Münzen und sparte alles dann auf die einträglichste Weise an. Sie hatte Durchhaltevermögen, schließlich dauerte es zwei Jahre, bis sie ihren Plan in die Tat umsetzen konnte. Und sie plante den Zeitpunkt genau. Sie zerstach seine Reifen, um ihn davon abzuhalten, ihr zu folgen. Sie suchte einen Ort auf, von dem sie annehmen konnte, daß er ihr dorthin nicht folgen würde. Sie verließ den Bundesstaat. Sie ging das Risiko ein, nahm allen Mut und alle Kraft zusammen und rettete sich selbst das Leben. Kein Wunder, daß sie jetzt das Gefühl hat, sich ausruhen zu müssen.

Später werden Sie noch weitere Geschichten von strategischer Planung hören, besonders in Kapitel 12, wo ich über Möglichkeiten sprechen werde, multiple Strategien zu entwickeln. Doch an dieser Stelle sollte Ihnen nur in Erinnerung bleiben, daß kreative Problemlöser, wirklich bewältigungsorientierte Menschen, die Entwicklung von Strategien als kontinuierlichen Prozeß betrachten, nicht als einen, der endet, wenn wir erst einmal denken, unsere Pläne seien fertig ausgearbeitet. Da das Leben voller Überraschungen steckt, müssen wir bereit sein, die Pläne, die wir einmal erstellt haben, abzuwandeln, um die dauernden Veränderungen bewältigen zu können, die jeder Moment des Lebens für uns bereithalten mag.

Verhaltensunterschied 5 –
Negative vs. positive Selbstgespräche

Selbstgespräche beziehen sich auf die inneren Tonbänder, die wir in unseren Köpfen abspielen, und, ob Sie es glauben oder nicht, sie können uns emotional einen Schlag versetzen. Untersuchungen weisen darauf hin, daß Menschen mit einem hilflosen Verhaltensstil viel mehr negative Selbstgespräche führen als bewältigungsorientierte Menschen, die umgekehrt positiv und ermutigend mit sich selbst sprechen. Wer hilflos ist, hat ein Muster an Selbstgesprächen entwickelt, das ihn oder sie demoralisiert. Die Bewältigungsorientierten haben ein Gesprächsmuster entwickelt, das sie beflügelt.

Zwei besonders subtile und daher fast unbemerkte Beispiele negativer Selbstgespräche beginnen mit: »Wenn nur...« und dem berühmten »Ja aber...«

Das »Wenn nur« spinnt eine Geschichte aus, die auf Lebensumständen *in der Vergangenheit* basiert, die von der betreffenden Person nicht mehr geändert werden können. Nun ist nichts Falsches daran, wenn wir uns in unserer Phantasie einiges vorstellen; tatsächlich sind Phantasien ein bedeutender Aspekt kreativen Denkens und Problemlösens. Doch bewältigungsorientierte Menschen benutzen dieselbe kostbare mentale Energie dafür, sich Ereignisse *in der Zukunft* vorzustellen und die Mittel strategisch zu planen, wie sie diese Ereignisse verwirklichen können – eine Veränderung in der Konzentration, die viel eher in der Lage ist, Motivation und Handlung in Gang zu setzen. Statt Monologe voller »Wenn nur« enthalten ihre Selbstgespräche solche Wendungen wie: »Ich könnte das versuchen...«, »Ich könnte jenes verändern...«

Die zweite beliebte Phrase, das »Ja aber«, wurde zum ersten Mal von Dr. Eric Berne erkannt, der damit ein psychologisches Spiel bezeichnete, das dazu da ist, das innere Kind zu belohnen.[6] Innerhalb des EH-Rahmens wird das »Ja aber« auch vom inneren Kind benutzt, diesmal, um zu vermeiden, Verantwortung zu übernehmen. Ein Ja-aber-Denken geht einfach wie folgt: »Ja, ich könnte noch einmal zur Uni gehen, aber ich habe kein Geld. Ja, ich könnte mich um ein Stipendium bewerben, aber solche Stipendien werden nur wenigen erteilt. Ja, ich könnte Abendkurse belegen, aber dann würde ich meine gesamte Freizeit opfern müssen. Und ein Mensch braucht doch Freizeit.«

Das »Ja aber« ermöglicht es einer Person mit EH, jede Handlung auf unabsehbare Zeit aufzuschieben. Als eine Form negativer Selbstgespräche ist es recht effektiv in der Hinsicht, daß es subtil jede Risikoübernahme verhindert, indem es sämtliche Optionen eliminiert.

Die Bewältigungsorientierten dagegen ignorieren die Vergangenheit, stellen fest, welche gegenwärtigen Ziele sie haben, und planen strategisch die effektivsten Mittel, wie sie in Zukunft ihre Ziele erreichen können. Ihre Selbstgespräche gehen etwa so: »Um mein Leben zu verbessern, brauche ich einen Universitätsabschluß, und um einen solchen Abschluß zu bekommen, brauche ich Geld. Ich werde mir sämtliche Anmeldeunterlagen besorgen, mich um Stipendien bewerben und selbst den obskursten Finanzquellen gegenüber aufgeschlossen sein. Ich werde einmal nachfragen, ob es vom Staat irgendwelche Förderungspläne gibt. Ich werde mal schauen, ob ich an meiner Arbeitsstelle einen Förderplan entdecke oder in meiner Gemeinde oder in meinem Briefmarkensammelclub. Ich werde schauen, ob ich Studiengänge finde, bei denen ich neben dem Studium arbeiten kann.«

Und schließlich: Zwar werden Sie sich nicht gerade als Mißbraucherin ihrer selbst fühlen, aber wenn Ihre internen Selbstgespräche nur dazu dienen, Fehler zu suchen und Zensur zu üben, dann *verhalten* Sie sich mißbräuchlich gegen sich selbst. Es ist ebenso moralisch verwerflich und in der Tat genauso obszön, sich selbst zu mißbrauchen wie irgendein anderes Lebewesen. Jetzt fangen Sie bloß nicht an, sich auch noch deswegen Schuldgefühle zu machen und zu hassen! Lieben Sie sich einfach nur so viel, wie Sie können. Vielleicht können Sie nicht viel mehr aufbringen als nur ein ganz klein wenig Selbstliebe. Das ist in Ordnung, dann lieben Sie sich eben ein ganz klein wenig. Tun Sie, was Sie können. Ihre Fähigkeit, sich selbst zu lieben, wird wachsen, wenn Sie lernen, wie man so etwas macht. Wie Teddy Roosevelt einmal sagte: »Tu, was du kannst, mit dem, was du hast, wo auch immer du bist.«

Das Hauptproblem bei negativen Selbstgesprächen besteht darin, daß sie mit der Zeit zu einer schlechten Angewohnheit werden. Wenn wir uns in einer Krise befinden oder Fürsorge brauchen, stellen wir fest, daß wir entweder vergessen haben, wie wir freundlich mit uns selbst umgehen können, oder automatisch zu den negativen Selbstgesprächen zurückkehren. Spätere Kapitel werden Übungen und Techniken enthalten, die Ihnen helfen können, diese negativen und Sie schwächenden Angewohnheiten loszuwerden.

Wirklichkeit interpretieren und schaffen

Inzwischen sollte offensichtlich geworden sein, daß bewältigungsorientiertes Verhalten davon abhängt, Ereignisse zu definieren, und zwar so, daß es sinnvoll ist, motiviert, tröstet und Durchhaltevermögen verleiht. Mit »Wirklichkeit« bezeichnen wir gewöhnlich eine Reihe sogenannter Tatsachen, etwa was passiert ist, wer daran schuld ist, was alles davon betroffen ist, wie lange es dauern wird und so weiter, das ist aber in Wirklichkeit alles vollkommen irrelevant. Letztlich ist es nicht die Wirklichkeit, sondern wie wir uns die Wirklichkeit vorstellen, was uns weiterführt, uns in Bewegung hält, uns verändert und Schwierigkeiten überwinden läßt oder, umgekehrt, uns in Selbstzweifeln, Behinderungen, Zögern und Furcht steckenbleiben läßt. Die Brille, die Sie wählen, um durch sie die Welt zu betrachten, wird dann zu einer wichtigen Bestimmungsgröße Ihrer zukünftigen Wirklichkeit.

Zwei Listen sind auf Seite 128 ff. abgebildet. Die erste beschreibt die Verhaltensunterschiede zwischen der EH-Reaktion und einer bewältigungsorientierten Reaktion. Die zweite beschreibt den »Fluß«, wenn man so will, vom Glaubenssystem und Erklärungsstil zum Verhalten und zum Endergebnis; sie zeigt die wechselseitige Beeinflussung und die Verstärkungsmuster zwischen Überzeugungen, Verhaltensweisen und Ergebnissen. Diese Listen bieten einen raschen Überblick, wenn Sie erst einmal ihre Bestandteile verstanden haben. Kleben Sie sich diese Listen am besten zur Erinnerung an Ihren Kühlschrank.

Die letzte der wilden Mamas

Die wilde Mama in dieser Anekdote ist zufällig meine Mama.

Es war im Jahre 1938. Mama (Maxine) war Angestellte in einem Kaufhaus. Mein Vater, Nick, arbeitete als Metzger. Beide waren aber auch professionelle Musiker (Mutter: Klavier, Vater: Saxophon), die gelegentlich Auftritte bekamen und einen Hang zu einem ganz anderen Lebensstil hatten. Nach sieben Jahren Ehe und einem recht konventionellen häuslichen Leben, wie man es von ihnen erwartet hatte, schafften sie den Absprung und kauften, was meine Mutter immer als eine kleine Bierkneipe bezeichnete, gaben ihr den Namen Shangri-la und begaben sich in jene exklusive Atmosphäre im Bereich der wildesten Möglichkeiten.

»Im Grunde waren wir in den ersten drei Jahren am Verhungern«, erinnert sich meine Mutter.

»War es hart, durchzuhalten?« helfe ich ihr auf die Sprünge.

»Na und ob«, fährt sie fort. »Wir fühlten uns am Anfang wirklich wie Versager. Ich mußte mir schon Geld von meiner Mutter leihen, wenn ich bloß mein Kleid reinigen lassen wollte. Aber wir haben lange genug durchgehalten, um zu lernen, was wir da taten.

Sieh mal, am Anfang wußten wir nicht eine verdammte Kleinigkeit darüber, wie man so eine Kneipe führt. Bis zu diesem Zeitpunkt waren wir einfach ein paar typische Musiker gewesen, die irgendwo auftauchen, ihre Instrumente stimmen und loslegen. Am Ende des Abends zahlte uns der Besitzer die Gage aus, und wir packten ein und gingen nach Hause. Das lehrte uns so gut wie überhaupt nichts darüber, wie man einen Club führt.«

Um die Erinnerung meiner Mutter weiter anzuregen, krame ich die alten Bilder aus dem Fotoalbum hervor. Ich halte ihr ein vergilbtes, abblätterndes Foto entgegen, das ein großes Gebäude zeigt mit einem steinernen Kamin, einem riesigen Parkplatz davor und einem gigantischen glitzernden Neonschild, auf dem in Handschrift steht: »Das weltberühmte Shangri-la.« Als kleines Mädchen habe ich sie einmal gefragt, ob das Shangri-la wirklich weltberühmt war. Dann sagte sie: »Werbung erfordert ein gewisses Maß an dichterischer Übertreibung, Liebes.« Ich wußte damals nicht, wovon sie sprach. Inzwischen weiß ich es. Was sie jedenfalls die ganzen Jahre als kleine Bierkneipe bezeichnet hatte, war in Wirklichkeit ein piekfeines Etablissement, schönstes Art déco, zu seiner Zeit ein bekannter und beliebter Treffpunkt. Sie und Nick verwandelten eine verschlafene kleine Kneipe in *den* Nachtclub im Vorkriegs-Denver, in den man ging, um zu sehen und gesehen zu werden.

»Und du nennst das eine Bierkneipe?« frage ich sie.

»Macht der Gewohnheit«, grinst sie, »so haben wir jedenfalls angefangen, und deshalb haben wir auch, nachdem wir einen großen Tanzsaal dazugebaut hatten, weiterhin Bierkneipe dazu gesagt.«

»Erzähl mir doch bitte etwas darüber, warum es so schwer gewesen ist.«

»Als wir das Geschäft kauften, wußten wir nicht einmal, wie man einen Drink mixt! Ich mache keine Witze. Am ersten Tag war alles, was wir wußten, wie man ein Bier zapft. Wir tranken noch nicht einmal in Gesellschaft, also zog Nick los und kaufte ein Buch für Barkeeper über die Zubereitung von Mixgetränken, das wir hinter der Bar versteckten. Und wenn dann jemand etwas Komplizierteres als ein Bier bestellte, warfen wir heimlich einen Blick hinein, um das Gewünschte auch zustande zu bringen.

Aber wir ließen uns davon nicht aufhalten. Es war uns klar: Wir konnten es verdammt noch mal nur packen, indem wir immer wieder dazulernten. Vielleicht waren wir einfach zu bescheuert, um zu erkennen, auf was wir uns da eingelassen hatten, aber wir gingen einen Tag nach dem anderen an. Und ganz allmählich bekamen wir mehr Selbstvertrauen.«

Meine musikalischen, aber nicht trinkfesten Eltern wählten ein

Lernziel nach dem anderen (wie man einen Barbetrieb leitet, wie man einen Drink mixt) und nicht länger Verhaltensziele (ihre Instrumente auspacken und einen weiteren Auftritt absolvieren wie schon so viele zuvor). Deswegen mußten sie bereit sein, »bei der Stange zu bleiben«, wie meine Mutter es formulierte, sie mußten bereit sein, sich vorübergehend ein dilettantisches Verhalten zuzugestehen (und zwar immerhin vor ihrer Kundschaft, nicht weniger als das!), um sich in ihrem Geschäftsbetrieb erfolgreich zurechtzufinden. Mit wachsendem Selbstvertrauen waren sie in der Lage, noch größere Risiken einzugehen und sich noch größere Lernziele auszusuchen, etwa eine Erweiterung der »Bierkneipe« zu beschließen.

»Sobald wir ein bißchen Geld auf der hohen Kante hatten, steckten wir alles rein, was wir hatten, und verschuldeten uns sogar, um den Tanzsaal und die Bühne zu bauen. Selbstverständlich rieten uns alle davon ab, aber das war der Zeitpunkt, an dem das Geschäft dann endlich florierte. Und das war auch der Zeitpunkt, an dem wir uns noch mehr ins Zeug legen mußten. Trotzdem, mir machte das so viel Spaß, daß ich nie das Gefühl hatte, zur Arbeit zu gehen, obwohl ich härter arbeiten mußte als je zuvor in meinem Leben.«

»Erzähl mir doch noch mehr davon.«

»Tja, wenn man sich derartig ins Zeug legt wie wir, dann hellt sich das Leben irgendwie auf. Es ist schwer, das in Worte zu fassen. Du fühlst dich irgendwie aufgeregt, auch wenn du dich fürchtest. Das kann dir vielleicht den letzten Nerv rauben, aber eins ist sicher: Langweilig wird es dir nie! Du fühlst dich wirklich lebendig. Du *weißt*, daß du lebendig bist. Du quälst dich nicht länger durch die Arbeit. Es ist aufregend, und am Ende brachte es uns auch eine ganze Menge Spaß.«

»Das sagt sich leicht, jetzt, nachdem ihr so viel Erfolg hattet«, entgegne ich, wohl ahnend, was vielleicht die skeptischeren unter meinen Leserinnen sagen mögen.

»Und was wäre, wenn wir es nie versucht hätten? Dann hätten wir ganz sicher keinen Erfolg haben können.«

»Eins zu null für dich.«

»Weißt du, wir waren nicht ganz so dämlich, wie es vielleicht klingen mag. Als wir zum Beispiel darüber nachdachten, die Bar zu kaufen, meinte Jack, wir sollten uns nicht einfach auf die Aussagen des früheren Besitzers verlassen, wie gut sein Geschäft ging, ganz gleich, was seine Bücher sagten. Also parkten wir unser Auto auf der anderen Straßenseite, versteckten es ein wenig in einem Weizenfeld – so wahr ich hier sitze –, und einen ganzen Monat lang zählten wir die Autos, die hielten, und registrierten, wie lange die Leute in der Kneipe blieben. Wir fingen jeden Abend um fünf an, wenn wir von der Arbeit kamen, und saßen da bis etwa ein Uhr nachts. Alle unsere Informationen hielten wir in einem kleinen Notizbuch fest.

Dann gingen wir ein paar Abende lang in eine andere Bar und zählten, wie viele Drinks die Leute dort im Durchschnitt in der Stunde tranken. Und schließlich nahmen wir alle unsere Ergebnisse, machten einen Schnitt und versuchten, ganz realistisch unsere Abendeinnahmen zu schätzen.« Sie grinst und fährt sich durch die Haare. »Für ein paar Dummköpfe waren wir, schätze ich, ziemlich gerissen.«

Gerissen, in der Tat, und immer bewältigungsorientierter. Alle Zutaten, die sie brauchten, hatten sie. Nick und Maxine entwickelten eine Strategie, einen sorgfältig konstruierten Plan, um ihre Risiken so klein wie möglich zu halten. Dann mußten sie es eine Weile ertragen, sich in ihrem neuen Metier wie Dummköpfe zu verhalten, und die Unsicherheit von Lernzielen tolerieren, um allmählich zu lernen, wie sie mit allen Schwierigkeiten fertig werden konnten. Dann bauten sie auf jedem Erfolg auf, indem sie das Verhaltensziel durch ein neues Lernziel ersetzten und eine neue Strategie entwarfen, dorthin zu kommen.

»Schließlich wurden wir reich«, sagt meine Mutter nüchtern. »Irgendwann hatte ich 65 000 Dollar in meiner regelmäßigen Monatsabrechnung. Kannst du dir das vorstellen?«

»Ich möchte mir das nicht nur vorstellen, ich möchte das gern ausgeben.«

»Das ging uns ganz genauso!« ruft sie, und wir beide lachen.

»Weißt du was!« fügt sie hinzu. »Jetzt, wo ich darüber nachdenke: Das Shang zu führen hat aus mir einen ganz anderen Menschen gemacht. Vorher war ich so ein ruhiges kleines Ding, hatte viel zuviel Angst, etwas laut zu sagen oder gar gegen den Strom zu schwimmen. Und jetzt bin ich eine der letzten handfesten Kneipenwirtinnen. Das Geschäft zu führen, besonders diese Art von Geschäft, verlangte von mir, stark zu werden. Betrunkene hinauszuwerfen, mit Leuten umzugehen, die dauernd anschreiben lassen wollen, Musiker anzuheuern und sie gegebenenfalls wieder zu feuern, das macht dich... wie hast du das genannt?«

»Bewältigungsorientiert.«

»Ja, bewältigungsorientiert, richtig flott.«

Es stimmt, Nick und Maxine hätten versagen können, obwohl die Wahrscheinlichkeit, daß zwei Menschen, die die Traute und die strategische Voraussicht besaßen, sich in einem Weizenfeld zu verstecken und Autos zu zählen, versagen, sehr gering zu sein scheint. Und trotzdem kann man eine solche Feststellung natürlich nur im nachhinein treffen. Zum Zeitpunkt ihrer Handlungen bedeutete es einfach die Übernahme enormer Risiken, und ihr bewältigungsorientiertes Verhalten kann als ein großartiges Beispiel dienen.

Zusammenfassung der Verhaltensunterschiede zwischen den Hilflosen und den Bewältigungsorientierten

Hilflos	Bewältigungsorientiert
Über das eigene Versagen nachgrübeln, Schuldgefühle verinnerlichen, Erklärungen suchen.	Keine Erklärungen für Mißgeschicke suchen.
Ein Mißgeschick inneren Faktoren zuschreiben, etwa mangelnder Intelligenz oder Fähigkeit.	Mißgeschicke äußeren Faktoren zuschreiben wie dem falschen Zeitpunkt oder Pech.

Hilflos	**Bewältigungsorientiert**
Rückschläge als Versagen erfahren, definieren und verinnerlichen. »Das hat nicht funktioniert. Also bin ich ein Versager.«	Rückschläge nicht als Versagen erfahren oder definieren. »Das hat nicht funktioniert. Also versuche ich etwas anderes!«
Mißgeschicke verallgemeinern.	Mißgeschicke auf ein bestimmtes Gebiet beschränken.
Konzentration auf vergangene Mißgeschicke, Suche nach Ausflüchten in der Gegenwart.	Konzentration auf die Zukunft und Suche nach Lösungen in der Gegenwart.
Erfolg äußeren Faktoren zuschreiben, etwa Glück oder Hilfe von anderen.	Erfolg inneren Faktoren zuschreiben wie besonderer Anstrengung und Fähigkeit.
Erneutes Mißgeschick vermeiden, indem Verhaltensziele angestrebt werden.	Erfolg anstreben, indem neue Lernziele gesetzt werden.
Die Leistung von Gleichrangigen überschätzen.	Das Verhalten Gleichgestellter spielt gar keine Rolle.
Unangemessene Vergleiche mit anderen Gruppen suchen, um das eigene Verhalten zu messen.	Sich nicht mit anderen vergleichen.
Negative Selbstgespräche führen.	Positive Selbstgespräche führen.

Das Syndrom Erlernter Hilflosigkeit

Negativer Erklärungsstil und Glaube an die Unwandelbarkeit
der Wirklichkeit/des Selbst

Der Status quo wird aufrechterhalten durch einen Mangel an
Initiative, Zögern und den Vorzug von Verhaltenszielen gegenüber
Lernzielen

Wenn Mißgeschicke, Angst, Verwirrung oder Hindernisse auftauchen:
  – interne Zuschreibung
  – unangemessene Vergleiche
  – Mangel an strategischer Planung
  – negative Selbstgespräche
  – verminderte Anstrengung

Versagen

Bewältigungsstil

Positiver Erklärungsstil und Überzeugung von der
dynamischen Natur der Realität/des Selbst

Veränderung durch Handlung und
wachstumsfördernde Lernziele

Wenn Angst, Mißgeschicke, Verwirrung
oder Hindernisse auftauchen:
  – eine Vielzahl von verschiedenen Zuschreibungen
  – keine Vergleiche mit anderen
  – Entwicklung zahlreicher Strategien
  – positive Selbstgespräche
  – vermehrte Anstrengung

wenn wiederum ein   wenn der Fehlschlag
Fehlschlag passiert   überwunden ist

Ziel erreicht

Teil II

Veränderung und das Selbst: Die unwiderstehliche Kraft trifft auf das unbewegliche Objekt

Kapitel 5

Die unwiderstehliche Kraft: Veränderung

> Der einzige Mensch, der sich sensibel verhält,
> ist mein Schneider. Jedesmal, wenn er mir
> begegnet, nimmt er erneut Maß an mir.
> *George Bernard Shaw*

Kein Buch, das von der Überwindung Erlernter Hilflosigkeit handelt, wäre vollständig ohne eine Diskussion zum Thema Veränderung, diese mächtige und überragende Kraft, die es ohne menschliche Zustimmung bewirkt, Gesichter zu verwandeln, Körper zu verformen, Karrieren in andere Bahnen zu lenken, Wohnorte zu wechseln, Wahrnehmungen zu täuschen, Wahlmöglichkeiten aufzuzeigen, mit Philosophien zu spielen, die Karten neu zu mischen, die Stühle an Deck umzustellen und die Straße kurvig werden zu lassen. Warum? Weil Veränderung sich oft auf diejenigen, die einen negativen EH-Erklärungsstil besitzen, in zweifacher Weise verhängnisvoll auswirkt.

Zum einen, wie Sie sich erinnern werden, glauben die Hilflosen nicht, daß eine Veränderung überhaupt möglich ist (der stabile Aspekt ihres Erklärungsstils). Darüber hinaus wollen sie es nicht einmal für möglich halten, denn dann müßten sie ja den unvorhersagbaren Prozessen und Ergebnissen der Veränderung ins Auge sehen. Dies jedoch aktiviert ihre dunkelsten Befürchtungen hinsichtlich ihrer Fähigkeit, Ergebnisse zu beeinflussen (Glaube an die Wirksamkeit der eigenen Handlungen), und so wird Veränderung zu einem in der Tat sehr riskanten Geschäft.

Das doppelte Problem der Hilflosen ist folgendes: Sie halten Veränderung nicht für möglich, und sie wollen sie auch nicht. Deshalb bestehen diese Menschen, selbst wenn sie verstanden haben, daß eine negative Erklärung von Lebensereignissen ihre Fähigkeit unterminiert, positiv zu reagieren, darauf, eine negative Erklärung wieder und wieder neu zu formulieren. Sie versuchen dadurch, ein Gefühl der Sicherheit aufrechtzuerhalten.

Paradoxerweise werfen Erklärungsstile, die wir benutzen, um zu beleuchten, was wir für »das wirkliche Geschehen« halten, statt dessen nur ein Licht auf unser Glaubenssystem. Je hilfloser und negativer das Glaubenssystem und der Erklärungsstil, desto leichter wird eine Person von verändernden und riskanten Lebensumständen entmutigt. Solche Menschen vermeiden am wahrscheinlichsten Risiken und Veränderungen mit Gedanken wie: »Das wage ich nicht…« oder »Was wäre, wenn…?« oder »Frauen können doch gar nicht…« oder »*Ich* kann doch nicht einfach…« oder »Gegen die da oben kann man sowieso nichts ausrichten«.

Im Grunde ist der Erklärungsstil der EH nur eine weitere Möglichkeit, Veränderungen zu vermeiden und Risiken aus dem Weg zu gehen, eine andere Art des Widerstands, eine weitere Möglichkeit, um Grenzen zu ringen. Glücklicherweise jedoch muß EH kein »Lebenslänglich« bedeuten, keine vergitterte Gefängniszelle oder eine endgültig letzte Ruhestätte. EH zu überwinden ist nicht einfach. Andererseits jedoch sind Furcht, Aufgeregtheit, Depression, Pessimismus und Unbeweglichkeit auch nicht gerade einfach. Im Grunde ist es doch so: Sie sind geboren worden. Sie werden sterben. Wie wollen Sie die Zeit dazwischen verbringen? Wenn Sie glauben, daß Sie Veränderungen aus dem Weg gehen können, indem Sie sie für unmöglich halten, dann haben Sie unrecht. Fragen Sie einmal die Frau, die in einer ungeheizten Hütte im Winter hungrige Mäuler füttern muß, fragen Sie die Frau, die sich gerade von einem schweren Unfall erholt, oder die Frau, die allein in einem Hotelzimmer in der Ewigen Stadt auf ihrem Bett liegt und weint. Die Frage ist: Muß es soweit kommen? Gibt es keine Möglichkeit, Bewältigungsverhalten zu lernen, *bevor die Sache so verfahren ist?*

Wenn Sie ernsthaft EH überwinden wollen, bevor Sie in eine Krisensituation geraten, oder wenn Sie es einfach leid sind, ewig die alten Muster zu wiederholen, dann bleibt Ihnen nichts anderes übrig, als wie ein Alchimist bereit zu sein, das gewöhnliche Metall der Hilflosigkeit in das Gold des Bewältigungsverhaltens zu verwandeln. Wie der Alchimist können Sie ein Elixier zusammenbrauen, aus dem Sie Motivation beziehen und durch das Sie Ihre Energie aufrechterhalten können, doch dafür müssen Sie bereit sein, ein paar unbequeme Gefühle zu ertragen, die damit verbunden sind, sich selbst zu verändern. Ist das wirklich so schrecklich? Wie wäre es dann damit. Sind Sie bereit und willig zur Bereitwilligkeit?

Wenn Sie soweit kommen können – einfach zur Bereitwilligkeit –, werden Ihnen die folgenden Ideen auf die Sprünge helfen (Kapitel 7 bis 12 werden Ihnen zeigen, wie das geht).

Zum ersten: Sind Sie bereit, die Möglichkeit zu untersuchen, daß Ihr Erklärungsstil, der Sie die ganze Zeit Ihre alten Muster hat wiederholen lassen und Sie so ängstlich werden ließ, vielleicht nicht unbedingt ein angemessenes Abbild der Welt oder Ihres Platzes darin darstellt? Sind Sie bereit, die Möglichkeit zu untersuchen, daß Sie, nun ja, nicht unbedingt falsch, aber wie alle menschlichen Wesen zumindest sehr subjektiv vorgegangen sind; daß Ihre Beschreibung der Realität nicht mehr ist als genau das, nämlich *Ihre* Beschreibung, nicht ein in Stein gemeißeltes letztes Wort über die Natur der Dinge?

Zum zweiten: Sind Sie bereit, die Möglichkeit in Betracht zu ziehen, daß Sie immer, ob Sie es bewußt merken oder nicht, eine Frau sind, die sich in einem Prozeß der Veränderung befindet, und daß manche Veränderungen nur offensichtlicher und zwingender sind als andere? Wenn Sie aus diesen endlosen Verwandlungen und Veränderungen (ob es nun oberflächliche sind oder tiefe und grundlegende) jedesmal als eine noch bewältigungsorientiertere Person hervorgehen wollen, müssen Sie bereit sein, Ihr Denken zu ändern, was der effektivste Weg ist, auch Ihr Verhalten zu verändern.

Und schließlich: Sind Sie bereit, radikal Ihre Vorstellungen von sich selbst zu verändern; das heißt, nicht so sehr Ihr Selbstkonzept als Ihr Konzept des Selbst zu verändern und die turbulenten Gefühle, die dies auslösen mag, zu tolerieren, vielleicht sogar schätzen zu lernen?

Leben zwischen den Trapezen

Mitten in einer Veränderung, besonders bei tiefer oder radikaler Veränderung, hat man häufig ein ähnliches Gefühl wie eine Trapezkünstlerin, die gerade ihren Griff an einem der Trapeze gelöst hat, freischwebend durch die Luft wirbelt und nach dem anderen Trapez greift, es aber noch nicht in der Hand hält. Dieser Augenblick mitten in der Luft kann entsetzlich und furchterregend, ja unerträglich sein, wenn er länger dauert als erwartet. Aber andererseits ist das Leben zwischen den Trapezen sicherlich eine aufregende Zeit, welche die eigene Präsenz in dem Moment ebenso wie die Wertschätzung für das Leben selbst erhöhen kann. Wir fühlen uns niemals lebendiger als in diesem Augenblick, wenn unser Leben in der Luft hängt, wenn das Ergebnis unvorhersagbar ist und die Zukunft noch nicht zu sehen (wie es ja in Wirklichkeit immer der Fall ist).

Die Schwierigkeit, jederzeit zwischen den Trapezen zu leben, hat mit dem zutiefst menschlichen Bedürfnis zu tun, Erfahrungen fast unmittelbar einzuordnen. Indem wir einen Moment einfrieren, um ihn zu definieren und einzuordnen, blockieren wir den Fluß der Veränderung. Auf diese Weise versuchen wir, eine nicht nach unseren Regeln ablaufende, unvorhersagbare, möglicherweise chaotische Welt sicher zu machen. Je eher wir unsere Erfahrung kontrollieren können, indem wir sie benennen, desto sicherer glauben wir zu sein.

Eine andere Art, wie wir Veränderungen aufhalten und den Fluß der Erfahrung stoppen, ergibt sich aus unserer Überzeugung, daß wir wissen, wie die Dinge sein sollten. Wenn wir zum Beispiel eine Party besuchen, dann gehen wir mit bestimmten Erwartungen hin. Wir beobachten dauernd alle Aktivitäten, um zu sehen, ob sie mit unseren Erwartungen übereinstimmen. »Ich muß mich heute abend amüsieren« oder »Ich bin nicht sicher, wem ich hier trauen kann« oder »Ich brauche mehr Aufmerksamkeit, als ich bekomme« oder »Ich sollte mich bemühen, daß die anderen sich wohl fühlen« oder »Ich muß freundlich und aufmerksam sein« oder »Die Leute müssen doch bemerkt haben, daß ich zwölf Pfund abgenommen habe« oder »Diese Leute interessieren mich nicht, wäre ich doch lieber zu Hause geblieben«. Dies bedeutet ständige Beurteilung. Wir sind so damit beschäftigt auszurechnen, in welchem Ausmaß unsere Erfahrung mit dem übereinstimmt, was wir vorher beschlossen haben, daß wir verpassen, was direkt vor unseren Augen passiert. Schließlich endet das Ganze damit, daß wir eine Erfahrung machen, die vollständig von unseren Erwartungen geformt wird, statt an etwas teilzunehmen, das wirklich stattfindet. Solche Erwartungen implizieren, daß wir bereits wissen, was das Beste für uns ist. Wir wissen, daß wir uns amüsieren sollten oder daß die Menschen uns beachten sollten oder daß wir freundlich oder was auch immer sein sollten. Wir glauben zu wissen, was das Beste ist.

Doch wie kann das angehen? Unsere gegenwärtige Art, die Dinge zu betrachten (unser Erklärungsstil), ist der begrenzte Rahmen, der den Kummer eigentlich verursacht. Sie schafft genau die Grundzüge, die EH aufrechterhalten. Wenn dieser begrenzte Rahmen Sie in der Vergangenheit nicht hat glücklich werden lassen, dann wird er Sie auch in Zukunft nicht glücklich machen. Ihre gegenwärtigen EH-Überzeugungen werden Sie einfach dazu zwingen, die Dinge so zu formen, wie Sie glauben, daß diese bereits sind. Mit anderen Worten, Ihr derzeitiger Erklärungsstil entscheidet, welche Art von Erfahrungen Sie in Zukunft machen werden. Ihr Erlebnis wird nicht durch einen natürlichen Fluß von Ereignissen bestimmt, an dem Sie voll teilnehmen, lernen und wachsen, sondern durch den engen und begrenzten Rahmen der Überzeugungen, die Sie mitbringen.

All unsere gegenwärtigen Perspektiven sind Filter, durch die wir Erfahrungen verstehen. *Um also unsere Erfahrungen zu verändern, müssen wir den Filter wechseln.* Wenn Ihr gegenwärtiger Filter EH ist und nicht die gewünschten Veränderungen gebracht hat, ist es an der Zeit, den Filter zu wechseln. Möglicherweise brauchen Sie eine radikale Veränderung des Denkens. Vielleicht ist es auch an der Zeit, ein Risiko einzugehen.

In Wahrheit gehen Sie natürlich immerzu Risiken ein und hängen ständig zwischen den Trapezen. Sie lassen den gerade vergangenen Moment los, blicken in einen ungewissen Moment der unmittelbaren Zukunft und hängen immer mitten in der Luft des gegenwärtigen Augenblicks.

Nehmen Sie sich einen Moment Zeit, um sich diese Situation deutlich vor Augen zu führen. Ich meine das ernst. Lesen Sie die folgenden Absätze durch, dann legen Sie bitte das Buch hin und stellen sich die Szene, wie beschrieben, vor. Lassen Sie dabei Ihre Phantasie schweifen, gestatten Sie sich, die Bilder lebhaft vor Ihrem inneren Auge vorbeiziehen zu lassen, und benutzen Sie Ihren wachen Verstand, um Ihrer Erfahrung besondere Aufmerksamkeit zu schenken.

Übung: »Unter dem hohen Zelt«

Schließen Sie die Augen, versuchen Sie, körperlich, gedanklich und mit Ihren Gefühlen zur Ruhe zu kommen. Wenn Sie das Gefühl haben, ruhig zu sein, dann beginnen Sie sich doch einmal vorzustellen, Sie befänden sich unter einem großen bunten Zirkuszelt, umgeben von erwartungsvoll dreinblickenden glücklichen Gesichtern von Kindern und Erwachsenen, die sich an den Späßen verrückter Clowns erfreuen oder die Anmut der Wildkatzen bewundern. Beobachten Sie den Zirkus eine Weile von Ihrem Platz hinter dem Vorhang aus, wo Sie auf Ihren Auftritt warten.

Jetzt sehen Sie sich selbst zu, wie Sie die Arena betreten und im Rampenlicht stehen. Sie sind die Hauptattraktion des Abends – eine hochfliegende Trapezkünstlerin! Erfreuen Sie sich daran, sich Ihr Kostüm vorzustellen, mit glitzernden Pailletten und Fransen in Ihrer Lieblingsfarbe, einem enganliegenden handbestickten Oberteil, Netzstrümpfen (hinten mit einer sexy Naht) und einer graziösen Pfauenfeder im Haar. (Wenn Sie schon dabei sind, können Sie sich auch einen perfekten Körper vorstellen!) Verbeugen Sie sich ein paarmal kurz.

Dann drehen Sie sich um und schreiten hinüber zu der Seite der Arena, auf der eine Leiter zu einer kleinen Plattform hoch über dem Zirkusboden führt. Sehen Sie sich zu, wie Sie beginnen, die Leiter hinaufzuklettern. Klettern Sie langsam, nehmen Sie wahr, wie Sie allmählich an Höhe gewinnen, lauschen Sie der Musik und hören Sie, wie die Menge verstummt, als sie bemerkt, daß Sie ohne Netz arbeiten werden.

Klettern Sie weiter, immer höher und höher, bis Sie die Plattform hoch oben unter dem Zirkusdach erreichen. Springen Sie hinauf. Wenden Sie das Gesicht der jubelnden Menge dort unten zu. Lächeln Sie. Verbeugen Sie sich noch einmal schnell.

Jetzt beginnen Sie allmählich, Ihre Konzentration und Energie zu sammeln für das, was Sie als nächstes tun müssen. Im nächsten Augenblick werden Sie von der Plattform springen und kräftig am Trapez durch die Luft schwingen. Ihr Partner, der schon auf der anderen Plattform steht, wird ein weiteres Trapez in Bewegung setzen, genau im richtigen Moment, damit Sie es, wenn Sie sich mitten in der Luft drehen, zu fassen bekommen. Selbstverständlich wird das hinter Ihrem Rücken stattfinden, Sie müssen einfach darauf vertrauen, daß das andere Trapez wirklich da sein wird, wenn Sie danach greifen.

Jetzt ergreifen Sie die Stange des Trapezes, springen von der Plattform und beginnen, elegant vor- und zurückzuschwingen, hoch über der Zirkusarena. Beugen Sie die Zehen und benutzen Sie die Beine, um sich durch die Luft zu schwingen, immer weiter nach vorn, während die Schwerkraft Sie unvermeidlich zurückholt. Schwingen Sie einige Augenblicke rhythmisch vor und zurück, vor und zurück; die leichte Brise, die durch Ihre Bewegung entsteht, zerzaust Ihr Haar und kühlt Ihre Haut.

Wenn Sie bereit sind, geben Sie Ihrem Partner ein Zeichen. Erlauben Sie es Ihrer Vorstellungskraft an diesem Punkt, das folgende in Zeitlupe zu sehen. Jetzt, im Aufschwung, lassen Sie das Trapez los, an dem Sie geschwungen sind. Sehen Sie, wie Sie sich hoch über dem Zirkusboden drehen, an nichts mehr festhalten, frei durch die Luft schweben wie ein Vogel und nicht wissen, ob tatsächlich das andere Trapez da sein wird, wenn Sie zurückkommen.

Nehmen Sie sich viel Zeit, um diesen Augenblick mitten in der Luft voll zu durchleben. Beeilen Sie sich nicht. Das ist wichtig. Erkunden Sie die Gefühle in Ihrem Körper, während Sie Ihre langsame Drehung durchführen. Passen Sie genau auf. Welches Gefühl haben Sie im Magen? In der Kehle? In den Armen und Beinen? Im Kopf?

Wenn Sie die körperlichen Gefühle der Unsicherheit (das Leben zwischen den Trapezen) voll und tief durchlebt haben, stel len Sie Ihre Vorstellungskraft auf Fortsetzung ein, erlauben Sie jedoch, daß Sie von der Zeitlupe wieder zur regulären Geschwindigkeit zurückkehren. Mit großer Erleichterung stellen Sie fest, daß das Trapez tatsächlich da ist. Ergreifen Sie es, fühlen Sie, wie Ihre Arme das Gewicht Ihres Körpers übernehmen, wenn Sie das Trapez fassen, noch ein paarmal kräftig durch die Luft schwingen, die Befriedigung fühlen, Ihren Trick perfekt ausgeführt zu haben. Dann springen Sie auf die Plattform, wenden das Gesicht der wild klatschenden und johlenden Menge zu und verbeugen sich.

Brechen Sie hier ab. Schließen Sie die Augen, und führen Sie die Übung durch. Nehmen Sie sich dafür fünf Minuten Zeit.

Tja, wie hat es sich angefühlt? Leicht und frei? Voller Energie und Expansionsdrang? Freudig erregt und zu allem bereit?

Vielleicht fühlen Sie sich ängstlich und aufgeregt, verwirrt und dumpf im Kopf, entsetzt und außer Kontrolle.

Freudig erregt oder entsetzt, leicht und frei oder außer Kontrolle, voller Energie oder ängstlich – dies sind nur verschiedene Etikette für ein und dasselbe Körpergefühl, für dieselbe physische Reaktion auf Unsicherheit. Denn eines ist klar: Wie auch immer Ihre Reaktion aussieht, Sie haben zweifellos einen höheren Bewußtseinszustand erreicht als wenige Minuten vor dieser inneren Vorstellung.

Diese Übung kann Ihnen dabei helfen, ein Gefühl dafür zu bekommen, wie die Sprache, die Sie verwenden (Ihre Selbstgespräche), Ihre Fähigkeit beeinflußt, Risiken zu übernehmen und mit Veränderung fertig zu werden. Die Worte, die Sie wählen, um Ihre Erfahrung zu beschreiben (anders ausgedrückt, Ihr Erklärungsstil), bestimmen, wie Sie die Erfahrung *empfinden*, und die Wahrscheinlichkeit, ob Sie diese Erfahrung wiederholen wollen. Alle Menschen erleben in dieser Übung ähnliche Körpergefühle, doch während die einen diese Empfindung als erregend beschreiben, können andere sie als entsetzlich bezeichnen.

Ein Beispiel, das mir dabei sofort einfällt, ist mein eigenes Selbstgespräch, wenn ich hinter dem Vorhang warte, unmittelbar bevor ich vor einer großen Gruppe von Zuhörern reden soll. Ich pflegte das aufgeregte Gefühl in meinem Magen als Lampenfieber zu bezeichnen und dachte, es handele sich um etwas, das man überwinden muß (in Wirklichkeit wollte ich damit sagen, daß ich es nicht fühlen wollte). Dann gab mir eines Tages ein weiser Mann eine andere Möglichkeit, das Gefühl zu erklären.

»Wenn Sie sich einer großen Zuhörerschaft in einem großen Raum präsentieren«, sagte er, »müssen Sie die Menge an Energie aufbringen, um sowohl den Raum auszufüllen als auch in die Herzen Ihrer Zuhörer zu gelangen. Was Sie als Lampenfieber bezeichnen, ist kein Fieber und auch nicht notwendigerweise Angst, sondern einfach das Sammeln von Energie und persönlicher Kraft, um das zu tun, was getan werden muß – die Zuhörer erreichen.«

Wie kann man den Wert eines solchen Geschenkes ermessen? Die einzige Möglichkeit, ihm etwas davon zurückzuzahlen, besteht darin, es an Sie weiterzugeben. Wenn Sie damit beginnen, Ihr Erlebnis der Angst neu zu bewerten, werden Sie die tiefe Weisheit entdecken, die bereits in Ihrem Kopf und in Ihrem Körper vorhanden ist. Mit anderen Worten: Alles, was Sie brauchen, ist bereits da, sämtliche Energie, Ihre Unternehmungen anzugehen, wenn Sie erst einmal aufhören, Widerstand gegen sie zu leisten, indem Sie ihr ein negatives Etikett aufkleben.

Seit dieser Mann die Erfahrung für mich neu einordnete, ist meine Einstellung zu dem Gefühl in meinem Magen vollständig anders. Ich leiste keinen Widerstand mehr dagegen. Ich heiße es willkommen. Ich nehme es in meinen Körper auf. Ich benutze es. Ich liebe es. Vielleicht können Sie auch lernen, die Energie zu verinnerlichen, die scheinbare Angst hervorrufen kann, wenn Sie ihr einen neuen Namen geben, ein anderes Etikett. Vielleicht können auch Sie lernen, es zu benutzen, willkommen zu heißen, zu lieben.

Wie das Leben zwischen den Trapezen können die Risiken, die wir im Leben eingehen (oder eingehen müssen), äußerst erregend oder entsetzlich erschreckend sein. Gewöhnlich sind sie beides. Wir wählen das Etikett. Wir wählen die Erfahrung.

Eine Frage der Zeit

»Hilflosigkeit ist ein Zustand, kein Wesensmerkmal.«[1] Dieses Zitat zweier prominenter Forscher auf dem Gebiet der EH ist vielleicht die beste Neuigkeit für alle diejenigen, die unter EH leiden, denn sie bestätigt, daß Hilflosigkeit, wie auch alles andere im Leben, Veränderungen unterworfen ist.

Mit anderen Worten, ein Zustand bezieht sich auf einen Moment des Seins. Ein Zustand ist zeitweilig, Veränderungen unterworfen und wird wahrscheinlich wechseln. Mein Zustand letzte Nacht – einsam und müde – war vollständig anders als mein Zustand heute morgen – voller Energie und fröhlich. Ein Wesensmerkmal dagegen ist unveränderlich, etwas in Stein Gemeißeltes, wesentlicher Teil der eigenen Identität, etwa weiblich zu sein.

Wenn Hilflosigkeit ein Zustand ist, kein Wesensmerkmal, dann ist die Zeit endlich einmal auf unserer Seite. Selbst die unbeweglichsten, rigidesten und unveränderbar erscheinenden Situationen können fließender, freundlicher und nachgiebiger gemacht werden durch die Veränderungen, welche die Zeit mit sich bringen wird, und durch die Macht der Zeit, Wahrnehmungen zu verändern und das zu verwandeln, was wir sind und werden können – eine Lektion, die ich lernen mußte, als ich zitternd auf einem Felsvorsprung stand, fünfzig Meter über der Erde.

Auf dem Felsen

Erinnern Sie sich noch, wie ich in Kapitel 1 erzählte, daß meine Freundin dieses einsilbige Wort auf meine Angst vor dem Skifahren zu mir sagte: »Und?« Diese eine kleine Silbe hatte noch Jahre später große Auswirkungen auf mich und heilte mich von der Blindheit für die Gelegenheit, die mir mein hilflosigkeitsorientiertes Glaubenssystem und mein negativer Erklärungsstil eingebrockt hatten.

Die Geschichte beginnt vor über zwanzig Jahren, als ich zum ersten Mal über Outward Bound las, das ein Überlebenstraining in der Wildnis anbot und in seinen Anzeigen »Selbsterkenntnis durch das Medium des Abenteuers« versprach. Als ich diese verlockenden Worte las, war ich rettungslos verloren.

Weitere Nachforschungen ergaben jedoch, daß man einige Erfahrung im Bergsteigen brauchte und drei Tage einsam in der Wildnis zubringen würde, ohne Nahrung, ohne Feuer, ohne Zelt und ohne Bücher. Nur mein Schlafsack, mein Tagebuch und ich. Plötzlich bekam die Entdeckung meines Selbst durch das Mittel des Abenteuers eine völlig neue Bedeutung. Zu sagen, daß meine Leidenschaft für die Selbsterkenntnis sich erheblich abkühlte, ist noch kräftig untertrieben.

Meine mangelnde Überzeugung von meinen eigenen Fähigkeiten, nämlich das erwünschte Ergebnis des Überlebens auch hervorbringen zu können, brachte zusammen mit meinem negativen Erklärungsstil einen Mißerfolg zustande, was in diesem Fall bedeutete, es von vornherein gar nicht zu versuchen. Es bedeutete, die glänzenden vierfarbigen Broschüren, die Outward Bound mir zugeschickt hatte, zuzuklappen, sie zu behandeln, als seien sie eine geschätzte Freundin, der ich Lebewohl sagte, und sie liebevoll ganz hinten in die Schublade zu verstauen, damit ich an meine vergeblichen Ambitionen möglichst nicht mehr erinnert wurde.

Jahrelang sagte ich mir, der Grund, daß ich mich nicht für einen Kurs bei Outward Bound beworben hatte, läge darin, daß ich nicht genug Zeit oder Geld dafür hatte. Wenn ich das eine hatte, schien es immer, daß mir das andere gerade fehlte. In Wahrheit war ich einfach nur schrecklich ängstlich.

Einige Zeit später, als ich mein erstes Buch verfaßte, saß ich am Computer und schrieb poetische Zeilen über Frauen und Risiko. Plötzlich bemerkte ich die Heuchelei in meinen Worten. Ich erinnerte mich daran, wie ich meine Hoffnungen auf Outward Bound begraben hatte, und es schien mir, daß meine Feigheit (die in Wirklichkeit EH war) meine Fähigkeit behinderte, ehrlich über das Thema Frauen und Risiko zu schreiben.

Andererseits hatten die Zeit und die Erfahrung mich verändert. So hatte ich zum Beispiel trotz meiner Ängste Ski fahren gelernt, und das hatte mich eine völlig neue Art, mich selbst wahrzunehmen, gelehrt. Diese neue Wahrnehmung half mir, die

Blindheit für Gelegenheiten, die durch EH ausgelöst wird, zu heilen, und ich konnte jetzt eine neue Möglichkeit ins Auge fassen. Plötzlich fragte ich mich, ob Outward Bound nicht auch Stipendien vergab?

Ich griff zum Telefon. Eine fröhliche Stimme am anderen Ende versicherte mir, daß es auch Stipendien gab. Ein Brief sollte meine Situation erklären, aber das weitere würde kein Problem sein.

Sofort setzte ich mich hin und schrieb einen Brief, in dem ich mich um ein Stipendium bewarb. Ich informierte sie von meiner Absicht, die anderen Teilnehmerinnen an dem Kurs (alles Frauen) zu interviewen, was für Outward Bound kostenlose Werbung in meinem Buch und ein weiteres Forum bedeuten würde. Die ganze Zeit, während ich den Brief schrieb, betete ich, daß ich das Stipendium nicht bekommen würde, gleichzeitig war ich mir dessen aber sicher.

Ich hatte mich also, wie Sie sehen, darangemacht, eine Strategie zu entwickeln. Jetzt hatte ich die Zeit, wenn sie also das Geld dazu lieferten, welche Entschuldigung konnte ich dann noch haben?

Acht Wochen später fand ich mich zitternd vor Angst auf einem Felsvorsprung wieder, fünfzig Meter unter mir die eine Trainerin, dreißig Meter über mir die andere. Ich steckte zwischen ihnen fest. Der Felsen über mir ragte so schroff heraus, daß das einzige Lebewesen, das diese Stelle möglicherweise überwinden konnte, eine Fliege war.

»Es geht hier nicht weiter«, schrie ich zu meiner Trainerin hinunter.

»Sehen Sie sich um«, schrie sie zurück.

Ich sah mich um.

»Nein, es gibt immer noch keine Möglichkeit, weiterzukommen. Kann ich runterkommen?«

Zu diesem Zeitpunkt erwartete ich von ihr, daß sie es mir erlaubte herunterzukommen oder zumindest der Trainerin über mir das Zeichen gab, mich am Seil hochzuziehen, der Nabelschnur, die manche Kletterer benutzen, um sich mit dem Leben zu verbinden. Sie wartete, bis es ganz ruhig war und alle meine Kameradinnen unten aufmerksam hochschauten, dann sagte sie sehr laut: »Ob Sie zwei Minuten oder zwei Tage brauchen, niemand wird Sie von diesem Felsen runterholen, außer Sie selbst, wir haben Zeit.«

Es traf mich wie ein Schlag. Das konnte sie doch nicht ernst meinen. Mich nicht retten? Aber ich war in Schwierigkeiten! In meinem Leben hatte mir immer jemand geholfen, wenn ich ernstlich in Schwierigkeiten war. Und für wen hielt sie sich überhaupt? Hatte sie keine Gefühle? Ihre Vorgesetzten würden dazu noch einiges von mir zu hören kriegen! Ich gab mich weiter diesen produktiven Gedanken hin, gab meiner Trainerin die Schuld, gab mir selbst die Schuld, gab sogar dem Felsen die Schuld, alles vergeblich. Immer noch steckte ich an derselben Stelle fest, inzwischen waren vierzig Minuten vergangen, und die Nacht würde gleich hereinbrechen.

Zu diesem Zeitpunkt zitterten meine Beine vor Müdigkeit, und der Zeh, der mein ganzes Gewicht trug, befand sich in tiefem Schlummer. Als es mir schließlich dämmerte, daß die Trainerin wirklich meinte, was sie sagte, haßte ich sie zutiefst für das, was ich für ihre Herzlosigkeit hielt, aber ich begann wieder zu klettern. Ärgerlich, zornig, verbittert, das alles ganz sicher, aber ich kletterte. (Später, als ich nachts in meinem Schlafsack lag, versuchte ich noch einmal herauszufinden, wie ich diesen Felsen heraufgekommen war. Die Wahrheit ist, ich weiß es nicht. Alles, was ich weiß, ist: Als ich erst einmal mein Glaubenssystem veränderte, fand ich einen Pfad den Felsen hinauf, der fünf Minuten zuvor noch nicht existiert hatte.)

Ein Stückchen weiter oben steckte ich wieder fest. Diesmal schaute ich zu der Trainerin über mir hoch und sagte: »Was soll ich tun?«

»Setzen Sie einfach einen Fuß vor den anderen und vertrauen Sie auf sich«, sagte sie ruhig.

Oh, großartig, dachte ich, genau das, was ich brauche, eine weitere kleine Predigt. Doch diesmal verschwendete ich keine kostbare Energie darauf, sie zu hassen, weil sie mich nicht rettete. Ich nahm ihren Rat ernst, setzte einen Fuß vor den anderen, vertraute mir selbst, und zu meiner großen Erleichterung erkletterte ich schließlich den Gipfel.

Hätte, während ich dort unten auf dem Felsvorsprung feststeckte, eine Gruppe von Wanderern eine Stelle weiter unten passiert, dann hätten sie vielleicht gedacht: »Nun ja, sie ist offenbar eine Versagerin im Bergsteigen. Sie steckt jetzt schon seit vierzig Minuten auf diesem kleinen Absatz fest.«

Wären sie vierzig Minuten später vorbeigekommen, hätten sie feststellen können, daß dieses Urteil zu voreilig gewesen wäre: Nicht nur die *Zeit* hatte wiederum die Umstände verändert, sondern *ich* hatte mich verändert. Mein »Versagen« war in Wirklichkeit nur ein vorübergehender Zustand, kein Charakterzug, nur eine vorübergehende Art zu denken, die mich an einem Ort festgehalten hatte.

Es geht also darum, den Faktor Zeit nicht zu unterschätzen, denn der kann verändern, was Sie von sich selbst halten oder wer Sie vielleicht noch werden können. In meinem Fall hatte die Zeit mein Selbstbild verändert, das mich dann Möglichkeiten erkennen ließ, welche mir daraufhin erlaubten, eine Strategie zu entwickeln, die mich aus der Gefahrenzone brachte.

Und genauso hat es sich abgespielt: ich ging ein Risiko ein (Ski fahren lernen), dies änderte mein Glaubenssystem (Angst muß mich nicht aufhalten), was die Blindheit für die Möglichkeiten der Gelegenheit, die ich entwickelt hatte, kurierte (Idee, ein Stipendium zu beantragen), was mich in die Lage versetzte, eine Strategie zu entwickeln (einen Brief zu schreiben und andere Bergsteigerinnen für das Buch zu interviewen). Genauso, wie es das Flußdiagramm in Kapitel 4 zeigt, fielen die Dominosteine, und wenn ich mich vorher noch als Autorin, Lehrerin, Rednerin und Skifahrerin (unter anderem) gesehen hatte, entdeckte ich nach meinem Kurs bei Outward Bound zu meiner großen Überraschung, daß ich auch noch Bergsteigerin auf meiner Liste hinzufügen mußte. Vielleicht nicht eine besonders fähige, vielleicht nicht eine besonders tapfere, aber dennoch eine Bergsteigerin!

Zeit ist die machtvollste von allen dynamischen Kräften, die Veränderungen herbeiführen können – Veränderungen von Ereignissen, Umständen, Beziehungen und auch dem Selbstkonzept. Wir sind ihr alle unterworfen, gleichgültig wo wir gerade im Leben stehen. Wenn Zeit den Zwang zur Veränderung des eigenen Standpunkts mit sich bringt, müssen wir einen Fuß vor den anderen setzen und uns selbst vertrauen oder auf einem Felsvorsprung gestrandet liegenbleiben, eine sehr lange, entsetzliche Nacht lang.

Überdies macht das Akzeptieren der vorübergehenden Qualität aller Dinge (einschließlich des Selbst und des eigenen Zustands) den entscheidenden Unterschied aus zwischen der aktiven, bewältigungsorientierten Reaktion auf friedliche Umstände – die, wie Sie sich sicher erinnern werden, dynamisch ist und Veränderung ermöglicht – und der passiven EH-Reaktion auf Schwierigkeiten, die davon ausgeht, daß die Dinge statisch sind. Passive und hilflose Individuen frieren einen Augenblick des Versagens ein und treffen daraufhin alle ihre Entscheidungen von diesem eingefrorenen Zeitmoment aus wie die von mir erdachten Bergwanderer, die an mir vorbeizogen und mich sahen, als ich zitternd und zähneklappernd auf meinem Felsvorsprung hing. Die Bewältigungsorientierten hingegen betrachten den Moment des Versagens als nur einen weiteren Moment in einem unendlichen Fluß der Ereignisse, als einen Augenblick, der nicht bedeutsamer ist als jeder andere und dem ein weiterer Augenblick folgt, der vollständig neue und unvorhergesehene Möglichkeiten eröffnen kann.

Was also zu einem Zeitpunkt im Leben wie ein Versagen erscheint, mag sich schließlich nur als Pause auf einem Felsvorsprung erweisen, ein vorübergehender Fehler im Programm oder einfach ein unvorhergesehener Umstand, mit dem Sie fertig werden müssen, bevor Sie weitermachen. Nur weil Sie die Hilflosigkeit oder die Angst noch nicht überwunden haben oder weil Sie ein von Ihnen angestrebtes Projekt noch nicht haben verwirklichen können, brauchen Sie nicht zu glauben, daß Sie das niemals tun werden. Betrachten Sie sich als ein Wesen, das sich in einem Prozeß der Veränderung befindet.

Es gibt ein japanisches Sprichwort über einen Bauern, der so begierig darauf wartete, daß seine kleinen Setzlinge wuchsen, daß er jeden Abend hinausging und ganz vorsichtig an ihnen zupfte. Selbstverständlich gingen sie alle ein. Sein Eingriff in den natürlichen, aber zeitverschlingenden Prozeß des Wachstums tötete seine zerbrechlichen Pflanzen, die so von ihrem natürlichen Wachstum abhängig waren, und ruinierte, was vielleicht ein blühender, üppiger Garten hätte werden können.

Der Versuch, die Zeit oder den langsamen, unmerklichen Wachstumsprozeß zu beschleunigen, das Verstreichen von Zeit als ein Versagen zu betrachten (es als eine Eigenschaft, nicht als einen Zustand zu sehen), vernichtet die zarten kleinen Triebe Ihrer neuen bewältigungsorientierten Identität. Vertrauen Sie darauf, daß der üppige Garten Ihres Wachstums und Ihrer Entwicklung so unvermeidlich ist wie die Veränderung selbst, daß er zwar seinem eigenen Zeitplan folgt, doch daß das neue Ich sich Ihnen schon eröffnen wird.

Kapitel 6

Das unbewegliche Objekt: Das Selbst

> Der wahre Wert eines menschlichen Wesens
> wird vor allem durch die Art und
> das Ausmaß bestimmt, wie es sich von
> sich selbst hat befreien können.
> *Albert Einstein*

Wer sich als ForscherIn mit Erlernter Hilflosigkeit beschäftigt hat, weiß, daß eine der mächtigsten Widerstandskräfte gegen die Veränderung etwas ist, das wir als das *Motiv zur Selbstkonsistenz* kennen oder als den Wunsch, das eigene Selbstbild vor der Veränderung zu bewahren sowie eine stabile, zusammenhängende Identität zu schaffen und aufrechtzuerhalten.[1] Schließlich ist das eigene Selbstkonzept das zentrale Axiom, um das sich die ganze Lebensphilosophie der Person dreht. Ohne diese leitende Einstellung kann sich das Individuum gelähmt, verwirrt und unfähig fühlen, im Leben weiterzukommen. Zum Guten oder zum Schlechten: Unser Selbstkonzept dirigiert unser Verhalten und verleiht uns ein Gefühl der Sicherheit in einer unvorhersagbaren Welt, was erklärt, warum wir danach streben, Konsistenz aufrechtzuerhalten, selbst wenn uns das gar nicht dienlich ist.

Dieses Motiv (Selbstkonsistenz) in Kombination mit dem negativen Erklärungsstil von EH hält Hilflose davon ab, bewältigungsorientiertes Verhalten zu entwickeln. Dieses Motiv verführt die EH-Geplagten zu der Schlußfolgerung, daß jedes Versagen in der Vergangenheit einen Hinweis auf ein Versagen in der Zukunft darstellt. Dieses Motiv läßt sie Verhaltensziele den Lernzielen vorziehen. Und dieses Motiv führt zu einem mangelnden Wachstum, mangelnder Reaktivität auf Veränderung und mangelnder Bereitschaft zur Übernahme von Risiken.

Mit einer radikalen Veränderung der Perspektive, etwa der Möglichkeit *vieler* Selbsts, wird ein Raum geschaffen für eine flüssigere, dynamischere und reaktivere Herangehensweise an die so vielfältige und vielgestaltige Realität. Betrachten wir zum Beispiel die verschiedenen Selbsts, aus denen Sie sich zusammensetzen. Da gibt es die Gute Mutter/Schlechte Mutter, die Berufstätige, die Schlampe, die Verführerin, das Kleine Mädchen, die Kompetente Erwachsene, die Alte Hexe, die Unfehlbare Heilige, die Abenteurerin. Die Liste läßt sich sicher unendlich fortsetzen und hängt von jeder einzelnen Person und ihren Eigenschaften ab. Das sind nicht nur Rollen, die ich da gerade aufgezählt habe, denn eine Rolle beinhaltet in gewisser Weise eine Illusion, etwa wenn eine Schauspielerin eine Rolle gestaltet. Doch diese verschiedenen Selbsts, die in Ihnen existieren, sind nicht falsch. Das sind keine Illusionen. Es sind verschiedene Facetten des Diamanten, der Sie sind, sie tauchen zu verschiedenen Zeitpunkten auf und ermöglichen es Ihnen, verschiedene Situationen zu bewältigen, wie die Facetten eines Diamanten das Licht reflektieren.

Es kann Spaß machen, diese Gedankenspiele noch etwas über unsere üblichen Grenzen hinaus fortzusetzen. Selbst die verschiedenen Ichs, wie sie oben aufgelistet wurden, sind noch längst nicht vollständig all das, was ich bin. Wenn ich mein Selbst aus der Perspektive anderer Lebewesen auf Erden betrachte, die mit mir in Kontakt kommen, verwischen sich meine Selbstdefinitionen noch mehr. Ein Delphin, der eine Art Echolot zur Orientierung benutzt, würde mich als ein Objekt betrachten, das akustische Wellen aussendet und reflektiert. Giftschlangen, die Infrarotwellen zur Orientierung verwenden, würden mich als einen größeren physikalischen Körper betrachten, über die durch meinen tatsächlichen Körper angedeuteten Grenzen hinaus, denn meine Körperwärme überstrahlt meine tatsächlichen physischen Grenzen. Und die Bakterien in meinem Körper kennen mich als ihre Umwelt!

Zwar sind diese Erfahrungen meiner selbst sicherlich nicht von der üblichen Art, nichtsdestoweniger sind sie real. Manchen mag das lächerlich vorkommen, aber das liegt nur daran, daß sie nicht gewohnt sind, ihre Existenz auf andere Weise als die konventionelle zu betrachten. Leider ist es so: Je größer unser Widerstand gegenüber unkonventionellen Vorstellungen unserer selbst, desto eher können wir von dem Motiv zur Selbstkonsistenz gefangengehalten werden, was den negativen Erklärungsstil von EH ins Unendliche verlängern wird.

Wenn wir der Idee anhängen, daß wir nur ein einziges Selbst besitzen, ein konsistentes Selbst, dann werden alle unsere anderen Selbsts (die nicht in dem gegebenen Moment ihren Ausdruck finden) gezwungen sein, »unwirklich« zu werden, obwohl wir doch wissen, daß sie real sind, weil wir sie schon einmal erfahren haben. Warum also nicht ihre Existenz anerkennen? Wenn wir uns dagegen wehren, dann zwingt uns das zu qualvollen Versuchen, herauszufinden, welches unserer Selbsts nun das »wirkliche« ist. Dabei ist es doch gar nicht nötig, solche geistigen Verrenkungen anzustellen. Wie im Fall der Frau in meinem Seminar, die aufgegeben hat, die »wirkliche« Geschichte erzählen zu wollen, ist es weit einfacher, die empirische Realität vieler Selbsts anzuerkennen, die sich verändern, aufleuchten innerhalb des Erfahrungsfeldes, in dem wir leben, statt unbedingt in eine vorfabrizierte Form passen zu wollen.

Einige Arbeiten aus dem amerikanischen Gesundheitsministerium über multiple Persönlichkeitsstörung sind nicht nur faszinierend, sondern auch wichtig für unsere jetzige Diskussion.[2] Es geht da um Fälle, bei denen schwere Allergien, die eine der Persönlichkeiten tatsächlich aufweist, einer anderen Persönlichkeit in ihr völlig unbekannt sind – das heißt, der Körper eines Individuums mit multipler Persönlichkeitsstörung reagiert unterschiedlich, je nach dem Einfluß verschiedener Persönlichkeiten, die gerade nach außen agieren. Dies widerspricht dem konventionellen medizinischen Denken, nach dem das Immunsystem lebenslang das gleiche bleibt, der Körper zwar eine bestimmte Toleranz gegenüber verschiedenen Substanzen aufbauen kann, doch wenn ein Körper in der Hauptsache allergisch reagiert, er dann auch der Körper eines Allergikers bleibt. Dieselben Ergebnisse fand man jedoch auch bei Multiplen, die Diabetes hatten, eine bis dahin für unheilbar gehaltene Krankheit.

Noch einleuchtender sind Fälle weiblicher Multipler, die als eine Persönlichkeit gerade einen Menstruationszyklus abgeschlossen haben, wenn vielleicht eine andere Persönlichkeit in ihnen mit einem anderen Menstruationszyklus soeben beginnt. Mit anderen Worten, derselbe Körper hat mehr als einen Menstruationszyklus in einem Abstand von ein oder zwei Tagen voneinander. Darüber hinaus mag die eine Persönlichkeit vielleicht Krämpfe bekommen und sich wirklich unwohl fühlen, während die andere keinerlei Symptome hat. (Und Sie dachten schon, es ginge Ihnen einmal im Monat schlecht!)

Selbstverständlich werden diese ungewöhnlichen Phänomene nur bei tatsächlichen Persönlichkeitsstörungen gravierenden Ausmaßes gefunden, aber es kommt mir hier ausschließlich auf einen Punkt an. Mir dienen diese extremen Beispiele als Beweis für die wildesten Möglichkeiten, die sich unter einem sich verändernden Selbstgefühl manifestieren können. Diese Forschung zeigt, daß die Persönlichkeit, also das Selbst mit seinem begleitenden Glaubenssystem (samt und sonders Produkte unseres Geistes), in der Lage ist, Veränderungen im menschlichen Körper hervorzurufen, die von Medizinern bis dato für unmöglich gehalten wurden. Wenn so etwas auf der körperlichen Ebene passieren kann, die wir für unveränderbar halten, dann mag es ja auf der Verhaltensebene erst recht möglich sein, auf der Ebene der Fähigkeiten, mit dem gewöhnlichen Alltagsleben fertig zu werden und auf Krisen zu reagieren?! Was mag wohl bei der Entwicklung bewältigungsorientierten Verhaltens mit dem Ziel, das Leben effektiver zu bewältigen, so alles möglich sein?

Wenn Sie glauben, daß Sie entweder klug oder dumm sind, hilflos oder bewältigungsorientiert, deprimiert oder glücklich, ängstlich oder mutig, gut in Mathematik oder schlecht in Mathematik, dann sind Sie in folgende Fallen getappt: a) die Falle dualistischen Denkens, das davon ausgeht, daß Sie entweder dies oder jenes sind; b) die Falle, Ihre Identität um jeden Preis aufrechtzuerhalten, oder der Selbstkonsistenz, die nur die Existenz eines unveränderbaren Selbst zuläßt und die Existenz aller anderen leugnet.* Wenn Sie glauben, daß Sie ein liebevoller Mensch sind,

---

* Bevor ich alle PsychotherapeutInnen gegen mich aufbringe, will ich doch an dieser Stelle sagen, daß diese Art zu denken nicht für Individuen mit ernsthaften Persönlichkeitsstörungen gilt, wie sie oben beschrieben wurden – den Menschen mit Borderline-Störungen, Schizophrenien und multipler Persönlichkeitsstörung. Diese Menschen haben nur einen vagen Zugriff auf ein persönliches Selbst und müssen erst einmal ein einheitliches integriertes Selbst gewinnen, bevor sie mit vielen verschiedenen fertig wer-

wie erklären Sie es dann, daß Sie manchmal wütend reagieren? Wenn Sie glauben, daß Sie hilflos sind, wo ist dann Raum dafür, sich auf bewältigungsorientierte Weise zu verhalten?

Ein Verhaltensproblem kann auf ähnliche Weise betrachtet werden. Erlernte Hilflosigkeit (oder Wut oder Angst oder Schüchternheit) ist nur ein Problem, das eine Person hat – ist nur ein Teil dieser Person – zu dem Zeitpunkt, an dem es sich äußert. Dr. David K. Reynolds, Autor des Buches *Playing Ball on Running Water* und praktizierender Anhänger des japanischen Morita, einer Psychotherapie, die auf den Prinzipien des Zen-Buddhismus basiert, gibt zu, daß Schüchternheit für ihn gelegentlich ein Problem ist, wenn er zu Gruppen sprechen muß. Doch, so fährt er fort:

»Wenn ich tief in einer Diskussion stecke... und mir keinerlei Schüchternheit zu diesem Zeitpunkt bewußt wird, dann gibt es keinen Grund anzunehmen, daß die Schüchternheit irgendwo um mich herum lauert und darauf wartet, hervorzukommen. Ich bin niemals ganz selbstsicher oder ganz schüchtern, niemals nur klug oder dumm, niemals neurotisch oder gesund. Ich bin manchmal dies, manchmal das. Ich bin ein sich dauernd verändernder Fluß des Bewußtseins. Ich bin nur ich – jetzt.

Geben Sie einfach die Vorstellung auf, Sie hätten nur eine einzige Persönlichkeit. Stellen Sie fest, aus welch einer Vielfalt Sie bestehen. Sie werden eine Menge Erfahrungswerte sammeln können, wenn Sie die veraltete Theorie aufgeben, daß Sie eine Person mit einer Persönlichkeit seien.«[3]

Mit Veränderungen fertig zu werden ist also auch auf das Selbst anwendbar. Wenn Sie darauf bestehen, sich nur als das eine Selbst zu betrachten, dann muß jenes rigide, streng fixierte Selbst in jede neue Situation hineingezwängt werden. Wenn dieses

den können. Die hier gemachten Vorschläge gelten für ganz gewöhnliche Menschen, die im allgemeinen mit dem Leben fertig werden, aber sich aus dem einen oder anderen Grund in bestimmten Lebensbereichen hilflos verhalten, und die dieses Verhaltensmuster und Glaubenssystem verändern wollen.

Selbst nun zufällig ein hilfloses Selbst ist, sind wir also gezwungen, uns in jeder beliebigen Situation hilflos zu benehmen, um unser Selbstkonzept aufrechtzuerhalten und konsistent zu bleiben. Wenn wir andererseits ein sich veränderndes oder vielfältiges Selbst für möglich halten, dann gibt es Raum für bewältigungsorientiertes Verhalten, das sich zu jedem Zeitpunkt und mit steigender Frequenz entwickeln kann.

In den wunderbaren, neue Einsichten vermittelnden Gesprächen zwischen Bill Moyers und Joseph Campbell befragt Moyers Campbell über die Reinkarnation als Metapher und was diese zu bedeuten habe. Campbell erwidert: »Sie besagt, daß Sie mehr sind, als Sie für möglich halten. Es gibt Dimensionen Ihres Wesens und ein Potential für Verwirklichung und Bewußtheit, die nicht in Ihr begrenztes Selbstkonzept passen. Ihr Leben ist tiefer und breiter, als Sie sich das hier vorstellen können. Was Sie leben, ist nur ein Teilbereich dessen, was wirklich in Ihnen steckt, was Ihnen Lebendigkeit, Bedeutung und Tiefe verleiht.«[4]

Wenn man diese Gedanken im Geist und Herzen bewegt, dann ermöglicht diese Sichtweise Veränderungen von der durchdringendsten Art, bis in die tiefsten Lebensbereiche hinein. Diese Sicht geht davon aus, daß Veränderung oder eine Art ewiger Reinkarnation das größte Transportmittel des Lebens ist (nicht des Todes). Sie geht davon aus, daß *Veränderung*, der einzig verläßliche Aspekt der Realität, dem wir doch mit solcher Vehemenz widerstehen, genau der Aspekt ist, den wir mit Dankbarkeit annehmen sollten, weil er die machtvolle *Dynamik* besitzt, uns in neue, expansivere Bereiche des Seins, der Identität und des Selbst vordringen zu lassen.

Sicherlich ist die enge, begrenzte und rigide Sichtweise des Selbst, über die wir mit Argusaugen wachen, nicht mächtig oder expansiv genug, um diese Transformation einzuleiten oder uns an sie anzupassen. Wir müssen uns dem ständigen Fluß der Erfahrungen hingeben, dem metaphorischen Reinkarnationspotential, das in jedem Lebensumstand, Ereignis oder Augenblick alten Situationen neues Leben einhauchen kann, indem wir unseren rigiden Selbstdefinitionen erlauben, sich zu öffnen und zu expandieren.

Dieser Ansatz lädt Sie ein, das Viele in dem Einen zu sehen

und die Erneuerung zu erfahren, die dieser Standpunkt mit sich bringen kann. Er ist nicht nur stichhaltiger, was die Erfahrung angeht, sondern läßt auch eine erfrischende Brise bewältigungsorientierten Verhaltens frei durch Ihren Alltag wehen.

Eine Sekretärin im Paradies

Betrachten wir die Veränderungen im Selbstbild einer »bescheidenen kleinen Sekretärin«, wie sie sich selbst nennt, Darla Hillards, der Schneeleoparden-Dame, die ich vorhin schon erwähnt habe. Darla nahm an einem fünf Jahre dauernden Studienprojekt teil, in dem es darum ging, diese seltenen Wildkatzen in einer der tiefsten, tückischsten Schluchten im gesamten Himalaja zu beobachten – in der Langu-Schlucht. Diese Schlucht, eine unwegsame Wildnis, viel zu rauh für menschliche Behausung, hat Hugh Swift, Autor von *The Trekker's Guide to the Himalayas and Karakoram*, als das steilste und furchterregendste Tal beschrieben, das er je gesehen hat.

Ich begegnete Darla zum ersten Mal im Warteraum einer Talk-Show in Kalifornien, wo wir beide auf unseren Auftritt warteten, bei dem wir zu unseren gerade erschienenen Büchern interviewt werden sollten. Zu diesem Zeitpunkt war das Buch, das Sie gerade in Händen halten, nicht mehr als ein Hoffnungsschimmer, aber als ich von Darlas Abenteuer hörte, der Expansion ihres Selbst von der bescheidenen kleinen Sekretärin zur Schneeleoparden-Lady, wußte ich, daß ich sie befragen mußte.

Abgesehen von einem kurzen Tramper-Urlaub durch Europa deutete nichts in Darlas Vorgeschichte darauf hin, daß sie die Neigung oder die Begabung hatte, sich auf ein solch kolossales Unternehmen einzulassen. Nur die nagende Unzufriedenheit mit dem, was sie als die Langeweile und Klaustrophobie ihres Lebens als Sekretärin ansah, führte dazu, daß sie nach neuen Möglichkeiten Ausschau hielt. Das einzige, was auch nur annähernd irgendwelchen Erfahrungen in der Wildnis ähnelte, war ein Campingaufenthalt als Kind mit ihrer Familie in der Sierra Nevada im nördlichen Kalifornien. Nicht gerade die Art von Qualifikation, die man erwarten würde für ein Unternehmen, das garantiert den Kampf auf Leben und Tod in vielfältiger Form beinhalten müßte!

Nicht einmal im Traum daran denkend, daß sie sich eines Tages im schneebedeckten Königreich Nepal wiederfinden würde, kam Darla unschuldig an der Türschwelle des Büros des Kalifornischen Instituts für Umweltstudien an (sie hatte an einer Rucksackreise teilgenommen), um sich für eine Position zu bewerben. Irgendeine Stelle, die sie etwas näher an einen anderen Lebensstil heranführen könnte. Sie wurde als freiwillige Mitarbeiterin eingestellt.

Einer der Leiter des Instituts, Rodney Jackson, der im Winter 1976 in Nepal gewesen war, um dort das Verhalten der Schneeleoparden zu studieren, wollte seine Forschung auf dem Gebiet gerne fortsetzen, begegnete aber allen möglichen bürokratischen und finanziellen Schwierigkeiten. Während sie Seite an Seite an Institutsprojekten arbeiteten, fühlten sich Darla und Rodney allmählich näher zueinander hingezogen und begannen, sich auch privat zu sehen.

Eines Tages blätterte Rodney eine Zeitschrift durch und fand eine mit 25 000 Dollar dotierte Ausschreibung eines Unternehmens; der Preis sollte an fünf Projekte gehen, die versprachen, auf ihrem jeweiligen Gebiet einen beträchtlichen Fortschritt zu erzielen. Rodney bat Darla, ihm dabei zu helfen, seinen Vorschlag zu tippen, genannt: »Eine Studie über die Schneeleoparden in Nepal«, mit dem er sich bewerben wollte. Acht Monate vergingen. Acht Monate lang arbeiteten sie weiter an Projekten, verbrachten ihre Freizeit zusammen, planten zusammen. Nach acht Monaten erfuhren sie, daß Rodney einen der fünf Preise gewonnen hatte.

Im Laufe einer einwöchigen Festveranstaltung in Genf sollten die Preisträger öffentlich vorgestellt werden. Selbstverständlich würde Darla Rodney nach Genf begleiten. Doch was dann? Zu diesem Zeitpunkt mußte Darla sich mit der harten Realität auseinandersetzen. (Sei vorsichtig mit dem, was du willst, es kann sein, daß du es auch bekommst.) Die Expedition nach Nepal würde bedeuten, unter den schwierigsten Bedingungen leben zu müssen, die man sich nur vorstellen kann: mitten im Winter in einem Zweimannzelt, das natürlich unbeheizt war, etwa sechzig Meilen von jeglicher Zivilisation entfernt.

»Haben Sie jemals an sich selbst gezweifelt?« begann ich.

Sie brach in lautes Gelächter aus bei der, wie mir nun heute scheint, absurden Frage.

»O ja, das kann man wohl sagen. Man fragt sich: ›Was wird, wenn ich krank werde? Und was wird, wenn ich mir ein Bein breche?‹ Vermutlich dachte ich: ›Tja, wenn etwas passiert, werde ich eben dann damit umgehen, wenn es passiert ist.‹ Da waren immer Fragen wie: ›Kann ich das ertragen?‹ Selbst Rodney, der schon dort gewesen war, war sich nicht sicher, ob *er* es ertragen könnte. Die Antwort war in jedem Fall: ›Ich weiß es nicht.‹ Man muß einfach hinfahren und es selbst herausfinden. Das ist die einzige Möglichkeit.«

In den ersten fünfzehn Monaten (aus denen vier Jahre wurden) waren Darla und Rodney mit den nicht nachlassenden körperlichen und emotionalen Herausforderungen des Himalaja konfrontiert, ein Leben, das so schwierig war, daß es die meisten von uns über den Felsvorsprung hinaus in den Abgrund reißen würde (wenn das Wortspiel erlaubt ist).

Sie hatten keinen Kontakt zu anderen Menschen, manchmal wochenlang nicht; sie waren den Unbilden des Wetters in den Höhen des Himalaja ungeschützt ausgesetzt; sie kletterten auf schmalen Pfaden über steile Schluchten und schwindelerregende Abhänge, ewig auf der Suche nach den – wenn sie gestellt wurden – wild kämpfenden Schneeleoparden; sie führten endlose bürokratische Verhandlungen und Kämpfe mit Regierungsbehörden; sie aßen eine unglaublich monotone, den Appetit verderbende Kost; es gab für sie keine Ärzte, keine Krankenhäuser, keine Dusche, kein Auto; ganz zu schweigen von der dauernden Bedrohung durch Steinschlag und Lawinen. Als wäre das nicht genug, wurde Rodney von einer der Wildkatzen gebissen, und sie verbrachten acht Tage damit, durch einen Schneesturm zu taumeln, geblendet von der Sonne, als sie beide ein Dorf suchten, um für ihn einen Arzt zu finden. Und all diese Tapferkeit und Kompetenz erbrachte nicht die Art von Mensch, welche die meisten von uns erwarten würden, etwa ein erfahrener alter Feldforscher oder wettergegerbter exzentrischer Anthropologe, sondern eine Sekretärin der Mittelschicht aus San Francisco!

»Was machten Sie mit Ihren Ängsten?« fragte ich.

»Sie ignorieren. Das ist die einzige Art, wie man mit ihnen umgehen kann. Man kann sie hochkommen lassen, die ganze Zeit darüber nachdenken und sich ununterbrochen Sorgen machen, sie zu immer größerer Monstrosität steigern, aber bedenken Sie doch, wie zerstörerisch das ist. Das hat überhaupt keinen Sinn. Es bringt einfach nichts, ständig über die eigene Angst nachzudenken. Das bedeutet nicht, daß man sie nicht fühlt. Es bedeutet nur, daß man sich von ihr nicht unterkriegen läßt.

Meine schlimmste Herausforderung bestand darin, die Angst davor zu überwinden, Tysons Kliff hinaufzusteigen. Da waren ich und dieser nepalesische Biologe, und wir waren beide zu feige, über dieses Kliff zu gehen. Doch um etwas zu tun, den Katzen näher zu kommen, die sich jenseits menschlicher Behausungen aufhielten, war es erforderlich, hinüberzugehen. Rodney hat es getan. Er ist einfach losgegangen. Ich winkte ihm nach und sah ihm durch das Fernglas zu, was es für mich noch schlimmer aussehen ließ, als es wirklich war.

Als ich da so stand und ihm nachsah, spürte ich meine Angst hochkriechen, und mein Gefühl der Unzulänglichkeit steigerte sich, bis ich schließlich Todesangst bekam. Aber ich wollte nicht den ganzen Sommer dort allein sitzen bleiben. Mit der Zeit hing ich mir selber immer mehr zum Hals heraus, also habe ich es einfach gemacht.«

»Das erinnert mich an eine Werbung von Nike: Just do it!« erwiderte ich.

»Ja, so in der Art. Wie auf dem Zehnmeterbrett zu stehen, tief Luft zu holen und zu springen.«

»Was wäre passiert, wenn Ihre schlimmsten Ängste sich bewahrheitet hätten und Sie verletzt worden wären?« wollte ich wissen.

»Ich wurde aber nicht verletzt. Schauen Sie, Sie können immer sagen: ›Was wäre, wenn, was wäre, wenn?‹ Das ist die schlimmste Blockierung, die es gibt.«

Sie zeigte mir einige Fotos von der Schlucht, in der sie gehaust hatten, eine so wilde und zerklüftete Landschaft, daß selbst die eingeborenen Nepalesen versucht hatten, sie von der Idee abzubringen.

»Wie hat dieser Aufenthalt Sie verändert? Es ist ja offensichtlich, daß Sie heute nicht dieselbe Person sein können, die Sie früher waren.«

»Ich schiebe nichts mehr auf die lange Bank«, sagte sie und überraschte mich mit dieser Antwort. »Es ist so leicht, Dinge aufzuschieben, wenn es eine Aufgabe zu bewältigen gibt, die Sie aus irgendeinem Grund nicht in Angriff nehmen wollen, ob es nun ein Telefonanruf ist oder ob es darum geht, Ihren Mißhandler zu verlassen. Tun Sie es einfach, und bringen Sie es hinter sich, denn je länger Sie es aufschieben, desto schlimmer wird es.

Außerdem habe ich gelernt, daß man nicht unbedingt vorher wissen muß, wie etwas geht, um es tun zu können. Es gibt eine Menge Dinge, die Sie einfach mit der Bereitschaft zu lernen in Angriff nehmen können. Das ganze Unternehmen war so für mich. Alle sagten, daß das, was wir da versuchten, unmöglich war, aber wir haben es gepackt. Sicherlich liegt darin ein Element der Befriedigung, besonders im Hinblick auf diese weltbekannten Biologen, die sich so von oben herab darüber äußerten«, lachte sie.

»Was hat Sie bei der Stange gehalten, wenn doch all diese bekannten Biologen von oben herab verkündeten, daß Ihr Unternehmen unmöglich sei?«

»Bei allem, von dem sie behaupteten, daß wir das nicht tun könnten, fanden wir heraus, wenn wir es nur hartnäckig versuchten, konnten wir einen Weg finden, die Hindernisse zu überwinden, und es gab viele Hindernisse, glauben Sie mir. Es brauchte eine Menge Geduld und Planung und noch mehr Geduld und noch mehr Planung. Und Durchhaltevermögen.

Und zusätzlich war da in mir noch dieser Wunsch, mehr zu werden, als ich vorher war. Und man muß lernen, die Veränderungen innerlich schätzen zu lernen, oder man wird wahrscheinlich nicht erfolgreich sein.«

»Mein Gott, sind Sie tapfer«, entfuhr es mir.

»Wissen Sie, ich finde es so komisch, in dieser Position zu sein. Ich meine, wer bin ich denn schon, irgend jemandem zu sagen, was er oder sie tun soll?«

»Sie sind eine, die große Hindernisse überwunden hat, die härtesten Schwierigkeiten begegnet ist, große Furcht bewältigt hat und dadurch eine lebensverändernde Erfahrung machte, die vollkommen ihr Selbstkonzept verändert und einen wichtigen Beitrag geleistet hat. Das sind Sie«, antwortete ich.

»Tja, alles, was ich dazu sagen kann, ist: Wenn es etwas gibt, das Sie tun wollen, eine Weltreise oder eine Puppe basteln oder was immer es sein mag, unterschätzen Sie Ihre eigenen Fähigkeiten nicht. Dafür bin ich ein gutes Beispiel. Ich verfüge nicht über eine Ausbildung. Ich habe gerade mal einen High-School-Abschluß. Ich hatte überhaupt keine Erfahrungen in der Wildnis, und dann schauen Sie, was ich getan habe.

Sie haben es in sich, auch wenn Sie das vielleicht nicht wissen. Bei manchen mag es von selbst an die Oberfläche kommen wie bei mir. Unzufriedenheit mit meinem früheren Leben hat es hochgespült.«

»Hat was hochgespült?« hakte ich nach.

»Was immer dazu notwendig war. Es tut mir leid, daß ich so vage klinge, aber ich meine damit, was immer man braucht, unter den gegebenen Umständen. Mut. Durchhaltevermögen. Entschlossenheit. Neugier. Nennen Sie es, wie Sie wollen. Sie werden es in sich finden, wenn Sie es brauchen. Ihre Fähigkeiten zu unterschätzen ist reine Verschwendung. Gehen Sie einfach los und stellen Sie fest, was Sie tun können und wer Sie wirklich sind.«

Darla wußte nicht genau, ob sie mit den Schwierigkeiten fertig werden würde oder nicht. Sie wußte nicht, ob das »Selbst«, das erforderlich war, um den Herausforderungen zu begegnen, ihr auch tatsächlich zur Verfügung stehen würde. Alles was sie sicher wußte, war: Ihr Bedürfnis nach Veränderung war größer als ihr Bedürfnis, dieselbe zu bleiben; ihr Bedürfnis nach einem höheren Sinn in ihrem Leben war stärker als ihr Bedürfnis nach Sicherheit; ihr Drang, sich selbst expansiv zu erfahren, war zwingender, als ihr altes Selbst aufrechtzuerhalten. Sie entschied sich für ein Lernziel statt für ein Verhaltensziel, ging das erste Risiko ein und wurde so ein neuer Mensch, eine viel bewältigungsorientiertere, vitalere und lebendigere Person, als sie es vorher gewesen war.

Außerdem lehnte sie es ab, sich in negativen Selbstgesprächen zu ergehen und immer zu fragen: »Was wäre, wenn.« Darla hat darauf hingewiesen, daß man immer »Was wäre, wenn?« fragen kann. Was wäre, wenn ich auf dem Weg zur Arbeit einen Unfall habe? Was wäre, wenn jemand in die Wohnung einbricht, wenn ich nicht daheim bin? Was wäre, wenn ich Tom heirate und er eine jüngere Frau findet, wenn wir fünfzig sind? Was wäre, wenn ich diese Reise mache und sie mir nicht gefällt? Was wäre, wenn ich schwanger werde und eine schwierige Geburt habe? Was wäre, wenn ich dieses Haus kaufe und der Immobilienmarkt immer schwächer wird?

Es gibt endlose Möglichkeiten, »Was wäre, wenn«-Fragen zu stellen. Wenn wir uns dauernd solche Fragen stellen würden, wären wir vollständig gelähmt und nicht einmal in der Lage, morgens aus dem Bett zu kommen. Doch das ist glücklicherweise in der Regel nicht der Fall. Wir stellen uns gelegentlich in ausgesuchten Situationen diese Frage, wenn wir nach einer Entschuldigung suchen, um ein Risiko zu vermeiden, das unser Selbstkonzept verändern könnte – das heißt uns selbst, so wie wir glauben, daß wir sind.

Während der gesamten Tortur schmiedeten Darla und Rodney immer wieder neue Pläne. Angefangen bei der Ausschreibung bis zum Verfolgen der Leoparden in der Schlucht – immerzu sagte jemand, das könnte nicht gelingen, doch es gelang. Mit Darlas Worten: »Wir brauchten eine Menge Geduld, Planung und Durchhaltevermögen. Wenn wir nur nicht aufgaben, dann gab es immer *irgend etwas*, das wir tun konnten.«

Sie benötigten die innere Bereitschaft, Wahlmöglichkeiten auszuarbeiten, falls der eine oder andere Plan sich nicht umsetzen ließ oder mißlang; sie mußten planen und wieder neu planen, ihre Pläne verändern und wiederum planen. Sie brauchten die Bereitschaft, neue Fähigkeiten zu erlernen und Fehler abzuschütteln als Teil des Prozesses, statt sie als Versagen zu betrachten. Und was am wichtigsten war: Sie benötigten die Bereitschaft, ein Scheitern als ein Mißlingen der Strategie zu betrachten, nicht als Versagen der eigenen Person.

Noch eine andere Frau, die ich interviewte, mußte um ihr Leben kämpfen, nicht in der Wildnis des Himalaja, sondern in der Wildnis von Milwaukee oder Cleveland oder wo immer es gewesen sein mag.

»Als ich beschloß, mich um dieses Amt zu bewerben, mußte ich meine Arbeit kündigen, um mich ganz der Wahlkampagne zu widmen. Ich hatte schon bei der vorherigen Wahl darüber nachgedacht, hatte aber so viel Angst davor, daß ich es nicht in Angriff nehmen konnte. Es handelt sich zwar nur um Kleinstadtpolitik, aber ich konnte mich damals noch nicht als Gewinnerin sehen.«

Die Frau, die mir da ihre Geschichte erzählt, erinnert mich an Maureen O'Hara – flammend rotes Haar, leuchtend grüne Augen, zahllose Sommersprossen und diese wunderbar hohen Wangenknochen. Ihre Leidenschaft ist die Kommunalpolitik, und obwohl man sie sicher vom Namen her kaum wiedererkennen wird, zieht sie es vor, anonym zu bleiben. Sollte sie die Wahl gewinnen, möchte sie nicht an ihre Erfahrung mit EH erinnert werden.

»Ich weiß noch genau, wie ich in meinem Auto saß und meine weißen Fingerknöchel anstarrte, die das Lenkrad umklammert hielten. Es war, als wollte ich an der Sicherheit meiner Vergangenheit festhalten. Sehen Sie, ich war dabei, eine Karriere aufzugeben, an der ich siebzehn Jahre lang gebastelt hatte. Hier war ich, dabei, ein sicheres, nettes Leben aufzugeben, das ich so sorgfältig als Puffer gegen genau die Art von Unsicherheit aufgebaut hatte, die ich mir jetzt einbrocken würde. Es war einfach verrückt.

Mir wurde ganz schwindelig, und ich mußte das Auto an den Straßenrand fahren. Was wäre, wenn ich die Wahl verlieren würde? Dann, um Himmels willen, hätte ich nicht einmal mehr einen anständigen Job. Jetzt weiß ich, wie sich nacktes Entsetzen anfühlt, Entsetzen bei der Möglichkeit, ganz unten zu landen: als Pennerin. Natürlich wußte ich verstandesmäßig, daß dies ein extremer Gedanke war, aber zu diesem Zeitpunkt kam er mir sehr real vor.

Als das Schwindelgefühl sich legte, fuhr ich weiter. So groß meine Angst auch war, ich war gleichzeitig in einer Art Hochgefühl bei der Vorstellung eines völlig neuen Lebens. Es war furchtbar. Ich schlich die Straße hinunter wie mit einem Auto, das in die Inspektion muß, beschleunigte zunächst rasch, dann bremste ich wieder verzweifelt. Es war ein absolutes Annäherungs-Vermeidungs-Verhalten.«

Die Gefühle, die da aufeinanderprallten und die Lorraine so deutlich schildert, kennt jede, die schon einmal gezwungen war, drastische Schritte zu unternehmen, um ein neues Leben zu beginnen oder sich selbst noch einmal neu zu erschaffen. (Die Vision der Pennerin hilft übrigens wohl kaum dabei.) Was sie ihr Annäherungs-Vermeidungs-Verhalten nennt, war das Auftauchen eines neuen Wesens in ihrem Innern, das an die Oberfläche drängte und sich in Kämpfen befand mit den Kräften ihres alten Selbst; das Motiv der Veränderung und das Motiv der Selbst-Behauptung befanden sich in tödlichem Streit miteinander. So embryohaft und noch ungeformt, wie es war, stellte sich dieses neue Selbst doch als stark genug heraus, sich gegen das dominante alte Selbst zu behaupten und Lorraine in dieser ambivalenten Manier vorwärtszutreiben.

»Ich schaffte es noch bis zum Parkplatz vor meinem Büro, wo ich meine Kündigung einreichen wollte, aber es gelang mir nicht, auszusteigen. Ich würgte die Tränen runter, doch das einzige, woran ich denken konnte, war, daß ich gerade dabei war, alles zu opfern – eine bequeme Routine, einen so sicheren Job, daß ich praktisch einen Massenmord begehen müßte, um gefeuert zu werden; einen professionellen Ruf, der mich Jahre harter Arbeit gekostet hatte. Am wichtigten aber waren die praktischen Notwendigkeiten eines regelmäßigen Einkommens und solche Dinge wie die Krankenversicherung.

Es waren reale Ängste, Fakten, die ich bedenken und abwägen mußte. Das Problem war, ich hatte sie bereits bedacht und abgewägt und auch angenommen, zu einem Schluß gekommen zu sein. Doch jede Unsicherheit hat sich dort auf dem Parkplatz noch einmal gemeldet, und ich fühlte, wie ich jünger und jünger wurde, bis die Erwachsene, die erforderlich war, um die Herausforderung bewältigen zu können, von einem verängstigten kleinen Kind verdrängt wurde. Schließlich brach ich in Tränen aus.

Ich fühlte mich wieder wie ein kleines Mädchen«, sagte diese elegante Frau, »das hinter dem Steuer des Autos meiner Mutter saß, und die Wimperntusche lief mir die Wangen hinunter. Ich kann mich noch daran erinnern, daß ich dachte: ›Was wäre, wenn all meine Unterstützer jetzt die Kandidatin ihrer Wahl sehen könnten, wie sie in eine schmutzige alte Burger-King-Serviette rotzt, die sie zusammengeknüllt im Handschuhfach gefunden hat?‹

Ich wollte das nicht allein machen, verdammt noch mal, ohne Aussicht auf einen Job, ohne Sicherheit, ohne Garantien, mit geringen Ersparnissen und ohne Mann, der mich schützen und retten könnte, wenn all meine Anstrengungen umsonst sein würden.

Ich ließ den Wagen an und fuhr rückwärts aus dem Parkplatz, mein Kündigungsschreiben, das ich mit solcher Hoffnung geschrieben hatte, lag immer noch auf dem Beifahrersitz. Ich implodierte einfach vor Versagensgefühlen. Ich fühlte mich ganz taub. Ich steuerte meinen Wagen zurück in mein unakzeptables kleines Leben. Als ich nach Hause kam, warf ich den Brief in den Papierkorb, zog mich aus und ging zu Bett. All meine Freunde riefen an, um zu hören, ob ich die große Tat vollbracht hätte. Ich schämte mich so, daß ich das ganze Wochenende nicht ans Telefon ging.«

Es ist schwierig, theoretisch zu denken, besonders wenn wir uns mitten in einem Mißgeschick befinden. Lorraines Unfähigkeit zu handeln hatte ihre dunkelsten Ängste bestätigt, daß sie eben *nicht* die hochfliegende Risikofrau sei, als die sie sich gerne gesehen hätte, *nicht* die abgeklärte Politikerin, die mit den Schwierigkeiten des Lebens fertig werden konnte, ohne allzusehr ihre Wimperntusche zu verschmieren. Sie war ein leicht einzuschüchterndes kleines Mädchen, von ihrer eigenen Hilflosigkeit gezwungen, ein Niveau von Erfahrung aufrechtzuerhalten, das weit weniger aufregend war als jenes, das sie gerne in Angriff genommen hätte. Da ihre Gedanken ihr Vorstellungsvermögen so verengt hatten, konnte ihr neues Selbstkonzept da nicht hineinwachsen, und es gelang ihr noch ein paar weitere Jahre nicht, die erfrischende Brise eines neuen Lebens noch einmal auf der Haut zu spüren.

Lorraines Geschichte ist eine wahrheitsgetreue Schilderung der Tortur, die wir häufig erleben, wenn ein neues Selbst in uns geboren wird. Ich habe sie den anderen Geschichten hinzugefügt, damit Sie feststellen können, daß auch diejenigen, die Risiken eingehen, mit reinem, nacktem Entsetzen zu kämpfen haben genau wie Sie selbst. Manchmal haben sie Erfolg und besiegen die Angst. Manchmal gewinnt die Angst, und sie müssen geduldig einige weitere Anfälle dieser Art durchstehen, bevor sie es wieder versuchen können. Gewöhnlich ist es nur eine Frage der Zeit.

Es hat keinen Zweck, die Bedeutung unserer Ängste zu unterschätzen: ihre Macht, uns hilflos werden zu lassen. Jeden Tag behindern Ängste die meisten von uns dabei, die Person zu werden, die wir werden könnten. Sie sind äußerst unmenschlich, ja diabolisch, geschickt halten sie uns in alten Rollen fest, in alten Überzeugungen, in der alten Art, etwas zu tun und jemand zu sein. Es bedarf einer konzentrierten und bewußten Anstrengung, *vielleicht auch mehrerer*, um schließlich ein neues Selbst hervorzubringen.

»Was bewirkte schließlich die Veränderung? Wie schafften Sie es, Ihre Angst vier Jahre später doch noch abzustreifen?« fragte ich Lorraine.

»Ich hörte einfach auf, mir selbst solche Sachen einzureden wie: ›Du wirst noch als Pennerin enden‹, damit ging es schon los«, lacht sie. »Man muß wirklich ganz sorgfältig darauf achten, wie man mit sich selbst redet. Jetzt sage ich mir, selbst wenn ich nicht gewinne, habe ich das Zeug dazu und auch die Chuzpe, schönen Dank auch, etwas anderes zu machen.«

Sie unterbricht sich und nippt an ihrem Kaffee. »Außerdem, erinnern Sie sich noch daran, was Darla gesagt hat: Just do it?«

»Ja, als sie sagte, es sei wie auf dem Zehnmeterbrett zu stehen, tief Luft zu holen und zu springen?«

»Genau. Tja, irgendwo in meinem Bauch wußte ich, daß es nur so geht. Es einfach machen, ob ich mich dazu bereit fühlte oder nicht. Ich stellte fest, wenn ich wartete, bis ich mich vollständig dazu bereit fühlte, würde ich es niemals tun. Ich würde einfach weiterhin Gründe aufzählen, warum ich noch nicht dazu bereit war.

Als ich erst einmal das Risiko einging, fühlte ich, wie ich bewältigungsorientiert wurde. Es dauerte einige Jahre, und ich mußte mich mehrmals anstrengen, aber das ist in Ordnung, ich habe es schließlich geschafft.«

Vielleicht erinnern Sie sich auch, daß meine Mutter, die im Jahre 1938 den Nightclub eröffnete, auch erwähnt hat, daß etwas sich in ihr veränderte, sobald sie ein Risiko einging und sobald die Zeit ihren Teil dazu beigetragen hatte. Wie sagte sie noch: »Die Erfahrung, das Shangri-la zu führen, verwandelte mich in eine vollkommen andere Person. Vorher war ich ein ruhiges kleines Ding, hatte Angst, meine Meinung zu sagen oder gegen den Strom zu schwimmen. Jetzt bin ich die letzte kämpferische Kneipenwirtin. Das Geschäft zu führen, besonders diese Art von Geschäft, verlangte von mir, stark zu werden… und bewältigungsorientiert, richtig flott.«

Hier ist noch einmal der Widerspruch: Gehe das erste Risiko ein, und dann wirst du bewältigungsorientiert, so herum ist es richtig, nicht anders herum. Gehen Sie zunächst das Risiko ein, und das wird Ihre Vorstellung von dem, wie Sie sind, verändern.

Und schließlich fügte meine Mutter hinzu: »Das Problem bei einer Menge Leute, die sich heute selbständig machen, besteht darin, daß sie erwarten, über Nacht reich zu werden. Ich sage ihnen dann immer, diese Dinge brauchen Zeit, erwarten Sie nicht, daß Ihnen irgend etwas in den Schoß fällt. Erwarten Sie nicht einmal, in den nächsten Jahren aus den roten Zahlen herauszukommen, geschweige denn, reich zu werden!«

Das ist genau der Punkt. Ob Sie versuchen, reich zu werden oder einfach nur Ihre Vorstellung Ihres Selbst zu erweitern und mutiger, bewältigungsorientierter zu werden, denken Sie daran: Diese Dinge brauchen Zeit.

Das weibliche Selbst und Hilflosigkeit

Bevor sich jetzt manche Leserin befremdet abwendet, möchte ich klarstellen, was ich im nächsten Abschnitt zu sagen gedenke. Beim ersten Lesen mag es so erscheinen, als ob ich Weiblichkeit abwerte. Aber das meine ich nicht so. Von ganzem Herzen stimme ich jenen zu, die glauben, weibliche Charakterzüge müßten bewundert und vervollständigt werden und könnten unseren letzten Hoffnungsschimmer darstellen, eine Gesellschaft zu schaffen, die in der Lage ist, wirklich eine sanftere, liebevollere Mitmenschlichkeit zu entwickeln. Ich bin der Überzeugung, daß die Züge eines femininen Selbst (ob sie nun in einer Frau oder in einem Mann zu finden sind) etwas sehr zu Schätzendes sind, besonders wenn eine Situation Sensibilität, Mitempfinden, Flexibilität und Intuition verlangt.

Leider ist das Konzept von Weiblichkeit – trotz siebzig Jahren Feminismus in den Vereinigten Staaten (einschließlich der jahrelangen Kämpfe um das Wahlrecht) – überschattet worden von einem Aspekt der Hilflosigkeit. Da wir als Kinder unsere Geschlechtsidentität erwerben, bevor wir noch unterscheiden können, greifen wir auch die negativen Bedeutungen von Weiblichkeit auf und integrieren sie in unser Selbstkonzept und unsere Selbstdarstellung, ebenso wie die positiven Seiten. In dem Maße, in dem wir das Konzept der Hilflosigkeit in die eigene Vorstellung von Weiblichkeit integriert haben (und selbstverständlich ist dies eine sehr subjektive Angelegenheit, manche machen das mehr als andere), vermindert sich unsere Begeisterung dafür, Risiken einzugehen. Dies fiel mir zum ersten Mal in dem Seminar auf, auf dem mein erstes Buch basierte.

Ich bat die TeilnehmerInnen, eine Liste von Adjektiven zu erstellen, mit denen sie Menschen beschreiben würden, die sie für feminin hielten. Auch bat ich sie, das gleiche zu machen für Menschen, die sie für maskulin hielten. Hier ist die Liste, die ich in den letzten sieben Jahren zusammengestellt habe.

maskulin	feminin
abenteuerlustig	fürsorglich
selbstbewußt	emotional
aggressiv	sensibel
unabhängig	sanft
voller Selbstvertrauen	niedlich
energisch	häuslich
stark	unberechenbar
mächtig	intelligent
fest	verständnisvoll
entschlossen	flexibel
grob	intuitiv
unerschütterlich	mitempfindend
tapfer	verspielt
wagemutig	sanft
draufgängerisch	sinnlich
intelligent	sexy
logisch	hübsch
rational	attraktiv
vernünftig	heimlichtuerisch
athletisch	schlank
aktiv	zierlich
kraftvoll	zerbrechlich
viril	zart
sexuell	raffiniert
stoisch	unterwürfig
zäh	kindlich
muskulös	schwach
robust	hilflos
geradeheraus	machtlos
beschützend	geschwätzig
gewalttätig	aufopfernd
rigide	passiv
grob	wehrlos

Aus dieser Liste geht eindeutig hervor, daß die Beschreibungen von Weiblichkeit und Männlichkeit im Hinblick auf Erlernte Hilflosigkeit und Bewältigungsverhalten unerfreulich eindeutig sind. Die weiblichen Charakterzüge stimmen sehr stark überein mit Hilflosigkeit und Abhängigkeit, während die maskulinen Charakterzüge sehr stark übereinstimmen mit Bewältigung und Risikoverhalten. Mit anderen Worten, die Merkmale, die bewältigungsorientierte Menschen zum Ausdruck bringen, sind genau die Merkmale, die von den meisten Menschen als »maskulin« oder »männlich« beschrieben werden. Zwar gibt es einige sogenannte weibliche Charakterzüge, die oben erwähnt werden, die auch übereinstimmen mit bewältigungsorientiertem Verhalten, doch zum größten Teil sind es die typisch weiblichen Eigenschaften, die wir *überwinden* müssen, um Schwierigkeiten zu bewältigen. Zum Beispiel:

Glaube an die Wirksamkeit der eigenen Handlungen
> erfordert Selbstvertrauen, Entschlossenheit, sicheres Auftreten, Mut
> wird unterminiert durch Emotionalität, Sensibilität, Schwäche und Unterwürfigkeit

Bereitschaft, Risiken einzugehen
> erfordert Kühnheit, Abenteuerlust, Robustheit, Entschlossenheit, Unabhängigkeit
> wird unterminiert durch Passivität, Zerbrechlichkeit, Schwäche, Hilflosigkeit, Unschlüssigkeit und Sanftheit

Autonomie
> erfordert Selbstsicherheit, Energie, Mut, Geradlinigkeit und Kraft
> wird unterminiert durch Passivität, Sanftheit, Nettigkeit, Kindlichkeit, exzessive Verbundenheit mit anderen und das Bedürfnis, beschützt zu werden

Selbst nach fünfundzwanzig Jahren Selbsterfahrung, in denen unsere Gesellschaft angeblich einen großen Sprung in der Erweiterung ihres Bewußtseins hinsichtlich der Geschlechtsrollen gemacht und verstanden hat, daß diese Stereotype begrenzt und begrenzend sind, wird hilfloses Verhalten von Angehörigen des weiblichen Geschlechts immer noch erwartet. Offenbar ist dieser

Sprung eher in die Höhe gegangen, nicht in die Weite, wenn Sie dieses Wortspiel verzeihen. Mit anderen Worten: Nach einem Sprung in große Höhe landeten die Einstellungen der Gesellschaft ganz dicht bei der Stelle, wo sie vorher waren.

Wenn also das Verhalten einer Frau von Hilflosigkeit überschattet wird, dann werden die Frau selbst und andere Menschen in ihrem Leben das wahrscheinlich gar nicht bemerken, weil sie sich genau innerhalb der Bestimmungsgrößen verhält, die von den meisten Menschen unserer Kultur als »feminin« oder »normal für Frauen« betrachtet werden. Verhielte sich ein Mann genauso, dann würden die Leute annehmen, irgend etwas mit ihm sei nicht in Ordnung.

Was hat dies alles mit Veränderungen des Selbst und der Einladung zu tun, die vielen Selbsts in der einen Person zu sehen? Wenn wir nur ein einziges Selbst wahrnehmen und dies zufällig ein feminines Selbst ist, was sehr wahrscheinlich ist angesichts der Geschlechtsidentifizierung, dann könnte unsere Fäigkeit, den Herausforderungen des Lebens zu begegnen, sehr begrenzt sein. Diese Begrenztheit kann Bewältigungs- oder Risikoverhalten vollkommen ausschließen. Wenn wir andererseits wahrnehmen, wie viele Selbsts wir haben, dann sind wir nicht allein auf die weiblichen Charakterzüge fixiert. Dann können wir auswählen und jeweils die Merkmale zeigen, die der Situation am angemessensten sind, in der wir uns gerade befinden – ein sehr anpassungsfähiges und recht bewältigungsorientiertes Verhalten.

Wenn es angemessen ist, sanft, nett, emotional, sensibel, häuslich, fürsorglich, aufopfernd und intuitiv zu sein, können wir vertrauensvoll dieses Verhalten auch zeigen. Genauso aber gilt: ist es angemessen, stark zu sein, unabhängig, entschlossen, logisch, durchsetzungsbewußt und abenteuerlustig, machtvoll und tapfer, dann können wir auch dieses Verhalten zeigen. Das eine muß das andere nicht ausschließen, es sei denn, wir identifizieren uns zu stark mit nur einem einzigen, äußerst »femininen« Selbst.

Ein Schlüssel zu bewältigungsorientiertem Verhalten und erfolgreicher Veränderung ist also die Fähigkeit, das eigene Verhalten nach den *Umständen* zu richten statt nach der Geschlechtsorientierung oder jeder Art von rigiden und vorbestimmten Charakterzügen, die wir als das »wahre Selbst« zu bezeichnen pflegen. Persönlich kann das bedeuten: Je mehr »Selbsts« wir in uns entdecken, desto fähiger sind wir, andere Möglichkeiten des Seins zu entwickeln und uns erfolgreich an Umstände anzupassen, was schließlich bewältigungsorientiertes Verhalten auslöst.

Der engen, unveränderten kulturellen Definition eines strikt femininen Selbst zu unterliegen und sich mit ihm zu stark oder ausschließlich zu identifizieren, kann dem Potential für bewältigungsorientiertes Verhalten einen schweren Schlag versetzen. Mit anderen Worten: Die femininen Charakterzüge allein tun uns gar nicht gut in Situationen, die Zupacken und Risikoverhalten von uns erfordern. Da die möglichen Variationen der Lebensumstände unbegrenzt sind, warum sollten wir uns selbst begrenzen?

Mehrere Studien haben Weiblichkeit und Männlichkeit als unabhängige Dimensionen von Erlernter Hilflosigkeit untersucht und sind zu der Schlußfolgerung gelangt, daß Geschlechterfragen bei dem Erlernen von Hilflosigkeit tatsächlich eine Rolle spielen. Gewöhnlich beginnen die Forscher damit, die Versuchspersonen nach ihrer Geschlechtsorientierung zu unterteilen. Das bedeutet, daß eine Person (ob sie körperlich nun männlich oder weiblich ist) einen hohen Rang in der männlichen Geschlechtsorientierung erhalten kann (das nennt man *hohe Maskulinität*), oder sie kann hohe Werte bei der weiblichen Geschlechtsorientierung erreichen (genannt *hohe Femininität*). Manche Menschen zeigen eine dritte Alternative, die man ausgewogene Geschlechtsorientierung nennt.*

Studien haben ergeben, daß Frauen, die einen hohen Grad an Femininität erreichen (und einen niedrigen in Maskulinität), viel eher hilflose Reaktionen zeigen, nachdem sie ein Versagenserleb-

---

* Hier ist ein Wort der Vorsicht geboten. Es ist wichtig, für die Vorstellung offen zu bleiben, daß Angehörige beiderlei Geschlechts Charakterzüge entwickeln können, von denen wir normalerweise glauben, daß sie zum entgegengesetzten Geschlecht gehören, ohne daß wir gleich an Homosexualität denken. Es bedeutet einfach, daß die Adjektive auf der Liste, die auf Seite 168 abgedruckt ist, sich auf jede Person anwenden lassen, unabhängig von ihrem Geschlecht. Diese Adjektive bezeichnen in Wahrheit nicht männliche oder weibliche Charakterzüge, sondern menschliche Merkmale, doch der Großteil unserer Gesellschaft akzeptiert dies noch nicht völlig.

nis hatten oder die Kontrolle über die Situation verloren.[5] In einem Experiment wurden Frauen daraufhin getestet, ob sie in Zukunft die Kontrolle über die Situation haben wollten, nachdem sie gerade ein Mißgeschick erlebt hatten. Interessanterweise wählten 71 Prozent der Frauen mit einigen Charakterzügen auf der maskulinen Seite Möglichkeiten, die Kontrolle wiederzugewinnen, während keine einzige der feminin orientierten Frauen dies tat![6]

Diese Resultate weisen darauf hin, daß Frauen mit hoher Femininität mit geringer Wahrscheinlichkeit eine Wahl treffen werden, die ihnen schließlich die Kontrolle über ihre Umwelt einbringt, und viel eher mit EH reagieren, wenn sie auf ein Hindernis stoßen.

Eine weitere Studie untersuchte das Ausmaß, in dem männliche Altersgenossen Frauen mit unterschiedlichen Geschlechtsrollen-Identitäten die Kontrolle über die Situation überlassen, wenn sie mit ihnen individuell bei einer Aufgabe für zwei Personen zusammenarbeiten müssen. Die Frauen mit hoher Femininität bekamen die Kontrolle bei Aufgaben, die als methodisch und wenig lustbetont galten, während die Frauen, die mehr maskuline Charakterzüge hatten, oder diejenigen, die eher ausgeglichen waren, auch die Kontrolle über Aufgaben erhielten, die als kreativ und spielerisch galten.[7] Weitere Studien zeigen, daß es eine Verbindung zwischen Geschlechtsrollen-Identität und Depressionen gibt, wobei hohe Femininität einen wichtigen Faktor für Depression darstellt.[8]

»Ich habe zwar den Doktortitel, bin aber trotzdem nett«

Neulich fand ich etwas in der Post, das mich daran erinnerte, wie sehr wir als Frauen unser eigenes Bedürfnis torpedieren, als bewältigungsorientierte Menschen ernst genommen zu werden, wenn wir die frivoleren Aspekte von Weiblichkeit in der falschen Umgebung einsetzen. Ich erhielt ein Schreiben, eine Art kleine Zeitschrift, die eine promovierte Forscherin, Dozentin, Autorin und Beraterin mit über fünfundzwanzig Jahren Berufserfahrung verfaßt hatte. Sie kannte sich in ihrer Materie aus. Das Rundschreiben war äußerst informativ, gut dokumentiert, hervorragend geschrieben und regte zum Nachdenken an. Sie unterzeichnete es auf die folgende Weise:

Mit freundlichen Grüßen
Constance Goldbloom, Ph. D.
ツ Herausgeberin

Die Frage lautet: Wie ernst sollten wir wohl eine Person nehmen, die ihre berufliche Korrespondenz mit einem »Smiley« unter ihrer Unterschrift unterzeichnet? Es ist, als ob sie sagen wollte: »Sicher, ich bin Expertin auf meinem Gebiet, Forscherin, Dozentin, Autorin und Beraterin, aber bloß keine Bange, ich bin keine Autorität. Ich habe vielleicht den Doktortitel, aber ich bin immer noch ganz nett!« Wenn Sie das nicht stört, dann bitte ich Sie, sich einmal vorzustellen, ein Mann hätte seine geschäftliche Korrespondenz auf dieselbe Weise unterzeichnet.

Auch hier gilt, daß die Beispiele und Studien nicht deshalb zitiert werden, um Weiblichkeit abzuwerten und Männlichkeit zu glorifizieren. Ich bin nicht hier, um mit den Worten von Professor Henry Higgins zu fragen: »Warum kann eine Frau nicht mehr wie ein Mann sein?« Unsere Gesellschaft stellt solcherlei Fragen schon zur Genüge. Doch im selben Ausmaß, in dem wir die negativen oder lächerlichen Nebenbedeutungen von Weiblichkeit in unser Selbstkonzept übernehmen, besonders solche, die in eine EH-Reaktion auf Risiken und Herausforderungen münden, werden wir in unserer Fähigkeit blockiert, alte Muster zu überwinden, ein neues, bewältigungsorientiertes Selbst zu schaffen und von der Außenwelt ernst genommen zu werden.

Was Sie tun und wer Sie sind

Eine Studie aus dem Jahre 1986 von Dr. Kristen Yount von der Universität Kentucky verdeutlicht den Ausdruck der Multi-Selbsts. Dr. Yount bat männliche und weibliche Bergleute, sich selbst zu beschreiben. Alle, ob sie nun männlich oder weiblich waren, benutzten dieselben Adjektive, die hauptsächlich denen der Liste »maskuliner« oder bewältigungsorientierter Charakterzüge, die oben abgebildet wurde, entsprachen.[9] Als männliche Erzieher beziehungsweise Krankenpfleger oder Lehrer gebeten wurden, sich selbst zu beschreiben, benutzten sie dieselben Adjektive wie Frauen in den gleichen Berufsgruppen.

Mit anderen Worten: Die Selbstwahrnehmung Erwachsener neigt dazu, von der Art ihrer Arbeit abhängig zu sein und damit übereinzustimmen. Wenn Frauen täglich eine riskante und gefährliche Arbeit verrichten, kommen sie schließlich dahin, sich selbst als mutig, tapfer und bewältigungsorientiert zu betrachten. Wenn Männer eine tägliche Arbeit tun, die fürsorglich und im Dienstleistungsbereich angesiedelt ist, dann sehen sie sich schließlich selbst als fürsorglich, sorgsam und verständnisvoll.

Dies enthüllt, daß die alten Konzepte von Arbeit, Geschlecht und Selbst buchstäblich umgekehrt werden können. Typischerweise wurde angenommen, daß Frauen fürsorgliche Berufe ergreifen, weil sie von Natur aus fürsorglicher sind. Ähnlich nahm man an, daß Männer gefährlichere Beschäftigungen wählen, weil sie von Natur aus gern Risiken eingehen. Diese Untersuchung verweist statt dessen auf die Möglichkeit, daß Frauen sich selbst als warm und fürsorglich betrachten, *weil* sie in Dienstleistungsberufen arbeiten. Da ihr Schicksal als Gebärerin sie in die fürsorgliche Rolle gedrängt hat, haben sie dieses Selbstkonzept entwickelt und wählen daher eher Berufe aus dem Dienstleistungsbereich.

Darin liegt etwas wirklich Provokatives. Wenn das, was wir tun, das beeinflußt, was wir von uns selbst halten, dann hängt die Veränderung dessen, wer wir sind, davon ab, zu verändern, was wir tun. Denken Sie einmal ein paar Augenblicke über diese Idee nach. Das ist eine grundlegend andere Ansicht als die gewöhnliche, weithin akzeptierte Reihenfolge der Ereignisse. Sie kehrt die allgemeine Vorstellung davon, wie man Veränderungen im eigenen Leben hervorrufen sollte, um. Typischerweise verlangt der »gesunde Menschenverstand« von uns, daß wir uns zunächst innerlich verändern, dann das verändern, was wir tun, doch in Wirklichkeit mag genau das Gegenteil notwendig sein. Vielleicht müssen wir erst das verändern, was wir tun, um das zu ändern, was wir zu sein glauben!

Dies liefert das beste Argument überhaupt für das Eingehen von Risiken als Mittel der Veränderung, als anfänglichen Mechanismus, durch den ein komplett neues Selbstkonzept geboren werden kann. Mit anderen Worten: Wenn wir bewältigungsorientiert werden wollen, müssen wir ein Risiko eingehen, *bevor wir uns tatsächlich bereit dazu fühlen*. Man muß nicht *zuerst* bewältigungsorientiert sein und dann das Risiko eingehen; man muß zuerst das Risiko eingehen und dann bewältigungsorientiert werden.

Ich bin mir vollkommen bewußt, daß dieser Rat nicht nur paradox, sondern auch verwirrend erscheint, wenn Sie nicht einfach nach dem Motto »Just do it« handeln können, wenn Sie sich fragen, wie Sie es um Himmels willen anpacken sollen!

Hier ist eine Möglichkeit. Beginnen Sie mit einem kleinen, kalkulierbaren Risiko, dem Sie bislang widerstanden haben, eines mit nur geringen negativen Konsequenzen. Statt über dieses Risiko so nachzudenken, als müßten Sie dies auf jeden Fall bewältigen, um die Mitgliedschaft im Club der Meisterinnen des Universums zu erringen, gehen Sie in das Risiko mit einer sehr viel einfacheren (und leichteren) Zielsetzung hinein: Ihre Neugier zu kultivieren. Mit anderen Worten, benutzen Sie Ihre Neugier, um sich von Ihrer Furcht vor dem Versagen abzukoppeln. Erfolg oder Mißerfolg werden zu diesem Zeitpunkt nicht zur Debatte stehen. Statt dessen werden Sie dieses kleine Risiko, *in Verbindung* mit Ihrer Neugier, dazu benutzen, Ihre persönlichen Reaktionen auf das Eingehen von Risiken zu beobachten (auf Seite 281 und 282 finden Sie dazu einige Ideen).

Erlauben Sie Ihrer Neugier, voll und ganz auf das Spiel einzugehen. Stellen Sie sich die folgenden Fragen, und schreiben Sie die Antworten in Ihr Tagebuch:

1. Wie fühlt es sich an, dieses Risiko einzugehen? Wie interpretiere ich die körperlichen Empfindungen, die mit dem Eingehen dieses Risikos verbunden sind?
   – Stellen Sie eine Liste von Adjektiven zusammen, die Ihre Gefühle und Körperempfindungen beschreiben.
   – Kehren Sie zu der Liste zurück. Für jeden negativen Beiklang eines Gefühls versuchen Sie nun, ein positives Synonym für dasselbe Gefühl zu finden, etwa »Erregung« statt »Entsetzen«.
2. Auf welche Weise reagiere ich mit dem alten Überzeugungssystem? (Listen Sie alles auf.)
3. Welche Denkmuster sind dümmer als andere?
4. Wie rede ich innerlich mit mir? (Identifizieren Sie Äußerungen als stabil vs. dynamisch, global vs. spezifisch und intern vs. extern). Dies ist nur der erste Schritt. Sehen Sie auf Seite 64 ff. nach, was Ihnen weiterhin helfen kann, dort wird dies ausführlicher diskutiert.
5. Entwickle ich Strategien oder gebe ich frustriert auf?

Neugier und Aufmerksamkeit für Ihren eigenen Veränderungsprozeß werden Ihnen dabei helfen, Sie von der Angst vor Versagen abzukoppeln. Und wenn Sie doch Angst haben, was soll's? Das geht allen mal so, auch den Bewältigungsorientierten. Die nehmen das bloß nicht persönlich. Statt dessen betrachten sie es als Teil des Prozesses, etwas Neues zu lernen oder neues Verhalten zu entwickeln. Sie benutzen es als Hinweis, ihre Strategien zu verändern.

Wenn wir Dr. Younts Studie über die weiblichen Bergleute und die männlichen Erzieher ernst nehmen, als einen Hinweis nämlich, wie man bewältigungsorientiert werden kann, müssen wir uns in Aktivitäten engagieren, die von uns verlangen, Selbstsicherheit zu demonstrieren, genauso wie Stärke, strategische Planung und Mut. Wenn wir versuchen zu warten, bis wir all diese Fähigkeiten besitzen, bevor wir das Risiko eingehen, werden wir sie nie erwerben.

Diese Weisheit hat bei meinem Abenteuer mit Outward Bound eine Rolle gespielt, dem Überlebenskurs in der Wildnis, der die Philosophie bestärkte, daß ich mich nicht retten lassen muß. Indem die Teilnehmerinnen in Situationen gezwungen wurden, in denen sie selbst nicht glaubten, sich retten zu können, und in denen die anderen sich weigerten, sie zu retten, veränderte sich die Sicht der Teilnehmerinnen von sich selbst. Auf diese Weise erhielten sie das größte Geschenk – die Ausbilderinnen brachten ihnen bei, daß sie tun konnten, was sie nie für möglich gehalten hätten. Sie lehrten, daß man Fähigkeiten, Talente, ja *Selbsts* hat, von denen man nie wußte, daß sie auch nur existierten.

Das Leben selbst lehrt es uns auf ähnliche Weise. Es enthüllt uns innere Selbsts, von denen wir niemals wußten, daß sie existierten. Ich hätte es nie für möglich gehalten, daß ich den geistigen Zusammenbruch eines geliebten Menschen überleben würde. Janet hätte es nie für möglich gehalten, daß sie einen Winter allein mit ihren Kindern in einer Hütte in der Wildnis überleben würde. Linda hätte nie gedacht, daß sie sich von ihren schrecklichen Verletzungen je erholen würde. Deborah hätte nie geglaubt, daß das Kleinstadtmädchen jemals eine Frau von Welt werden könnte. Darla hätte nie gelernt, daß sie eine Abenteurerin, Naturliebhaberin und Wissenschaftlerin sein kann. Das ängstliche und hilflose Selbst, das in jeder von uns vor den unvorhergesehenen Lebensereignissen existierte, war viel enger, begrenzter und eingeschränkter als das expansive, reife und vertrauensvolle Selbst, das aus diesen Lebenserfahrungen hervorging.

Dies bedeutet letztlich, daß das Streben nach Selbstkonsistenz eine Art Anti-Lebensqualität enthält, daß es uns zwingt, der Vorstellung zu widerstehen, daß das Selbstkonzept auf Sand gebaut ist, Sand, dessen Gestalt und Oberfläche sich verändern, weil die Winde der Zeit neue Konturen schaffen. Selbst die Sphinx, deren resoluter Blick in die Ewigkeit nur das Wissen verrät: »Ich bin…«, definiert sich nicht weiter. Wir müssen damit zufrieden sein, daß sie ist.

Teil III

Ein Sechs-Schritte-Plan zur Bewältigung von Risiken

Trotz all meiner Ermahnungen, es »einfach zu tun«, stelle ich fest, daß dieser Ratschlag sehr viel leichter zu erteilen als anzunehmen ist. Während manche von Ihnen nur einen kleinen Schubs brauchen, um in die Gänge zu kommen, werden andere blockiert von hilflosigkeitsorientierten Glaubenssystemen und Erklärungsstilen, die mehr als einen kleinen Schubs erfordern werden, um zu verschwinden. (Ich widerstehe der Versuchung zu sagen, daß Sie schon ganz schön geschubst werden müssen, weil das bedeuten würde, jemand anders müßte Energie aufbringen, um Sie in die Gänge zu bringen, und das ist eine andere Form von Rettung.) Letztlich müssen *Sie* diejenige sein, die etwas unternimmt. Daher werden die nächsten sechs Kapitel einen Plan vorstellen, wie Sie genau das tun können:

Kapitel   7 – Schritt 1: Mit Aufschieben und Widerstand fertig
            werden
Kapitel   8 – Schritt 2: Den eigenen Erklärungsstil verändern
Kapitel   9 – Schritt 3: Ein rigides Selbstkonzept öffnen
Kapitel 10 – Schritt 4: Den Streß der Veränderung durchstehen
            hen
Kapitel 11 – Schritt 5: Kreativität fördern
Kapitel 12 – Schritt 6: Multiple Strategien entwickeln

Zwar zwingt mich die Eigenart schriftlicher Kommunikation dazu, diesen Plan in linearer Weise vorzustellen (beginnend bei Schritt 1 und endend bei Schritt 6), doch der Prozeß der Veränderung von EH bis zum Bewältigungsverhalten ist kein linearer. Sie können vielleicht bei Schritt 3 anfangen, dann zu Schritt 5 übergehen, dann zu Schritt 1, dann wiederum bei Schritt 3 landen. Am besten stellen Sie selbst fest, wie es für Sie optimal ist.

Kapitel 7

Durchhaltewillen entwickeln

> Wenn du es nicht aus dir selbst schöpfst,
> wo sollst du es dann suchen?
> *Zenrin*, Das Gospel des Zen

Aufschieben oder EH?

Wir betrachten das Aufschieben von Dingen für gewöhnlich als ein Zeichen für Faulheit. Wenn wir tiefer schauen, stellen wir vielleicht fest, daß es ein Bestandteil von EH sein kann. Mit anderen Worten: Sie sind nicht unbedingt eine faule und undisziplinierte Person, wenn Sie etwas hinausschieben. Es ist auch sehr gut möglich, daß Ihr Glaubenssystem Sie geschwächt und Ihre Energiereserven geplündert hat. Also lautet die erste Empfehlung im Umgang mit dem Hinauszögern:

I. *Seien Sie aufmerksam für Entschuldigungen und Vermeidungsverhalten als Spiegelung Ihres Glaubenssystems und Erklärungsstils.*

Frauen mit EH sind äußerst erfinderisch darin, sich Gründe zurechtzulegen, warum sie ein bestimmtes Risiko nicht eingehen sollten, und dann daran zu glauben. Bei sorgfältiger Analyse jedoch spiegeln diese Entschuldigungen (und das Vermeidungsverhalten, das daraus folgt) ein EH-Glaubenssystem und einen entsprechenden Erklärungsstil. Wenn eine Frau sagt, daß sie nicht auf die Uni gehen kann, weil sie zum Beispiel schon in der Schule nicht gut im Rechnen war, dann enthüllt sie damit ihre Überzeugung von der unveränderbaren Natur ihres »Selbst«. Dies ist der stabile Aspekt ihres Erklärungsstils. Sie ist dann der Auffassung, ihr Denkapparat und ihre Problemlösefähigkeiten seien nicht weiter entwickelt als damals in der Schule.

Dies ist nicht unbedingt realistisch oder zutreffend. Eine größere Reife kann die Bereitschaft mit sich bringen, sich einem intensiven Studium zu widmen, oder die Bereitschaft, eine Phase der Verwirrungen durchzustehen, oder die Fähigkeit, sich nach Hilfe und Unterstützung umzusehen – alles Aspekte des Lernens und des Erfolgs, die sie als Schülerin vielleicht noch nicht zur Verfügung hatte, als sie nicht nur weniger reif, sondern auch nicht so motiviert war, sich dem Rechnen zuzuwenden, wie jetzt, wo sie studieren möchte.

Beginnen Sie damit, all die Gründe aufzulisten, die Sie in der Vergangenheit herangezogen haben, um ein Risiko nicht einzugehen oder eine Veränderung, die anstand und die Sie sich wünschten, nicht in Angriff zu nehmen. Listen Sie diese auf unter der Rubrik »Entschuldigung« oder »Gründe«. Dann versuchen Sie einmal, die spezifischen Glaubensbekenntnisse herauszufinden, die durch diese Entschuldigung jeweils bedient werden, und listen Sie diese in der zweiten Spalte auf, unter der Überschrift »Überzeugung«.

Entschuldigung

1. »Ich bin zu beschäftigt, um Ski fahren zu lernen.«

2. »Es wird zu lange dauern, den Schulabschluß nachzuholen.«

Überzeugung

1. Ich bin zu unkoordiniert, um Ski fahren zu lernen.
Ich werde mich verletzen.
Die Leute werden mich auslachen.

2. Ich bin nicht klug genug.
Es ist zu schwer.
Es ist zu spät.
Die Leute werden mich für verrückt oder selbstsüchtig halten.

Entschuldigung	Überzeugung
3. »Ich bleibe in einer schlechten Beziehung, weil das besser ist, als allein zu sein.«	3. Ich habe Angst vor der Einsamkeit. Ich verdiene eine gute Beziehung nicht. Ich bin zu dick (häßlich, langweilig, alt), um einen anderen Mann zu finden.
4. »Ich habe Angst, mich zum erstenmal in ein Kanu zu setzen.«	4. Ich habe Angst zu sterben. Ich habe Angst vor der Angst.
5. »Ich weiß nicht genug, um mich selbständig zu machen.«	5. Ich habe Angst, während des Lernens von etwas Neuem zu viel leiden zu müssen. Ich habe Angst zu versagen. Mein Mann würde das nicht gut finden.
6. »Ich kann kein Drehbuch schreiben.«	6. Das scheint mir zu glamourös zu sein für mich kleines altes Mädchen. Meine Freunde werden glauben, ich sei im Geiste schon in Hollywood.
7. »Ich kann mich nicht liften lassen.«	7. Nur reiche Frauen lassen sich liften. Es ist falsch zu verändern, was Gott geschaffen hat. Es ist falsch, so viel Geld für mich selbst auszugeben. Ich werde bei der Operation sterben. Man sollte in Würde alt werden.

Jetzt nehmen Sie sich die Überzeugungen auf der rechten Seite vor (die durch die Entschuldigungen bedient wurden), plazieren Sie in die linke Spalte und stellen ihnen positivere, bewältigungsorientiertere Erklärungen und Überzeugungen gegenüber. Denken Sie daran, daß diese Erklärungen nicht unbedingt die Wirklichkeit widerspiegeln, sie aber auch nicht unbedingt verzerren müssen. Es geht nicht um die Wirklichkeit. Die Wirklichkeit ist gar nicht so wichtig. Ihre Erklärung der Wirklichkeit ist wichtig.

EH-Überzeugung	*Bewältigungsorientierte Erklärung*
1. Ich bin zu unkoordiniert, um Ski fahren zu lernen. Ich werde mich verletzen Die Leute werden mich auslachen.	1. Alle sind unkoordiniert, wenn sie Ski fahren lernen. Es könnte mir auch morgen früh ein Ziegelstein auf den Kopf fallen, wenn ich das Haus verlasse. Selbst die besten Skifahrer haben einmal klein angefangen. Sie verstehen, wie man sich da fühlt.
2. Ich bin nicht klug genug (um meinen Schulabschluß nachzumachen). Es ist zu schwer. Es ist zu spät. Die Leute werden mich für verrückt oder selbstsüchtig halten.	2. Intelligente Menschen sind auch manchmal verwirrt und machen Fehler. Man muß sich nur anstrengen. Wer sagt das? Na und? Treffen die wohl in ihrem Leben solche wichtigen Entscheidungen?
3. Ich habe Angst vor der Einsamkeit. Ich verdiene eine gute Beziehung nicht. Ich bin zu dick (häßlich, langweilig, alt), um einen anderen Mann zu finden.	3. Das wird nicht lange dauern. Außerdem kann Einsamkeit etwas ganz Wunderbares sein. Es gibt ein paar wirklich gräßliche Individuen, die gute Beziehungen haben. Warum also nicht ich?

EH-Überzeugung	Bewältigungsorientierte Erklärung
	Ich könnte abnehmen, mich liften lassen und mich weiterbilden. (Alternativ: Wenn ich mich umschaue, sehe ich viele Frauen, die weder dünn, jung noch schön sind, mit durchaus attraktiven Männern.)
4. Ich habe Angst, tödlich zu verunglücken (beim Kanufahren). Ich habe Angst vor der Angst.	4. Ich könnte auch vom Müllwagen überfahren werden und tödlich verunglücken. Na und? Angst muß mich doch nicht aufhalten.
5. Ich habe Angst, beim Lernen von etwas Neuem leiden zu müssen. Ich habe Angst zu versagen. Mein Mann wird es nicht mögen.	5. Na und? Angst muß mich doch nicht aufhalten. Auch die klügsten Menschen versagen manchmal. Ich kann es immer wieder versuchen, bis ich Erfolg habe. Na und? Seine Mißbilligung muß mich nicht aufhalten.
6. (Ein Drehbuch zu schreiben) scheint zu glamourös zu sein für mich kleines altes Mädchen. Meine Freunde werden glauben, ich sehe mich im Geiste schon in Hollywood.	6. Na und, ich werde schon nicht zu glamourös werden. Ich werde im Jogginganzug schreiben und mich weigern, mir die Haare zu kämmen. Ich werde es ihnen nicht erzählen, bis ich das Drehbuch verkauft habe. Dann werden sie sich grün und blau ärgern.

EH-Überzeugung	Bewältigungsorientierte Erklärung
7. Nur reiche Frauen lassen sich liften.	7. Ich könnte mir Geld leihen. Zu einer Behinderten würde ich das nicht sagen.
Es ist falsch zu verändern, was Gott geschaffen hat.	Verdiene ich es nicht, glücklich und zufrieden zu sein mit meinem Aussehen?
Es ist falsch, so viel Geld für mich selbst auszugeben.	Erinnere dich an den Müllwagen…
Ich werde bei der Operation sterben.	Das wäre schön in einer Gesellschaft, die das ermöglicht. Schwieriger ist es schon in unserer Gesellschaft, der Jugendlichkeit über alles geht.
Man sollte in Würde alt werden.	

Vermeidungsverhalten

Vermeidungsverhalten ist, ähnlich wie Entschuldigungen, ebenfalls ein Symptom für den mangelnden Glauben an sich selbst (die eigene Wirksamkeit), und wie bei den Entschuldigungen scheint es absolut plausible Gründe dafür zu geben, gar nicht erst anzufangen.

Sie wissen, wie das funktioniert. Sie setzen sich hin und planen eine Strategie oder schlagen ein Buch auf, um zu lernen, und plötzlich haben Sie dieses komische Gefühl im Kopf, als wäre da nur Matsch. Sie werden so schläfrig, daß es buchstäblich unmöglich ist, wach zu bleiben. Zu diesem Zeitpunkt beschließen Sie, »für ein paar Minuten die Augen zuzumachen«, und prompt fallen Sie in Tiefschlaf, und beim Aufwachen fühlen Sie sich schuldig, reumütig und deprimiert.

Wenn dies geschieht, dann sollten Sie, statt die Augen zu schließen, einen Spaziergang machen, sich einen Kaffee kochen, einen alten Rock'n'Roll-Schlager auflegen und durch das Wohnzimmer tanzen, ein paarmal tief Luft holen, um Ihren Stoffwechsel mit Sauerstoff anzureichern, eine Freundin anrufen und mit ihr Ideen austauschen, sich strecken, meditieren, aber *nicht einschlafen*!

Ein weiteres beliebtes Vermeidungsverhalten hat damit zu tun, was die meisten von uns Ordnungssinn nennen. Und das funktioniert so: Plötzlich erinnern Sie sich daran, daß Sie schon immer im Keller oder in der Abstellkammer aufräumen und saubermachen wollten, schon seit fünf Jahren, und jetzt in dieser Minute muß diese Aufgabe unbedingt in Angriff genommen werden. Irgendwie überzeugen Sie sich selbst, es sei unmöglich, dieses Projekt in Angriff zu nehmen, bevor der Abstellraum aufgeräumt ist!

Dieses spezifische Vermeidungsverhalten scheint meine persönliche Marotte zu sein. Jedesmal, wenn ich anfange, ein Buch zu schreiben, ende ich damit, Abstellkammern, Bücherregale und Schubladen aufzuräumen, selbst der Mülleimer unter der Spüle wird ausgewaschen. Wenn ich jedoch nicht an einem Buch arbeite, können sich die Staubflocken unter dem Bett und die Stapel auf dem Schreibtisch tummeln und sich ohne mein Eingreifen fruchtbar vermehren.

Was diese beiden Vermeidungsverhaltensweisen zeigen: Wenn EH ihr häßliches Haupt erhebt, macht sie uns ängstlich, ein Risiko einzugehen, und dann tut es fast jede Entschuldigung oder jedes Verhalten, selbst das Aufräumen der Abstellkammer. Eine Frau in einem meiner Seminare brachte die Zuhörerinnen zum Lachen, indem sie ihr entsprechendes Verhalten so beschrieb: »Man sagt von mir, ich bliebe zu Hause und ordnete meine Lippenstifte in alphabetischer Reihenfolge, nur um zu vermeiden, mit meinem Mann zum Tauchen zu gehen.«

Dieses Vermeidungsverhalten unterläuft jedem und jeder und wird Sie sicherlich nicht ernsthaft sabotieren, es sei denn, Sie erkennen es nicht als solches. Mit anderen Worten: Wenn Sie tatsächlich zu der Meinung gelangen, dieser Abstellraum müsse unbedingt gereinigt oder die Lippenstifte in alphabetischer Reihenfolge geordnet werden oder dieses Nickerchen müsse sein (natürlich nur, um dann frisch an die Arbeit gehen zu können!), bevor Sie in die Gänge kommen, dann könnten Sie in ernsthaften

Schwierigkeiten sein, denn dann wird immer eine andere Couch oder ein anderer vollgestopfter Schrank nach Ihnen winken.

Das eigene Vermeidungsverhalten jedoch wahrzunehmen und *es beim Namen zu nennen* macht es plötzlich sehr viel schwieriger, diesem Verhalten weiterhin nachzugehen. Wenn Sie sich also plötzlich auf Händen und Knien wiederfinden, wie Sie Staub in einem Schrank wischen, in den Sie schon seit Jahren nicht mehr hineingeschaut haben, oder wenn Sie Ihren Lidschatten nach der Farbe des Regenbogens ordnen, dann sagen Sie nicht: »Ich muß das einfach erledigen, bevor ich mit meinem Vorhaben anfangen kann.« Sagen Sie: »Hier versuche ich schon wieder, mein Vorhaben aufzuschieben, indem ich meinen Lidschatten sortiere!«

Typisches Vermeidungsverhalten:

- Essen
- Saubermachen
- Aufräumen
- Bleistiftspitzen
- Zu genau planen
- Abseitiges Lesen
- Telefonieren
- Gymnastik
- Nickerchen
- Versuchen, »alles andere zu erledigen«, bevor Sie sich an das Projekt machen
- *Alles*, was nicht mit dem Projekt zu tun hat

Die zweite Empfehlung, wie Sie mit Ihrem inneren Widerstand und dem ewigen Aufschieben fertig werden können, läuft darauf hinaus, wieder einmal zu erkennen, daß Ihre Selbstgespräche (Ihr Erklärungsstil) wahrscheinlich eine Art Strudel schaffen, in den all Ihre Energie gezogen wird. Daher:

II. *Beginnen Sie, sich Ihrer Rechte als eine in Veränderung be-*
findliche Frau zu versichern.

Schreiben Sie die folgenden Selbstbestätigungen täglich wieder
auf, lesen Sie sie sich selbst vor und sagen Sie sie laut vor sich hin,
bis Sie sie auswendig können und tatsächlich daran glauben.

1. Sich verwirrt, verloren und frustriert zu fühlen ist ein natürlicher Bestandteil von Wachstum und Veränderung. Alle erleben so etwas, auch die Bewältigungsorientierten.
2. Es ist in Ordnung, langsam vorwärts zu gehen.
3. Es ist in Ordnung, andere zu fragen, wie sie es gemacht haben.
4. Ich habe das Recht, mir so viel Hilfe zu holen, wie ich brauche, und so lange Erklärungen einzuholen, bis ich es verstanden habe.
5. Es ist in Ordnung, Fehler zu machen.
6. Es ist in Ordnung, zu einer Therapeutin zu gehen.
7. Ich will mein Selbstkonzept verändern.
8. Ich werde die einzige sein, die bestimmt, wann ich mit meinen Leistungen zufrieden bin, selbst wenn sie anderen nur
gering erscheinen würden.

Diejenigen, die noch einmal zur Schule oder Uni gehen, sollten
hinzufügen:

9. Es ist in Ordnung, langsam zu lernen und Fehler zu machen.
10. Es ist in Ordnung, meine Befürchtungen mit meinem Lehrer,
mit meiner Dozentin oder mit meiner Therapeutin oder
Nachhilfelehrerin zu diskutieren, weil nur sie/er versteht,
mit welchen Hindernissen ich es zu tun habe.
11. Ich werde mögliche LehrerInnen oder TherapeutInnen vorher gründlich befragen, um festzustellen, ob sie/er richtig für
mich ist und meine Bedürfnisse und Befürchtungen versteht.
12. Ich werde nicht zögern, LehrerInnen oder TherapeutInnen
zurückzuweisen, die mir auf irgendeine Weise das Gefühl geben, nicht zu genügen.
13. Ich kann mich anstrengen, ohne die Notwendigkeit dafür
meiner mangelnden Intelligenz zuzuschreiben, genauso wie
es die Bewältigungsorientierten tun.

14. Ich habe das Recht, mir Zeit und Raum einzuteilen, um zu lernen oder meine Hausarbeiten zu erledigen oder was immer zu tun nötig ist, damit ich schließlich Erfolg habe.

Wenn Sie die vorangegangenen Äußerungen sorgfältig durchlesen, werden Sie feststellen, daß keine davon unvernünftig, selbstsüchtig oder unwahr ist. Es sind bewältigungsorientierte Möglichkeiten, die Situationen für sich selbst zu erklären, so daß Sie mit geringerer Wahrscheinlichkeit Ihren Start aufschieben und viel wahrscheinlicher sämtliche Schwierigkeiten überwinden werden.

Die letzte Empfehlung dafür, mit Widerstand und Aufschieben fertig zu werden, hängt davon ab, ob Sie herausfinden, welche Botschaften Sie in der Kindheit erhalten haben, die zu Ihrem Mangel an Selbstvertrauen beitrugen.

III. *Schreiben Sie Ihre Lerngeschichte auf (oder Szenen aus der Kindheit, an die Sie sich erinnern, und zwar aus einer Zeit, als Sie versuchten, etwas Neues zu lernen).*

Häufig handeln wir aufgrund von Überzeugungen, die uns als Kindern eingeredet wurden und die weder unterstützend noch auch nur zutreffend sind. Um diese falschen Überzeugungen auszusortieren, schreiben Sie eine kurze Autobiogrpahie Ihrer Lernerfahrungen auf. Während Sie dies tun, seien Sie aufmerksam für die Botschaften, die Sie von einflußreichen Erwachsenen wie Lehrern, Eltern, Geschwistern, Freunden erhalten haben, und vergessen Sie auch nicht die Gesellschaft als ganze. Listen Sie alle Äußerungen auf, die Sie als Kind zu hören bekamen, als Sie etwas Neues lernten. Um Sie anzuregen, habe ich die Antworten von Teilnehmerinnen eines Workshops aufgelistet, die ich gebeten hatte, diese Übung durchzuführen:

»Was ist mit dir los? Warum kriegst du das nicht in den Kopf?«
»Jeder weiß, daß Mädchen nicht gut sind in Mathe.«
»Unsere Familie hat das noch nie gut gekonnt.«
»Ein Studienabschluß ist nicht wichtig für Mädchen.«
»Ich werde dir das nur einmal erklären. Wenn du das dann nicht kapiert hast, ist das dein Problem.«

»Mary wird sich auf ihr Aussehen und ihren Charme verlassen müssen.«

»Es ist ungesund, zuviel von einem Kind zu erwarten. Das schafft nur Streß.«

»Würdest du bitte lernen, den Mund zu halten? Die jungen Männer werden dich nicht besonders mögen, wenn du zuviel redest und ihnen klüger vorkommst als sie selbst.«

»Sue ist hübsch, Karen klug.«

Während Sie sich an Ihre Kindheitserfahrungen in Lernsituationen erinnern und sie aufschreiben, werden Sie feststellen, daß viele dieser Äußerungen von Ihnen als Wahrheit verinnerlicht wurden, da Sie als Kind kaum etwas anderes hatten, auf das Sie sich verlassen konnten, als das, was die Erwachsenen Ihnen gesagt haben. Jetzt jedoch werden diese unzutreffenden Erklärungen (die zu Überzeugungen geworden sind, wenn sie nicht korrigiert werden) sie so handeln lassen, als wären sie wahr. Diejenigen unter Ihnen, die besonders unter EH zu leiden haben, lernen dabei vielleicht, daß sie die schlimmsten und zerstörerischsten Botschaften erhalten haben.

Nachdem ich einige der zerstörerischsten Botschaften aufgelistet habe, möchte ich jetzt ein Beispiel für das Gegenteil erbringen. Ich selbst war so glücklich, einige sehr positive Botschaften von meinen Eltern zu erhalten. Besonders eine Geschichte fällt mir dabei ein.

Als ich noch ein Teenager war, gehörte es zu meinen Aufgaben, den Rasen zu mähen – eine lästige Pflicht, möchte ich hinzufügen, die ich von Herzen verabscheute. Eines Tages, mitten in dieser gräßlichen Tätigkeit, gab der Rasenmäher den Geist auf. Ich hätte nicht glücklicher sein können. Jetzt hatte ich die perfekte Entschuldigung dafür, aufzuhören und mit meinen Freunden in ein Café zu gehen. Ich kämmte mir die Haare, griff nach meiner Handtasche und rief meinen Vater im Büro an, um ihm die Neuigkeit zu berichten. Statt jedoch zu sagen: »Okay, ich werde ihn reparieren, wenn ich nach Hause komme«, wie ich es auf jeden Fall erwartet hatte, sagte er: »Du kannst ihn schon reparieren. Ich sage dir, was du tun mußt.«

Ich hätte ihn umbringen können. Ich war gerade im Begriff

aufzubrechen, hatte schon die Autoschlüssel in der Hand. Meine Prioritäten als Teenager schlossen keineswegs ein Interesse an der Reparatur dämlicher alter Rasenmäher ein, selbst wenn mir das einen Orden in Bewältigungsverhalten eingebracht hätte; mein Vater jedoch glaubte, ich könnte den Rasenmäher reparieren, also erwartete er von mir, genau das zu tun. Anruf für Anruf redete er mir gut zu, bis ich es geschafft hatte. Am selben Abend, als das Biest endlich wieder Lebenszeichen von sich gab und röhrte wie zuvor, machte mein Selbstwertgefühl einen Luftsprung. Am Spätnachmittag rief ich ihn zum letztenmal an.

»Es hat funktioniert!« schrie ich ihm glücklich ins Ohr, »das Ding läuft!«

»Ich hab dir doch gesagt, daß du das kannst«, sagte er nüchtern, aber ich konnte hören, wie er lächelte.

Nun gehört das Reparieren irgendwelcher Maschinen nach wie vor nicht zu meinen Lieblingsbeschäftigungen, auch gelingt es mir nicht unbedingt immer, dennoch bin ich nicht so hilflos wie die meisten Frauen, die sich einer Maschine gegenübersehen, und eher bereit, es einmal zu versuchen, denn mein Vater gab mir eine Botschaft mit, die ich als Wahrheit verinnerlicht habe: »Du kannst das«, war alles, was er zu sagen brauchte.

Stellen wir uns im Gegensatz dazu einmal vor, er hätte die Antwort gegeben, die ich erwartet hatte: »Ich werde mich der Sache annehmen, wenn ich nach Hause komme.« Dies hätte eine unausgesprochene Überzeugung seinerseits widergespiegelt, die ich dann verinnerlicht hätte, nämlich, daß ich nicht in der Lage sei, eine Maschine zu reparieren. Als Erwachsene hätte ich dann angesichts kaputter Haushaltsgeräte viel weniger die Neigung verspürt, mich der Situation gewachsen zu zeigen. Wenn mir niemand helfen könnte, würde ich die Sache weiterhin aufschieben, denn letztlich würde ich selbst nicht an meine Fähigkeit glauben, Dinge zu reparieren, also das Endergebnis von Ereignissen beeinflussen zu können.

Kapitel 8

Praktische Umsetzung:
Den Erklärungsstil verändern

Es gibt keine Möglichkeit, wie man das
Wort »Realität« verwenden kann, ohne es
mit Fragezeichen zu versehen.

Joseph Campbell

Sandra: Nun, Murray, um einen Augenblick
zur Realität zurückzukehren...
Murray: Dahin gehe ich nur als Tourist.

Herb Gardner, A Thousand Clowns

Die Gedanken beobachten

Inzwischen sollte es offensichtlich sein, daß Ihre Erklärung der
Realität nicht notwendigerweise die Realität widerspiegelt, sie
aber auch nicht unbedingt verzerrt. Wie ich schon vorhin erwähnt habe, ist die Realität nichts weiter als das, was Sie daraus
machen, und es geht darum, wie Sie dann auf diese Konstruktion
hin handeln. Wenn diese Sicht der Realität wirklich tief verinnerlicht wird, ist sie eigentlich ausgesprochen befreiend, denn sie ermöglicht es Ihnen, den Erklärungsstil zu entwickeln, der Ihnen
besonders guttut.

Inzwischen sollten Sie auch ein Gefühl dafür haben, daß Ihre
Gedanken (Ihr Glaubenssystem und Ihr Erklärungsstil) darüber
entscheiden, ob Ihr Verhalten hilflos oder bewältigungsorientiert
ist, da Gedanken es sind, die emotionale Reaktionen hervorrufen,
die Sie dann wie einen hilflosen Fisch an der Angel haben. Wenn
Ihre inneren Reaktionen auf einen Gedanken negativ oder
schmerzhaft sind, dann winden Sie sich und kämpfen, um sich
davon loszumachen. (Tatsächlich kann eine angenehme innere

Reaktion Sie genauso effektiv am Angelhaken halten, doch weil Sie diese Erinnerung als erfreulich etikettieren, kämpfen Sie nicht dagegen an.)

Es kann nicht oft genug wiederholt werden: *Zwar können Sie nicht immer Ihre Gefühle kontrollieren, doch Sie können die Gedanken kontrollieren, die diese Emotionen hervorrufen.*

Wenn Sie erst einmal vollkommen die Verbindung zwischen Ihren Gedanken (Ihrem Erklärungsstil) und Ihren Gefühlen verstanden haben, dann werden Sie wissen, wie Sie die Angelhaken vermeiden können, die nach Ihnen schnappen. Sie werden motiviert sein, Ihre Selbstgespräche zu beobachten, so daß Ihre Gedanken positiv und unterstützend bleiben und Sie mit geringerer Wahrscheinlichkeit die Last negativer EH-Überzeugung und des entsprechenden Erklärungsstils auf sich laden.

»Ich schätze, was mich so verrückt gemacht hat, wenn es ums Essen ging, waren meine Gedanken darüber«, sagte Sheila, eine schlanke Frau mit Eßstörungen, die ich bei einem Treffen der Anonymen Eßsüchtigen getroffen hatte, zu dem ich als Beobachterin eingeladen worden war. »Mir war nie klar, was eigentlich meine Panik verursachte. Jetzt sehe ich, daß meine Gedanken diese unglaubliche Angst hervorgerufen haben.«

Die Gruppe hatte einen Berater eingeladen, der auf Eßstörungen spezialisiert war, um eine Therapiesitzung mit ihnen zu machen, in der Hoffnung, dies möge ihnen dabei helfen, ihre Probleme mit Nahrung und Essen im einzelnen zu klären. Sheila, die ein großes Beispiel gab als eine risikofreudige Frau, hatte sich bereit erklärt, sein Versuchskaninchen zu sein. Daraufhin passierte folgendes:

»Okay, Sheila. Bitte ergänzen Sie den folgenden Satz: Wenn ich dick bin, dann bin ich…«

»Sie meinen, ich soll ein paar Worte ergänzen?« fragte sie.

»Richtig.«

Sie hielt einen Augenblick inne und suchte nach einer Antwort.

»Wenn ich dick bin, dann bin ich… hmm… dann bin ich… das mag ich gar nicht sagen.«

»Sagen Sie uns einfach, an was Sie gerade denken«, ermunterte er sie.

»Okay… Sie haben mich ja gefragt. Wenn ich dick bin, dann bin ich dumm. Dann bin ich faul. Dann bin ich undiszipliniert. Dann bin ich eine dreckige Schlampe aus der Unterschicht.«

»Hmm, hmm«, sagte der Therapeut im Gegensatz zu allen anderen, die von ihrer kompromißlos grausamen Selbstbeurteilung regelrecht schockiert waren.

Dann sagte er: »Okay, dann schauen wir uns das mal der Reihe nach an. Sind Sie wirklich dumm?«

Sie hielt tatsächlich inne und war nicht in der Lage, die Frage zu beantworten. Zu diesem Zeitpunkt schien er ungehalten zu werden und sagte: »Kommen Sie, Sheila, Sie haben ein Diplom in Wirtschaftswissenschaften.«

Kleinlaut gab sie zu, nicht dumm zu sein.

»Tja dann: Sind Sie faul?«

»Nicht sehr.«

»Sind Sie schmutzig?«

»Nein.«

»Welche Kleidergröße haben Sie?«

»Muß ich darauf antworten?«

»Selbstverständlich nicht.«

»Größe vierzig.«

»Sind Sie dick?«

»Ich glaube schon.«

»Ich weiß, ich verstehe das, aber wenn wir einmal die Angaben der Versicherungen über Norm- und Idealgewicht nehmen, sind Sie demnach dick?«

»Nein.«

»Okay, schauen wir uns jetzt einmal an, was Sie darüber gesagt haben, was passieren würde, wenn Sie dick werden.

Glauben Sie, wenn Sie zehn Pfund zunehmen würden, dann würden Sie sich nicht mehr duschen?«

»Natürlich würde ich das.«

»Und was wäre, wenn Sie fünfundzwanzig Pfund zunehmen würden, würden Sie dann aufhören, sich zu duschen?«

»Nein.« Jetzt starrte sie ihn aufmerksam an.

»Würden Sie aufhören, zur Arbeit zu gehen, sich um Ihre Kinder zu kümmern, an Ihrer Doktorarbeit weiterzuschreiben?«

»Nein.«

»Würde Ihr IQ abnehmen? Würden Sie Ihren Verstand verlieren, Ihre Einsichtsfähigkeit, Ihre Problemlösefähigkeiten, Ihre verbalen Fähigkeiten, die Sie zu so einer faszinierenden Gesprächspartnerin machen?«

»Nein«, sagte sie errötend.

»Würden Sie sich auf irgendeine Art und Weise verändern, außer, daß Sie mehr Gewicht auf die Waage bringen würden?«

»Ich glaube nicht.«

»Mit anderen Worten, Ihre Gedanken darüber, dick zu sein, und selbst Ihre Gedanken darüber, wie Sie wären, wenn Sie an Gewicht zunähmen, haben nichts mit der Realität zu tun, richtig? Es sind nur irgendwelche Überzeugungen.«

Sie saß stumm da. Schließlich gab sie widerstrebend zu, das schien wahr zu sein. Zu diesem Zeitpunkt brach in der Gruppe eine Diskussion aus, jede Frau reagierte individuell auf die Übung, den Satz zu ergänzen. Ich war daran interessiert, mich mit Sheila zu unterhalten. In der Pause ging ich auf sie zu und wollte erfahren, wie es ihr mit der Übung, die sie gerade absolviert hatte, ergangen war.

»Wissen Sie, ich wußte nicht einmal, daß ich solche Gedanken hatte, bis er sie mich anschauen ließ«, sagte sie. »Ich glaube, meine Reaktion schockierte mich noch mehr als alle anderen im Raum. Das sind Überzeugungen, die ich von meinem Vater übernommen habe, der sehr schlimme Vorstellungen über übergewichtige Menschen hatte, und irgendwo muß ich seine Überzeugungen als Wahrheit für mich angenommen haben. Kein Wunder, daß der Gedanke ans Zunehmen für mich so absolut unerträglich war.

Jetzt verstehe ich, warum Nahrung und Essen mich derart in Panik versetzen konnten.«

Das Treffen sollte gleich weitergehen, also fragte ich Sheila, ob ich sie in einer Woche anrufen und ihr noch ein paar Fragen stellen dürfte. Sie willigte ein. Als ich schließlich Kontakt mit ihr aufnahm, erzählte sie mir begeistert von den Ergebnissen der Therapiesitzung.

»Ich kann immer noch nicht glauben, welche Einsichten mir diese kleine Übung vermittelt hat«, sagte sie. »Da ist eine ganze Reihe von Ereignissen. Zunächst bekomme ich diese Gedanken.

Dann kriege ich die Panik, die mich dahin bringt, daß ich hungere, weil ich nicht will, daß andere mich für dumm, faul und für eine schmutzige Schlampe halten. Wenn ich so hungrig werde, daß ich schon ganz verzweifelt bin, bekomme ich den unvermeidlichen Freßanfall. Dann muß ich das Ganze erbrechen, weil ich ja keine dumme, faule, schmutzige Schlampe sein will. Die ganze schreckliche Tortur wiederholt sich ständig.

Ich will damit nicht sagen, daß meine Eßstörungen (sowohl Magersucht wie Bulimie) nun auf wundersame Weise geheilt wären oder so etwas, aber zumindest sehe ich jetzt, wie eines zum anderen führt. Dieses Spiel führt ja dazu, daß ich immer selbstzerstörerischer werde. Jetzt habe ich ein ganz starkes Bedürfnis danach, den ersten Schritt in dem Prozeß kontrollieren zu können – meine Gedanken. Ich fange jetzt an, meinen Gedanken mehr Aufmerksamkeit zu schenken, um sie daran zu hindern, negative Gefühle auszulösen. Ich nehme meine Gedanken jetzt ernst.«

Übung 1: »Ergänzen Sie die folgenden Sätze«

Vielleicht regen Sheilas Erfahrungen Sie dazu an, selbst einmal eine Übung zu machen und Sätze zu ergänzen, die jeweils auf Ihre Bedürfnisse zugeschnitten sind. Zum Beispiel:

Wenn ich bei meiner Prüfung durchfalle, bin ich...
Wenn ich Michael frage, ob er mit mir ausgeht und er nein sagt, bin ich...
Wenn ich in ein riskantes Geschäft etwas Geld investiere und es verliere, bin ich...
Wenn ich Ski fahren gehe und hinfalle, bin ich...

Wenn Sie entdecken, daß Ihre Reaktionen von EH-Qualität sind, das heißt stabil, global und intern, können Sie beginnen, Sie in eher bewältigungsorientierte Reaktionen umzuwandeln. Zum Beispiel:

1. Intern und stabil	»Wenn ich meine Mathe-Prüfung nicht bestehe, bin ich dumm. Ich werde den Stoff nie beherrschen.«
Dies kann verändert werden in: Extern und dynamisch	»Wenn ich bei meiner Prüfung durchfalle, geht es mir wie allen anderen, die etwas Neues lernen, ich mache nämlich Fehler. Ich werde mir eine Nachhilfelehrerin besorgen und es das nächste Mal besser vorbereitet in Angriff nehmen.«
Oder: 2. Intern	»Wenn ich Michael frage, ob er mit mir ausgeht und er nein sagt, bin ich häßlich, dick, alt, langweilig, dumm usw.«
Dies kann verändert werden in: Extern	»Wenn ich Michael bitte, ob er mit mir ausgeht und er sich weigert, bin ich vielleicht einfach nicht sein Typ. Jedenfalls verpaßt *er* etwas.«
Oder: 3. Global und intern	»Wenn ich Geld investiere und verliere, werde ich im Obdachlosenasyl und in der Gosse landen. Wie konnte ich bloß so dumm sein?«

Dies kann verändert werden in:

Dynamisch und spezifisch

»Wenn ich etwas Geld investiere und es verliere – tja, manchmal verliert man eben und manchmal gewinnt man. Ich hätte es lieber nicht verloren, aber das ist nicht das Ende der Welt. Glücklicherweise habe ich nicht *alles* in die Sache gesteckt. Das nächste Mal, wenn ich wieder etwas Geld übrig habe, werde ich es noch einmal probieren. Vielleicht habe ich das nächste Mal mehr Glück.«

Oder:

4. Spezifisch

»Wenn ich Ski fahre und hinfalle, bin ich ein unbeholfenes, plumpes Etwas.«

Dies kann verändert werden in:

Extern

»Wenn ich Ski fahre und hinfalle, geht es mir wie allen anderen. Selbst die besten Skifahrer fallen manchmal hin.«

Solch eine Übung kann der erste Schritt sein zu lernen, wie Sie Ihre Gedanken beobachten können. Das gibt Ihnen nicht nur Übung darin, sich positive Verbindungen zu überlegen, es ist auch sehr nützlich, um die Verbindung zwischen Ihren Gedanken und Ihren Gefühlen kennenzulernen.

Wie wir schon vorhin diskutiert haben, sind hilflose Menschen mit größerer Wahrscheinlichkeit bereit, einen Rückschlag oder ein Mißgeschick so zu erklären: »Das ist schiefgegangen, also bin ich ein Versager.« Im Gegensatz dazu sagen bewältigungsorientierte Menschen: »Das ist schiefgegangen, also versuche ich etwas anderes.« Mit anderen Worten: Bewältigungsorientierte Menschen sind bereit, Mißerfolge einer Reihe verschiedener Ursachen zuzuschreiben, lange bevor sie zu der Schlußfolgerung kommen, daß sie selbst dieser Aufgabe nicht gewachsen waren. Also besteht ein elementarer Schritt auf dem Wege zur Bewältigungsorientierung darin, den Erklärungsstil so zu verändern, daß ein Mißgeschick nicht mehr persönlich genommen wird. Auf diese Weise verliert das sogenannte Versagen seine emotionale Bedeutung und ermöglicht es, eine Vielzahl anderer Gründe als Erklärung heranzuziehen. Erinnern Sie sich, daß die Erklärung, die Sie die ganzen Jahre benutzt haben (und an die Sie geglaubt haben), nicht notwendigerweise richtig sein muß!

Wenn Sie beginnen, Mißgeschicke nicht mehr persönlich zu nehmen, dann wählen Sie am besten ein Unterfangen in der Vergangenheit, das für Sie mit Schmerzen, Schwierigkeiten, einem Versagensgefühl oder Unsicherheit verbunden war. Notieren Sie auf einem Blatt Papier die Überschrift »Mögliche andere Gründe, warum dieses Ereignis auftrat«. Anschließend führen Sie, in so distanzierter Art, wie Sie dieses Ereignis auch erklären würden, wenn es jemand anderem passiert wäre, sämtliche anderen Gründe auf, die Ihnen nur einfallen und zu diesem Lebensereignis beigetragen haben könnten.

Wenn Sie glauben, daß Sie fertig sind, dann denken Sie noch über drei weitere Gründe nach – und zwar ernsthaft. Wenn Sie wollen, können Sie auch eine Freundin hinzuziehen, die Ihnen bei dieser Übung helfen kann, eine andere Perspektive einzunehmen.

Nehmen wir das Beispiel einer jungen Frau in einem meiner Seminare, die sich gerade um ihre erste Lehrstelle beworben, den Job aber nicht bekommen hatte. Sie war sich sicher, deswegen nicht genommen worden zu sein, weil sie persönlich nicht geeignet war. »Ich war wahrscheinlich einfach nicht klug genug für sie«, sagte sie. Wenn sie die oben beschriebene Übung hätte machen müssen, dann würde dies zeigen, daß noch eine Million andere Faktoren bei diesem Ereignis eine Rolle gespielt haben könnten, von denen kein einziger etwas mit persönlicher Unzulänglichkeit zu tun hätte. Ihre Liste hätte etwa wie folgt aussehen können:

Andere Gründe, warum ich den Job nicht bekommen habe:

1. Aufgrund gewisser Vorkommnisse an der Schule hatte der Direktor vorher beschlossen, welche Lehrerpersönlichkeit er sich genau für diese Stelle vorstellte. Er wollte keinen jungen Lehrer, weil er eine Persönlichkeit mit großer Durchsetzungsfähigkeit brauchte, und dies schafft ein junger Lehrer häufig nicht auf Anhieb.
2. Der Direktor wollte eher einen Mann einstellen (aus den oben genannten Gründen).
3. Abgesehen vom Alter benötigte der Direktor jemanden mit Lehr- und Disziplinerfahrung, keinen Anfänger, der oder die immer noch lernen muß, wie man die Zügel anziehen muß.
4. Frühere Vorkommnisse an der Schule hatten die Entscheidung des Direktors vorherbestimmt. Im vorangegangenen Jahr war eine bestimmte Klasse völlig außer Kontrolle geraten (aufgrund eines unfähigen Lehrers), so hatte unter anderem ein Schüler einen Tisch aus dem Fenster geworfen.

Jetzt die letzten drei Gründe, die sie anführen sollte:

1. Der Direktor war ein Sexist.
2. Der Direktor brauchte Rückendeckung, da sowohl die Schulaufsichtsbehörde als auch eine Elterngruppe ihm zusetzten, er solle die Disziplinprobleme an der Schule in den Griff bekommen. (Dies entsprach im übrigen der Wahrheit.)
3. In gewissem Maße versuchte der Direktor auch, den neuen

Lehrer zu schützen, denn er wußte, ein junger unerfahrener Lehrer würde durch den Wolf gedreht werden.*

Wenn Sie diese Übung ausführen, erinnern Sie sich bitte an die Diskussion, die wir in Kapitel 6 über die Macht und die Neigung Ihres alten Selbst geführt haben, Sie in einem vertrauten Selbstbild festzuhalten, Ereignisse auf negative EH-Weise zu erklären und Sie so an etwas zu hindern, das das Selbst am meisten fürchtet – Veränderung. Die Möglichkeit zuzulassen, daß das, was »falsch« mit Ihnen selbst zu sein schien, nur eine weitere negative Erklärung eines schlimmen Ereignissen war, nicht aber notwendigerweise die Wahrheit, ermöglicht die Art von Gedankenkontrolle, die Ihnen helfen wird, Ihren Erklärungsstil von hilflos in bewältigungsorientiert zu ändern.

Übung 3: »Neugier kultivieren«

Wir höheren Primaten haben ein eingebautes Merkmal, das wir uns zunutze machen können und das uns helfen kann, die Angelhaken negativer Gedanken und EH-Erklärungsstile zu vermeiden. Dieses Merkmal ist unsere Neugier.

Wenn Sie ein negatives Gefühl in sich bemerken, dann machen Sie, statt sofort anzunehmen, dieser vorübergehende Zustand sei »real«, und es zuzulassen, daß Sie davon überschwemmt werden, einfach folgendes: Kultivieren Sie Ihre natürliche Neugier. Erlauben Sie sich ein paar Fragen.

Stellen Sie sich zum Beispiel vor, heute ist einer jener Tage, an dem Sie aus keinem offensichtlichen Grund plötzlich Ihren Job, Ihren Mann, Ihre Nase, Ihr Gewicht, Ihr Outfit verabscheuen. (Gestern waren diese Dinge natürlich alle wunderbar, heute aber

---

* Es war nötig, zusätzliche Informationen zu sammeln, um diese alternativen Gründe zusammenzubekommen, und die betreffende Lehrerin rief tatsächlich noch einmal den Direktor an, um herauszufinden, warum er sie nicht eingestellt hatte. Selbstverständlich war auch das eine sehr bewältigungsorientierte Tat und half ihr dabei, insgesamt bewältigungsorientierter zu werden.

erscheint Ihnen Ihr Leben vollkommen unakzeptabel.) Sagen Sie sich einfach: »Nanu, gestern ging es mir doch noch toll in meinem Job (oder mit Martin oder wem oder was auch immer), doch aus irgendeinem Grund hasse ich heute alles. Da sich nichts wirklich verändert hat, muß ein Gedanke dieses Gefühl in mir hervorgebracht haben. Vielleicht habe ich eine Geschichte erfunden und dann daran geglaubt.« Diese momentane Pause wird einen »Raum« schaffen, einen Moment, in dem Sie sich nicht sofort mit dem negativen Gefühl *identifizieren* und dieses sie dann am Angelhaken hat, sondern in dem statt dessen ein Prozeß der Beobachtung, Distanzierung und zunehmender Objektivität beginnt.

Ein Schriftsteller-Kollege, den ich bei einer Unterstützungsgruppe für Nachwuchsautoren traf, berichtet von vielen solchen Erfahrungen. Wenn er junge Autoren berät, sagt er ihnen zum Beispiel: »Schreiben ist ein solch langer, nervenaufreibender Prozeß, daß er notwendigerweise von negativen Gefühlen begleitet ist. An manchen Tagen denke ich zum Beispiel, daß ich nichts zu sagen habe, daß alles, was ich schreibe, keinen Pfifferling wert ist, daß ich das Buch nie fertig kriege und ich dabei bin, mein ganzes Leben zu ruinieren. An solchen Tagen hasse ich das Schreiben. Es kostet mich unendlich viel Mühe, dann den Computer anzustellen und auf den leeren Bildschirm zu starren. Bereits am nächsten Tag können sich meine Gedanken vollkommen gewandelt haben. Dann denke ich: ›Hey, das ist wirklich gut. Ich liebe diese Metapher. Ich bin ein großartiger Schriftsteller. Zweifellos bin ich dabei, einen Bestseller zu schreiben.‹«

In Wirklichkeit hat sich jedoch offenbar nichts verändert, außer daß er über seine Arbeit anders nachdenkt. Er ist weder das Schriftsteller-Genie noch der Versager. Er ist abwechselnd das eine oder das andere. Aber welche Wirklichkeit oder welchen Erklärungsstil er auch immer an jenem Tag verwendet, bestimmt jeweils sein Energieniveau, seine Motivation und sein Durchhaltevermögen. Ich selbst bin schon einige Male durch diesen Prozeß hindurchgegangen. Wenn ich also heute einen schlechten Tag habe, dann denke ich: »So also denkst du heute darüber. Das macht es noch nicht zu einer unumstößlichen Tatsache. Es hat also keinen Zweck, sich deswegen graue Haare wachsen zu lassen.« (An guten Tagen sage ich mir allerdings etwas ganz anderes – an diesen Tagen glaube ich mir natürlich jedes Wort!)

Während Sie Ihre Gedanken zurückverfolgen und herausfinden, welche davon zu welchen Gefühlen führten, beginnen Sie, Macht über Ihr Denken und ihren Gefühlsprozeß auszuüben. Statt die von einem negativen Erklärungsstil geschaffenen Gefühle unmittelbar als »wirklich« zu akzeptieren oder sich gedankenlos von einer Flut von Angstgefühlen mitreißen zu lassen, verschafft Ihnen Ihre Neugier die Distanz, die dem Prozeß Einhalt gebietet.*

Mit der Zeit werden Sie herausfinden, daß eine regelmäßige Überprüfung der Verbindung zwischen Ihren Gedanken und Ihren Gefühlen es Ihnen ermöglicht, ganz genau und ganz spezifisch zu werden: bestimmte Gefühle als Ergebnis bestimmter Gedanken zu identifizieren. Wenn dies erst einmal in Gang gekommen ist, können Sie damit beginnen, diese Gedanken sorgfältig zu beobachten und zu lernen, den einen oder anderen davon außer Gefecht zu setzen, bevor er die Gelegenheit hat, eine innere Reaktion hervorzurufen. Dann reagieren Sie auf Risiken und Veränderungen weniger mit Zähneknirschen als mit aufmerksamer Gelassenheit.

Übung 4: »Bestätigung«

Bestätigung ist ein weiteres Werkzeug, negative und / oder mißbilligende Gedanken der eigenen Person gegenüber abzuschaffen (bevor sie sich in Gefühle verwandeln können) und sie durch positive, unterstützende Gedanken zu ersetzen. Da viele von uns als Kinder negative Botschaften von unseren Eltern oder der Gesellschaft erhielten, haben wir nie gelernt, *wie* wir freundlich oder mitempfindend oder ermutigend mit uns selbst umgehen können. Alles, was wir gehört haben, waren entmutigende Botschaf-

---

* Meditation ist eine andere Möglichkeit, dasselbe zu erreichen. Sie ist eine Übung, diesen Prozeß noch schneller wahrzunehmen. (Im einzelnen werde ich in Kapitel 10 darauf zurückkommen.)

ten, etwa: »Was ist denn bloß mit dir los?« Oder: »Was du schon für Probleme hast!« Wie heißt es so schön: »Wie man in den Wald hineinruft, so schallt es heraus.« Mit anderen Worten, diese Botschaften werden mit der Zeit verinnerlicht und klingen dann, wenn wir einen Fehler machen oder einem Mißgeschick begegnen, wie eine gesprungene Schallplatte, die immer an der gleichen Stelle hängenbleibt, so daß wir uns schließlich selbst anfahren: »Was ist bloß los mit mir?«

Mit der Zeit werden wir natürlich erwachsen, und diese schlimmen Botschaften oder Erklärungsstile sind uns so in Fleisch und Blut übergegangen, daß sie für unser *Bewußtsein* gar nicht mehr zugänglich sind. Bestätigungen können diese automatischen Botschaften in zweierlei Hinsicht zum Schweigen bringen: erstens, indem sie uns bewußtmachen, was genau es ist, das die gesprungene Schallplatte da immerzu wiederholt; und zweitens; indem wir unseren Verstand mit einer positiven Deutung der Ereignisse überraschen, worauf dieser die negativen und zerstörerischen Botschaften hinauswerfen kann.

Sich selbst zu bestätigen ist so populär geworden, daß es eine Menge falscher Vorstellungen und unwirksamer Praktiken dazu gibt. Das ist schade, denn Bestätigungen können ein wirksames Mittel sein, wenn sie richtig angewendet werden. Und das geht so. Zuallererst, und das ist besonders wichtig: Bestätigungen müssen handschriftlich festgehalten werden; nicht getippt, nicht diktiert oder nur laut hergesagt. Der Prozeß, sie mit eigener Hand niederzuschreiben, wenn er auch lange dauert und mühsam erscheint, entpuppt sich doch als ein Vorteil. Wenn man schreibt, hat man Zeit, den kritischen, automatischen Wiederholungen eines negativen Erklärungsstils zuzuhören, die sich so zerstörerisch ausgewirkt haben. Die Langsamkeit der Aufgabe schafft Zeit und Raum, in Ruhe der gesprungenen Schallplatte oder den Stimmen – wie auch immer man sie nennen mag – zuzuhören.

Erinnern Sie sich zum Beispiel an meine Angst vor dem Skikurs? Um mich mit der Furcht zu konfrontieren, die mich davon abhielt, etwas Neues zu probieren, begann ich eine Bestätigung niederzuschreiben – »Ich, Nicky, bin durchaus in der Lage, Ski fahren zu lernen. Ich werde hinfallen, aber das tun alle anderen auch. Ich kann dennoch Ski fahren lernen.« Während ich schrieb, hörte ich eine Stimme sagen: »Ach ja? Und was war damals, als du versuchtest, Wasserski fahren zu lernen? Erinnere dich, wie du dich damals lächerlich gemacht hast!« Ich schrieb die Bestätigung noch einmal hin. Diesmal versuchte es die Stimme mit einem weiteren Argument: »Was ist, wenn du hinfällst und dir ein Bein brichst?« Ich schrieb die Bestätigung zum drittenmal, also kam mir die Stimme mit einem dritten Argument: »Und was ist, wenn du aus dem Skilift fällst und sie ihn anhalten müssen? Du wirst dich lächerlich machen.«

Bevor ich meine Selbstbestätigung aufschrieb, war ich mir nicht bewußt, welche unbewußten Botschaften ich mir selbst ständig gab. Alles, was ich wußte, war, daß ich Angst hatte. Der Prozeß, mit eigener Hand die Bestätigung niederzuschreiben, zwang mich, dabei so langsam zu sein, daß ich die Stimme hörte und sie auf Bewußtseinsniveau heben konnte. Als ich erst einmal genau hinhörte, was sie sagte, verstand ich, warum sie so wirksam verhindert hatte, daß ich mich jemals traute, einen Skikurs zu machen.

Die zweite Regel folgte aus der ersten: Versuchen Sie nie, mit der Stimme zu streiten. Sie war bis zu diesem Zeitpunkt eine wirksame Gegnerin und wird Sie mit allem Witz, allen Argumenten und aller Intelligenz jederzeit besiegen. In meinem Fall zum Beispiel ging die Stimme, als die Bedrohung der körperlichen Verletzung ihre Wirksamkeit verlor, zur drohenden Demütigung über. Daher wiederholen Sie am besten, statt zu versuchen, den Streit mit der Stimme zu gewinnen, immer wieder die Bestätigung. Ganz allmählich, nach und nach, wird die Stimme leiser werden und ihren festen Platz in Ihrem Glaubenssystem verlieren. Auf diese Weise werden Sie fähig werden, zu der neuen Überzeugung Zugang zu bekommen, die Sie mit Ihrer Bestätigung entstehen lassen.

Und schließlich sollten Bestätigungen zwar positive Äußerungen darstellen, sie sollten aber auch glaubhaft bleiben. Untersuchungen haben gezeigt, daß ein Glaubenssystem nicht verändert wird, wenn eine Frau zum Beispiel täglich schreibt: »Ich werde jeden Tag dünner«, während doch die Waage anzeigt: Sie wird jeden Tag dicker. Daher sollten Sie Ihre Bestätigungen sorgfältig auf sich selbst zuschneidern. Nehmen wir einmal an, Sie müssen eine wichtige Rede halten. Wenn Sie schreiben: »Ich bin voller Selbstvertrauen und Selbstsicherheit und in der Lage, diese Merkmale auch während des morgigen Vortrags zum Vorschein zu bringen«, dann erscheint das unglaubhaft; dagegen können Sie durchaus schreiben: »Selbst wenn ich mich angespannt und unsicher fühle, kann ich mich gut vorbereiten und im Zweifelsfall improvisieren.« Wenn Sie Kajak fahren wollen, aber Angst davor haben und schreiben: »Von Tag zu Tag werde ich tapferer«, so scheint das ziemlich weit hergeholt; versuchen Sie es statt dessen doch einmal mit: »Ich habe ziemlich viel Angst, aber ich kann es trotzdem schaffen.« Wenn Sie versuchen abzunehmen, können Sie schreiben: »Ich bin bereit zu lernen, meinem Körper zu vertrauen, daß er mir sagt, wann er wirklich hungrig ist und was er essen will. Dazu muß ich bereit sein, ein Hungergefühl zu erleben.« (Wenn Ihre Psyche an diesem Punkt panisch reagiert und große Angst davor hat, auch nur für einen kurzen Augenblick ein Hungergefühl erleben zu müssen, werden Sie zumindest in der Lage sein, bewußt hinzuhören, was sie Ihnen damit sagen will.)

Und wenn Sie das Gefühl haben, heuchlerisch zu sein bei der Niederschrift Ihrer Bestätigung, wenn Sie etwa nach einer Zigarette greifen, während Sie doch gerade schreiben: »Ich, Renate, habe kein Verlangen mehr zu rauchen«, dann regen Sie sich nicht allzusehr auf. Alte Angewohnheiten lassen sich nur schwer verändern. Erinnern Sie sich daran, nicht mit der inneren Stimme zu streiten, sondern einfach die Bestätigung zu wiederholen. Vertrauen Sie darauf, daß Sie neue Gedankenmuster (Selbstgespräche) kultivieren müssen, und *mit der Zeit* und entsprechend vielen Wiederholungen wird das neue Verhalten das alte ersetzen. Sicher, die neuen Verhaltensweisen werden Ihnen zaghaft und unsicher vorkommen. Sicher, es wird ein langsamer Fortschritt sein. Wie kleine Pflänzchen werden sie eine Menge Förderung und Unterstützung brauchen, um zu gedeihen, aber Ihre Bestätigungen können diese Funktion erfüllen.

Und schließlich: Seien Sie spezifisch. Sprechen Sie sich mit Ihrem Namen an. Geben Sie klare Richtlinien. Schneidern Sie die Bestätigungen so auf sich zu, daß sie Ihre persönlichen Bedürfnisse erfüllen. Ihr Inhalt sollte einfach und direkt sein. Denken Sie daran: Sie verwenden Bestätigungen, um zwei Fliegen mit einer Klappe zu schlagen:

1. die negativen Selbstgespräche Ihres alten, hilflosen Selbst zutage zu fördern und ins Bewußtsein zu heben;
2. klare Informationen über den positiven neuen Erklärungsstil und die neuen Selbstgespräche, die Sie lernen wollen, an Ihr Unterbewußtsein weiterzugeben.

Hier sind einige mögliche Bestätigungen, mit denen Sie anfangen könnten:

Ich, (*fügen Sie hier Ihren Namen ein*), befinde mich in einer Ausbildungszeit mit dem Ziel, Bewältigungsorientierung zu lernen. Frust und Verwirrung sind Teil des Lernprozesses. Ich kann das akzeptieren.

Ich, ..., verstehe, daß alle Menschen Angst und Zweifel erleben. Das ist in Ordnung. Das wird mich nicht aufhalten.

Ich, ..., verstehe, daß alle Menschen Rückschläge erleiden. Sie gehören zu diesem Prozeß. Alle Prozesse brauchen Zeit.

Ich, ..., verstehe, daß Fehler ein natürlicher Bestandteil des Lernens sind. Ich muß mich darüber nicht aufregen.

Ich, ..., bin bereit, daran zu arbeiten, viele Wege zur Erreichung meiner Ziele zu finden. Wenn der eine nicht funktioniert, bin ich bereit, einen anderen auszuprobieren.

Ich, ..., bin in der Lage, die Veränderungen herbeizuführen, die ich in meinem Leben schaffen will.

Ich, ..., bin bereit, mich über die Aussicht zu freuen, mein Leben neu zu gestalten.

Ich, ..., freue mich darauf, immer wieder Neues zu lernen.

Ich, ..., lerne allmählich, mich in der Welt sicher zu fühlen.

Hier ist ein schönes kleines Gebet, das ich von einer Freundin gelernt habe. Leider weiß ich nicht, woher es stammt, aber ich benutze es gern als Selbstbestätigung. Vielleicht können Sie es genauso verwenden – als ein Mittel, sich für ein ganz neues Selbstkonzept zu öffnen.

Ich, Nicky, bin ein Glied in der goldenen Kette des Lebens und der Liebe, die den Planeten erhält. Ich achte darauf, meine Verbindungen leuchten zu lassen und stark zu erhalten, indem ich bereitwillig meine negativen Gedanken loslasse und offene, frohe und kreative Gedanken als meinen natürlichen Geisteszustand akzeptiere.

Übung 5: »Klappern gehört zum Handwerk«

Wer Hilflosigkeit erlernt hat, akzeptiert die eigene Verantwortung nur für eine Hälfte der Ereignisse, die ihm/ihr zustoßen – Mißerfolge –, während sie/er die eigenen Erfolge fortwährend herunterspielt. (»Ach, das war doch gar nichts.«) Mit anderen Worten, diese Menschen bestärken ihren mangelnden Glauben an die eigene Wirksamkeit mit ihrem negativen Erklärungsstil. Zwar ist wahre Bescheidenheit eine erfrischende und seltene Tugend, doch diese Weigerung, die eigenen Erfolge anzuerkennen, mündet eher in Selbstabwertung und ist keineswegs wahre Bescheidenheit; sie erhält die falsche Vorstellung aufrecht, daß man die Ereignisse im eigenen Leben nicht beeinflussen kann.

Es gibt ein Gegengift gegen diese toxischen Ansichten, und das ist besonders wichtig für Frauen, da wir dazu neigen, unsere Erfolge zu mißachten, ja sie zu verleugnen. Das Gegengift besteht darin, laut mit den eigenen Erfolgen zu prahlen. Schreiben Sie jeden Tag auf, was Sie alles geschafft haben, unabhängig davon, für wie klein Sie diese Erfolge halten, und dann lesen Sie diese Liste jemandem vor.

Oh, ich weiß, was Sie jetzt denken. An den meisten Tagen haben Sie überhaupt nichts geschafft. Solche Tage sind nur eine endlose Prozession bedeutungsloser Aufgaben und mittelmäßiger Beziehungen, und abgesehen davon, halten Sie eine solche Aufschneiderei für schrecklich peinlich. Wer will schon ein falsches Lächeln aufsetzen und sich mit blindem Optimismus durchs Leben schwindeln?

Nun ja, glücklicherweise können Sie wählen, ob Sie ein falsches Lächeln aufsetzen wollen (obwohl eine gewisse Prahlerei wahrscheinlich unvermeidlich ist). Um positive Kräfte in Bewegung zu setzen, müssen wir jedoch bereit sein, die Verantwortung für unsere Erfolge zu übernehmen (wie es Männer tun), und aufhören, sie herunterzuspielen, *gleichgültig, wie klein sie uns erscheinen mögen.* Indem wir uns selbst beibringen, wie man das macht und dabei ganz klein anfangen, werden wir lernen, daß wir das Ergebnis von Ereignissen tatsächlich selbst mit beeinflussen. Wenn wir festzustellen beginnen, wie sehr wir das tatsächlich tun, wird es immer schwerer werden, uns einzureden, wir täten es nicht!

Manchmal (okay, meistens) wird es furchtbar schwer sein, einen persönlichen Erfolg im Alltag zu entdecken. So mag es der größte Erfolg an einem Tag gewesen sein, das dritte Stück Schokoladenkuchen abzulehnen. Sicher, Sie könnten Ihren guten alten negativen Erklärungsstil benutzen und auf die beiden Kuchenstücke verweisen, die Sie tatsächlich gegessen haben, aber die Tatsache, daß Sie normalerweise alles bis auf den letzten Krümel vertilgt hätten, muß hierbei berücksichtigt werden. Erinnern Sie sich, daß wir hier auf Fortschritt aus sind, nicht auf Perfektion.

Einfach nur Ihren armen, müden, alten Körper heute morgen aus dem Bett gehievt und zur Arbeit geschleppt zu haben, mag ein wichtiger Erfolg gewesen sein. Es gibt Tage, an denen dieser einfache Akt heroische Ausmaße annimmt. Vielleicht war es die gar nicht so simple Tatsache, daß Sie in Ihrem Herzen noch genug Liebe gefunden haben, um an einem Tag zu Ihren Kindern freundlich zu sein, an dem Sie selbst massive Infusionen liebevoller Zuwendung gebraucht hätten. Das sind keine geringen Leistungen. Denn solche einfachen Handlungen erfordern häufig große persönliche Opfer, dennoch bleiben sie meistens unbeachtet.

Während Sie eine Liste all Ihrer kleinen täglichen Erfolge zusammenstellen (oder mit FreundInnen und KollegInnen laut darüber sprechen), werden Sie bemerken, was Sie tatsächlich alles schaffen. Haben Sie die beiden Maschinen Wäsche berücksichtigt, die Sie heute morgen noch angestellt haben, bevor Sie sich in fliegender Hast auf den Weg zur Arbeit machten? Haben Sie aufgeschrieben, daß Sie gestern abend mit Ihrem Partner geschlafen haben, obwohl Sie doch so müde waren? Fehlt auch nicht der Streit, den Sie zwischen Ihren beiden Kolleginnen schlichten halfen? Haben Sie genügend gewürdigt, daß Sie die Freizeitaktivitäten Ihrer Familie für das Wochenende organisierten? Und was ist mit dem zweiten Glas Wein beim gestrigen Abendessen, auf das Sie verzichtet haben? Oder mit dem Anruf bei Ihrer Mutter, obwohl Ihnen gar nicht nach Reden zumute war?

Manchmal vergesse ich, meine eigenen Ratschläge ernst zu nehmen. Gestern zum Beispiel war solch ein Tag. Was als leichte Verwirrung begann, eskalierte bald in ein totales Chaos. Nichts, was ich anfing, brachte ich zu Ende. So dachte ich zumindest. Als ich am Abend eine Liste meiner Handlungen erstellte, entdeckte ich, daß es überhaupt kein unproduktiver Tag gewesen war, auch wenn es stimmte, daß nichts wirklich beendet wurde. Hier ist meine Liste:

1. Zwei berufliche Anrufe getätigt, in denen es um mögliche Workshops ging.
2. Die Stapel auf meinem Schreibtisch geordnet.
3. Gejoggt und geduscht.
4. Zwei Kapitel noch einmal durchgelesen und Notizen für die Überarbeitung gemacht.
5. Zwei Ladungen Wäsche gewaschen, eine davon nach dem Trocknen zusammengefaltet.
6. Ein Zimmer für den neuen Teppichboden ausgemessen.
7. Mit dem Hund zum Tierarzt gegangen.
8. Den Kalender durchgesehen.
9. Den Finanzberater angerufen, um mich über die neuen Zinsen zu erkundigen (ihn nicht erreicht).
10. Eine Veranstaltung besucht.
11. Die Spülmaschine angestellt.
12. Mein Scheckbuch durchgesehen.

Wenn ich jetzt einen negativen Erklärungsstil benutzen würde, könnte ich mit Fug und Recht behaupten, daß ich nicht eine einzige Aufgabe wirklich gut zu Ende geführt hatte. Ich hatte nämlich beabsichtigt, die Stapel auf meinem Schreibtisch abzuarbeiten, sie nicht nur durchzusehen und zu ordnen; die beiden Kapitel nicht nur zu lesen, sondern auch zu überarbeiten; die Monatsrechnungen zu bezahlen, nicht nur mein Scheckbuch durchzusehen. Ein negativer Erklärungsstil hätte »meinen Kalender durchgesehen« oder »die Spülmaschine angestellt« oder »das Zimmer für den neuen Teppichboden ausgemessen« als zu allgemein oder zu unbedeutend erachtet, um sie als Erfolge durchgehen zu lassen. Schließlich hatte das Ausmessen des Zimmers nur etwa zwei Minuten gedauert.

Dennoch tragen selbst diese kleinen Leistungen schließlich dazu bei, daß die Dinge erledigt werden, daß für die Zukunft geplant wird, daß *Ergebnisse* herbeigeführt werden.

Bei weiterem Nachdenken über meine Liste entdeckte ich, daß meine Absichten unrealistisch gewesen waren. (Ist es nicht immer so, wenn wir um sieben Uhr morgens mit solchem Optimismus all die Dinge aufzählen, die wir heute erledigen wollen?) Als ich jedenfalls meine Tagesliste erstellt hatte, bemerkte ich, daß ich tatsächlich eine ganze Menge geleistet und einen vollen, produktiven, *erfolgreichen* Tag hinter mich gebracht hatte. Zwar hatte ich meine Aufgaben nicht beendet, auch würde keiner meiner kleinen Erfolge als große Leistung in die Geschichte eingehen, wie die Entdeckung eines Heilmittels gegen Krebs oder die Beendigung des nuklearen Wettrüstens, doch ich hatte Schritte unternommen, Ergebnisse zu beeinflussen, und zwar in vielen Bereichen meines Lebens. Meine Handlungen waren durchaus sehr wirkungsvoll gewesen.

Kleine tägliche Leistungen zu übersehen oder sie klein zu machen bestätigt die unausgewogenen Ansichten Erlernter Hilflosigkeit und verstärkt einen negativen Erklärungsstil. Erfolge oder Leistungen erfordern dann eine sehr enge Definition wie das Heilen von Krebs oder das Beenden des nuklearen Wettrüstens, darunter tun wir's nicht. Wenn wir die Latte erst einmal so hoch gelegt haben, betrachten wir nur solche spektakulären Menschen als erfolgreich, die uns auf den Titelseiten von Nachrichtenmagazinen begegnen, nicht etwa so schlichte Menschen wie du und ich.

In Wirklichkeit besteht Erfolg in der täglichen Erfüllung scheinbar unbedeutender Aufgaben, etwa darin, aufzustehen und zur Arbeit zu gehen. Erfolg ist die ständige Anhäufung kleiner Siege im Laufe der Zeit. Erfolg ist ein Prozeß. Eines ist sicher: Wenn eines Tages eine Forscherin tatsächlich ein Heilmittel gegen Krebs entdeckt, dann deshalb, weil sie jeden Tag aufstand und zur Arbeit ging.

Das ist ein so entscheidend wichtiger Punkt für Frauen. Aufgrund unserer Tendenz, unsere Leistungen anderen Ursachen als uns selbst zuzuschreiben und uns nur für unser Versagen verantwortlich zu fühlen, müssen wir uns bewußt anstrengen, auf unseren kleinen täglichen Erfolgen zu beharren, besonders wenn wir eine Überzeugung von unserer eigenen Wirksamkeit gewinnen wollen. Eine tägliche Erfolgsliste oder ein lautes Prahlen mit Erfolgen gegenüber FreundInnen kann einen positiven Erklärungsstil befördern und unser bewältigungsorientiertes Potential erhöhen.

Übung 6: »Die Goldenen Fünf«

Als eine Übung in meinen Seminaren bitte ich Frauen häufig, fünf Eigenschaften von sich aufzulisten, die sie *ohne Abstriche* an sich leiden mögen, das bedeutet ohne jegliche negative Zusätze oder abwertende Bemerkungen wie etwa: »Na ja, eigentlich mag ich meine Beine, außer...« oder: »Ich glaube, ich habe durchaus Humor, aber...« Ich sage Ihnen dann: »Es sind absolut keine Einschränkungen oder Ausnahmen erlaubt. Es müssen Dinge sein, die Ihnen ohne Abstriche an sich gefallen.«

Während die Antworten im allgemeinen vielfältig und interessant sind, gibt es doch immer eine recht große Gruppe, vielleicht fünfzig Prozent, die Schwierigkeiten hat, auch nur an eine gute Eigenschaft von sich zu denken, geschweige denn an fünf. Diese Frauen fördern nur wenige Merkmale zutage, die sie uneingeschränkt an sich mögen, und weisen darauf hin, daß selbst das, was sie an sich gut leiden können, kritikwürdig sei. Diese Übung enthüllt häufig, in welch verstörendem Ausmaß unsere Selbsteinschätzung von der Meinung *anderer* Menschen abhängig ist.

Versuchen Sie es einmal selbst. Erstellen Sie eine Liste all der Dinge, die Sie an sich selbst mögen, gleichgültig, was andere davon halten könnten. Wenn Sie feststellen, daß Sie nicht wenigstens drei Merkmale aufzuzählen in der Lage sind, dann sind Ihre Überzeugungen und Vorstellungen über sich selbst von der Meinung anderer Menschen abhängig. Letztlich wird dies dann Ihre Fähigkeit beeinflussen, Risiken einzugehen und Lernziele Verhaltenszielen vorzuziehen, weil Sie Kritik befürchten, falls Sie einen Fehler machen sollten. Wenn selbst die Dinge, die Sie an sich mögen (die positiven Aspekte Ihres Erklärungsstils) für Kritik von außen anfällig sind, können Sie sich vorstellen, wie anfällig dann erst Ihre Zweifel sein werden?!

Selbst wenn Sie Probleme mit der Liste haben, geben Sie nicht auf. Beginnen Sie mit einer einzigen Eigenschaft. Wenn Sie sich nicht einmal eine einzige vorstellen können, dann rufen Sie eine gute Freundin an. Erzählen Sie ihr von der Liste, die Sie da erstellen, warum Sie das tun, und von den Schwierigkeiten, denen Sie gerade begegnen. Bitten Sie sie um Hilfe. Fragen Sie sie, was sie an Ihnen uneingeschränkt mag. (Tatsächlich werden Sie bei dieser Gelegenheit feststellen, daß Ihre FreundInnen Sie uneingeschränkt *lieben*.)

Das sollte Ihnen nicht peinlich sein. Eine gute Freundin wird nur allzugern auf Ihre positiven Merkmale hinweisen. (Und würden Sie das nicht auch allzugern für sie tun?) Andere Menschen sehen häufig Dinge, die Ihnen entgehen, und können Ihnen dabei helfen, Elemente an sich festzustellen, die bislang Ihrem kritischen Blick verborgen geblieben sind.

Ganz allmählich, während Sie die Einstellungsänderungen, wie sie in diesem Buch beschrieben werden, einüben, wird Ihre Liste positiver Eigenschaften länger werden. Schämen Sie sich nicht, die Liste zu erweitern und sie fortzuentwickeln. Sie wird eine wirksame Waffe gegen Selbstzweifel oder Furcht vor Unzulänglichkeit oder alte Gewohnheiten eines negativen Erklärungsstils sein, wenn diese Sie wieder einmal bedrohen, wie sie es sicher tun werden, während Sie mitten dabei sind, irgend etwas Neues in Angriff zu nehmen. Nur keine falsche Scham. Überhäufen Sie sich mit Eigenlob, besonders wenn etwas schiefläuft, wie es allen Menschen gelegentlich passiert – selbst den Bewältigungsorientierten.

In der Vergangenheit waren Ihre Selbstzweifel und Ihr negativer Erklärungsstil (denen Sie freie Hand gelassen haben) gefährliche Geisteszustände, die Ihre Bereitschaft sabotierten, Risiken zu übernehmen, und statt dessen Ihre Hilflosigkeit verstärkten. Daher sollten Sie ständig eine aktualisierte Version der Liste in Ihrer Brieftasche mit sich herumtragen, da Sie niemals wissen können, wo und wann die Furcht vor Unzulänglichkeit Sie möglicherweise übermannen wird. Wenn es dann geschieht, holen Sie die Liste heraus. Lesen Sie sie, und dann lesen Sie sie noch einmal. Demonstrieren Sie Bewältigungsorientierung, indem Sie sich Ihrer positiven Eigenschaften versichern, selbst wenn Sie gerade an sich zweifeln. Besonders, wenn Sie gerade an sich zweifeln.

Während Sie beobachten, wie die Erkenntnis Ihrer positiven Eigenschaften (geistige, körperliche, emotionale oder spirituelle) dazu beiträgt, daß Sie ein Gefühl für Ihre eigene Wirkung bekommen, wird Ihre Liste zu einem Schatz werden, dessen Wert sich ständig vergrößert – wie ein Sparbuch, dessen Zinsen bei größeren angesparten Summen ständig steigen. Wie Geld auf der Bank wird Ihre Liste zur Hand sein, wann immer Ihre unmittelbaren Quellen des Selbstvertrauens zu versiegen scheinen. Zahlen Sie gelegentlich ein wenig ein, indem Sie Ihre Liste noch einmal durchlesen und auf den neuesten Stand bringen.

Kapitel 9

So, wie es ist, muß es nicht bleiben: Veränderung des Selbstkonzepts

> Bis wir uns selbst verlieren, gibt es
> keine Hoffnung, uns selbst zu finden.
> *Henry Miller*

In den vorangegangenen Kapiteln haben Sie gelernt, daß Ihr altes, hilfloses Selbst mit seinem negativen Erklärungsstil Sie glauben machen möchte, wenn es etwas gebe, was Sie korrigieren wollen, könne etwas mit Ihnen nicht »stimmen«. Dieser einfache und gewohnheitsmäßig negative Denkstil hat Sie in veralteten Mustern aus Schuldgefühlen und anderen quälenden Gedanken festgehalten, die Ihnen nie etwas genützt haben, Ihnen heute nichts nutzen und auch niemals nützlich sein werden.

In einem starren Selbstkonzept befangen zu sein, besonders wenn es ein hilfloses oder ängstliches ist, wird die notwendigen Veränderungen für die Entwicklung von bewältigungsorientiertem Verhalten und die Fähigkeit, Risiken einzugehen, ebenso verhindern. Die zweite Komponente der Überwindung von EH beinhaltet daher eine Veränderung der Sicht des eigenen Selbst, eine Idee, die in den Kapiteln 5 und 6 über Veränderung und das Selbst zum erstenmal vorgetragen wurde. Dieses Kapitel wird konkrete Techniken und Strategien liefern, die Ihnen genau dies ermöglichen.

Die Zeugin

Vielleicht erinnern Sie sich an Kapitel 6, in dem beschrieben wurde, daß eine Möglichkeit, das eigene Selbstkonzept zu öffnen, darin besteht, sich an den Gedanken zu gewöhnen, gleichzeitig viele Persönlichkeiten zu haben. Dies ist nicht nur eine interessante Möglichkeit, sich selbst zu betrachten, es läßt sich auch anhand von Erfahrungen überprüfen.

Eines der Selbsts, das typischerweise nicht sehr viel Raum bekommt, aber dessen kühle, leidenschaftslose Beobachtungsgabe entscheidend ist für die Entwicklung bewältigungsorientierten Verhaltens, können wir die »Zeugin« nennen. Sie ist jenes Selbst, das fähig ist, sich wie eine ewige Zuschauerin des Lebensdramas zu verhalten: Sie kann sich von der äußeren Handlung zurückziehen, um die Ereignisse zu beobachten; sie ist das einzige Selbst, das über genügend kritischen Durchblick verfügt, um die Schichten der Illusionen zu durchdringen, die ein negativer Erklärungsstil schafft, und zu beobachten, wie die vielen Selbsts um eine bessere Position miteinander rangeln.

Die beste Möglichkeit, der Zeugin gewahr zu werden, besteht darin, sie sich als ein übergeordnetes Bewußtsein vorzustellen, das Ihnen die Möglichkeit verleiht, Entwicklungen vorherzusehen. Sie ist jenes Selbst, das weiß, wie man beobachtet und korrigiert, statt zu beurteilen und zu verdammen (letzteres ist das Hauptgebiet eines anderen Selbst – der Kritikerin –, doch mehr über diesen Charakter später). Wenn Sie Ihr Zeugenbewußtsein kultivieren, wird Ihnen das helfen, sich von der Furcht und den Dramen abzusehen, die ein negativer Erklärungsstil geschaffen hat.

Da wir unser Leben ständig inmitten theatralischer und dramatischer Ereignisse führen, kann es Spaß machen, diesen Prozeß, sich mit der Zeugin vertraut zu machen, damit zu beginnen, daß wir ein Schauspiel inszenieren. Alle Charaktere dieses Dramas werden den meisten von Ihnen wahrscheinlich recht vertraut sein, ebenso der Dialog selbst. Ich lade Sie also ein, dieses Schauspiel als eine Möglichkeit zu nutzen, das Zeugenbewußtsein in sich zu entwickeln, so daß Sie die Kakophonie Ihrer Selbsts in

Ihrem Inneren erkennen können, von denen jedes die Wirklichkeit auf andere Weise erklärt, jedes versucht, Sie zu überreden, daß seine Version die »richtige« sei, jedes Sie auffordert zu glauben, so seien Sie »wirklich«.

Wie bei jedem guten Schauspiel müssen wir mit der Vorstellung der Personen beginnen. In unserem Spiel befinden sich diese Charaktere ausschließlich in Ihrem Inneren. Es sind die Stimmen, welche sich im Kopf der realen Frau unterhalten, die, als der Vorhang sich öffnet, in ihrem Bett liegt.

Stimmen in der Dämmerung

Die Personen

Kleinmädchen	Die Kritikerin
Der Körper	Thespia
Die Abenteurerin	Die Zeugin

Der Vorhang öffnet sich, es ist ein wunderbarer Frühlingsmorgen, das Sonnenlicht strömt durch die offenen Fenster eines Schlafzimmers. Der Vorhang bläht sich sanft, als frische Luft durch den Raum zieht und die Nasenlöcher der Frau, die in einem Bett schläft, erbeben läßt. Gelegentlich bewegt sie sich. Die Handlung dieses Dramas findet in ihrem Kopf statt.

Kleinmädchen Wacht auf! Wacht auf!. Die Vögel singen. Die Sonne scheint. Laßt uns aufbrechen!

Körper (*gähnend*) Immer langsam mit den jungen Pferden. Ich bin noch nicht wach. Gebt mir eine Minute. Ich kann nicht einfach aus dem Bett springen, ich bin ja schließlich viel älter als ihr. Laßt mich erst einmal eine Tasse Kaffee trinken.

Kleinmädchen Warum müssen wir immer zuerst Kaffee trinken?

Körper Weil ich ohne den nicht wach werden kann, deshalb.

Kleinmädchen Aber ich will los. Biiiiitte.

Abenteurerin Dem stimme ich zu. Laßt uns in die Gänge kommen, die Anzeigen durchsehen, alles einpacken. (*Zu Klein-mädchen*) Mach dir keine Sorgen, du kannst mit mir kommen.

Kritikerin Ihr beeilt euch immer so sehr, um Spaß zu haben, aber wo seid ihr, wenn es dann wirklich ernst wird? Ihr müßt endlich erwachsen werden. Schließlich wißt ihr, daß wir heute Mama und Papa besuchen müssen, um ihnen die Neuigkeit zu überbringen. Seid also nur ja nicht so sorglos. Erst die Arbeit, dann das Vergnügen.

Kleinmädchen Können wir danach raus und ein bißchen spielen?

Kritikerin Wahrscheinlich nicht. Ihr müßt erst einmal lernen, daß das Leben sehr viel mehr als nur ein Spiel ist. Genau jetzt zum Beispiel haben wir wichtigere Dinge, über die wir nachdenken müssen. Es gibt so vieles bei einem Umzug wie diesem zu bedenken, und es ist keine gute Idee, einfach loszulegen.

Kleinmädchen Aber Umziehen klingt doch nach viel Spaß! Wie lange brauchen wir, um dahin zu kommen, wo werden wir schlafen? Können wir neue Möbel kaufen? Wer sind unsere neuen Nachbarn? Werden wir neue Freunde finden?

Abenteurerin O ja! Und dann gibt es noch ganz viele Orte, die wir erkunden und untersuchen können. Tatsächlich habe ich gerade gedacht, wir könnten doch eigentlich –

Kritikerin Es ist wirklich nicht gut, immer nur an euren Spaß zu denken. Das Leben ist nun einmal nicht lustig. Außerdem wird es gar nicht einfach sein, Mama und Papa zu sagen, daß wir in eine neue Stadt versetzt wurden und umziehen müssen, das wird überhaupt nicht lustig sein. Besonders wenn wir ihnen sagen, daß wir bereits in zwei Wochen bei unserem neuen Job antreten müssen.

Kleinmädchen Werden sie uns böse sein?

Kritikerin Wahrscheinlich. Sie werden das hier überhaupt nicht gern hören.

Thespia Nun ja, zumindest wird es ein bißchen action bringen. In letzter Zeit ist es hier ja ziemlich langweilig gewesen.

Zeugin Noch so ein kluges Mädchen! Ich bin sicher, Mama und Papa vom Umzug zu erzählen und sich um alles im einzelnen zu kümmern wird für uns alle in den nächsten paar Wochen genügend Abenteuer bedeuten.

Thespia Sprich doch nur für dich selbst, Liebes.

Körper Ich weiß nicht, was ihr davon haltet, aber ich habe das Gefühl, ich stinke. Ich werde jetzt erst einmal duschen. Wenn ich rauskomme, will ich Kaffee.

(Zu diesem Zeitpunkt sehen wir, wie die Frau aufsteht, vorsichtig über Koffer und Umzugskisten steigt und ins Badezimmer geht. Sie betrachtet ihr Gesicht von nahem im Spiegel und untersucht jedes Profil sorgfältig, dann studiert sie die Tränensäcke unter ihren Augen. Sie seufzt und dreht den Heißwasserhahn auf. Während sie in die warme Höhle der Duschkabine klettert, wird die Unterhaltung in ihrem Kopf fortgesetzt.)

Kritikerin Mein Gott, wirst du alt. Du solltest dich allmählich liften lassen.

Thespia Sie hat recht, Liebes. Allmählich beginnst du, so alt auszusehen, wie du bist. Andererseits, ein chirurgischer Eingriff ist ganz schön gefährlich. Was wäre, wenn wir während der Narkose sterben? Und was, wenn dem plastischen Chirurgen die Hand ausrutscht und wir für immer entstellt sind? Wir wären dann Außenseiter, wie Leprakranke, verdammt dazu, einsam und allein verlassene Straßen entlangzuschleichen…

Zeugin Nun macht mal halblang. Ihr zwei hört euch an wie Schallplatten, die einen Sprung haben. Die Kritikerin findet ständig irgendwelche Fehler, Thespia dramatisiert. Beide lenkt ihr uns von der Aufgabe ab, die heute vor uns liegt: mit Mama und Papa zu reden.

Körper Laßt uns etwas essen!

Kritikerin Wir müssen sorgfältig darauf achten, was wir essen. Wir sollten nicht zu viel essen, sonst werden wir fett. Wenn wir fett werden, wird uns niemand lieben. Wenn niemand uns liebt, werden wir allein sein. Wenn wir allein sind…

Zeugin Und was ist mit Mama und Papa?

Kritikerin Tja, irgend jemand hier muß ja schließlich für Disziplin sorgen. Du bist so eifrig dabei, objektiv und auf die Aufgabe konzentriert zu sein. Das nervt. Fett zu sein ist schließlich das schlimmste, was uns passieren könnte. Da fällt mir ein…

Alle *(auch Kleinmädchen, die anfängt zu weinen)* Halt's *Maul*!

Abenteurerin Nun macht schon, laßt uns in die Gänge kommen. Es hat gar keinen Zweck, das hier aufzuschieben. Das wird uns gar nichts nützen. Wir müssen es schließlich tun. Außerdem wird es schon nicht so schlimm werden.

Thespia Machst du Witze? Du weißt doch, wie Mama und Papa sind. Mama wird wieder die alte Platte auflegen und uns vorjammern: ›Du bist doch schließlich alles, was ich habe‹, und Papa wird in die Saiten greifen und uns vorjaulen, wie gefährlich es doch für eine alleinstehende Frau ist, einsam in einer neuen Stadt zu leben. Sie werden sich nie ändern. Wir müssen uns für die Entscheidungsschlacht rüsten.

Kleinmädchen Ich habe Angst.

Thespia Solltest du auch.

Kleinmädchen Was ist, wenn Mama und Papa nicht mehr mit uns reden oder wenn sie sterben, weil wir sie verlassen haben? Dann wird alles nur unsere Schuld sein.

Zeugin Du brauchst keine Angst zu haben. Wir anderen hier sind schon große Mädchen und werden auf dich aufpassen. Und auch auf uns untereinander. Wir werden aufpassen und zuhören und wachsam sein und uns aufeinander verlassen. Abgesehen davon brauchen wir nicht unbedingt vorher schon so zu tun, als wäre es auf jeden Fall unangenehm, was wir da vorhaben.

Kritikerin Nicht so zu tun? Hast du den Verstand verloren? Das ist doch unmöglich. Außerdem ist das keine gute Idee. Es ergibt nicht einmal Sinn. Wir könnten schließlich den Fehler unseres Lebens begehen. Dies könnte alles ruinieren. Wir müssen unbedingt…

Alle Halt's *Maul*!

Thespia Einmal wenigstens stimme ich mit der Kritikerin überein, wenn auch aus anderen Gründen. Wenn wir versuchen, uns vor dem Schmerz zu schützen, ist das sicher keine gute Idee. Schließlich läßt der Schmerz uns wissen, daß wir lebendig sind!

Abenteurerin Es gibt noch andere Möglichkeiten, wie man sich lebendig fühlen kann, außer ängstlich zu sein und Schmerzen zu haben, wißt ihr.

Thespia Ach ja? Was denn zum Beispiel?

Abenteurerin Zum Beispiel, sich auszumalen, welche positiven Seiten ein Umzug haben könnte, um nur eine zu erwähnen.

Eine neue Umgebung, neue Freunde, ein ganz neues Leben. Zum Beispiel, den Schmerz nicht so sehr zu dramatisieren, um eine weitere Möglichkeit zu nennen. Zum Beispiel, uns auszudenken, wie wir mit Mama und Papa reden können, und dann zu überlegen, was wir sagen, wenn das nicht funktioniert. Ich glaube, wir können uns durchaus etwas einfallen lassen, um ihnen zu helfen, mit diesem Umzug fertig zu werden, wenn wir bereit sind, damit aufzuhören, ständig nur über das Negative nachzugrübeln. Abgesehen davon ist eine Veränderung immer interessant, wenn man die richtige Einstellung mitbringt.

Kritikerin Ein Punkt für dich. Glaubst du jedenfalls, was? Was für ein Team. Der alte Pioniergeist. Nein, vielen Dank. Ich halte das für ein dummes Argument.

Zeugin Aber das ist es doch. Sie hat es. Seht ihr das nicht? Kultiviert Neugier und Kreativität statt Widerstand und Angst. Das ist doch viel interessanter. Außerdem: So ist es doch auch in Wirklichkeit. Wir sollten so positiv und kreativ mit ihr umgehen, wie wir nur können.

Körper Ich muß aufs Klo.

Kritikerin Du solltest allmählich gelernt haben, derartige Impulse zu kontrollieren.

Körper Ich habe nicht behauptet, ich könnte es nicht kontrollieren. Ich wollte euch nur bewußtmachen, daß ihr euch in einer bestimmten Umgebung befindet. Das ist alles. Es ist jetzt im Moment noch nicht das Problem, aber wenn ihr mich ignoriert, dann wird es mal eins werden. Entweder sorgt ihr euch jetzt um mich oder ihr müßt euch später um mich kümmern. So ist es nun mal, wenn man einen Körper hat.

Wahrscheinlich werden Sie diese kleine Dramatisierung als nur eine Szene in einem viel größeren, vielleicht geradezu epischen Drama erkennen, aber ich glaube, Sie merken, worauf ich hinaus will. Verschiedene Charaktere in Ihrem inneren Drama – die verschiedenen Facetten all dessen, was und wer Sie sind – werden jeweils dominieren, abhängig von der Szene, die gerade stattfindet. Für diejenigen von Ihnen, die unter EH leiden, mag die Kritikerin der Star der Show sein und Sie davon überzeugen, daß alles nur Ihre Schuld ist. Wenn sich ein Risiko zeigt, wird

Kleinmädchen plötzlich auftauchen und buchstäblich darum betteln, gerettet zu werden. Wenn die Tortur des Lebens unerträglich scheint, kann die Abenteurerin plötzlich zum Vorschein kommen. Wenn eine Beziehung gefährdet ist, könnte Thespia ihren großen Auftritt haben (und wird sich wahrscheinlich weigern, die Bühne wieder zu verlassen). Und während der ganzen Zeit wird der Körper ein ständig präsenter Begleiter sein, seine Botschaften und Wahrheiten mitten in die Kakophonie der anderen Stimmen einstreuen.

Es ist reine Energieverschwendung, im Dilemma steckenzubleiben und herausfinden zu wollen, welche dieser Stimmen Ihr eigentliches, authentisches Ich darstellt. Akzeptieren Sie einfach, daß sie alle zu Ihnen gehören, verschiedene Formen Ihres Ichs sind und je nach den gegebenen Umständen auftauchen. Wenn Sie die Zeugin in sich kultivieren, wird Sie das weniger anfällig machen für all die Geschichten (Erklärungsstile) der verschiedenen Selbsts. Ihr Zeugenbewußtsein wird in der Lage sein, die Geschichten zu sortieren und zu bestimmen, welche Geschichte Ihren Bedürfnissen gerade am besten nützt, Ihnen durch Krisen hindurchhilft und zu Ihrem allgemeinen Wachstum beiträgt, Ihnen eine Weiterentwicklung ermöglicht und bewältigungsorientiertes Verhalten entstehen läßt. Mit anderen Worten, Sie müssen nicht dabei stehenbleiben, sich mit einem besonders hilflosen oder negativen Selbst zu identifizieren.

Um Ihre Selbst-Erkenntnis noch etwas weiter zu treiben, versuchen Sie doch einmal etwas, das Spaß macht. Versuchen Sie sich einmal *nicht* als die jeweiligen Charaktere des Dramas zu betrachten, sondern eher als die Bühne, auf der das Drama stattfindet. Das wird Sie noch weiter von der nur allzu menschlichen Tendenz abrücken lassen, sich im Drama zu verlieren, indem Sie sich mit den Charakteren identifizieren.

In der Tat ist es eine wunderbare Fähigkeit des menschlichen Gehirns, das es sich zu jedem gegebenen Moment, den es sich selbst aussuchen kann, in innere Distanz begeben kann, um von dort aus zu beobachten, was gerade los ist, ein Zeugen-Bewußtsein zu entwickeln und Verhaltensweisen, Überzeugungen oder philosophische Vorstellungen zu korrigieren, die von manchen Charakteren des Dramas vorgetragen werden, deren Rolle darin besteht, Sie in altem, negativem Erklärungsstil befangen oder an ein unwandelbares, hilfloses Selbst klammern zu lassen. Die folgenden Übungen sollen Ihnen dabei behilflich sein, Ihr Zeugen-Bewußtsein zu entwickeln. Ich lade Sie ein, diese Fähigkeit an sich zu erleben und sie dazu zu benutzen, Ihnen die Reise von der Hilflosigkeit zur Bewältigung leichter zu machen.

Übung I: »Erzählungen in der dritten Person«

Eine der besten Übungen, das Zeugen-Bewußtsein herzustellen – Bewußt-Sein zu entwickeln –, besteht darin, von sich selbst in der dritten Person zu sprechen und einen dauernden inneren Monolog zu führen, der Ihre Aktivitäten beschreibt, *während Sie sie gerade ausführen.*

Zum Beispiel: »Sie fühlt sich einsam. Jetzt stürzt sie ans Telefon. Sie denkt daran, ihren Ex-Mann anzurufen. Jetzt ist sie durcheinander. Nicht sicher, daß es eine gute Idee ist, entscheidet sie, zu warten, bis die Verwirrung aufhört, damit sie wieder mit klarem Kopf handeln kann. Sie beschließt, statt dessen ein Entspannungsbad zu nehmen.«

Oder wie wär's damit: »Sie ist auf hundertachtzig. Sie befindet sich auf dem Weg zum Küchenschrank. Sie denkt gerade daran, ein paar Kekse zu essen. Während sie nun einen Keks hinunterschlingt, wird ihr bewußt, daß sie das gar nicht genießt. Sie ißt langsamer. Dann nimmt sie einen weiteren Keks und ißt ihn ganz bewußt, nimmt sich Zeit, ihn wirklich auf der Zunge zergehen zu lassen. Dann stellt sie die Packung zurück in den Schrank und beschließt, statt dessen eine Freundin anzurufen.«

Dieser laufende Dialog mag Ihnen zunächst bizarr vorkommen. Es ist jedoch recht sinnvoll, so etwas einmal zu probieren, einfach nur, um zu beobachten und zu korrigieren, ohne die Kritikerin währenddessen zu Rate zu ziehen. Je mehr Sie das praktizieren, desto weniger seltsam wird es Ihnen vorkommen und desto besser werden Sie dabei Ihr Verhalten beobachten können, ohne emotionale Kommentare hinzuzufügen. Dies befreit Sie aus ihrem ständigen Clinch mit Ihrer Kritikerin und korrigiert selbstzerstörerisches Verhalten, ohne daß Sie sich dafür erst einmal Asche aufs Haupt streuen müssen.

Es ist sogar möglich, der Zeugin einen Auftritt zu verschaffen, während Sie sich gerade mit anderen Menschen unterhalten. Zum Beispiel so: »Sie sitzt jetzt diesem neuen Mitarbeiter am Tisch gegenüber. Sie hört zu, was er sagt, lächelt und nickt, aber in Wirklichkeit ist ihr überhaupt nicht danach. Sie möchte eigentlich bloß, daß er sie mag, weil sie zusammenarbeiten, also versucht sie, aufmerksam und charmant zu sein. Was sie eigentlich will, ist, nach Hause gehen und schlafen.«

Mit der Zeit wird dies nicht mehr ein so bewußter Akt sein müssen, sondern sich zu einer Art ozeanischer Bewußtheit Ihres inneren Zustands zu jedem gegebenen Zeitpunkt entwickeln. Schließlich beginnen Sie, sich selbst auf immer tieferen Ebenen zu beobachten. Da die Zeugin nur beobachtet und korrigiert, *ohne zu beurteilen*, resultiert dieses hochspezialisierte Bewußtseinsniveau in einer bewältigungsorientierten Art von Bewußt-Sein: ein Selbst, das in der Lage ist, schnell und deutlich wahrzunehmen, wenn eine Strategie nicht funktioniert, den Kurs zu ändern, ohne die Notwendigkeit dafür als ein persönliches Manko zu interpretieren (verinnerlichte Schuldgefühle) und jede beliebige Geschichte (Erklärungsstil) einfach loszulassen, die von einem hilflosen oder ängstlichen Selbst vorgetragen wird, das gerade gerettet werden will.

Die spannendsten Situationen (also diejenigen mit einer großen emotionalen Bedeutung) enthalten das höchste Potential, Sie in das Drama hineinzuziehen und Ihre Zeugin zum Schweigen zu bringen. Sie können die stärkste Versuchung mit sich bringen, an eine negative Erklärung der Ereignisse zu glauben, sie bieten das beste Übungsfeld, die Zeugin aufmerksam *bleiben* zu lassen. Da Situationen mit einer starken emotionalen Aufladung jedoch am schwierigsten zu bewältigen sind, sollten Sie diese nicht *aktiv* aufsuchen, bevor Sie nicht eine Menge Praxis gesammelt haben. (Abgesehen davon: Wenn wir uns Schmerz oder Lust am Drama aussuchen, handeln wir gewöhnlich aus dem Selbst heraus, das wir hier als Thespia kennengelernt haben. Sie kann einen ausgesprochen verführerischen Charakter haben, ist aber nicht unbedingt bewältigungsorientiert.)

Wenn Sie schließlich ganz gut darin geworden sind, zuzuhören und aufmerksam der Stimme Ihrer Zeugin zu lauschen, werden diese emotional stark aufgeladenen Situationen schließlich zu hervorragenden Lerngelegenheiten. Sie helfen Ihnen, sich bewußtzumachen, wie Sie die Stimme Ihrer Zeugin verlieren und wiedergewinnen und wie dies andere Menschen beeinflußt, die sich wiederum mit *Ihnen* in Beziehung setzen. Letztlich wird Ihnen dies natürlich dabei helfen, ein Gefühl für Ihre eigene Wirksamkeit zu entwickeln, während Sie sich daran gewöhnen, die Übung immer wieder neu durchzuführen und zu wählen, welches Selbst Sie zum Vorschein bringen wollen und dann zu beobachten (bezeugen), daß und wie verschiedene Selbsts das Endergebnis von Ereignissen beeinflussen.

Übung 2: »Das Spiel spielen«

Das zu Beginn dieses Kapitels vorgestellte Schauspiel hatte den Zweck, die vielen Selbsts innerhalb einer Person wahrzunehmen, von denen jedes eine bestimmte Lebensphilosophie hat und versucht, das Verhalten der im Bett liegenden Frau zu beeinflussen. Indem Sie nun Ihr eigenes Schauspiel (Ihre eigene Szene) erschaffen, in dem beziehungsweise in der Sie mit einem besonderen Problem beschäftigt sind; indem Sie die Aussagen der verschiedenen Selbsts in Ihrem Inneren aufschreiben, beginnen Sie, die verschiedenen Aspekte Ihres Glaubenssystems wahrzunehmen und die Verhaltensweisen zu registrieren, die zu fortgesetzter EH und/oder zu fortgesetztem Widerstand gegen das Lernen von bewältigungsorientiertem Verhalten beitragen. Außerdem ist die Übung, selbst ein Schauspiel zu schreiben, besonders attraktiv, weil sie kreativ ist und Spaß macht.

Machen Sie es einfach so wie ich. Schreiben Sie einen Akt aus einem Schauspiel auf. Oder noch besser, aus einer Seifenoper, da unser Leben häufig nichts anderes als eine Fortsetzungsserie ist. Sie wissen genau, wie Seifenopern funktionieren. Es ist dem Betrachter bis ins letzte Detail klar, was die jeweiligen Charaktere eigentlich tun müßten und was von ihnen erwartet werden kann.

Das kommt daher, daß das Publikum, das die Rolle der beobachtenden Zeugin spielt, emotional vom Drama distanziert ist. (Außerdem ist es wie bei den Bestätigungen: Die Langsamkeit des Niederschreibens erlaubt es den Stimmen, Ihnen zu Bewußtsein zu kommen.) Natürlich nimmt das Publikum in gewissem Ausmaß Anteil an dem Drama, doch das Endergebnis der Ereignisse wird wahrscheinlich das Leben der Zuschauer nicht verändern, weshalb diese leichter feststellen können, was in einer bestimmten Situation getan werden müßte.

Sie wissen zum Beispiel, daß Nicole sich nicht auf eine erotische Beziehung mit Thomas einlassen sollte, da – und das ist beiden unbekannt – Thomas Nicoles leiblicher Bruder ist, das Produkt einer künstlichen Befruchtung, deren Spender ein Medizinstudent war, Nicoles leiblicher Vater, weil Nicoles Stiefmutter damals verzweifelt Geld für eine Operation brauchte. Sie können also erkennen, daß Nicoles Flirt nur dazu führt, daß ihr das Herz gebrochen und es in den nächsten Folgen der Seifenoper zu beträchtlichen Komplikationen kommen wird. Sie können es erkennen, weil Sie sich außerhalb des emotional aufgeladenen Dramas befinden. Nicole kann die Gefahr nicht erkennen, weil sie innerhalb der emotionalen Arena ist und auch weil sie (wie wir) nur wenige Seiten des Drehbuchs im voraus kennt.

Die dramatischen Situationen, die wir im Fernsehen betrachten, unterscheiden sich gar nicht so sehr von denen unseres Alltaglebens. Wenn wir mit Hilfe unseres Zeugen-Bewußtseins erst einmal etwas emotionale Distanz zu den Komplikationen des Drehbuchs in unseren Alltagsdramen gewonnen haben, können wir objektiver feststellen, welche Richtung unser Leben gerade einschlägt.

Beginnen Sie doch einmal, nur so zum Spaß, Ihr eigenes Schauspiel zu schreiben, indem Sie sich die entsprechende Liste der Personen ausdenken. Mit entsprechend meine ich die wirklichen Charaktere in Ihrem *Innen*leben, nicht Phantasiegebilde wie den gutaussehenden Fremden, der gerade zum richtigen Zeitpunkt herbeieilt, um Sie auf seinem weißen Pferd zu entführen und mit Ihnen in den Sonnenuntergang zu reiten. (Dies macht ebenfalls Spaß, aber behalten Sie sich das vor für andere als Problemsituationen, etwa für sexuelle Phantasien vor dem Ein-

schlafen. Abgesehen davon handelt es sich dabei ja nur um einen
»Was wäre, wenn…«-Stoff, und es geht dann um Rettung, nicht
um Problemlösung.) Im folgenden finden Sie eine mögliche Liste
von Charakteren, mit denen Sie beginnen können. Lassen Sie
sich davon anregen, Ihre eigene Liste aufzustellen und sie zu erweitern, sobald Sie sich an Ihr eigenes Drehbuch machen.

Die liebende Mutter	Die berufstätige Frau
Die böse Hexe	Die faule Schlampe
Mutter Erde	Das kleine Mädchen
Die Verführerin	Die Heilige
Die Abenteurerin	Die Kritikerin
Die große Schauspielerin	Die kompetente Erwachsene
Der Körper	Die Zeugin

Sobald Sie Ihre innere Personenliste zusammengestellt haben, beginnen Sie mit dem Schreiben. In manchen Szenen werden viele
Charaktere auftauchen. In manchen nur einer oder zwei. Gestatten Sie den Charakteren (den verschiedenen Selbsts) ruhig, vollkommen ungehindert auszusprechen, was sie gerade denken,
ohne sie zu zensieren. Seien Sie aufmerksam und sensibel für jeden neuen Charakter, der hervorkommen will, während Sie gerade schreiben. Vielleicht haben diese gerade einen Standpunkt bei-
zutragen, an den Sie vorher noch nicht bewußt gedacht haben.
Lassen Sie alles zu. Gestatten Sie es ihnen, ja heißen Sie sie in der
Szenerie willkommen, selbst wenn Sie sie anfangs übersehen haben. Vielleicht werden sie zur Hauptfigur, wenn sie erst einmal
ein Forum erhalten haben, auf dem sie sich ausdrücken können.

Der kreative und spielerische Aspekt, ein Drehbuch zu schreiben, ist Ihrer ernsteren Aufgabe, nämlich Ihr Bewußtsein zu
schulen, nicht abträglich. Wenn Sie es zulassen, daß die Szenen
spezifisch von gerade stattfindenden Schwierigkeiten in Ihrem
Leben oder besonderen Risiken handeln, vor denen Sie zurück-
schrecken, dann können sie Ihnen Gedanken und Überzeugungen zu Bewußtsein bringen, von deren Existenz Sie vorher noch
nicht einmal wußten.

Sollte es Ihnen zu aufwendig erscheinen, ein solches Drehbuch
oder eine solche Szene zu schreiben, dann beginnen Sie mit einer

ganz kleinen Situation. Wenn Sie regelmäßig Tagebuch führen, dann können Sie ja eine solche Szene zum Teil Ihres Tagebuchs machen. Das Spiel kann sich eine ganze Zeit hinziehen und wird Ihnen ermöglichen, den inneren Stimmen Ihrer vielen Selbsts zu lauschen. Dies wird es Ihnen schließlich erlauben, eine bewußtere Wahl zu treffen, welchem Selbst Sie jeweils Ihr geneigtes Ohr schenken wollen, und solche Stimmen zu unterstützen, die Ihnen dabei behilflich sein können, eine bewältigungsorientierte und risikofreudige Frau zu werden, diejenigen Stimmen hingegen, die nur Erlernte Hilflosigkeit bestärken, zum Verstummen zu bringen oder zumindest leiser werden zu lassen.

Eines sollten Sie jedoch bedenken: Die zwei wichtigsten Charaktere – die Zeugin und die Kritikerin – sollten immer mit dabei sein. Die Kritikerin wird sowieso immer im Vorder- oder Hintergrund anwesend sein, also scheuen Sie nicht davor zurück, sie beim Namen zu nennen. Denn sonst könnte die Kritikerin – die keinerlei Hemmungen hat, den anderen jeweils die Show zu stehlen –, versuchen, in Gestalt anderer Charaktere aufzutreten, und zwar in jeweils verschiedenen Kostümen und Verkleidungen. Aber lassen Sie sich davon nicht täuschen. Nennen Sie die Kritikerin beim Namen und führen Sie sie in jeder Szene auf. Vergessen Sie auch bitte nicht, die Zeugin aufzuführen, so daß Sie immer gezwungen sein werden, für dieses »Selbst« zu sprechen und es zu einem abgerundeten, vieldimensionalen Charakter zu entwickeln. Je mehr Zeilen Sie der Zeugin einräumen, desto mehr wird sie sagen müssen. Schließlich wird sie selbst zu sprechen beginnen.

Hin und wieder sollten Sie sich dann die Charaktere (Selbsts), mit denen Sie gerade arbeiten, noch einmal anschauen, die aufgeschriebenen Dialoge noch einmal lesen und sich die folgenden Fragen stellen:

1. Mit wem identifiziere ich mich am stärksten? Warum?
2. Wen mag ich besonders? Wen kann ich nicht leiden?
3. Wem möchte ich am meisten nacheifern? Was sind die spezifischen Verhaltensweisen, Einstellungen, Überzeugungen oder Standpunkte dieses Charakters, dem ich am meisten nacheifern möchte?

4. Welchem Charakter (Selbst) gebe ich den meisten Raum, also die meisten Zeilen, um sich auszudrücken?
5. Um welchen Charakter (Selbst) herum entwickelt sich das Spiel? Verändert sich das von Tag zu Tag, oder bleibt es immer gleich?
6. Gibt es irgendwelche neuen Charaktere (Selbsts), die darum kämpfen, Gehör zu finden?
7. Verändern sich irgendwelche der Charaktere (Selbsts)?
8. Wird die Zeugin stärker?
9. Worauf will die Kritikerin hinaus?

Viel Vergnügen! Diese äußerst kreative Aktivität macht so viel Spaß, daß die meisten Leute die Übung nur allzu bereitwillig ausführen und gelegentlich sogar feststellen, daß sie schon Tagträume haben, in denen sie sich Dialoge für ihre Charaktere (Selbsts) ausdenken. Denken Sie daran, daß Ihre vielen Selbsts zwischen den Zeilen des Dialoges Hinweise geben auf Ihr Glaubenssystem und Ihren Erklärungsstil. Verwenden Sie diese angenehme Aktivität dazu, diejenigen Selbsts zu unterstützen und zu fördern, die bewältigungsorientiertem Verhalten dienen, und diejenigen auszublenden, die hilflos sind.

Übung 3: »Eine Einstellung bekommen« (oder »Der inneren Kritikerin widersprechen«)

Wenn Sie schon dabei sind, schreiben Sie doch auch einmal eine Szene, in der Sie der Kritikerin widersprechen, dieser schrecklichen Person, die ständig Ihre Fehlschläge verinnerlicht und auf die wunden Punkte hinweist, aber es Ihnen nicht erlaubt, Ihre Erfolge angemessen zu würdigen. Da die Hilflosen eine Menge Zeit damit verbringen, der harschen Stimme dieses Charakters gefallen oder seiner Verurteilung entgehen zu wollen, ist es ausgesprochen gesund, »Widerworte« zu geben, obwohl das nicht immer einfach ist und daher eine gewisse Übung erfordert.

Die Begründung dafür ist denkbar einfach: Manche von uns springen selbst durch brennende Reifen, nur um der Kritikerin zu gefallen, und das Ergebnis ist nicht immer schlecht. Wir streben nach guten Noten, um der Kritikerin zu gefallen; wir quälen uns durch eine Diät, um der Kritikerin zu gefallen; wir machen Karriere, um der Kritikerin zu gefallen. Manche von uns treiben Sport, werden ordentlich, kaufen Kleidung, heiraten oder lassen sich die Nase richten, die Brüste ausstopfen, das Fett absaugen und das Gesicht liften, um der Kritikerin zu gefallen. Manche von uns handeln sogar ausgesprochen altruistisch, nur um der Kritikerin zu gefallen, nicht etwa, weil sie von selbst so hilfsbereit wären, sozusagen von innen heraus! Das Problem liegt darin, daß wir nicht unbedingt die Anerkennung der Kritikerin bekommen, um die wir uns so bemühen. Statt dessen erhalten wir noch mehr Kritik.

Da die Kritikerin ein vertrauter Charakter im inneren Drama ist – für manche von uns sogar die Hauptfigur –, ist es erschreckend einfach, sich daran zu gewöhnen, den Äußerungen der Kritikerin zu lauschen und ihnen Glauben zu schenken. Damit Sie Ihr Leben weniger hilflos organisieren, Ihren Erklärungsstil verändern und eher bewältigungsorientiert Risiken eingehen können, ist es unbedingt erforderlich, daß Sie die Stimme der Kritikerin zum Schweigen bringen und ihr die Macht nehmen, Ihr Glaubenssystem zu beherrschen. Hier ist die Geschichte einer Frau, nachdem sie eine Weile Tagebuch geführt hatte.

»Mit den Jahren bin ich durch eine Menge Reifen gesprungen, um meiner inneren Kritikerin zu gefallen«, sagte Simone, eine Biochemikerin, die in der Umweltschutzindustrie arbeitete und einen meiner Workshops besuchte. »Ich habe in meinem Job mehr Verantwortung übernommen, als ich es hätte tun sollen, und dabei bin ich krank geworden. Ich habe eine Eßstörung bekommen. Gleichgültig, was ich tat, ich konnte ein Gefühl nicht abschütteln, das wie Fliegenleim an mir klebte: daß ich immer noch mehr tun mußte, um akzeptiert zu werden. Ich mußte einfach perfekt sein, um als einigermaßen o. k. durchzugehen.

Als ich diese Szenen aufschrieb, hat mir das nicht nur gezeigt, wie stark die Stimme der Kritikerin ist, sondern auch, daß ich der Kritikerin in Wirklichkeit gar nicht gefallen *kann*, da die Aufgabe einer Kritikerin ja darin besteht, zu kritisieren. Ich habe das festgestellt, weil ich für sie immer die gleichen Sprüche aufschrieb. Es hat mich geradezu umgehauen, wie vergeblich es ist, immer wieder aufs neue zu versuchen, einem Charakter gefallen zu wollen, dessen einfacher Sinn und Lebenszweck darin besteht, daß ihm nichts gefallen soll. Es ist wirklich komisch, außer, daß ich mir schon ausgesprochen närrisch vorkomme, weil ich etwas so Vergebliches derart lange probiert habe.«

Simones Äußerung, wie närrisch sie gewesen sei, zeigt, warum der Narr in Legenden, Mythen und der metaphysischen Literatur eine solch große Bedeutung hat. Häufig ist es gerade unsere Narrheit, die, wenn sie für ein gut entwickeltes Zeugenbewußtsein erkennbar wird, uns letztlich klüger macht. Der Narr führt uns mit seinem abgründigen Humor eine Reihe verschlungener Pfade entlang, bis er plötzlich mit der Pointe im kosmischen Witz herauskommt, die uns über uns selbst lachen läßt.

»Doch selbst in meinem neugewonnenen Bewußtsein«, fuhr sie fort, »hörte die Kritikerin keineswegs auf, mich zu drangsalieren.«

»Was meinen Sie damit?«

»Tja, ich hatte gar keine Zeit, mich über meine großartige und tiefgründige Einsicht zu freuen. Sofort hatte meine Kritikerin ein weiteres Widerwort parat: ›Wie konntest du so dumm sein, das nicht schon von Anfang an zu erkennen? Jeder, der auch nur den IQ eines Rosenkohls hat, hätte diese Absurdität schon vor langem bemerkt. Du bist noch dümmer, als ich dachte.‹«

An dieser Stelle lachten alle Mitglieder des Workshops und identifizierten sich voll und ganz mit der Situation, denn die meisten von uns haben eine ausgesprochen grobschlächtige Kritikerin in Ihrem Inneren, die einfach nicht den Mund halten will.

»Wie haben Sie sich danach gefühlt?« fragte ich sie.

»Ich mußte lachen. Ich weiß gar nicht genau, warum.«

Mark Twain, der große Humorist und Philosoph, hat einmal gesagt: »Dem Anschlag des Gelächters kann nichts standhalten.« Er verstand, daß Humor ein mächtiger Verbündeter ist, auch gegen die größten feindlichen Kräfte. Die Hofnarren, eine Art Clowns, waren schließlich sehr machtvolle satirische Stimmen, die sich auch über die ernstesten Angelegenheiten lustig machen durften. Wie Oscar Wilde einmal sagte: »Das Leben ist zu bedeutend, um ernst genommen zu werden.« Wir können unsere

»Narrheit« auf ähnliche Weise einsetzen, nicht als ein Werkzeug der Kritikerin, das uns schlechte Gefühle machen soll, sondern als ein Werkzeug *gegen* die Kritikerin, um ihren Einfluß in unserem Leben zu vermindern.

Insbesondere im Umgang mit einem so unbarmherzigen Charakter wie der Kritikerin ist Gelächter eine großartige Möglichkeit des Widerspruchs. Lachen ist die Geheimwaffe, mit der das Arsenal an Demütigungen, über das die Kritikerin verfügt, entschärft werden kann. Denn wenn wir lachen, eröffnen wir einen Raum in unserem Inneren, der es uns ermöglicht, uns selbst zu lieben, uns tief in unserem Herzen anzunehmen und uns, soviel wir können, wo auch immer wir sind, Zuneigung zu schenken und uns die netten menschlichen Schwächen zu vergeben, die im Grunde nichts weiter sind als göttlich komisch.

»Das Lachen war eine große Erleichterung«, fuhr Simone fort. »Es half mir festzustellen, daß die Kritikerin zwar nicht so schnell aufgeben wird, sie aber nichts anderes ist als eine steife Brise in meinem Inneren. Sie kann mich nicht mehr so sehr in Angst und Schrecken versetzen wie früher. Sie erwacht schließlich nur zum Leben, wenn ich es ihr erlaube, und ich werde ihr lebenserhaltendes System ausstöpseln.«

Was für eine herrliche Metapher. Benutzen Sie sie ruhig auch einmal. Stöpseln Sie das lebenserhaltende System Ihrer Kritikerin einfach aus, indem Sie sie auslachen, ihr widersprechen, sich weigern, sich mit ihren grausamen, in den düstersten Farben geschilderten Prophezeiungen zu identifizieren. Denn die Kritikerin will Sie nur in den alten Mustern halten, nämlich Verhaltensziele den Lernzielen vorzuziehen, da Sie fürchten, die Kritikerin könnte wiederum ihre Mißbilligung aussprechen, falls Sie einen Fehler machen. Erinnern Sie sich, daß die Kritikerin ständig durch verschiedene Sprachrohre in unserer Gesellschaft bestärkt wird, wie etwa durch die Halunken aus der Werbebranche, die nichts lieber tun, als uns ein Gefühl der Unzulänglichkeit zu vermitteln, um sicherzustellen, daß wir ihre Produkte kaufen. Wir müssen diese Verschwörung bewußt aufdecken und in uns selbst einen ausgeglicheneren Standpunkt suchen.

Noch eine kleine Warnung: Seien Sie sich darüber im klaren, daß Sie möglicherweise zufällig auch die Kritikerin in den Prozeß einbeziehen, bewältigungsorientiert zu werden. So hören Sie also am besten auf alle Stimmen, die Sie niedermachen, weil Sie angeblich nicht genügend Risiken eingehen. Wenn dies geschieht, rufen Sie Ihre Zeugin herbei, um dagegen das Wort zu erheben und Ihnen zu versichern, daß die Aufgabe, bewältigungsorientiert zu werden, *Ihnen* dienen soll und niemand anderem. Ihr Ziel in der Entwicklung bewältigungsorientierten Verhaltens besteht darin, effektiv mit allem fertig zu werden, was auch immer das Leben für Sie bereithält, und nicht etwa, Ihrer Kritikerin etwas zu beweisen.

Sie können nach wie vor hart arbeiten und diszipliniert, gut organisiert, engagiert, fürsorglich, mitempfindend, dünn und fit sein. Sie können tatsächlich sein, wie immer Sie möchten, auch *ohne* die Existenz der Kritikerin. Erinnern Sie sich daran, die einzige Aufgabe der Kritikerin besteht darin, Fehler zu finden, Sie zu demütigen, Ihnen das Gefühl von Wertlosigkeit und Unzulänglichkeit zu vermitteln. Tun Sie sich selbst einen Gefallen und verbannen Sie sie aus Ihrem Leben.

Übung 4: »Die innere Schauspielerin«

»Die ganze Welt ist eine Bühne, und alle Männer und Frauen sind einfach nur Schauspieler… Und ein Mensch spielt in seinem Leben viele Rollen.« Diese unsterblichen Worte von Shakespeare verraten die dünne Trennungslinie zwischen Phantasie und Wirklichkeit und zeigen, daß die Erkenntnis der Vielfalt im Einen sich auf Erfahrung stützen kann.

Wie wir im Kapitel über die »Selbsts« gesehen haben, steckt in diesem Zitat mehr als nur die poetische Weisheit des begabtesten Stückeschreibers der Welt. Es enthält eine tiefe und subtile Wahrheit, die von zahlreichen Sozialwissenschaftlern bestätigt werden kann. *Wir konstruieren buchstäblich unsere Identität durch die Rollen, die wir zugeschrieben bekommen oder freiwillig spielen.* Schließlich werden die Rollen, die wir spielen, zu dem, was wir sind.

Um eine Rolle gestalten zu können, muß eine Schauspielerin

zeitweise ihre Vorstellung eines festgefügten Ichs aufgeben. Ähnlich ist es, wenn wir von EH zur Bewältigungsorientierung gelangen wollen – es erfordert dieselbe bereitwillige Aufgabe eines alten Selbstbildes. Die Verwandlung einer Schauspielerin, die in eine neue Rolle schlüpft (ein neues Selbst) und überzeugend genug agiert, so daß die Zuschauer vergessen, daß sie Schauspielerin ist, verweist direkt auf den Prozeß der Veränderung des Selbstbildes, so daß wir von Theaterleuten lernen können, eigene neue Charaktere zum Leben zu erwecken.

Experimentieren Sie daher mit einigen Theatertechniken in Ihrem Leben. Seien Sie Schauspielerin. Übernehmen Sie die Rolle der Person, die Sie sein möchten. Stellen Sie sich vor, Sie wären eine Schauspielerin und müßten sich auf die Rolle des Neuen Ichs vorbereiten. Hier sind einige Techniken, die Schauspielerinnen anwenden und die Sie übernehmen können:

1. Schreiben Sie das Neue Ich in eine Ihrer Szenen hinein.
2. Welche Motive hat diese Person? Wie würde sie negative Ereignisse erklären?
3. Schreiben Sie ihr einige Zeilen auf den Leib, die sie sagen soll, und zwar jeweils in einer Vielzahl verschiedener Lebensumstände.
4. Was würde sie in unterschiedlichen Situationen anziehen?
5. Wie geht sie?
6. Welche Schauspielerin oder Figur des öffentlichen Lebens verkörpert das Neue Ich, das Sie gerne werden möchten, am besten?
7. Üben Sie Ihren Part (die Zeilen, die Sie dem Neuen Ich in den Mund gelegt haben) vor dem Spiegel.
8. Geben Sie diese Äußerungen des Neuen Ichs in einer vertrauten Umgebung als erstes zum besten.

Probieren Sie die Rolle aus und sehen Sie, wie gut sie sitzt. Sie können sie noch an sich anpassen und mit verschiedenen Kombinationen experimentieren, bis Sie die für Sie beste Version gefunden haben. Erinnern Sie sich: Die Rolle, die Sie sich zu spielen aussuchen, wird zu der Person, die Sie sind.

Gleichgültig, wie es oberflächlich betrachtet auch scheinen

mag – dieses Vorgehen ist keineswegs eine Ermutigung für Unehrlichkeit oder Heuchelei. Wie heißt das Sprichwort: »Übung macht den Meister/die Meisterin.« Mit anderen Worten: Zunächst mag es unehrlich und Ihnen unbehaglich sein, sich bewältigungsorientiert und voller Selbstvertrauen zu verhalten, während Sie sich in Wirklichkeit doch hilflos und unzulänglich fühlen, doch je häufiger Sie das tun, desto angenehmer wird es Ihnen werden. Je mehr Sie etwas üben, desto besser werden Sie darin, und bei bewältigungsorientiertem Verhalten und dem Eingehen von Risiken verhält es sich genauso. Wenn Sie nur lange genug bewältigungsorientiertes Verhalten üben, dann wird das kein großer Akt mehr für Sie sein. Wie heißt es in einem Zwölf-Punkte-Programm zur Suchtbekämpfung: »Bluffe, bis du es kannst.«

Übung 5: »Die Kriegerin«*

Eines der Selbsts, die häufig übersehen werden (die wir also der Schauspielerin in unserem Innern zum Üben auferlegen können), ist die tapfere, mutige Kämpferin. Männer wenden sich eigentlich regelmäßig an eine männliche Version dieses Selbst, und zwar recht oft, wir jedoch tun das leider gar nicht.

Als Frauen verfügen wir nur über sehr wenige mythische oder literarische Heldinnen, mit denen wir uns identifizieren können und die Merkmale von Macht, Stärke, Mut und Risikoverhalten verkörpern. Wenn Frauen in der westlichen Mythologie und Literatur als starke Persönlichkeit dargestellt werden, dann ist das typischerweise ein sehr »feminines« Konstrukt – fürsorglich, verführerisch, schön und fruchtbar (Venus, Mutter Erde, Eva, Kleopatra, Scarlett O'Hara); oder jung, unschuldig und ungefährlich (Persephone, Echo, Julia, Aschenputtel). Eine weitere Art starker Frauen wird als heilig, unerreichbar und als Hüterin all dessen dargestellt, was im Leben makellos und rein ist: die

---

* Für meine besonders phantasievollen Leserinnen. Sie ist meine Lieblingsrolle.

Jungfrau Maria, Athene, die Heilige Johanna, Mutter Teresa, Schneeweißchen sind Beispiele dafür. Eine dritte Gruppe mächtiger mythischer oder literarischer Heldinnen bedroht die traditionelle männlich-weibliche Machtstruktur und muß daher als böse dargestellt werden – Lady Macbeth, die böse Hexe, die böse Stiefmutter, manchmal sogar Mutter Natur selbst (etwa in der Vorstellung: »Die Natur schlägt zurück«).

Diese Personifizierungen gelten zwar in unserer Gesellschaft als akzeptabel, sind aber begrenzt und eigentlich unzureichend dafür, uns durch die volle Bandbreite von Erfahrungen zu geleiten, mit denen wir es in unserem Leben zu tun haben, besonders wenn wir da draußen Risiken eingehen und allein ohne Männer (oder selbst mit Männern, wenn ich richtig darüber nachdenke) mit schwierigen Situationen fertig werden müssen. Jedenfalls ist es ganz sicher zu unserem Vorteil, den Vorbildern der starken und mächtigen Kriegerinnen/Jägerinnen größere Aufmerksamkeit zu schenken, wie etwa Artemis, auch bekannt als Diana, Göttin der Jagd, und natürlich den großen Amazonen der Mythen und Legenden.* Es ist an der Zeit, diese Mythen der furchtlosen Kriegerinnen/Jägerinnen wieder zu beleben, so daß wir innere Ruhe und Klarheit angesichts von Risiken und/oder Gefahren entwickeln oder wiedergewinnen können.

Betrachten wir einmal für einige Augenblicke die Natur der Kriegerin. Ihr hervorstechendstes Merkmal ist, daß sie angesichts von Gefahren Entschlossenheit zeigt. Sie *handelt*. Sie duckt sich nicht. Sie wartet nicht darauf, gerettet zu werden, sondern stellt sich der Herausforderung unmittelbar. Sie hat eine klare Vision, denn ihr Ziel muß wahrhaftig sein, denn sonst zittert ihr der Arm, wenn die Gefahr sich nähert, der Pfeil verpaßt sein Ziel, und die Jägerin wird vielleicht selbst gerichtet. Sie ist daher im gegebenen Moment ohne Wenn und Aber präsent und authentisch, begegnet der Gefahr und dem Konflikt mit wachem Bewußtsein und klarer Haltung.

Wie alle mythologischen Figuren residiert die Kriegerin im In-

---

* Leider wurde die große Kriegerin/Jägerin durch die Frauenbewegung der sechziger Jahre gleichgesetzt mit Männerhasserin. Dies ist aber eine unzureichende Darstellung.

neren. Sie symbolisiert eine Facette des weiblichen Potentials, die häufig übersehen wird, aber weder schläft noch tot ist. Sie wartet. Wir können sie um Hilfe bitten, als Mentorin, Lehrerin, Beschützerin. Wir können sie als Rollenmodell benutzen. Wir können uns ihren Schild und ihr Schwert leihen, bis wir unser eigenes haben.

Das ist nicht so kindisch, wie es zunächst scheinen mag. Wer von uns hat nicht zumindest unbewußt schon einmal die Verführerin oder die Große Mutter in ihrem Inneren hervorgeholt? Unbewußt verkörpern wir diese Mythen die ganze Zeit, also warum sollten wir ihnen keinen weiteren Mythos hinzufügen? Das Problem ist: Wir sind einfach nicht gewohnt, uns dies bewußt vor Augen zu führen, so mag es also zunächst ein wenig merkwürdig wirken, sich einer derartigen bewußten Übung hinzugeben.

Normalerweise haben wir die Angewohnheit, uns an Männer zu wenden, die uns beschützen sollen, doch in letzter Zeit scheint es eher so zu sein, daß wir vor ihnen beschützt werden müssen! Wenn wir bewußt die Merkmale der großen Kriegerin verinnerlichen und verkörpern, dann lassen wir einen schlafenden Archetypus aufleben – *die Beschützerin von Frauen* wie Jodie Foster in *Das Schweigen der Lämmer* oder Susan Sarandon in *Thelma und Louise*.

Wenn Sie sich das nächste Mal einer gefährlichen oder riskanten Situation gegenübersehen, können Sie also in Ihrem Inneren die große Kriegerin / Jägerin zu Hilfe rufen, genauso, wie Sie in Ihrem Inneren die Große Mutter rufen können, um die Menschen, die Sie lieben, fürsorglich zu behandeln. Sie werden überrascht entdecken, daß sie *tatsächlich* in Ihnen vorhanden ist und daß sie stärker und mächtiger werden kann, je mehr Eigenleben Sie ihr zugestehen.

Handeln Sie nach dieser inneren Verpflichtung, indem Sie ihren Geist in Ihrem Inneren aufleben lassen, und ehren Sie sie ebenso in allen Frauen. Verwenden Sie die folgenden Autosuggestionen, um Ihre kreativen Bilder anzuregen und Ihre Version der großen Kriegerin / Jägerin in konkrete Bilder umzusetzen:

- Fügen Sie sie als einen Charakter in eine Ihrer Schauspielszenen ein.
- Zeichnen Sie sie. Kostümieren Sie sie.

- Schreiben Sie eine Kindergeschichte über sie für Ihre Tochter. (Okay, auch für Ihren Sohn, aber besonders für Ihre Tochter.)
- Fotografieren Sie Frauen auf der Straße, die Merkmale wie Stärke, Mut und Entschlossenheit ausstrahlen und Sie an sie erinnern. (Ich tue das selbst auch.)
- Stellen Sie sich vor, Sie würden einen Kinofilm drehen, und überlegen Sie, wem Sie die Rolle der großen Kriegerin/Jägerin geben würden.
- Schreiben Sie ein Gedicht über ihre Stärke und ihren Mut.
- Komponieren Sie ein Lied über sie.
- Spielen Sie ihre Rolle. Gehen Sie wie sie, reden Sie wie sie.
- Lesen Sie mythologische Geschichten und Märchen über sie.

Durch all diese Aktivitäten werden Sie diesem neuen Selbst allmählich Ausdruck und Glanz verleihen. So lernen Sie nach und nach, sich angesichts von Gefahren selbst in ihren Mut und ihre absichtsvollen Handlungen hineinzuversetzen. Kultivieren Sie in Ihrem Inneren die Qualitäten ihres Charakters, die Sie am meisten bewundern, und verkörpern Sie diese Merkmale in Ihrem Leben.

Kapitel 10

Wäre Buddha Therapeut gewesen: Bewältigung, Meditation und die östliche Hälfte der Gleichung

> Mit allen Augen sieht die Kreatur/das Offene.
> Nur unsere Augen sind/wie umgekehrt
> und ganz um sie gestellt/als Fallen, rings um
> ihren freien Ausgang…
>
> *Wir* haben nie, nicht einen einzigen Tag,
> den reinen Raum vor uns, in den die Blumen
> unendlich aufgehn…
>
> *Rainer Maria Rilke*

Wir Menschen befinden uns in einem merkwürdigen Dilemma, das aus einer Lebensbedingung herrührt, die gleichzeitig beunruhigend, ironisch und komisch ist. Denn, sehen Sie, anders als Tiere, die nur ein Bewußtsein für die Gegenwart haben und daher in der Lage sind, einen Augenblick nach dem anderen ohne Furcht oder Zweifel zu überstehen, haben wir ein Bewußtsein für die Zukunft ebenso wie ein Bewußtsein über unser Bewußtsein. Das ist gerade genug Bewußtsein, um uns paranoid werden zu lassen, aber nicht genug, um uns von unseren Ängsten und unserer Hilflosigkeit zu befreien.

Die natürliche menschliche Neigung angesichts von Angst, Zweifel oder Hilflosigkeit besteht darin, sich an das Bekannte zu klammern und dem Unbekannten zu widerstehen. Dem Orientalen erscheint die Tatsache, daß dies unsere natürliche Neigung zu sein scheint, nicht gerade positiv. Tatsächlich tendieren östliche Philosophen dazu, unsere natürlichen menschlichen Reaktionen als wild, ängstlich und aggressiv zu betrachten. Glücklicherweise halten sie den menschlichen Geist und seine Emotionen auch für im höchsten Grade veränderbar und haben sehr effektive Techniken entwickelt, den Geist zu trainieren, mit größerer Klarheit und Bewußtheit angesichts von Gefahren, Risiken oder Veränderungen zu reagieren.

Meditation ist eine dieser Techniken, die mit der Zeit Ruhe, Klarheit und Weitsicht entstehen lassen. Mit anderen Worten: Meditation ist gut dazu geeignet, bewältigungsorientiertes Verhalten zu lernen. Wäre Buddha Therapeut gewesen, hätte er Meditation als ein Mittel empfohlen, mit unserer Furcht fertig zu werden, das Konzept eines einzigartigen, unwandelbaren Selbst aufzugeben und statt dessen mutigen Nichtwiderstand gegenüber dem Fluß der Veränderung zu entwickeln – ein weiteres Merkmal auf dem Weg zur Entwicklung bewältigungsorientierten Verhaltens.

Meditation, als eine zu entwickelnde Übung, ist in höchstem Grade praktisch. Wie Sie im folgenden sehen werden, lehrt Meditation genau die Fähigkeiten, die in dem Prozeß der Veränderung von EH zu bewältigungsorientiertem Risikoverhalten vonnöten sind. Eine regelmäßige Übung der Meditation wird Ihnen unter anderem beibringen:

- aufkommende Ereignisse oder vorüberziehende Gedanken und Emotionen wahrzunehmen, ohne an ihnen festzuhalten oder ängstlich gegen sie anzukämpfen. Auf diese Weise wird Ihr Zeugenbewußtsein gefördert, und Sie lernen zu beobachten und zu korrigieren, statt zu beurteilen und zu verurteilen. Mit zunehmender Übung lernen Sie schließlich, dies nicht nur während der formalen Meditation zu tun, sondern auch im Fluß der Ereignisse im Alltagsleben;
- intensive Gefühle zu tolerieren, ohne ihrem Sog zu erliegen, vor ihnen zurückzuweichen oder ihnen gegenüber abgestumpft zu werden. Dies ist entscheidend für das Risikoverhalten, wenn Sie neue Fertigkeiten erlernen, sich flexibel an neue Umgebungen anpassen, auf unvorhergesehene Ereignisse reagieren und ein neues Selbstbild entwickeln müssen;
- das innere Geschnatter all der Stimmen, die um Aufmerksamkeit buhlen, zum Stoppen zu bringen, so daß Ruhe und Klarheit eintreten können, selbst inmitten von Chaos und Konfusion.

Mit anderen Worten, Meditation ist sowohl das Mittel, inneren Frieden zu erfahren, als auch das gewünschte Ziel, so daß wir uns an dem klaren Raum vor uns erfreuen können wie an dem, »in den die Blumen unendlich aufgehn«, so daß wir wachsen können und von unserer Erfahrung geleitet werden, statt ängstlich Widerstand zu leisten und in hilflosen Verhaltensmustern steckenzubleiben.

Ich bin mir sehr bewußt, daß für einige von Ihnen auch nur die Erwähnung von Meditation wie der erste Schritt erscheint auf dem Weg dahin, schließlich Hare-Krishna-Material auf Flughäfen zu verteilen, oder die Vision halb verhungerter, nackter Yogis heraufbeschwört, die mit übereinandergeschlagenen Beinen irgendwo auf der anderen Seite des Globus sitzen und sicherlich nichts mit Ihnen zu tun haben. Darüber hinaus ist Meditation doch ein Teil des New-Age-Denkens? Und ist das New-Age-Denken nicht verantwortlich für diese bizarre Welt der Kinostars, die Bestseller darüber schreiben, wie viele Leben sie schon in ihrer Vergangenheit gelebt haben, und Reisen um die halbe Welt machen, um Außerirdischen zu begegnen, die in einem Jeep herumfahren? Für Wesen aus dem Jenseits mit merkwürdigen Namen, die von jenseits der Jahrtausendwende einer großen Zuhörerschaft irgendwelche Botschaften des Heils und der Rettung verkünden? Für Workshops, die dazu diesen sollen, die ursprüngliche Geburtserfahrung inzwischen längst erwachsener Menschen zu verändern? Für Farbtherapie, Klangtherapie, Aromatherapie, Vitamintherapie, Rolfing, Channeling und das Streben nach übersinnlichen Visionen? Es ist kein Wunder, daß große Teile der Bevölkerung mißtrauisch auf das sogenannte New-Age-Denken reagieren.

Ich persönlich glaube, das New-Age-Denken umfaßt das gesamte Spektrum von geschickten Straßenhändlern, die wundersame Schlangenöl-Heilmittel verhökern, bis zu tatsächlichen HeilerInnen und LehrerInnen, die mitempfindend danach streben, das Leid anderer Menschen zu lindern. Selbstverständlich besteht das größte Problem darin, den Unterschied zu erkennen. Ich persönlich glaube an das, was sich im Lauf der Zeit bewährt hat.

Sie sollten sich darüber im klaren sein, daß viel von dem, was als New-Age-Denken bezeichnet wird, überhaupt nicht neu ist.

Viele Konzepte, die sowohl auf gelehrtem als auch auf praktischem Niveau versuchsweise in das westliche Alltagsleben integriert werden, hat es schon sehr lange gegeben. Das ist für mich eine Empfehlung. Meditative Techniken, die vor allem aus dem Osten zu uns gekommen sind, gehören nicht zum New Age, sondern sind eher alterslos, tatsächlich Tausende von Jahren alt und dazu bestimmt, mit den sehr realen Themen von Mut und Furcht, Bewältigung und Hilflosigkeit, Erfolg und Versagen, Leben und Tod umzugehen. Diese alten Techniken sind von Tausenden von Menschen jahrhundertelang »getestet« und auf intellektuell strikte Weise von brillanten und engagierten LehrerInnen verfeinert worden.

Erinnern Sie sich, daß die östlichen Techniken, die hier vorgestellt werden, nur eine Hälfte der Gleichung darstellen, die insgesamt das Überwinden von Erlernter Hilflosigkeit kennzeichnet: die Hälfte, die nötig ist, um den Streß zu mindern, der mit der Veränderung notwendigerweise verbunden ist, und um der Interpretation entgegenzutreten, daß das Leben zwischen den Trapezen (Risiko und Veränderung) furchterregend und unangenehm sei. Hoffentlich werden Sie die meditativen Techniken in Verbindung mit und komplementär zu den eher traditionellen westlichen Techniken anwenden, die ebenfalls besprochen werden.

Auf diese Weise erhalten Sie als eine Frau, die sich in einem Prozeß der Veränderung befindet, die Handlungs-Werkzeuge, um von Punkt A (Hilflosigkeit) zu Punkt B (Bewältigung) zu gelangen und das innere Gleichgewicht zu erhalten, um diese Reise antreten zu können.

Das Paradox des Nichtwiderstands

Ein Gutteil der Meditationstechnik handelt von Nichtwiderstand. Das mag Ihnen seltsam erscheinen. Schließlich scheint die Ermahnung, mit dem Fluß zu schwimmen, sich mit der im Prozeß befindlichen Veränderung zu bewegen, das zu akzeptieren, was Ihnen Ihre Erfahrung auch immer vorsetzt, zu einer Form der Passivität zu raten, zu einer anderen Form von – Gott behüte – Hilflosigkeit. Ihr altes hilfloses Selbst, mit seiner Art des Entweder-Oder-Denkens sagt: »Tja, wenn es nicht dies ist, muß es das sein; wenn ich keinen Widerstand leiste, muß ich mich treiben lassen«, als ob es nur diese beiden Möglichkeiten gäbe.

Für den östlichen Geist führt Nichtwiderstand weder notwendigerweise zu Nachgiebigkeit noch zu Passivität, Lethargie oder Apathie. Mit dem Fluß zu treiben gibt uns viel Handlungsspielraum, vielleicht sogar mehr, als Widerstand es möglich macht. Es bedeutet dauernde Aktivität und fröhliches Streben innerhalb dessen, was *ist*, statt auf das hin, was oder wie wir gerne sein würden. Abgesehen davon können wir es nie dazu bringen, wie wir es gerne haben würden, bis wir es so behandeln, wie es *ist*. Und klingt das nicht ziemlich bewältigungsorientiert in Ihren Ohren?

Die Kampfsportarten zum Beispiel lehren den asiatischen Ansatz, sich den natürlichen Energiefluß zunutze zu machen, statt ihm zu widerstehen. Der Geübte widersteht der Energie seines Gegners nicht, sondern benutzt sie. Nun würde niemand daraus schließen wollen, der Kung-Fu-Schauspieler Bruce Lee sei hilflos gewesen, weil er sich dem Energiefluß anpaßte. Niemand würde ihn je beschuldigen, zu passiv gewesen zu sein. Niemand würde auch nur auf die Idee kommen, er sei nicht in der Lage, das Endergebnis von Ereignissen zu beeinflussen.

Zwar habe ich mich hier ein wenig ironisch ausgedrückt, aber ich will auf etwas ganz Bestimmtes hinaus. Ironischerweise ist der gut ausgebildete Kampfsportler bewältigungsorientiert (wir nennen ihn sogar einen Meister), *weil* er gelernt hat, keinen Widerstand zu leisten, weil er gelernt hat, loszulassen, seine Energie bewußt einzusetzen, statt sie zu verschwenden, indem er Kräften Widerstand entgegensetzt, die stärker sind als er selbst. Er bleibt den Anforderungen der Situation, in der er sich befindet, auf höchstmögliche Weise gewachsen, und ist in der Lage, bewußt und angemessen zu handeln. Je höher das Bewußtseinsniveau, desto größer die Fähigkeit des Ausübenden.

Wie der Kampfsportler können wir uns unserer selbst und unserer Kräfte bewußt werden und lernen, den Energiefluß in jeder Situation zu nutzen, um uns zu stärken. Wenn wir manche Energie negativ nennen – zum Beispiel Angst (Erinnern Sie sich an den Trapezakt?) –, dann versuchen wir entweder, diese Kraft aufzuhalten, oder werden hilflos. Statt dessen müssen wir lernen, die Energie zu nutzen, die da ist, ohne zu bewerten, welcher *Art* sie ist.

Zum Beispiel hat Thich Nhat Hanh* einmal gesagt, den meisten von uns erscheine das Welken und Verblühen eines Frühlingsblumenstraußes als ein Drama. Schließlich sind Blumen schön und wünschenswert, Verblühtes jedoch ist Müll und als solcher häßlich und unangenehm. Das Welken erinnert uns an die Sterblichkeit. Wir bewerten den Prozeß des Verwelkens von Blumen zu Kompost als negativ und verbergen diesen Prozeß vor unseren Blicken.

Wenn wir jedoch die Sache aus etwas größerer Distanz betrachten, entdecken wir viele Details. Wir sehen zum Beispiel, daß Kompost und Blumen gar nicht voneinander getrennt sind. Der Samen, der dazu bestimmt ist, die Blume zu werden, wird sich des Kompostes bedienen. Im Laufe der Zeit wird sich auch die Blume in welken Kompost verwandeln, der zusammen mit Sonnenlicht und Wasser wiederum eine Blume hervorbringen wird. Wir sehen, daß Blumen und Kompost, wenn wir sie mit einem gewissen Gleichmut betrachten, Teil desselben Prozesses der Veränderung sind.

Indem wir den Prozeß mit menschlichen Vorurteilen betrachten und bewerten, stoppen wir nur seinen Fluß. Wir müssen den Kompost nicht dafür hassen, daß er nicht eine Blume ist, ebensowenig müssen wir die Blume dafür hassen, daß sie hinterher »zu Müll« wird. Wir können lernen, sie beide im Fluß der Zeit anzunehmen, jedem von beiden sein Recht zuzugestehen. Der Energiefluß zwischen Blume und Kompost ist Teil eines perfekten Zyklus der Veränderung, der unendlich größer und mächtiger ist als die engen Grenzen von Gut und Böse, Schön oder Häßlich, die von Menschen mit ihren vorgefaßten Meinungen und Erwartungen gesetzt werden.

---

* Thich Nhat Hanh ist Zen-Mönch und lebt in den Vereinigten Staaten, wo er als Schriftsteller und Vortragsreisender mit Vietnam-Veteranen arbeitet und sich in der Friedensbewegung engagiert.

Wenn wir darauf bestehen, das Leben solle aus ewig blühenden Blumen bestehen, leugnen wir die größere Wirklichkeit des Prozesses: Fluß und Veränderung. Indem wir Widerstand leisten gegen die Situationen, die nicht immer unseren Erwartungen entsprechen oder riskant und unvorhersagbar sind, verpassen wir die Möglichkeit für Wachstum, Veränderung und Verwandlung. Zorn, Kummer und Angst sind nicht mehr oder weniger abzulehnen als Kompost. Wie Kompost sind sie Teil eines größeren Geschehens und können mit der Zeit unendlich schöne Blumen hervorbringen. Zorn kann sich in eindeutige Handlungen verwandeln, Kummer in Mitempfinden sich selbst und anderen gegenüber und Furcht in Begeisterung und Selbstvertrauen.

Daß es Kräfte des Risikos und der Veränderung gibt, die stärker sind als wir selbst, Kräfte, die auf menschliche Bedürfnisse, Wertvorstellungen und Wünsche nicht eingehen, würde niemand leugnen. Manche von ihnen sind ausgesprochen zerstörerisch, vom menschlichen Gesichtspunkt aus betrachtet. Ein Tornado zum Beispiel kümmert sich einen feuchten Dreck um mein Haus und mein Eigentum, meine Furcht oder meine Hilflosigkeit. Darüber hinaus ist er eine viel zu mächtige Kraft, als daß ich ihr widerstehen oder sie kontrollieren könnte. Verwandelt mich diese Tatsache demnach in ein hilfloses Wesen, wenn es darum geht, mit einem Tornado fertig werden zu müssen? Keineswegs. Ich habe immer noch die Möglichkeit, das Ergebnis von Ereignissen zu beeinflussen. Zwar mag ich möglicherweise gezwungen sein, mein Eigentum aufzugeben, aber ich kann wahrscheinlich mein Leben retten, indem ich sorgfältig und in Übereinstimmung mit den Anforderungen der Situation, in der ich mich befinde, handele, *wenn* ich also bewußt und planvoll agiere.

Bewältigungsorientiertes Verhalten stellt noch keineswegs sicher, daß die Dinge auch immer so werden, wie Sie sie gerne haben möchten. Ein Ehepartner, der fest entschlossen ist, die gemeinsame Wohnung zu verlassen, wird sich wahrscheinlich nicht umstimmen lassen. Ein Unternehmen, das Personal abbaut, wird mit Sicherheit auch Personal entlassen. Der Altersprozeß wird nicht innehalten. Der Kompost wird eine bestimmte Zeit benötigen, um sich in Blumen zu verwandeln, und ein Tornado wird sich wie ein Tornado verhalten.

Wenn wir also die meisten Ereignisse und auch die meisten Menschen nicht kontrollieren können, was ist dann der Zweck des Loslassens angesichts von Veränderungen, um bewältigungsorientiert zu werden? Der Zweck ist nicht Kontrolle. Der Zweck ist Verwandlung. Wie der Alchimist, auf den wir uns im vorangegangenen Kapitel bezogen haben, können wir uns selbst verwandeln, ebenso unsere Wahrnehmung und unsere Einstellung gegenüber Risiken und Veränderungen, und zwar von dem unedlen Metall der Hilflosigkeit in das Gold der Bewältigung. Wir können kreativer und weniger ängstlich leben, sorgfältig unsere Handlungen planen und ausführen, Kompost in Blumen verwandeln und unser Leben inmitten eines Tornados retten.

Paradoxerweise also vermittelt das Akzeptieren dessen, was *ist* (Nichtwiderstand oder Loslassen), eine größere Klarheit bei Handlungen und Ruhe angesichts von Widrigkeiten. Beobachtung und Akzeptanz des Blumen-werden-zu-Kompost-Prozesses der Veränderung ermöglichen es uns, die vorhandene Energie zu benutzen, um zu wachsen und uns zu entwickeln. Nichtwiderstand angesichts der Allmacht des Tornados ermöglicht es uns, mit größerer Klarheit inmitten seiner Wucht zu handeln. Hervorragende und einfühlsame LehrerInnen aus dem Osten haben über viele Jahrtausende festgestellt, daß Meditation ein gutes Mittel ist, den schwierigen Prozeß des Nichtwiderstandes oder Loslassens zu erlernen. Nichtwiderstand lehrt paradoxerweise bewältigungsorientiertes Verhalten. Fragen Sie nur Bruce Lee. Riechen Sie nur den Duft der Blumen.

Der Geschmack von Heidelbeeren

Bevor wir uns den Regeln der Meditation im einzelnen zuwenden, ist es wichtig, einige Schwierigkeiten bei dieser Erörterung zu erwähnen. Sehen Sie, Meditation zu erklären, ähnelt ein wenig dem Versuch, den Geschmack frischer Heidelbeeren zu erklären. Manche Dinge muß man einfach probieren. Man kann sagen: »Es ist wie dies oder wie jenes«, doch Worte vermitteln nicht die Sinneserfahrung, die vielfältigen Wahrnehmungs-, Empfindungs- und Gefühlsschichten, die aktiviert werden, wenn wir tatsächlich die Heidelbeeren auf der Zunge zergehen lassen – das Zerbeißen der zarten kleinen Beeren und das süß-saure Feuerwerk im Mund. Sprachlich ist es nur schlecht zu beschreiben, und Zen-LehrerInnen haben dafür einen Ausspruch: »Der Finger, der auf den Mond deutet, ist nicht der Mond.«

Wie die Erfahrung selbst ist die Natur des Wissens, das sich aus der Meditation ergibt, der traditionellen Sprache, mit der sie beschrieben werden soll, kaum zugänglich. Manche Beschreibungen von Meditationstechniken erfordern Begriffe und Hinweise auf andere Erlebnisweisen, die nur metaphorisch oder durch sorgfältige Anwendung der Intuition verstanden werden können. Wenn Beschreibungen von Meditationen vage oder verwirrend erscheinen, sollte Sie das nicht behindern oder Sie sogar dazu verleiten, sie logisch analysieren zu wollen. Vertrauen Sie auf den Fluß Ihrer intuitiven Wahrnehmung, und Sie werden die Wahrheit dessen, was gesagt wird, erfassen. Nach diesem Hinweis mag es an dieser Stelle nützlich sein, die Natur meditativen Bewußtseins zu ergründen.

Wir alle erleben gelegentlich flüchtige Momente, in denen unser Bewußtsein voll »da« ist; das heißt, in denen wir ganz im Fluß der Ereignisse treiben, ohne Widerstand zu leisten, ganz und gar im Augenblick präsent und frei von Selbstzweifeln. Mir ist das eines Tages passiert, als ich Klavier übte. Ich konzentrierte mich auf eine schwierige Passage, die ich immer wieder spielte, und blickte irgendwann auf die Uhr, in der Annahme, es seien vielleicht zwanzig Minuten vorbei. Erstaunt mußte ich feststellen, daß zwei Stunden vergangen waren! Ich war so in meine Bemühungen versunken gewesen, daß die Zeit – oder meine Vorstellung von ihr – sich verändert hatte.

Es war ein für mich vollständig absorbierendes Gefühl des Nichtwiderstandes gegenüber den Anforderungen des reinen Augenblicks, das diese Bewußtseinserfahrung ermöglichte, während mein gewöhnliches Maß für die Wirklichkeit sich auflösen konnte. Ich dachte nicht darüber nach, was ich sonst noch zu tun hatte oder wer um mich herum noch in den zwei Stunden, die ich für das Klavierüben brauchte, meine Aufmerksamkeit benötigt hätte. Aber es war nicht Vergeßlichkeit im negativen Sinne von Nachlässigkeit oder Träumerei. Die Auflösung der konventionellen Wirklichkeit trat ein als Ergebnis meiner auf einen Punkt ausgerichteten Konzentration und war keineswegs erschreckend oder verwirrend, sondern befreiend und im tiefsten Sinne friedlich.

Ein solcher Augenblick wird häufig als ein ganz besonderes Ereignis betrachtet, kann jedoch auch im Alltagsleben durchaus vorkommen. Glücklicherweise ist er durch und durch menschlich und leicht erkennbar: Ohne Mühe in den Rhythmus eines Lieblingsliedes einfallen zu können, ohne nachzudenken, es dem Körper erlauben, den Rhythmus zu fühlen; die eigenen Bewegungen mit der Kadenz eines galoppierenden Pferdes abzustimmen, zu einem einzigen Körper zu verschmelzen, der sich durch den Raum bewegt; klar und eindeutig in einer Krise reagieren, ohne nachdenken zu müssen, etwa einem rasenden Fahrzeug durch einen Sprung ausweichen. Die perfekte Abfahrt einen Skihang hinunter. Der perfekte Lob auf dem Tennisplatz. Lustbetonter Sex. Gebären. Es dem Körper erlauben, all das zu tun, was er bereits zu tun weiß.

Diese Momente vereinigen und integrieren die Hauptwörter und Verben der Erfahrung, bis es keine Trennung mehr gibt zwischen mir und dem, was ich tue. Mit anderen Worten, es ist eine Art des Loslassens, eine Art des Nichtdenkens inmitten von Aktivität. Es ist Tun statt Denken. Sportler und Musiker können sich schwärmerisch über diese Erfahrung auslassen oder sie einfach als gegeben hinnehmen, als Teil ihres Sports oder ihrer Kunst, immer wenn etwas besonders gut gelungen ist. Mit den Worten des Yogi Berra: »Wie kann man denken und treffen zur gleichen Zeit?« Oder O. J. Simpson: »Denken ist das, was einen von hinten erwischt.«

Meditation ist also die Technik, die den Geist trainiert, diesen integrierten, ruhigen, keinen Widerstand leistenden, doch aufmerksamen und energiegeladenen Zustand in die wache Welt des konventionellen Bewußtseins und der gewöhnlichen Realität einzubringen. Es ist die Technik, die es dem Sonnenlicht der Klarheit – das so notwendig ist für bewältigungsorientiertes Verhalten – ermöglicht, durch den umwölkten Zustand des Teilbewußtseins, der durch EH geschaffen wird, hindurchzuscheinen.

Meditation lehrt einfach, still zu sein. Sie wird häufig als eine Sitz-Übung betrachtet und auch so bezeichnet, denn das genau ist sie auch: Man lernt, zu sitzen, nichts zu tun, nicht einmal zu warten. Man phantasiert nicht, löst keine Probleme, macht sich keine Sorgen und plant nicht. Man sitzt einfach da. Dieses Sitzen geschieht nicht benommen oder schläfrig, sondern aufmerksam und sich der Einzigartigkeit jedes Augenblicks, der auf dem Bildschirm eines energiegeladenen, spiegelartigen Geistes abläuft, voll bewußt. *Meditation lehrt uns, wie wir den Inhalt (das Drama) unseres Verstandes loslassen und statt dessen den Prozeß beobachten können.*

Dies kommt vielen abendländischen Menschen absurd vor. Warum sollte irgend jemand einfach dasitzen und nichts tun wollen, nicht einmal tagträumen? Außerdem können wir uns einen solchen Zustand kaum vorstellen. Er erscheint uns irgendwie zombiehaft. Denn die westliche Kultur hat keinen Kontext dafür, und wir legen auch gar keinen Wert darauf, einfach nur still zu sein. Unsere Kultur verlangt, daß wir immer *irgend etwas* tun, »nicht die Hände in den Schoß legen« und so weiter. (Selbst Gebete sind gewöhnlich nur eine weitere Form, viel Lärm zu machen, indem wir mit Gott ein Schwätzchen halten und ihm mitteilen, was wir wünschen oder brauchen.) Doch es ist die Stille, in der wir Gott *hören*. Daher ist das erste, was Abendländer tun müssen, um Ruhe und Klarheit zu kultivieren, daß sie jeden Tag eine kurze Zeit lang einfach dasitzen und nichts tun. Nicht planen, keine Listen erstellen, nicht über die Vergangenheit nachdenken oder sich über die Zukunft Sorgen machen, nicht irgendeinen Gedankeninhalt wieder und wieder durchkauen.

Manche MeditationslehrerInnen haben die folgende Analogie vorgeschlagen als eine Möglichkeit, den Vorteil einer absolut inaktiven, perfekt ruhigen Periode pro Tag zu verstehen: Stellen Sie sich vor, Fremde aus dem All seien auf unserem Planeten gelandet und sind mit sehr vielem beschäftigt, scheinen aber erschöpft zu sein. Sie erfahren, daß sie nicht schlafen. Als Sie ihnen vorschlagen, daß sie sich nach dem Schlaf doch sehr viel besser fühlen würden, erwidern die Außerirdischen: »Was? Einfach nur an einem Ort acht Stunden lang liegen und nichts tun? Wie lächerlich!«

Mit der Zeit und zunehmender Übung kann die Fähigkeit, jeden Augenblick wahrzunehmen, in ihm präsent zu sein und ihm keinen Widerstand entgegenzusetzen, auch auf die streßreichsten Lebensumstände übertragen werden. Dies verschafft eine Pause, in der die richtige Handlung, die mit dem Augenblick perfekt übereinstimmt, innerlich Gestalt annimmt; die Stille, in der das richtige Wort gesprochen wird. Meditation fördert den Mut angesichts feindlicher Umstände. Kurz, sie ermöglicht mit der Zeit, bewältigungsorientiertes Verhalten zu üben und weiterzuentwickeln.

Darüber hinaus hilft sie uns nicht nur, irgendwann in der Zukunft unser Ziel zu erreichen, sondern erleichtert auch in der Gegenwart den Streß, der dadurch entsteht, daß wir dabei sind, unser Selbstkonzept zu verändern. Mit anderen Worten, Meditation ist sowohl das Ziel als auch der Weg zu diesem Ziel. Sie macht Veränderungen leichter, indem sie den damit einhergehenden Streß vermindert.

Wenn wir loslassen, gibt es kein Selbst, das getrennt sein könnte von der Veränderung und das wir schützen müßten. Wir *sind* die Veränderung. Mit anderen Worten: Veränderung der Lebensumstände, Veränderung des Selbst – das ist ein und dasselbe. Es hat gar keinen Zweck, Widerstand zu leisten; da wir *Teil* des sich ständig verändernden Universums sind, ist Veränderung die Natur unserer persönlichen Wirklichkeit. Es ist wie die inzwischen etwas strapazierte, aber ewig gültige Analogie vom Leben als Fluß.

Der Strömung eines Flusses Widerstand zu leisten ist erschöpfend, denn die Energie des Flusses ist weit größer und hält länger an als die Energie des einzelnen Schwimmers. Eins zu werden mit dem Fluß (der Veränderung), keine Getrenntheit von seiner Strömung zu erfahren erlaubt es jedoch, Auftrieb zu bekommen, von seiner ungeheuren Energie hinweggetragen zu werden, und verbessert sogar die eigenen Überlebenschancen. Es garantiert das Überleben nicht, das sollten Sie im Gedächtnis behalten, es verbessert nur Ihre Chance. (Es gibt im Leben für nichts eine Garantie.)

Es ist wahr, daß der Fluß Sie vielleicht manchmal auf einen Baumstamm schleudert. Vielleicht verletzten Sie sich dabei. Doch wenn Sie erst einmal im Fluß sind – das sind Sie bereits, wenn Sie lebendig sind –, ist es zu spät, Widerstand zu leisten. Mit dem Fluß zu schwimmen ist weitaus einfacher und bewältigungsorientierter. Manchmal verliert der Fluß vielleicht an Tiefe, und Sie finden sich in einem strömungsarmen kleinen Seitenarm wieder, wo Sie darauf warten, daß der Hauptfluß Sie wieder zurückholt. Das bedeutet jedoch nicht, daß Sie reglos am Ufer ausharren und den Seitenarm hassen müssen, weil er nicht der Hauptfluß ist. Sie können sich durchaus fröhlich vergnügen, indem Sie die Umgebung erkunden, sich einen komfortablen Platz zum Ausruhen suchen und sich um sich selbst kümmern, bis der Fluß von Natur aus wieder anschwillt. Sie können ein Boot bauen für die Zeit, wenn der Fluß wieder ansteigt, oder sogar einen Plan entwerfen, zum Hauptstrom zu gelangen. Worauf ich hier hinaus will, ist dies: Passivität, Lethargie oder Depression müssen nicht unbedingt das Ergebnis des Loslassens sein.

Ein anderer vorherrschender Mythos ist, Meditation sei immer eine entspannende und beruhigende Erfahrung. Manchmal ist sie das, manchmal nicht. Meditation ist nicht immer einfach, auch ist sie nicht unbedingt ein Segen. Einerseits verbessert sie fraglos die Qualität und das Gefühl für den Tonus des eigenen Lebens. Sie hilft, größere Ruhe und Klarheit zu bekommen. Wie ein Meditationslehrer mir einmal sagte: »Meditation handelt davon, geistige Stärke zu entwickeln.« Andererseits kann sie eine äußerst beunruhigende Erfahrung sein, voller innerer Erregung und ungewöhnlicher Enthüllungen, die möglicherweise ihr Leben verändern. Mit den Worten zweier Zen-Meister:

Meditation ist keine Frage des Versuches, Ekstase, spirituellen Segen oder auch nur inneren Gleichmut zu erreichen; noch ist es der Versuch, ein besserer Mensch zu werden. Es ist einfach nur das Schaffen eines Raums, in dem wir in der Lage sind, unsere neurotischen Spiele, unsere Selbsttäuschungen, unsere verborgenen Befürchtungen und Hoffnungen loszulassen.

Chogyam Trungpa: Der Mythos Freiheit

Während des Zazen (der Sitzmeditation) werden Gehirn und Bewußtsein gereinigt. Es ist genauso wie bei trübem Wasser, das in einem Glas steht. Nach und nach sinkt das Sediment auf den Boden, und das Wasser wird rein.

Taisen Deshimaru: Fragen an einen Zen-Meister

Das Leben wird auch weiterhin das Leben sein, selbstverständlich. Die Waschmaschine wird immer noch gerade an dem Tag zusammenbrechen, an dem die ganze Familie nach einem zweiwöchigen Urlaub zur Tür hereinstürmt. Das Auto wird immer noch mitten in der Rush-hour auf der Autobahn stehenbleiben. Es wird regnen, wenn Sie sich gerade einen Picknicktag ausgesucht haben. Es ist unrealistisch zu erwarten, daß die Probleme insgesamt verschwinden. Doch mit einer konzentrierten Anstrengung, regelmäßig zu meditieren, werden Sie mit der Zeit die *geistige Klarheit* entwickeln, mit Ihren Problemen so umzugehen, *wie sie sind*, mit größerer Bewältigungsfähigkeit und weniger Abnutzungserscheinungen an Ihrem Nervensystem. Mit den Worten eines anderen Meisters:

[Meditative] Klarheit ermöglicht es Ihnen, die Faktoren zu sehen, die Ihre Wahlmöglichkeiten von Augenblick zu Augenblick bestimmen. Sie müssen nicht darüber nachdenken, um dies alles zu erfassen... Ohne Anstrengung ist Ihre Reaktion auf allen Ebenen optimal, nicht nur mechanisch reaktiv auf einer Ebene.

Ram Dass: Reise des Erwachens

Schwierigkeiten bei der Meditation

Ich habe das Gefühl, daß es hilfreich sein könnte, schon früh auf die Schwierigkeiten hinzuweisen, denen im allgemeinen jeder Mensch begegnet, wenn er oder sie zum ersten Mal mit der Sitzübung beginnt. Denn wer unter EH leidet, wird zu der Schlußfolgerung neigen, jede Schwierigkeit spiegele nur die eigenen, persönlichen Unzulänglichkeiten wider, während sich in Wirklichkeit alle Meditierenden ähnlichen Schwierigkeiten gegenübersehen. Wer unter EH leidet, wird zu der Überzeugung tendieren, daß für alle anderen Menschen Meditation leicht und einfach zu erlernen ist. Aus diesem Grund habe ich es vorgezogen, einige der üblichen Frustrationen bei der Meditation zu diskutieren, *bevor* ich die Technik selbst vorstelle.

Wenn Sie sich das erste Mal hinsetzen, um zu meditieren, mit dem Ziel, innerlich ruhig und still zu werden, nicht zu denken oder zu planen, sich Sorgen zu machen oder zu grübeln, zu hoffen, zu wünschen oder zu träumen, werden Sie überrascht feststellen, wieviel Widerstand Ihr Geist genau dem entgegensetzt (ruhig zu sein) und wie schnell Ihre Gedanken in tausend Richtungen davonschwirren, wie unglaublich geräuschvoll Ihr geschwätziger Intellekt auf einmal wird. Manchmal, wenn Ihre Gedanken sich zum Beispiel gefährlich außer Kontrolle anfühlen, entsteht ein heilloses Durcheinander. Bei anderen Gelegenheiten werden Ihre Gedanken nur ruhig irgendeinen Pfad entlangwandern und Sie dahin mitnehmen, bevor Sie merken, daß Sie gar nicht still sind, sondern unbewußt an altmodischem Denken festhalten, indem Sie planen oder sich an etwas erinnern oder ein Problem lösen. Bei wieder anderen Gelegenheiten werden Ihre Gedanken einfach nur in einem Teich voller Ideen herumhüpfen wie ein Frosch, aus keinem anderen Grund als aus purem Vergnügen am Herumhüpfen. Sehr häufig wird Ihr schwatzhafter Intellekt versuchen, Sie zu überzeugen, daß Sie versuchen sollten, etwas »herauszubekommen«, statt einfach nur dazusitzen, ruhig und still.

Affengeist

Es gibt eine sehr angemessene buddhistische Beschreibung dieses Widerstands gegenüber der Stille, dieser Tendenz des Verstandes, von einem Thema zum anderen zu hüpfen: Affengeist (monkey mind). Der Geist ist wie ein ruheloser Schimpanse und hüpft von einem Fleck zum anderen, ohne Richtung oder Ziel. Der Geist hat große Schwierigkeit, zur Ruhe zu kommen und still zu werden. Wie ein widerstrebender Affe muß er ausgebildet werden.

Darüber hinaus zieht Sie der Affengeist von Ihrem Zentrum weg, fort von dem Bewußt-Sein, und zwar mit großer Geschwindigkeit. Der Affengeist wird unvermeidlich eine Menge Krach machen, was Ablenkung und Verwirrung bedeutet. Mit anderen Worten, die Schwierigkeit, sich eine gewisse Zeitlang auf Stille zu konzentrieren (ein Problem, dem alle Meditierenden begegnen), stellt sich als ein typisches Merkmal des menschlichen Gehirns heraus. Es ist schlicht die Natur des gewöhnlichen Bewußtseins, sich auf »Dinge« zu konzentrieren und Spaß daran zu haben, wie ein Frosch von einer Sache zur anderen zu hüpfen. Es ist eine Möglichkeit, wie das Gehirn sich selbst unterhält.

Als ich zum ersten Mal meditierte, fühlte ich mich hinterher elend, handelte auf typische EH-Weise und gab mir selbst die Schuld, weil ich persönlich offenbar nicht in der Lage war, mich zu konzentrieren. Mein Lehrer blickte mich freundlich an und sagte: »Wie lange dauert es, bis man den Doktortitel hat?«

Ich verstand nicht, was das mit Meditation zu tun haben sollte, und starrte ihn nur an.

Er wiederholte seine Frage: »Wie viele Jahre dauert es, bis man den Doktortitel hat?«

»Ich weiß nicht, vielleicht acht oder neun insgesamt.«

»Richtig«, erwiderte er, »also können Sie nicht erwarten, alles schon von Beginn an zu wissen. Sie würden ja erwarten, daß es viele Jahre dauert, bevor Sie es verstehen. So ist es auch mit der Meditation. Geben Sie sich Zeit zu lernen.«

Alles, was Sie brauchen, sind dreißig Minuten und den Rest Ihres Lebens – dreißig Minuten täglicher Meditationsübung und den Rest Ihres Lebens, in dem Sie Ihre Technik verfeinern, die Ernte Ihrer Anstrengungen einfahren, das Funktionieren Ihres Geistes begreifen und verstehen, wie er Sie in alten Mustern, Überzeugungen und Selbstkonzepten gefangenhält. Wie Tom Robbins in seinem Buch *Even Cowgirls Get the Blues* beobachtet: »Das Gehirn ist nur wenig mehr als ein pädagogisches Spielzeug, aber es ist ein frustrierendes Spielzeug – eines, dessen feinere Teile sich zurückziehen, genau dann, wenn man glaubt, daß man sie bewältigt.« Die große Wahrheit dieser Äußerung muß man erst einmal anerkennen, um die Bereitschaft zu entwickeln, Meditation als lebenslange Praxis, die zunehmend verfeinert wird, zu kultivieren. Es dauert viele Jahre, bis man eine nicht-widerstehende Beobachtung gelernt hat.

Zwar ist die Meditation keine religiöse Praxis, sie muß aber nicht von Gebeten getrennt existieren oder sich mit ihnen in Konflikt befinden. Tatsächlich lehren viele traditionelle christliche Religionen, wie man meditierend beten kann, das bedeutet, den Geist zur Ruhe zu bringen und mit Gott zu kommunizieren – auf andere Weise als in der traditionellen Form eines Gebetes. In der Vergangenheit waren diese Techniken, Gott zu erreichen, als ein Eliteaspekt des Glaubens betrachtet worden, für Mystiker reserviert. Als das Verständnis und die Akzeptanz östlicher Praktiken wuchsen, haben viele Konfessionen diese Techniken in ihre traditionellen westlichen Formen des Gebetes integriert.

Es gibt natürlich immer noch Religionen, die Meditation als Teufelswerk betrachten. Offensichtlich würden diejenigen, die solchen Überzeugungen anhängen, Meditation nicht einmal näher in Betracht ziehen. Statt dessen ist Meditation etwas für all jene, die schon einmal einen Blick auf die Möglichkeiten geworfen haben, die in ihrem Inneren aufscheinen. Meditation bietet Raum, der es wiederum ermöglicht, daß dieses Aufscheinende ins Bewußtsein vordringen kann.

Glücklicherweise gibt es Menschen, die lange genug ihren Affengeist trainiert haben, um dem Rest von uns beibringen zu können, wie es gemacht wird. Von diesen weisen und ehrwürdigen Meistern stammen wunderbare Lehren darüber, wie man gelassenes, loslassendes Bewußtsein praktizieren kann, sowohl in einem meditativen als auch in einem eher konventionellen, gewöhnlichen Geisteszustand. Manche dieser Techniken werden weiter unten beschrieben. (Für diejenigen, die gerne eine sitzende Übung durchführen möchten – und ich ermutige Sie von Herzen, dies zu tun –, gibt es buchstäblich Tausende von verschiedenen Techniken und viele Handbücher, Leitfäden und LehrerInnen. Die folgenden Techniken stellen die Grundlagen für AnfängerInnen dar.)

Wie es geht

Alle Meditationstechniken fallen in zwei grundlegende Kategorien: Techniken, die sich mit Konzentration (*focussing*) beschäftigen, und solche, die das Loslassen (*clearing*) ermöglichen. Zwar gibt es Ähnlichkeiten zwischen den beiden Arten, doch die erstgenannte ist wahrscheinlich die am meisten praktizierte und am besten verstandene, also werden wir damit beginnen. An alle Meditationsanfänger ergeht der Rat: Probieren Sie die verschiedenen Arten aus und bleiben Sie bei der, die Ihnen am besten gefällt.

Meditationsübung 1: »Zählen und Atmen« (eine Methode des focussing oder der Konzentration auf einen Punkt)

Atem ist Leben. Aber das wissen Sie schon. Oder nicht? Wir Westler nehmen das Atmen als selbstverständlich hin. Wir denken nicht darüber nach oder schenken ihm Aufmerksamkeit oder kultivieren es, es sei denn, etwas läuft falsch. Wir atmen gedankenlos. Überdies scheint es absurd zu sein, sich Zeit dafür zu nehmen, etwas so Natürliches zu üben.

In östlichen Kulturen jedoch wird der Atem nicht so selbstverständlich hingenommen. Der Atem wird aufgrund seiner überragenden und unzweifelhaften Bedeutung geehrt, seiner Fähigkeit, den Körper mit dem Geist zu verbinden. Man lernt also, bewußt zu atmen. Zeit (in Form der Meditation) wird dafür bereitgestellt, sich mit dem Atem in seinen verändernden und veränderlichen Aspekten vertraut zu machen – flach und schnell in Angstzuständen, tief und fließend bei Entspannung und so weiter – und auf immer mehr verfeinerten Ebenen die Variation und Einzigartigkeit jedes Atemzugs in jedem gegebenen Moment schätzenzulernen. Die Übung des bewußten Atmens ist sowohl leicht als auch tiefgründig – leicht, weil sie so natürlich ist, und tiefgründig, weil sie Subtilität, Empfindsamkeit, Unterscheidungsfähigkeit, Selbsterkenntnis und Bewußtheit fördert.

Beginnen Sie damit, das Telefon auszustöpseln. Setzen Sie sich aufrecht in einen bequemen Stuhl oder Sessel, und schließen Sie die Augen. Legen Sie sich nicht hin; wenn Sie das tun, könnten Sie einschlafen. Dies wird wahrscheinlich ohnehin gelegentlich passieren. Kritisieren Sie sich nicht dafür, sondern versuchen Sie, es zu vermeiden. Wenn Sie extrem müde sind, brauchen Sie vielleicht einfach nur ein kleines Nickerchen. Letztlich werden Sie entdecken, daß Meditation selbst ausgesprochen zu Ihrer Erholung beiträgt.

Nun »folgen« Sie einfach sanft Ihrem Atem, während er friedlich in Ihren Körper hinein- und aus Ihrem Körper herausströmt. Erinnern Sie sich daran, daß Sie nicht *versuchen* sollen, irgend etwas zu tun. Der Körper weiß längst, wie er atmet, und er tut es, ob Sie darüber nachdenken oder nicht. Ihre einzige Aufgabe besteht darin, einen Prozeß zu beobachten, der im Körper ganz natürlich vorkommt.

Zählen Sie am Ende jedes ganzen Zyklus (ein Einatmen, ein Ausatmen), bis Sie zehn ganze Atemzüge erreicht haben. (Beispiel: Einatmen, Ausatmen 1. Einatmen, Ausatmen 2. Sie brauchen die Worte *Einatmen* und *Ausatmen* nicht zu verbalisieren, zählen Sie nur unhörbar für sich selbst.) Wenn Ihr Geist abschweift, beginnen Sie ganz sanft von vorn. Einfach, ja? Jetzt beginnen Sie damit, versuchen Sie es. Wenn Sie Anfängerin sind, sitzen Sie etwa zehn Minuten lang. (Es ist in Ordnung, wenn Sie zwischendurch die Augen öffnen, um auf die Uhr zu sehen.)

Wie war es?

Wenn es Ihnen ergeht wie den meisten Menschen, dann haben Sie wahrscheinlich folgendes erlebt. Vermutlich haben Sie irgendwann das Zählen vergessen, und Ihre Reihenfolge ist durcheinandergeraten. Ihr Geist wanderte wahrscheinlich irgendwelche willkürlichen Pfade entlang, Sie phantasierten oder lösten Probleme, oder vielleicht ist Ihr Verstand auch hyperaktiv geworden wie ein verängstigter kleiner Affe und begann, Sie anzukreischen. Vielleicht sind Sie eingeschlafen.

Versuchen Sie einfach zu vermeiden, sich selbst für das Abschweifen Ihrer Gedanken zu bestrafen. Solche Vorgänge sind natürlich und kommen bei allen Meditierenden vor. Erinnern Sie sich, Sie trainieren Ihren Affengeist, und Sie sollten einfach lernen zu erkennen, wann der Affengeist die Regie übernimmt. Vielleicht tun Sie dies einfach, indem Sie beobachten und korrigieren. Beobachten Sie sich, indem Sie sich selbst sagen: »Denken«, wenn Sie merken, daß Ihre Gedanken abwandern, und dann korrigieren Sie sich, indem Sie sanft Ihren Geist zurück zu dem Objekt Ihrer Konzentration bringen – dem Atem.

Wenn Sie die Aktivität des Denkens benennen, wie oben beschrieben, dann ist es wichtig, daß Sie dies ohne Be- oder Verurteilung tun. Beobachten Sie einfach und korrigieren Sie das Verhalten *ohne Kommentar*. Mit anderen Worten, wenn Sie sich in einem inneren Dialog befinden, der etwa so aussehen könnte: »O verdammt. Da bin ich doch schon wieder beim Denken. Was ist bloß los mit mir? Warum kann ich damit nicht aufhören? Warum versage ich schon bei einer so leichten Aufgabe? Ich brauche doch bloß zu atmen, um Himmels willen. Nun ja, okay, ich muß einfach besser werden. Ich *muß*. Ich werde meine Gedanken zwingen, zu verschwinden«, dann haben Sie die ganze Zeit damit zugebracht, sich mit Ihrem geschwätzigen Intellekt zu unterhalten, mit Ihrem Affengeist.

Jedesmal, wenn Sie in die Gewohnheit verfallen, sich schlecht zu fühlen oder sich selbst zu verurteilen, weil Ihr Geist abwandert, dann sitzen Sie in der alten Falle. Doch kritisieren Sie sich nicht dafür, daß Sie sich selbst kritisieren! Diese Art endlosen geistigen Rennens durch ein Labyrinth verstärkt nur das umwölkte Denken der EH und wird alle Anstrengungen zum Scheitern bringen, Klarheit und Gelassenheit zu entwickeln. Weigern Sie sich einfach, sich mit Ihrem Affengeist auf irgendeiner Ebene zu unterhalten.

Wenn Ihr Affengeist in Aktion ist, korrigieren Sie ihn einfach sanft, aber deutlich und bringen Sie ihn zurück, um den Atem zu beobachten. Schließlich wird Ihnen diese Angewohnheit, die Sie da gerade entwickeln, nämlich zu beobachten und zu korrigieren, natürlicher erscheinen, und Sie werden in der Lage sein, auf ähnliche Weise vorzugehen, wenn Sie Ihr EH-Verhalten beobachten und korrigieren, nämlich ohne sich in endlosen Verurteilungen und Schuldzuweisungen zu ergehen.

Meditationsübung 2: »Loslassen« (eine Clearing-Übung)

Diese Übung beginnt auf ähnliche Weise, aber diesmal beobachten Sie einfach nur, statt zu zählen. Beobachten Sie, wie der Atem kommt, und beobachten Sie, wie der Atem geht. Das ist schwieriger, weil es kein Zählen gibt, nichts, was Sie bei der Stange halten könnte, nichts, an dem sich Ihr Affengeist festhalten könnte. In dieser Übung tendiert der Geist dazu, noch mehr abzuwandern. Wenn er das tut, beobachten und korrigieren Sie ihn einfach, indem Sie ihn zum Atem zurückführen.

Erinnern Sie sich, es ist in Ordnung. Die undisziplinierte Art des Geistes ist es nun einmal, zu wandern, und da Ihr Geist noch nicht trainiert worden ist, stillzuhalten, wird es dauern. Auch hier: Wenn Sie feststellen, daß Sie sich auf einem Pfad der Phantasie, Emotionalität oder Intellektualität befinden, lernen Sie einfach, den Vorgang zu beobachten, zu korrigieren und loszulassen.

Meditationsübung 3: »Gedanken loslassen«

Dies ist eine weitere Übung des Loslassens. Probieren Sie jede der drei verschiedenen Meditationsübungen in einem Zeitraum von einer Woche oder mehr aus, und sehen Sie, welche davon Ihnen am meisten liegt.

Bereiten Sie Ihre Umgebung vor (kein Telefon usw.). Dann schließen Sie einfach die Augen, und lassen Sie alle Gedanken los. Es gibt viele Möglichkeiten, das zu tun: Lassen Sie die Gedanken ins Nichts fallen; oder starren Sie auf einen leeren Bildschirm; oder stellen Sie sich vor, Ihre Gedanken seien wie Rauch, der sich in Luft auflöst und verschwindet; oder beobachten Sie, wie sie bei einer Luftspiegelung verschwinden, je näher Sie kommen; oder drehen Sie den Lautstärkeregler Ihrer innerlich schnatternden Stimme immer leiser, bis nichts mehr zu hören ist.

Wenn ein Gedanke kommt – und das wird er ganz bestimmt tun, das wissen Sie –, dann registrieren Sie einfach: »Denken« wie zuvor, und dann lassen Sie den Gedanken los. Sie brauchen ihm nicht zu widerstehen oder an ihm zu hängen. Stellen Sie einfach fest, und dann lassen Sie los. Manche Gedanken, besonders diejenigen, die alt sind oder bestimmte Assoziationen mit sich bringen, haben die Macht, Sie an der Kehle zu packen und eine ganze Weile mitzuschleifen, bevor Sie auch nur feststellen, das dies geschieht. Auch dann können Sie sie immer noch friedlicher loslassen, wenn Ihnen bewußt wird, daß dies wieder einmal geschehen ist. Erinnern Sie sich: Es ist in Ordnung. Es passiert allen und für lange Zeit.

Ein beliebtes Bild, das MeditationslehrerInnen bei der Kunst des Loslassens benutzen, ist der Ozean und seine Bewegungen. Die Oberfläche scheint sich in vielfältiger Weise in Aufruhr zu befinden, vom sanft rollenden Plätschern bis zu riesigen, gefährlichen Flutwellen. Unter der Oberfläche jedoch, in der Tiefe, ist alles ruhig und still. Wenn während der Meditation ungebetene Gedanken kommen, dann denken Sie an sie als an Wellen auf der Oberfläche Ihres Geistes. Sie kommen herein, und sie gehen hinaus. Sie brauchen sie nicht festzuhalten oder ihnen zu widerstehen. Beobachten Sie einfach, wie sie kommen, und beobachten Sie, wie sie gehen, wohl wissend, daß Sie zu dem ruhigen, stillen Platz unterhalb des Tobens an der Oberfläche zurückkehren können.

Dieser Prozeß lehrt uns, wie wir unsere Gedanken beobachten können (unseren Erklärungsstil), als ob es Wellen wären, die kommen und gehen, ohne hilflos von dem Toben an der Oberfläche mitgerissen zu werden. Mit anderen Worten, Meditation fördert nicht nur das Zeugenbewußtsein, sondern sie lehrt auch, daß das Leben von diesem ruhigen, fließenden Ort aus gelebt werden kann. Die Ereignisse des Lebens rollen weiterhin an der Oberfläche ab, drohen immer, Sie hilflos oder angstvoll zurückzulassen. Es wird Unterströmungen und Sturmwellen geben, vielleicht auch riesige Flutwellen und rasende Orkane, aber die Beruhigung kommt aus dem Wissen (das heißt aus der tatsächlichen Erfahrung und nicht nur aus der intellektuellen Übung), daß der ruhige, blaue, sanfte, friedliche Ort immer erreichbar ist.

Dies ist keine Distanzierung im engeren Sinne des Wortes, sondern eher ein anderer Ort, eine andere Perspektive, aus der Sie die Situation betrachten können. Sie können sich nicht vor

Ereignissen in Ihrem Leben verschließen, genausowenig wie sich die Tiefe des Ozeans dem Ozean selbst verschließen kann, aber Sie werden einen anderen Ort finden, einen anderen Blickwinkel, aus dem Sie es beobachten können.

Die Analogie der Wellen ist eine mächtige Metapher dafür, mit schwierigen Emotionen wie Angst und Hilflosigkeit fertig zu werden, und lehrt uns die Nutzlosigkeit, Veränderungen widerstehen zu wollen. Glück, Trauer, Zorn, Freude, Furcht, Kummer, Liebe – sie alle sind Erfahrungen des menschlichen Wesens, die kommen und gehen werden wie Wellen auf der Oberfläche des Ozeans. So sicher, wie wir das eine Gefühl erleben werden, so sicher werden wir sie alle erleben. So sicher, wie die eine Welle verebbt, wird eine andere kommen. Es gibt immer eine neue Erfahrung, die den Platz der alten einnehmen wird. Das ist die Natur allen Seins. Wir können diesen Prozeß nicht aufhalten, weil er die innere Wahrheit des Lebens darstellt. Ihm Widerstand entgegenzusetzen bedeutet, sich gegen das Leben selbst zu stellen.

Indem Sie das Leben Sie leben lassen, öffnen Sie sich für die Freuden der Veränderung, so daß Sie wachsen können und sich von Ihren Erfahrungen leiten lassen, statt zu widerstehen und in hilflosen Verhaltensmustern steckenzubleiben. Deborah ließ das Leben in Rom sie leben, Janet ließ das Leben in ihrer Hütte im Winter sie leben, und Darla ließ auf den Höhen des Himalaja das Leben sie leben, und alle sind aus dem Prozeß als höher entwickelte menschliche Wesen hervorgegangen.

Indem Sie zulassen, daß das Leben Sie lebt, ermöglichen Sie es Ihren Erfahrungen, Ihre Überzeugungen zu formen, statt anders herum. Indem das Leben Sie lebt, wird Wachstum und Veränderung möglich. Abgesehen davon haben Sie die meiste Zeit über gar keine Wahl. Die Meditation wird Sie lehren, wie das Leben Sie leben kann, wobei Sie weniger Furcht, Hilflosigkeit, Heulen und Zähneklappern durchmachen müssen.

Letzte Chance

Während jener hilflosen Zeit in meinem Leben, als Ben verrückt wurde, war ich nicht in der Lage, die Energie, das Durchhaltevermögen oder die Entschlossenheit aufzubringen, um die Lesereise durchzuführen und nach Europa zu fahren. Ich wußte, ich brauchte Hilfe, nicht nur, um meinen beruflichen Verpflichtungen nachkommen, sondern um das Leben überhaupt bewältigen zu können. Ich dachte, Medikamente seien die Antwort. Ich ging zu einem Arzt und bat um Schlafmittel, Aufputschmittel, Antidepressiva, irgend etwas, das mir helfen könnte. Er hörte mir aufmerksam zu und sagte dann: »Tja, ich könnte Ihnen ein ganzes Bündel Rezepte in die Hand drücken, aber warum versuchen Sie es nicht statt dessen mit Meditation? Wenn Ihnen das nicht hilft, kommen Sie wieder, und wir sehen weiter.«

Ich folgte seinem Rat, schrieb mich in einen Anfängerkurs ein und erlernte die Kunst der Meditation. Es half. Ich brauchte nicht zu dem guten Doktor zurückzukehren. Er hatte mich bereits geheilt.

Bevor ich diesen Abschnitt beende, möchte ich also meine letzte Chance nutzen, Sie zu ermutigen, eine Sitzübung durchzuführen (beginnen Sie mit wenigstens zwanzig Minuten am Tag), die Ihnen helfen kann, Erlernte Hilflosigkeit loszuwerden ebenso wie die Angst, Risiken zu übernehmen, in welchem Lebensbereich auch immer sie sich gezeigt haben. Wenn Sie über Meditation nur lesen, sich aber nie hinsetzen und es tun, wird sie immer eine faszinierende intellektuelle Möglichkeit sein, aber nie in lebendige Erfahrung umgesetzt werden – der einzige Ort, wo sie zu irgend etwas nütze sein kann.

Erinnern Sie sich: Von EH zu bewältigungsorientiertem Verhalten fortzuschreiten ist keine leichte Aufgabe. Es wird Ihnen viel im Wege stehen und versuchen, Sie davon zu überzeugen, daß Sie der Aufgabe nicht gewachsen sind – das ist ja Ihre eigene Art, wie Sie gewöhnlich denken. Meditation ist das effektive, gewaltlose, sanfte Mittel, das Ihnen beibringen kann, diese Angewohnheiten zu ändern und Ihre Willensstärke zu entwickeln. Sie wird Ihnen durch den Streß hindurchhelfen, mit neuen Verhaltensmustern zu experimentieren. Sie wird auf sanfte Weise die Angst vor einem veränderten Selbstkonzept in Ihnen lösen. Und letztlich wird Sie Ihnen dabei helfen, an sich zu glauben, daran nämlich, daß Sie Risiken eingehen, Veränderungen bewältigen und effektiv mit Problemen fertig werden können, die bis dahin überwältigend schienen, und Sie werden diese Aufgabe mit größerer Klarheit und weniger Strapazierung Ihrer Nerven bestehen.

Kapitel 11

Kreativität entwickeln

> Wenn du eine Woche lang glücklich sein willst,
> verlieb dich.
> Wenn du ein Jahr lang glücklich sein willst,
> heirate.
> Wenn du ein Leben lang glücklich sein willst,
> kultiviere einen Garten.
>
> *Altes chinesisches Sprichwort*

Multiple Strategien zu entwickeln erfordert kreatives Denken. Leider wurde den meisten von uns eine Vielzahl von Mythen über Kreativität beigebracht, die uns jetzt im Wege stehen. Diese Mythen werden zu einem Teil unseres Glaubenssystems der Erlernten Hilflosigkeit und des entsprechenden Erklärungsstils. Diese Mythen loszuwerden ist also der erste Schritt auf dem Weg, Kreativität und vielfältige Strategien zu entwickeln.

Zunächst ist Kreativität nicht irgendein »Geschenk«, das die Bewältigungsorientierten erhalten haben und Sie nicht. Kreativität ist der gesamten menschlichen Spezies gegeben, und wenn nicht ein negativer Erklärungsstil von EH ihr entgegenwirkt, wird sie sich auch durch ganz gewöhnliche menschliche Erfahrungen hindurch bemerkbar machen. Wenn Sie diese Wahrheit anzweifeln, dann beobachten Sie einmal das Verhalten von Kindern, die für das »richtige« Verhalten, nämlich den Glauben an ihre Begrenzungen, noch nicht sozialisiert sind und daher kreativ denken und spontan reagieren.

So natürlich die Kreativität der menschlichen Seele auch ist, so flüchtig ist sie auch. Um das verstehen zu können, versuchen Sie doch einmal, sich den Weg des Wassers vorzustellen. Wie Wasser wird Kreativität in kleinen Strudeln die Phantasie aufwirbeln, aus Gipfeln plötzlicher Einsicht auftauchen, sich aus ruhigen Pfützen ergießen und durch Wogen konzentrierter Vorstellungen hindurchmurmeln, bis selbst die Modelle, die wir verwenden, um sie zu beschreiben, hinweggewaschen werden oder sanft in den endlos fließenden Gedankenströmen verschwinden.

Obwohl wir den Fluß der Kreativität nicht immer kontrollieren können, so können wir doch unsere Hände aufhalten, um aus ihrer Quelle zu trinken und von ihrer Gegenwart erfrischt zu werden. Oder vielleicht können wir, wie die Zen-Meister spielerisch vorschlagen, ein wenig auf die Reise gehen wie ein Ball, der auf der Oberfläche eines Flusses auf und ab tanzt. Lassen Sie uns mit dieser Metapher als unserem Leitprinzip fortfahren, indem wir den paradoxen Versuch unternehmen, eine konkrete Struktur auf dieses wäßrige Prinzip anzuwenden, um etwas darüber herauszufinden, wie wir denken und was das mit bewältigungsorientiertem Verhalten zu tun hat.

Die meisten Hirnforscher sind sich einig, daß der kreative Prozeß in fünf Stufen verläuft, wobei während des gesamten Prozesses viele Sprünge die Leiter hinauf und hinunter stattfinden. Dieser Prozeß läßt sich folgendermaßen beschreiben:

1. Bewußtsein	Es gibt ein Problem, das gelöst werden muß, oder eine Vorstellung, der Ausdruck verliehen werden muß, oder eine neue Strategie, die entwickelt oder verbessert werden muß.
2. Frustration	Die übliche konventionelle Art und Weise funktioniert nicht. Warum nicht? Was jetzt?
3. Brüten	Eine stille unbewußte Aktivität, während der es scheint, daß nichts passiert.
4. Erleuchtung	Das Aha-Erlebnis, während dessen die Lösung aus dem Unbewußten ins Bewußtsein gelangt.

5. Bestätigung	Die Antwort, Idee oder Strategie wird getestet und modifiziert, damit sie im täglichen Leben funktioniert.

Ich würde gern anfangs Ihre Aufmerksamkeit auf die Schritte 2 und 3 lenken, die für EH-Geplagte besonders problematisch sind. Wenn Sie deren Funktion in diesem Prozeß nicht verstehen, nämlich daß sie ein Faden sind im Gewebe, dann können diese beiden Schritte leicht Ihr Durchhaltevermögen unterminieren.

Zunächst: Alle Studien über Kreativität haben darauf hingewiesen, daß Frustration (Schritt 2) ein unvermeidlicher Teil des Prozesses ist und daß sie zu einem recht frühen Zeitpunkt eintritt. (Würde der übliche Weg, mit dem Problem fertig zu werden, sich auch in diesem Falle als angemessen erweisen, dann käme der ganze Prozeß an dieser Stelle bereits zum Stillstand.) Der schwierige Teil besteht darin, zu lernen, mit Frustration fertig zu werden, so daß Sie einen maximalen Vorteil aus ihr ziehen können. Sie müssen sie daher als ein Signal und einen Hinweis betrachten – ein Signal, daß jetzt eine kreative statt eine konventionelle Lösung gefragt ist, und ein Hinweis darauf, Ihre Strategien zu verändern. Das Problem für die Hilflosen besteht darin, daß sie Frustrationen lediglich als Signal ihrer Unzulänglichkeit und als Hinweis darauf betrachten, sich selbst die Schuld zu geben. Sie personalisieren, was ein größerer und in Wirklichkeit recht unpersönlicher Prozeß ist.

Wenn Sie merken, daß Sie frustriert sind, dann verurteilen Sie das nicht und auch sich selbst nicht. Erkunden Sie dieses Gefühl. Beobachten Sie, wie es sich anfühlt. Erinnern Sie sich, daß ich Sie mehrfach gebeten habe, sich vorzustellen, zwischen zwei Trapezen zu hängen? Wenn Sie lernen, eine Be- oder Verurteilung des tatsächlichen Körpergefühls, das Sie Frustration nennen, lange genug in Ihrem Körper widerhallen zu lassen, werden Sie mit großer Wahrscheinlichkeit entdecken, daß Frustration ein äußerst energiegeladener Zustand ist. Solange Sie dieses Gefühl nicht als negativ etikettieren, werden Sie es auch nicht unterdrücken, die Energie wird Ihnen dann weiterhin zur Verfügung stehen und in Kreativität, Durchhaltevermögen und Begeisterungsfähigkeit verwandelt werden können.

Seien Sie bewältigungsorientiert, und reden Sie sich selbst gut zu. Erinnern Sie sich, daß Frustration mit Kreativität unauflöslich verbunden ist und in Wirklichkeit nichts mit Ihren individuellen Eigenarten zu tun hat. Nehmen Sie sie also nicht persönlich. Als Anregung schreiben Sie zum Beispiel die folgenden Bestätigungen nieder:

- Meine Frustration ist eine Begleiterin meiner Kreativität. Alle Menschen sind gelegentlich frustriert.
- Frustration ist eine Freundin und hilft mir, die Energie aufzubringen, die ich brauche, um durchzuhalten, wenn ich mein Ziel erreichen will.
- Ich benutze diesen energiegeladenen Zustand, um Ideen zu entwickeln und meinen Aktivitäten ein konkretes Ziel zu verleihen.
- Ich verwandle die Energie der Frustration in die Energie, die zum Durchhalten erforderlich ist.
- Ich begrüße die Frustration als ein Zeichen, daß ich kreativ denke und an dem Prozeß von Wachstum und Veränderung teilnehme.

Als nächstes möchte ich Ihre Aufmerksamkeit auf den dritten Schritt, das »Brüten«, lenken. Dies ist ein vollkommen unbewußter Prozeß, der sich mit der Zeit entwickelt. Er findet in der rechten Hälfte Ihres Großhirns statt und mutet zunächst an wie eine tote Zeit, während der nichts passiert. Dies stellt wahrscheinlich für diejenigen, die unter EH leiden, einen weiteren Beweis dafür dar, daß diese scheinbare geistige Nichtaktivität nur ihnen selbst zuzuschreiben ist, während sie in Wirklichkeit vollkommen vorhersagbar und ein wichtiger Bestandteil des Veränderungsprozesses ist.*

* Rainer Maria Rilke, der hervorragende deutsche Dichter, der bereits im letzten Kapitel zitiert wurde, mußte eine beinahe unbeschreibbar lange Zeit des »Brütens« durchstehen, welche die meisten von uns wahrscheinlich in den Wahnsinn getrieben hätte. Als er im Winter 1912 an einer Felsenküste unterhalb eines Schlosses in Triest spazierenging, hörte er eine

Wie Sie wahrscheinlich wissen, ist das menschliche Großhirn in zwei Hemisphären, die rechte und die linke, aufgeteilt. Die linke Seite ist für das rationale, geschäftsmäßige, ernsthafte, logische, folgerichtige und kompetente Denken zuständig, das in unserem Alltag als Ordnungsfaktor gebraucht wird. Sie will mit all dem, was sie als frivol oder unnötig betrachtet, nichts zu tun haben. Die rechte Hirnhälfte dagegen gilt als intuitiv, kompliziert, bildhaft und hervorragend dazu geeignet, Muster und Strukturen wahrzunehmen. Beide – das ist wichtig – sind in der Lage, komplizierte Probleme auf höchstem Niveau zu lösen; beide tragen Wesentliches zu Ihrem Überleben und Ihrer Lebensqualität bei.

Leider haben die meisten von uns aufgrund unserer Kultur die Angewohnheit entwickelt, nur die Aktivität der linken Hirnhälfte zu fördern und dieser eine fast vollständige Vorherrschaft zu überlassen, indem sie Aktivitäten, die der rechten Hirnhälfte zugeschrieben werden, als dumm, lächerlich, frivol, kindisch und so weiter betrachten. Dies ist ein schwerer Fehler, denn die linke Hirnhälfte ist buchstäblich unfähig zu Erneuerungen. Es ist die rechte Hirnhälfte mit ihrer reichen Vielfalt an Ideen, ihrem komplizierten Muster an Beziehungen, ihrer kräftigen Bildersprache und ihrer Fähigkeit, metaphorisch zu denken, aus der die kreativen Ideen und die eleganten Lösungen stammen.

Seien Sie daher also nicht eine derjenigen, die ihrer linken Hirnhälfte erlauben, über die zarten und komplizierten Muster ihrer rechten Hirnhälfte hinwegzutrampeln. Wenn Sie Ihrer dominanten linken Hirnhälfte erlauben, einen Prozeß zu beurteilen und zu eliminieren, den sie nicht einmal verstehen kann, dann ist es, als würden Sie Schlaf als blödsinnig verurteilen, weil Sie nicht begreifen können, was daran gut sein soll, daß man acht Stunden lang nichts tut.

Da wir gerade von Schlaf sprechen: Die Traumzeit ist ein Beispiel für einen Geisteszustand, während dessen Ihre linke Hirnhälfte inaktiv ist und ausruht, während die rechte Hirnhälfte ak-

Stimme die erste Zeile eines Gedichts sprechen. Er eilte zum Schloß zurück und schrieb diese Zeile nieder. Die erste Hälfte seiner großartigen Arbeit an den Duineser Elegien begann auf diese Weise. Zehn weitere Jahre niederschmetternder Stille mußten vergehen, bis ihn die Stimme wieder erreichte und ihm die zweite Hälfte dieser monumentalen Arbeit eingab.

tiv ist. Ohne die Wachsamkeit der linken Hirnhälfte, die den Inhalt der rechten kontrolliert, bekommt das Denken einen frei fließenden und erfrischend spontanen Charakter und liefert uns Themen, Beziehungen und Personen, die für unser Bewußtsein gewöhnlich nicht zugänglich sind. Träume – eine Aktivität der rechten Hirnhälfte – kann man als die Quelle vieler innovativer Erfindungen und gedanklicher Durchbrüche betrachten, selbst in der in äußerstem Maße auf die linke Hirnhälfte hin orientierten Welt von Naturwissenschaft und Technologie.

Meditation erfüllt dieselbe Aufgabe wie Schlaf, indem sie eine Zeit schafft, in der das innere Selbst in einer Atmosphäre auftauchen und sich äußern kann, die erfrischend frei ist von Be- und Verurteilungen. Deshalb ist Meditation ein solcher Segen für kreatives Denken und die Entwicklung von Strategien. Sie lehrt, wie man die linke Hirnhälfte zum Schweigen bringen und Beurteilungen lange genug hinauszögern kann, damit die rechte Hirnhälfte übernehmen und ihre eleganten Lösungen anbieten kann. Vielleicht wird deshalb Meditation als eine Art Wachschlaf betrachtet.

Und schließlich sollten Sie daran denken, daß Kreativität ihren eigenen merkwürdigen Zeitplan hat, der sich ganz und gar nicht nach Uhren, vereinbarten Terminen und menschlichen Zeitplänen richtet. Strategien, die kreatives Denken erfordern, müssen lange in unserem Hinterkopf ausgebrütet werden – in den geheimnisvollen Bereichen der rechten Hirnhälfte –, bevor sie sich dem Bewußtsein zu erkennen geben und damit in die linke Hirnhälfte übergehen. Daher gilt es, Geduld und Vertrauen zu haben, selbst wenn Sie sich wie ausgetrocknet fühlen, denn dies ist von ganz besonderer Bedeutung.

Was tun, wenn Frustration um sich greift

1. Personalisieren Sie einen unpersönlichen Prozeß nicht, indem Sie sich selbst beschuldigen, versagt zu haben. Frustration ist etwas, mit dem alle Menschen fertig werden müssen.
2. Schreiben Sie Bestätigungen auf, die Ihnen helfen sollen, die Energie der Frustration schätzenzulernen und ihren Stellenwert im kreativen Prozeß wahrzunehmen. (Sehen Sie noch einmal unter den früheren Bestätigungen auf Seite 209 in Kapitel 8 nach.)
3. Lesen Sie noch einmal die Beschreibung des kreativen Prozesses.
4. Gestatten Sie sich, daß die Energie der Frustration bestehenbleiben darf. Beurteilen Sie sie nicht, und versuchen Sie nicht, ihr Widerstand entgegenzusetzen. Erkunden Sie sie. Kanalisieren Sie sie.
5. Meditieren Sie täglich.
6. Nehmen Sie sich, wenn möglich, viel Zeit für die Planung von Strategien und für kreatives Denken. Erwarten Sie nicht, daß Ihnen Lösungen auf dem Silbertablett serviert werden.
7. Vertrauen Sie auf sich selbst.

Erinnern Sie sich, daß der Prozeß, multiple Strategien zu entwickeln, von Ihnen verlangt, die alten Grenzen üblicher Denkweisen und Handlungen zu überschreiten, neue Verbindungen herzustellen, neue Beziehungen in alten Vorstellungen zu erkennen und die Bildersprache der kreativen rechten Hirnhälfte richtig zu nutzen. Im folgenden finden Sie einige Beispiele dafür, wie andere Menschen ihr Denken verändert haben, damit es kreativer wurde.

Kreativitäts-Erklärung 1: Überschreiten von Grenzen

Eines Tages saß ich bei einem guten Essen und Wein mit zwei Freunden zusammen, John und Lenore, beide Universitätsprofessoren, sie in Kommunikationswissenschaften und er in Soziologie. Ich sprach mit ihnen über Möglichkeiten, eine Erklärung für Grenzüberschreitungen im Alltagsverhalten zu liefern, statt nur eine trockene akademische Vorlesung zu halten. Sie sahen einander verschwörerisch an.

Schließlich sagte Lenore: »Wir haben da ein paar Geschichten für dich.«

»Ein paar?« fragte John mit hochgezogenen Augenbrauen.

»Du weißt doch«, antwortete sie, »du und die Aufzug-Zombies.«

»Ja richtig«, konterte er, »aber wieso hast du gerade ›ein paar‹ gesagt?«

»Ich meine auch mich und den verrückten Mörder in der Matinee«, erwiderte sie.

»Ach ja!« Beide brachen in Gelächter aus.

»Hmm... bitte entschuldigt«, sagte ich und schenkte ihnen noch Wein nach. »Worüber redet ihr eigentlich, und, wichtiger noch, kann ich das in meinem Buch verwenden?«

»Sicher«, gelang es Lenore zwischen zwei Lachkrämpfen hervorzustoßen. »Fang du an«, forderte sie ihren Mann auf.

John und die Aufzug-Zombies

»Nun ja«, begann er, »ich hatte gerade die Soziologievorlesung für Erstsemester übernommen und das Thema ›Normenverstöße‹ vorbereitet, als mir etwas einfiel, das ich für ausgesprochen kreativ hielt. Ich beschloß, meine Studenten eine Norm in der Gesellschaft finden zu lassen und sie dann aufzufordern, diese Norm zu brechen. Schließlich sollten sie beobachten, wie die Umstehenden darauf reagierten, und dies als Grundlage für ein Referat benutzen.«

»Genau«, unterbrach Lenore, die sich nicht zurückhalten

konnte, »aber ich sagte ihm, daß ich diese Idee zwar für ausgesprochen kreativ hielt, aber auch für riskant. Also forderte ich ihn auf, sie zuerst an sich selbst auszuprobieren.«

Stets bereit, den Fehdehandschuh aufzunehmen, gab unser tapferer Professor seinen Studenten eine Gnadenfrist und überlegte sich, welche Möglichkeiten ihm zur Verfügung standen. Prompt ergriff er eine unwiderstehliche Gelegenheit, die sich ihm bereits am nächsten Tag bot.

»Ich wartete während der Mittagszeit auf einen Aufzug in einem Bürogebäude unten in der Stadt. Es war sehr viel los. Als der Aufzug ankam und sich die Türen öffneten, war ich nicht sicher, ob noch genug Platz für mich war, doch alle waren höflich und rückten noch enger zusammen, um mir Platz zu machen, also beschloß ich, mich auch noch hineinzuquetschen.«

Er nippte an seinem Wein und fuhr fort: »Als sich die Aufzugtüren schlossen, fiel mir ein, daß dies eine perfekte Situation war, um eine gängige Norm zu durchbrechen. Ich meine, gibt es ein deutlicheres ungeschriebenes Gesetz als das Verhalten in einem Aufzug?«

»Eintreten«, antwortete ich aufs Stichwort, »den Mund halten und auf die aufleuchtenden Etagen-Nummern neben der Tür starren. Was hast du statt dessen gemacht?«

»Ich beschloß, mich nicht umzudrehen und die Aufzugstür anzustarren, wie du gesagt hast. Statt dessen blieb ich einfach da stehen im Angesicht aller anderen – starrte ihnen in die Augen, hatte Hautkontakt mit ihren Körpern, verletzte ihre Intimsphäre; unsere Nasen waren nicht weiter als zwei Zentimeter voneinander entfernt.«

»Und was geschah dann?«

»Tja, das erste, was ich feststellte, war, daß sich ein Klima von Unbehagen in dem Aufzug dramatisch ausbreitete. Der Blickkontakt wurde unruhig, und es wurde eine Menge hin und her gerutscht, geschoben und gekichert.«

»Er hatte solchen Spaß dabei«, fügte Lenore hinzu, »daß er es inzwischen zu einer Art soziologischem Experiment weiterentwickelt hat. Er hat es jetzt schon viele Male gemacht und die Reaktionen der Menschen sogar in verschiedene Kategorien eingeteilt.«

»Es scheint dabei drei grundlegende Typen zu geben. Der erste Typ ist einfach nur stinksauer«, fuhr John fort. »Diese Leute sind nicht in der Stimmung, sich auf meinen Schalk einzulassen, und sehen mich todernst mit elterlicher Mißbilligung an, als wäre ich ein aufsässiges Kind, das man disziplinieren müßte. Und dann gibt es noch eine etwas feindseligere Untergruppe von ihnen, die mir offenbar signalisiert, ich soll ihr Gesicht mit meinen Blicken in Ruhe lassen.

Die zweite Gruppe scheint sich unsicher zu sein. Diese Leute wissen nicht genau, wie sie mit der Situation umgehen sollen, aber ihre erste Reaktion ist peinliche Verlegenheit. Sie können sich kaum dazu zwingen, mich anzuschauen. Sie verhalten sich, als wäre ich ein unglaublich naiver Dummkopf, als wäre mir die Tatsache entgangen, daß ich mir einen schrecklichen sozialen Fehltritt geleistet habe. Sie starren auf ihre Füße, husten und sehen von Zeit zu Zeit mit zitterndem, schüchternem Lächeln zu mir auf. Manche werden sogar rot.«

»Offenbar schämen sie sich *für dich*«, schlug ich vor.

»Die letzte Kategorie von Reaktionen ist das genaue Gegenteil der ersten. Das ist die Gruppe, die die ganze Sache als einen gelungenen Witz betrachtet und mitspielen will. Mit anderen Worten, diese Leute scheinen sich nicht darum zu kümmern, warum ich das gerade mache oder wohin das alles führt. Sie sind bereit, ein Risiko einzugehen, und gieren geradezu danach, auf den fahrenden Zug aufzuspringen. Sie lächeln. Sie winken mir zu. Sie schneiden Grimassen und schielen und strecken mir die Zunge raus. Sie wollen an dem Prozeß, die Norm zu durchbrechen, teilnehmen und das Ganze sogar noch auf die Spitze treiben. Sie schaffen eine Situation, die fast wie eine spontane Party wirkt.«

Offensichtlich gibt es keine »richtige« Art zu reagieren. Für unsere Zwecke ist es weit interessanter, einfach, ohne zu beurteilen, wahrzunehmen, was die verschiedenen Reaktionen uns über die Beteiligten verraten. Manche sind wachsam und verteidigen ein sorgfältig konstruiertes und rigides Selbstbild erwachsener Ernsthaftigkeit; manche sind Wachhunde des Anstands, vermeiden Risiken und wollen unbedingt das gute Benehmen aufrechterhalten, das als soziales Schmiermittel funktioniert, indem sie spannungsfreie Interaktionen mit anderen fördern; wieder andere gehen gern ein Risiko ein, ergreifen die nächstbeste Gelegenheit und sind wild darauf, neue Erfahrungen zu machen.

Das Beeindruckendste für unsere Zwecke ist der *Effekt* dieser Grenzverletzung, die tatsächlich anderen das Eingehen von Risiken aufzwingt. Im Grunde spielt es keine Rolle, wer die Grenzen verletzt. Während ihre sichere Welt unerwartet ihre Vorhersagbarkeit verliert, werden diejenigen, die an der Situation beteiligt sind, gezwungen (ob sie es wollen oder nicht), aufzuwachen. Alle werden plötzlich aufmerksam und stellen sich auf den Zen des Augenblicks ein, gewöhnlich, ohne sich dessen bewußt zu werden.

Sehen Sie, bevor unser Freund John den Aufzug betritt, stehen die anderen Menschen in einem Zustand halber Bewußtlosigkeit dort, ein Aufzug voller Schlafwandler, die hinter ihren weit aufgerissenen Augen mit leeren Blicken dösen. Plötzlich befinden sich die Aufzug-Zombies in einer Situation ohne Verhaltensmaßregeln. Während sie gezwungen sind, ein Risiko einzugehen, wird Adrenalin in ihr Blut ausgeschüttet, das Erregungsniveau erhöht sich, und alle werden lebendiger. Da sie gezwungen sind, auf eine Weise zu reagieren, die nicht von sozialen Regeln vorherbestimmt ist, sind ihre Reaktionen plötzlich höchst individuell, spontan und aufrichtig.

Zwar mögen manche Leserinnen Johns Verhalten für unreif halten, doch der Wert seiner Grenzverletzung liegt in der Möglichkeit als Aufweck-Übung. (Außerdem ist *unreif* genau die Art von Begriff, wie die linke Hirnhälfte sie so gern verwendet, um die fröhlichere und unbeschwertere Art der Rechtshirn-Aktivität herabzuwürdigen.) Für einen kurzen Augenblick waren alle Menschen in diesem Aufzug aufmerksam, alle waren sich des Momentes bewußt, alle absolut präsent. Es geschieht nicht häufig, daß sich in der Routine des Alltagslebens solch eine Gelegenheit bietet.

Wir können die seltene Gelegenheit beim Schopf ergreifen, an diesem Augenblick teilnehmen und ihn würdigen – ohnehin der einzige wirkliche Ort, an dem das Leben sich abspielt, und der einzige wirkliche Ort, an dem wir die Gelegenheit bekommen, uns bewältigungsorientiert und sinnvoll zu verhalten, indem wir bereit sind, die Grenzen unserer Gedankenwelt und unserer Verhaltensmaßregeln zu überschreiten. Auf diese Weise lernen wir nicht nur, uns bewußt und aufmerksam der Gegenwart zu stellen, sondern wir bringen auch unser Alltagsleben in Schwung und lernen, bewältigungsorientiert zu werden.

»Jetzt erzähl du deine Geschichte«, forderte John Lenore auf. Und zu mir gewandt fügte er hinzu: »Ich habe den Spieß umgedreht und sie aufgefordert, das gleiche zu tun.«

»Und, hast du es getan?« fragte ich Lenore.

»Tja, da Normen und Verhaltensgrenzen auch Teil meines Fachgebietes sind«, sagte sie lächelnd, »wie konnte ich da widerstehen?«

Lenore und der verrückte Mörder in der Matinee

»Es war an einem trägen Dienstagnachmittag im Winter, um etwa zwei Uhr nachmittags«, begann sie. »Mir war langweilig, und ich beschloß, in eine Kino-Matinee zu gehen, fühlte mich aber schuldig, mich vor der Arbeit zu drücken, da wir ja alle wissen, daß uns verantwortungsbewußten, hart arbeitenden Erwachsenen gewöhnlich nicht erlaubt wird, sich mitten in der Woche den Nachmittag freizunehmen, um ins Kino zu gehen.

Jedenfalls lebe ich ja in einem kleinen Universitätsstädtchen und hätte leicht jemandem begegnen können, den ich kannte, also beschloß ich, einen Hut aufzusetzen, um mein Gesicht darunter zu verstecken.

Ich ging zum Kino, erstand meine Eintrittskarte, eine Tüte Popcorn und eine Cola und schlich mich dann in den Zuschauerraum. Der Film hatte noch nicht angefangen, und das Kino war vollkommen leer, mit Ausnahme eines Mannes, der genau in der Mitte saß. Tja, da konnte ich einfach nicht widerstehen.«

»Du hast dich neben ihn gesetzt?« fragte ich atemlos.

»Nein, noch viel schlimmer«, fügte ihr Mann hinzu. »Rate mal, wohin sie sich setzte. Genau in die Mitte dieses riesigen leeren Zuschauerraums pflanzte sie sich – direkt *vor ihn*! Und außerdem hatte sie diesen riesigen Hut auf dem Kopf und behielt ihn auch auf«, kicherte er, offensichtlich sehr erfreut über den Mut seiner Frau.

Hier war also wirklich und wahrhaftig eine, die ein Risiko einging und eine Grenze deutlich überschritt. Hier war sie, allein in einem leeren Zuschauerraum mit einem Kerl, der höchstwahrscheinlich gerade darüber nachdachte, daß er frühzeitig wegen guter Führung entlassen werden würde, die Geschworenen ihn wegen vorübergehender Unzurechnungsfähigkeit vielleicht sogar milder verurteilen würden, falls er sie auf der Stelle erwürgte.

»Und was hat er getan?« fragte ich.

»Tja, erst grummelte er etwas in meinen Nacken und schimpfte vor sich hin. Schließlich begann er, geräuschvoll seine Sachen zusammenzusuchen, und ging weiter die Reihe hinunter, um sich einen anderen Sitzplatz zu suchen.

Ich konnte einfach nicht anders«, sagte sie entschuldigend. »Ich packte mein Popcorn und meine Cola, den Hut hatte ich noch fest auf dem Kopf, ging ebenfalls die Reihe hinunter und setzte mich wieder direkt vor ihn.«

Hier hielt sie kurz inne, und sie und John lachten angesichts meines entgeisterten und entsetzten Gesichtsausdrucks.

»Oh, mein Gott, was hat er dann gemacht?«

»Diesmal wurde er natürlich direkter. In nicht gerade höflichem Ton fragte er mich, was das Ganze solle. ›Ich teste Ihre Toleranz gegenüber abweichendem Verhalten‹, erwiderte ich höflich. Da starrte er mich mit leerem Ausdruck an, also fügte ich mit einem dämlichen Grinsen hinzu: ›Es handelt sich um einen Scherz.‹

Ich beobachtete, wie sein Gesichtsausdruck sich veränderte, während er diese Information verarbeitete. Er verwandelte sich von dem Ausdruck eines verrückten Mörders in ein vielsagendes: ›Oh, ich verstehe. Ein Witz. Tja, dann‹, und er brachte sogar ganz allmählich ein kleines Kichern zustande. Natürlich hatte er das Ganze zu keinem Zeitpunkt für so witzig gehalten wie ich, aber er erlaubte es sich doch immerhin, amüsiert zu sein.«

Unterhaltsame Geschichtchen, sagen Sie, aber was hat das alles mit bewältigungsorientiertem Verhalten zu tun?

Die Fähigkeit, strategisch und kreativ zu denken, viele Wahl-möglichkeiten oder Gedankengänge und Verhaltenswege zu ent-wickeln, bringt es mit sich, daß alte Grenzen des Denkens und des Handelns überschritten werden müssen – gewöhnlich unsere ei-genen, manchmal jedoch auch die unserer Gesellschaft. Ob es nun persönliche oder soziale Grenzen sind, die durchbrochen werden, es erfordert jedesmal die Fähigkeit, ein Risiko einzugehen.

Ich bin mir vollkommen bewußt, daß Johns und Lenores Ver-halten als möglicherweise gefährlich, sicherlich aber als äußerst grob betrachtet werden könnte, ebenso wie einfach als kindisch. Offensichtlich müssen wir in der Lage sein, Situationen einzu-schätzen, damit wir nicht solche Grenzverletzungen begehen, die uns möglicherweise in tödliche Gefahr bringen könnten. (Wenn Sie in einer großen oder gefährlichen Stadt leben, sollten Sie wahrscheinlich eher vorsichtig vorgehen, da Fremde zu provo-zieren vielleicht eine ernsthafte Gefahr für Sie bedeuten könnte.) Der Wert von Johns und Lenores Geschichten besteht jedoch darin, daß sie Möglichkeiten herausgefunden haben, wie wir alle üben können, kleine Risiken einzugehen und unsere eigene Re-aktion zu beobachten.

Sehr häufig ist die Bereitschaft, eingefahrene Gleise zu verlas-sen, um bewältigungsorientiert zu werden, schwierig herzustel-len und stellt eine große Herausforderung dar. Doch sich da hin-durchzukämpfen ist wichtig, damit unsere Erfahrungen – ja unser ganzes Leben – uns nicht länger von alten (hilflosen) Vor-stellungen diktiert werden und wir endlich lernen können, wie es sich anfühlt, Veränderungen einzuleiten. Indem wir unsere spie-lerische Seite zum Vorschein bringen, Humor und eine gewisse Leichtigkeit an den Tag legen, machen wir es unserem alten, hilf-losen Geist etwas leichter, aber natürlich wird er trotzdem immerzu wachsam sein und Probleme vorhersehen. Indem wir lernen, Grenzen zu überschreiten, und zwar auf leichte und spie-lerische Weise, können wir unser beschützendes Ego vorüberge-hend überlisten; außerdem hält uns das davon ab, uns selbst zu ernst zu nehmen, und ermöglicht unserer Neugier und unserer distanzierten Beobachtungsfähigkeit, an die Oberfläche zu kommen. Indem wir nicht weiterhin an alten (sprich: sicheren) Methoden festhalten, befreien wir uns, um neue Regionen zu erkunden, unsere Grenzen weiter zu stecken und dieses Experiment auch noch zu genießen.

Vielleicht müssen Sie einige unorthodoxe Strategien entwickeln. Und unvermeidlich müssen Sie sich mit ein paar negativen Gedanken auseinandersetzen:

»Wie bist du bloß auf so eine blöde Idee gekommen?«

»Das wird nie funktionieren.«

»Ach, das haben wir doch schon letztes Jahr versucht.«

»Dafür gibt es gar kein Vorbild.«

»Du hast außerdem kein Geld, nicht die richtige Ausbildung, verfügst nicht über die Erfahrung…«

»Du bist doch zu alt/jung, groß/klein dafür…«

Wenn Sie kreativ damit experimentiert haben, Grenzen auszuloten und weiter zu stecken, und zwar auf spielerische Weise, dann wird Ihnen das genug Werkzeuge in die Hand geben, damit Sie auch dann stark sein können, wenn es ernst wird. Falls Sie also das nächste Mal mit Freunden oder bei einer Kaffeepause mit Ihren KollegInnen zusammensitzen, dann erzählen Sie ihnen doch diese Geschichten und überlegen Sie gemeinsam, welche sozialen und kulturellen Normen sich durchbrechen lassen, ohne daß man tatsächlich ins Gefängnis kommt.

Das ist mehr als nur eine kindische Übung. Denn wenn wir die Grenzen unserer gegenwärtigen hilflosen Überzeugung und Wahrnehmung durchbrechen wollen, um bewältigungsorientiert zu werden, müssen wir diese Grenzen *ausloten*. Die meisten von uns gehorchen in ihrem Leben Hunderten und vielleicht auch Tausenden von ungeschriebenen Gesetzen und Regeln, die darüber bestimmen, was wir wahrnehmen, fühlen und wie wir uns benehmen. Wir stellen sie niemals in Frage, aber wie könnten wir auch, wenn wir sie doch gar nicht erkennen?

Der Wert solcher gemeinsamen Überlegungen zum Thema »Normen, die sich möglicherweise durchbrechen lassen«, liegt darin, daß sie die Grenzen ausloten, die unser Leben einschränken, unser Verhalten reglementieren und uns unbewußt nutzlose Restriktionen auferlegen. Darüber hinaus werden wir, wenn wir die ungeschriebenen Regeln, nach denen wir leben, erkennen, bewußter leben und auch bewußter auswählen, welchen Regeln wir gehorchen wollen und welche nicht mehr als kulturelle Gepflogenheiten darstellen, die uns blind machen und uns hilflos in der weiblichen Rolle festhalten können. Wer sich weigert, sich umzudrehen und die Tür des Aufzugs anzustarren, wird schließlich nicht im Gefängnis landen.

Sich Normen auszudenken, die man durchbrechen kann, ist nur der erste Schritt. Es ist unbedingt notwendig, wirklich hinauszugehen und zu versuchen, tatsächlich ein paar dieser Normen zu verletzen. Zwar haben die Erfahrungen, die John und Lenore gemacht haben, nicht gerade ihr Leben verändert, sie haben ihnen aber immerhin einige Übungspraxis geliefert, die ihnen zugute kommen könnte, wenn es eines Tages nötig wäre, soziale und kulturelle Bequemlichkeiten hinter sich zu lassen, um ein bestimmtes Ziel zu erreichen, ein Verhalten zu ändern – oder gar ihr gesamtes Selbstbild.

Übung 2: »Grenzen überschreiten«

Zuerst sollten Sie eine Liste aller möglichen Verhaltensgrenzen in Ihrem Leben aufstellen. Nun spielen Sie ein bißchen mit dem Gedanken, welche Grenzen davon Sie vielleicht ebenfalls spielerisch überschreiten können. Beginnen Sie mit einfachen. Hauptsache, es macht Spaß. Denken Sie daran, daß niemand Sie zwingt, hinauszugehen und auf einen Schlag wild und verrückt zu sein oder Ihr ganzes Leben für immer zu ändern (vielleicht allerdings beschließen Sie genau das, und auch das wäre in Ordnung). Seien Sie einfach ein bißchen neugierig, und schauen Sie, was geschieht. Hier sind ein paar Vorschläge:

- Sorgen Sie dafür, daß Sie ein paar Groucho-Marx-Brillen in Ihrem Handschuhfach haben. Setzen Sie sie auf der Heimfahrt auf, und winken Sie Menschen an der Ampel zu.
- Gehen Sie übertrieben gut oder schlecht gekleidet auf eine

Party (welches davon Ihnen auch immer mehr Unbehagen bereitet).

– Gehen Sie zu Fuß oder fahren Sie mit dem Fahrrad zur Arbeit oder zum Supermarkt, oder wählen Sie eine völlig andere Route.

– Wählen Sie *im* Supermarkt eine andere Route. (Ich wette, Sie schnappen sich Ihren Einkaufswagen und drehen normalerweise immer die gleiche Runde.)

– An einem Tag, an dem es im Einkaufszentrum ruhig zugeht, parken Sie einfach quer statt längs, wie alle anderen es tun und wie es die gestrichelten Linien anzeigen.

– Essen Sie eine Woche lang kein Fleisch.

– Kaufen Sie sich Klamotten, in denen Sie sich wie kostümiert fühlen und die Sie normalerweise nie tragen würden. Kaufen Sie gleich mehrere Sachen davon. Tragen Sie sie bei verschiedenen Gelegenheiten, und beobachten Sie sich selbst daraufhin, welche Gefühle dies in Ihnen auslöst.

– Arbeiten Sie bei der Aids-Hilfe mit.

– Stellen Sie Ihre Möbel um.

– Pfeifen Sie in der Kirche.

– Verbringen Sie einige Zeit mit einer Person, mit der Sie sonst nie etwas zu tun haben wollten.

– Rollen Sie einen grasbewachsenen Abhang hinunter.

– Gehen Sie einen Tag lang ohne Make-up aus dem Haus. (Oder wenn Sie sich normalerweise nie schminken, dann tun Sie das Gegenteil.)

– Stehlen Sie eine Tulpe aus Nachbars Garten.

– Begrüßen Sie einen Penner auf der Straße mit einem fröhlichen »Hallo! Wie geht es Ihnen?«, oder bieten Sie ihm an, ihm etwas Heißes (oder Kaltes?) zu trinken zu kaufen oder eine Mahlzeit zu finanzieren.

– Tragen Sie nicht zusammengehörige Socken oder Farben, die sich beißen.

– Grölen Sie Ihr Lieblingslied, während Sie mit Ihrem Hund spazierengehen.

– Spielen Sie auf einer Kinderparty den Clown.

– Schlagen Sie ein Rad, machen Sie einen Purzelbaum oder einen Kopfstand.

Zwar wird keiner dieser Vorschläge Sie ins Gefängnis bringen (mit der einzigen möglichen Ausnahme der gestohlenen Tulpe, obwohl auch das sehr unwahrscheinlich ist), doch ich wette, daß Sie sich bei der Durchführung der meisten von ihnen ausgesprochen unbehaglich fühlen. Und darum geht es.

Wenn alles, wonach Sie sich sehnen, die Befreiung von Unbehagen oder Frustration ist, werden Sie niemals Risikoverhalten entwickeln, niemals bewältigungsorientiertes Verhalten lernen. Sie werden niemals in der Lage sein, kreativ zu denken und die multiplen Strategien zu entwickeln, die notwendig sind, um Ihr Ziel zu erreichen. Sie werden immer weniger auf Ihr Ziel hinarbeiten. Doch letztlich gehen Sie wahrscheinlich ein größeres Risiko ein, wenn Sie kontinuierlich um Ihre Sicherheit und Ihr Wohlbehagen besorgt sind, weil Sie nämlich dann hilflos steckenbleiben in lustlosen, unproduktiven, vielleicht sogar unglücklichen Situationen, bis Sie schließlich keine Möglichkeit mehr sehen, irgend etwas zu verändern.

Kreativitäts-Erklärung 2: Neue Assoziationen bilden, neue Beziehungen erkennen

Die Fähigkeit, Verbindungen zwischen früher getrennten Einheiten zu erkennen, miteinander in Konflikt stehende Vorstellungen in sich zu versöhnen oder die alten Elemente eines Problems auf neue Weise zu arrangieren, kann zu erstaunlichen Ergebnissen führen.

Zur Verdeutlichung dieses Ansatzes und als eine Art Exkurs erlauben Sie mir, einige Beispiele aus den Bereichen Wissenschaft und Kunst heranzuziehen. Johannes Kepler, ein deutscher Astronom und Mathematiker, beschrieb die Bewegung der Planeten, die um die Sonne kreisen. Galilei, der berühmte italienische Astronom, Wissenschaftler und Zeitgenosse Keplers, entdeckte die Prinzipien der Schwerkraft auf unserer Erde. Jahrelang dachte man, die Gesetzmäßigkeiten, die diesen beiden Arten von Bewegung zugrunde liegen, seien prinzipiell verschieden. Dann kam Isaac Newton, dessen Vorstellung, die Schwerkraft könne sich selbst über immense Distanzen auswirken, ermöglichte, die Theorien von Kepler und Galilei miteinander zu verbinden und zu zeigen, daß sich bewegende Körper, ob am Himmel oder auf der Erde, denselben Gesetzen unterliegen.

Selbst in den scheinbar getrennten Welten von Wissenschaft und Kunst kann es dazu kommen, daß neue Visionen durch Kombination alter Ideen entstehen. Betrachten Sie zum Beispiel die Reaktion der impressionistischen Maler auf ein neumodisches Gerät namens Kamera, das die Einzelheiten der Wirklichkeit soviel genauer einfangen konnte als der Maler selbst: Sie wurden inspiriert, sich visuell anders auf die Wirklichkeit zu beziehen, indem sie versuchten, ihre »Impressionen«, also ihre Eindrücke dieser Welt, wiederzugeben.

Diese wunderbare Fähigkeit, neue Assoziationen herzustellen, indem man alte miteinander in Verbindung bringt, muß jedoch bewußt in Gang gesetzt und gefördert werden, da der menschliche Geist dazu neigt, wie ein »Gewohnheitstier« zu reagieren. Erst wenn unser Geist aktiv ermutigt wird, eine Synthese zustande zu bringen und Veränderung zu schaffen, wird er aufhören, das zu tun, was er immer getan hat, weil eine andere Kraft ihn dazu zwingt. Indem wir unseren Verstand ermutigen, neue Assoziationen in Gang zu setzen und neue Beziehungen zu sehen (ein entscheidender Schritt auf dem Weg, multiple Strategien zu entwickeln), schaffen wir die Gegenkraft, die auf unsere Wahrnehmung hin handelt und unseren Geist auf neue Gedanken bringt.

Übung 3: »Das Spinnennetz«

Diese Technik ist die erste in einem Prozeß, der aus zwei Schritten besteht und die Herstellung von neuen gedanklichen Verbindungen fördert.[2]

Malen Sie einen Kreis in die Mitte einer Seite. Schreiben Sie das Problem, das gelöst werden soll, in diesen Kreis. Und nun assoziieren Sie frei alle Ideen, die auch nur im entferntesten etwas mit dem Problem zu tun haben könnten, das Sie in die Mitte gestellt haben. Jetzt ist nicht die Zeit, die Ideen zu bewerten, sondern sie einfach hervorzubringen. Wenn die Ideen kommen, dann zeichnen Sie einen Strich, ausgehend von dem Kreis und fügen Sie die Idee ein, so daß es wie folgt aussieht:

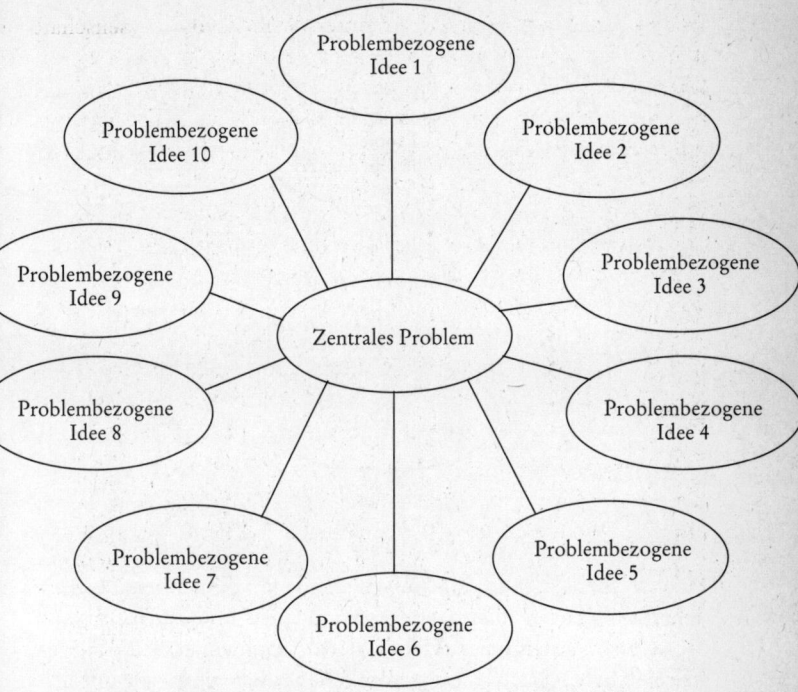

Jetzt suchen Sie sich einige Ihrer Lieblingsideen aus, die am Rande des Spinnennetzes, das Sie auf diese Weise geschaffen haben, stehen, und setzen der Reihe nach jedes davon wiederum in die Mitte eines neuen »Spinnennetzes«. Nun assoziieren Sie frei wie zuvor, etwa so:

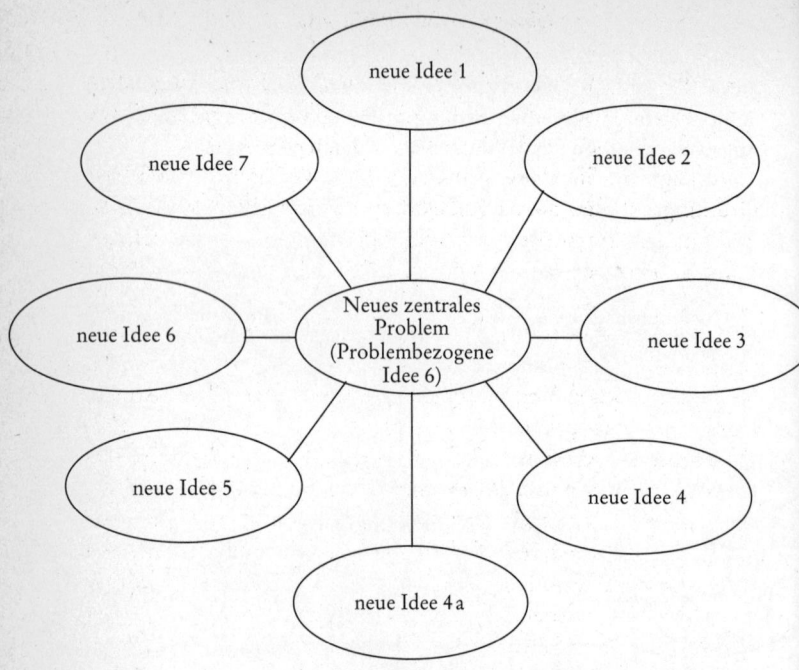

Machen Sie weiter so, bis Sie verschiedene Spinnennetze gemalt haben, mit vielen miteinander verbundenen und auf irgendeine Weise assoziierten Ideen. Heben Sie alle Spinnennetze, die Sie geschaffen haben, gut auf. Im wesentlichen haben Sie gerade mit sich selbst ein Art Brainstorming durchgeführt – eigentlich eine großartige Technik, wenn gerade niemand anderes da ist, den Sie um ihre oder seine Ideen zum Thema bitten können.

Als nächstes schneiden Sie alle Ideen aus, die Ihnen eingefallen sind, so daß Sie schließlich viele kleine Papierschnipsel mit Ihren daraufgeschriebenen Ideen vor sich liegen haben.*

Arrangieren Sie diese Papierstückchen vor sich in zufälliger Ordnung. Blicken Sie darauf. Auf einem extra Blatt Papier, das groß genug sein sollte, damit Sie sich darauf Notizen machen können, schreiben Sie die Verbindungen auf, die durch das Muster vor Ihren Augen entstehen. Wenn Sie das Gefühl haben, die Möglichkeiten dieses Musters erschöpft zu haben, dann arrangieren Sie die Zettelchen wieder neu und beginnen von vorn, indem Sie sich die neuen Verbindungen, die Sie in dem neuen Muster erkennen, wiederum notieren.

Was Sie da gemacht haben, ist, sich selbst auszutricksen. Indem Sie die Ideen, die Ihnen eingefallen sind, neu arrangieren, schaffen Sie automatisch verschiedene visuelle Muster, die neue Verbindungen suggerieren – und zwar solche, die vielleicht in Ihrem gewohnheitsmäßig reagierenden Verstand nicht vorkämen. Indem Sie visuell mit diesen Papierschnipseln neue Muster schaffen, schlagen Sie alternative Wege ein, um neue Gedankenströme an neue Orte zu lenken. Mit den Papierschnipseln vor sich zwingen Sie Ihren Geist aus seiner komfortablen Ruhe und drängen ihn dazu, völlig neue Beziehungen und Assoziationen wahrzunehmen.

Diese erzwungene Synthese aktiviert nicht nur innovatives Denken, sie hilft auch, Ideen hervorzubringen, um alternative Strategien zu entwickeln, wenn die alten nicht mehr funktionieren. Sie können das so oft tun, wie es Ihnen nötig erscheint. Erinnern Sie sich, die rechte Hirnhälfte wird nicht unbedingt wie die linke Hirnhälfte reagieren, nämlich zwischen neun Uhr morgens

---

* Das ist nicht nur ein dummes Spiel. Pädagogen haben entdeckt, daß es drei wichtige Lernstile gibt: visuell, auditiv und kinästhetisch, das heißt also, es gibt Menschen, die vor allem visuell, durch das Hören oder durch Berührung lernen. Indem Sie Ihre Ideen ausschneiden, damit spielen und sie manipulieren, vermitteln Sie sich sowohl eine visuelle wie auch eine kinästhetische Erfahrung, indem Sie mit den Ideen auf eine andere Weise umgehen und sie dann beiläufig in Ihrem Kopf herumwälzen.

und fünf Uhr nachmittags die gewünschte Lösung produzieren, also geben Sie ihr am besten Zeit, die Ideen zusammenzustellen und neue Beziehungen zu erkennen, damit Sie multiple Strategien entwickeln können.

Kreativitäts-Erklärung 3: Die Bildersprache der rechten Hirnhälfte

Aus der Hirnforschung haben wir gelernt, daß die linke und die rechte Hirnhälfte verschiedene Sprachen sprechen. Die linke Hirnhälfte (die geschäftige und geschäftliche Seite) benutzt die traditionelle Sprache (Worte), um Ideen hervorzubringen, zu verstehen und weiterzugeben. Die rechte Hirnhälfte, die kreative Seite, weiß nichts von Worten. Sie benutzt ein vollkommen anderes Sprachsystem, um Ideen hervorzubringen, zu verstehen und weiterzugeben. Sie benutzt dazu Bilder.

Stellen Sie sich zum Beispiel einen Menschen vor, dessen Großhirn auf der linken Seite geschädigt ist. Wenn ich einen Kugelschreiber hochhalten würde, so könnte dieser Mensch dieses Objekt nicht mit Worten bezeichnen, das heißt, er oder sie könnte nicht das Wort *Kugelschreiber* aus der Datenbank der linken Hirnhälfte abrufen. Würde ich jedoch dieser Person eine Serie von Bildern vorlegen, von dem eines einen Kugelschreiber darstellt, dann würde sie die beiden miteinander in Verbindung bringen und auf diesen Kugelschreiber deuten, um anzuzeigen, was sie gesehen hat. Dies illustriert, daß die rechte Hirnhälfte tatsächlich denken kann, Probleme löst und Elemente der Umgebung benutzen kann, um dem Menschen beim Überleben zu helfen; doch ihre Sprache ist die der Bilder und Vorstellungen, nicht die der Worte.

Um also mit der rechten Hirnhälfte in Verbindung zu treten und ihr kreatives Potential zu aktivieren, müssen wir uns bemühen, ihre Sprache zu sprechen. (Dazu gibt es eine Vielzahl von Möglichkeiten, zunächst jedoch sollten Sie sich an die vorher genannten Wahrnehmungen erinnern bezüglich der Weigerung der linken Hirnhälfte, sich an scheinbar kindischen Unternehmungen zu beteiligen.)

Die beliebteste Technik, die Bildersprache des rechten Gehirns zu aktivieren, ist das Traumtagebuch, in das Träume beim Erwachen notiert werden. Ohne konzentrierte Anstrengung verlieren die meisten von uns das intelligente Material aus unseren Träumen. (Wie ich vorhin erwähnt habe, ist die Welt der Wissenschaft voller Entdeckungen und Lösungen, die sich einem träumenden Naturwissenschaftler auftaten – die Entdeckung des Benzolrings, die Struktur der Doppelhelix der DNA und der chemische Beweis für die Übertragung von Nervenimpulsen, um nur einige wenige zu nennen.)

Wer weiß, wie viele Lösungen sich uns durch die Bilder in unseren Träumen gezeigt haben, von denen jedoch nur einige wenige von unserer überaktiven linken Hirnhälfte herausgefiltert wurden, die so eifrig damit beschäftigt ist, die Bilder als unbedeutend oder frivol oder einfach als »Stoff, aus dem die Träume sind«, zu trivialisieren, so daß die Information niemals ins Bewußtsein gelangte. Wenn die linke Hirnhälfte buchstäblich schlafengelegt wird, ist jedoch die rechte Hirnhälfte frei, zu denken, was sie will, ihre Ideen frisch und ungezwungen vorzustellen.

Traumforscher stellen zum Beispiel fest, daß bei manchen Menschen das plötzliche Bedürfnis nach Schlaf, das nicht Teil ihres gewöhnlichen nächtlichen Schlafbedürfnisses ist, etwa der Wunsch nach einem Nickerchen am Nachmittag, in Wirklichkeit das Bedürfnis sein könnte zu träumen. So manche kreative Idee, die aus der rechten Hirnhälfte aufsteigen wollte, mag schon durch das »rationale Denken« blockiert worden sein, das unsere linke Hirnhälfte so sehr liebt. Respektieren Sie das und nehmen Sie sich gelegentlich Zeit zu träumen. Das ist keine Faulheit oder kein Aufschieben, sondern manchmal das Mittel, durch das unsere rechte Hirnhälfte die Stille herstellt, um sich Gehör zu verschaffen.

Beinahe alle Kreativitäts-Experten empfehlen das Aufzeichnen von Träumen, was recht leicht umzusetzen ist, indem wir einfach nur einen Notizblock und einen Stift neben das Bett legen. Für mich persönlich hat das nie funktioniert, denn wenn ich mich in einem Schlafzustand befinde, ist das letzte, was ich will, das Licht anzumachen und etwas aufzuschreiben. Wenn ich aufwache und endlich den Stift in der Hand halte, der natürlich jedesmal unter das Bett gerollt ist, bin ich hellwach. Also habe ich mir gesagt, daß ich mir im Traum eine Notiz mache und mich an diese Notiz am Morgen erinnern werde. Natürlich können Sie sich vorstellen, als wie umsetzbar sich dieser Wunsch erwiesen hat.

Schließlich habe ich es mit einem Kassettenrecorder neben dem Bett versucht. Auf diese Weise konnte ich die Sache erheblich vereinfachen, indem ich im Dunkeln auf den Recorder spreche. Ich pflege ihn dann am Morgen zur näheren Analyse zurückzuspulen.

Übung 5: »Zeichne das Problem«

Wenn Sie ein Problem haben, bei dem die traditionellen Methoden der Problemlösung versagt haben, Methoden wie darüber zu reden oder es mit sämtlichen Fürs und Widers aufzuschreiben, dann mag es an der Zeit sein, etwas radikal anderes zu versuchen. Probieren Sie statt dessen einmal, mit Ihrer rechten Hirnhälfte zu kommunizieren. Versuchen Sie, sich den Weg zu der Lösung zu »erträumen«. Und das geht so.

Beginnen Sie damit, Zeichenmaterial zusammenzusuchen – einen Zeichenblock, Buntstifte und Malkreide, Filzstifte in verschiedenen Farben usw. Deponieren Sie sie an einem ganz angenehmen Ort, etwa neben Ihrem Bett oder der Couch. Legen Sie Meditationsmusik auf, am besten lauschen Sie dem Ozean, das ist sehr entspannend. (Vermeiden Sie Musik mit Texten, denn dies wird Ihre linke Hirnhälfte wieder aktivieren.) Stöpseln Sie das Telefon aus. Machen Sie es sich bequem, schließen Sie die Augen, und beginnen Sie, sich zu entspannen, vom Kopf bis zu den Zehen. (Wenn Sie bereits müde sind, sollten Sie das allerdings vermeiden, sonst fallen Sie in Tiefschlaf.)

Als nächstes stellen Sie sich das Problem bildlich vor. Suggerieren Sie sich selbst, daß Sie das Problem »sehen« wollen. Seien Sie empfänglich für alle Vorstellungen. Erlauben Sie es allen Bildern, einfach durch Sie hindurchzufließen. Weisen Sie keines zurück. Klammern Sie sich an keines. Wenn Sie Schwierigkeiten mit den Beurteilungen Ihrer linken Hirnhälfte haben (der Kritikerin), dann sagen Sie sich, daß Sie wie ein Spiegel sein wollen, der alles reflektiert, was vorbeizieht, ohne es zu beurteilen. Erlauben Sie es den Bildern, genau das zu sein, was sie sind. Fahren Sie einige Zeit damit fort. Sie brauchen sich nicht zu beeilen. (Erinnern Sie sich daran, daß Sie den Fluß nicht vorwärtstreiben können.) Wenn Ihr Geist abwandert, bringen Sie ihn einfach sanft auf die vorliegende Aufgabe zurück, sich das Problem vorzustellen. Fahren Sie so etwa zehn Minuten lang fort.

Wenn Sie das Gefühl haben, mit der Aufgabe fertig zu sein, dann bringen Sie sich ganz vorsichtig und langsam in Ihren gewöhnlichen Bewußtseinszustand zurück. Ohne zu sprechen oder den Denkprozeß der rechten Hirnhälfte zu unterbrechen, nehmen Sie einen Zeichenblock und beginnen zu zeichnen, was immer Ihrer rechten Hirnhälfte dazu einfällt.

Es gibt keine formalen Richtlinien für das Zeichnen. Vielleicht stellen Sie fest, daß Sie das, was Sie gesehen haben, in eine Skizze umsetzen können, aber das ist nicht unbedingt nötig. Es handelt sich hier ja nicht um Kunstunterricht, und Sie werden weder für den Inhalt noch für die Qualität benotet. Was immer Sie herstellen, ist absolut korrekt. Es ist unbedeutend, ob das, was Sie da aufmalen, Kunst ist oder nicht. Ihr Ziel ist einfach, sich mit der rechten Hirnhälfte in Verbindung zu setzen, mit ihr zu kommunizieren und dabei Bilder als die Sprache, die die rechte Hirnhälfte versteht, zu benutzen.

Wenn Sie ein wüstes, abstraktes, scheinbar bedeutungsloses Bild aufs Papier geworfen haben, wunderbar. Wenn Sie eine kindliche, wie von einem naiven Maler gezeichnete, konkrete Darstellung der Wirklichkeit gemalt haben, kein Problem. Wenn Sie sich veranlaßt fühlen, ein außergewöhnlich ins Detail gehendes oder buntes Bild herzustellen, zeichnen Sie das. Wenn Sie ein ultraeinfaches Schwarzweißgebilde hervorbringen wollen, warum nicht.

Denken Sie daran: keine Beurteilungen. Zu diesem Zeitpunkt des kreativen Denkens ist eine Beurteilung nichts weiter als destruktiv. Beurteilen ist eine Aktivität der linken Hirnhälfte, und

Sie versuchen einfach und ausschließlich, mit den Vorstellungen der rechten Hirnhälfte in Verbindung zu treten.

Jedesmal, wenn die linke Hirnhälfte darauf besteht, sich in diesen Prozeß einzumischen, indem sie Ihnen mitteilt, das sei ja kindisch, dumm und reine Zeitverschwendung, dann versichern Sie ihr einfach, daß Sie ihr *später* Zeit geben werden, zu beurteilen, zu redigieren und manche der Vorstellungen zu eliminieren, aber daß Sie jetzt nichts weiter tun, als Informationen zu sammeln. Führen Sie diese Übung mehrmals durch.

Und schließlich: erwarten Sie nicht, daß Sie auf wunderbare Weise vor sich auf dem Papier »Die Antwort« finden. Vielleicht wird das der Fall sein, aber wahrscheinlich eher nicht. Viel wahrscheinlicher ist, daß Sie vier Tage später um drei Uhr nachts aufwachen und Ihnen dann plötzlich die Lösung einfällt, oder während Sie gerade den Müll hinausbringen oder sich unter der Dusche die Beine rasieren. Vielleicht müssen Sie diese Übung mehrmals durchführen. Die Idee wird sich selbst vorstellen, wenn sie fertig ist. Der Schlüssel zu all dem ist, empfänglich zu sein, wenn die Antwort kommt. Und sie wird kommen.

Vor allem sollten Sie Ihrer rechten Hirnhälfte Respekt zollen, indem Sie das Licht Ihres Bewußtseins auf die Bilder, die sie präsentiert, scheinen lassen. Führen Sie die mentalen Übungen, die Sie in diesem und den vorangegangenen Kapiteln gelesen haben, durch, weil sie es der rechten Hirnhälfte ermöglichen, gewürdigt und gehört zu werden. Drängen Sie sie mehr oder weniger sanft, ihre Visionen zum Vorschein zu bringen, indem Sie die Beurteilungen der linken Hirnhälfte vorübergehend zum Schweigen bringen. Auf diese Weise werden Sie die Hilfe und aktive Teilnahme Ihrer kreativen Psyche bei der Entwicklung multipler Strategien zur Verfügung haben – eine wesentliche Komponente in einem bewältigungsorientierten Lebensansatz.

Kapitel 12

Sich auf den Weg machen:
Neue Strategien entwickeln

> Das letzte Ziel des Lebens ist nicht Wissen,
> sondern Handlung.
>
> *Aldous Huxley*

Da ich früher Lehrerin war, weiß ich, daß einer der Gründe, warum Menschen solche Schwierigkeiten haben, multiple Strategien zu entwickeln (und letztlich Erlernte Hilflosigkeit erwerben), darin besteht, daß es sich bei strategischem Denken um einen *Prozeß* handelt, während die Schulen nichts weiter lehren als *Inhalt*. Niemand bringt uns wirklich jemals bei, *wie* wir denken sollen. Die meisten von uns erwerben ihre gedanklichen Fähigkeiten durch Osmose. Ironischerweise jedoch ist der Prozeß und nicht der Inhalt für das strategische Denken und für bewältigungsorientiertes Verhalten von so großer Bedeutung. Dieses Kapitel ist daher »handlungsorientiert«, das heißt, es handelt vom Prozeß, nicht vom Inhalt. Es handelt von Verben, nicht von Substantiven, da die Bewältigungsorientierten diejenigen unter uns sind, die losgehen und etwas tun.

Wer ist Benjamin Bloom, und was macht er hier?

Dieses Kapitel wird die Verben (Prozesse) des bewältigungsorientierten Verhaltens erkunden, indem es sich die Arbeiten eines Mannes namens Benjamin Bloom vornimmt, der im Jahre 1956 das immer noch einzig gute Modell entwickelt hat, das wir gegenwärtig zur Verfügung haben, um die Denkprozesse auf höhe-

rem Niveau (Verben), die so notwendig sind für bewältigungsorientiertes Verhalten, zu beschreiben.

Einfach gesagt, besteht Blooms Taxonomie in einer Hierarchie
der Denkfähigkeiten. Sie beginnt mit der leichtesten Denkfähigkeit (Erinnerung) und bewegt sich die Skala hinauf durch immer
kompliziertere und ausgeklügeltere Denkniveaus bis zum
schwierigsten Niveau (Bewertung).[1] Das sieht dann so aus:

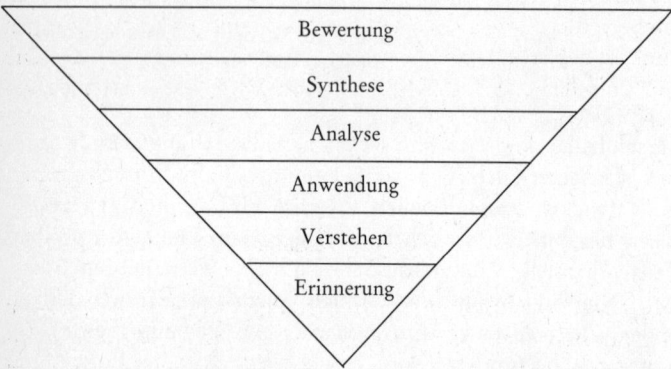

Bewertung

Synthese

Analyse

Anwendung

Verstehen

Erinnerung

Die unteren drei Niveaus sind diejenigen, auf die sich die schuli-
sche Erziehung konzentriert, sie erklären sich eigentlich von
selbst. Auf die oberen drei wollen wir uns konzentrieren, weil sie
in unserer Ausbildung am meisten vernachlässigt werden und
weil es sich um die Schichten der Kreativität handelt, die so entscheidend sind für die Entwicklung multipler Strategien, wie sie
bewältigungsorientierte Risikomenschen kennzeichnet.

Wir werden jedes Niveau ausführlich betrachten, jetzt aber
soll uns erst einmal ein Überblick genügen. Kurz gesagt, zerteilt
das bewältigungsorientiere Individuum auf dem Niveau der
Analyse das Problem (Vorstellung, Überzeugung, Verhalten,
Objekt oder Ereignis) in verdauliche Portionen, um sich jeweils
die einzelnen Bestandteile anzuschauen. Auf dem nächsten Niveau, der Synthese, werden die Einzelteile, die durch die Analyse
herausgefiltert wurden, wieder zusammengefügt, und zwar auf
neue Weise, um neue Lösungen herbeizuführen (Ideen, Strukturen, Muster, Erfindungen usw.). Synthese ist das Niveau wahrer
Kreativität (s. Kapitel 11). Und Bewertung schließlich ist die letz-

te Phase der strategischen Planung. Sie ist der Prozeß, ein Kriterium oder einen Standard der Bewertung auf die Wahlmöglichkeiten anzuwenden, die sich bis dahin ergeben haben, oder auf die Strategien, die entwickelt wurden.

Bevor ich jedes Denkniveau im einzelnen betrachte (Analyse, Synthese und Bewertung), möge mir erlaubt sein, Sie mit Megan und Ruth bekannt zu machen, zwei Frauen aus meinen Seminaren, die mit den Begriffen aus Blooms Taxonomie arbeiteten, um ihre Probleme zu lösen. Sie können ihre Fortschritte verfolgen und erkennen, wie sie diese jeweiligen Niveaus auf die Lösung von wirklichen Schwierigkeiten anwandten, die durch EH geschaffen wurden.

Megan und Ruth

Megan ist typisch für die Besucherinnen meiner Workshops, in der Hinsicht, daß sie in vielen Aspekten ihres Lebens bewältigungsorientiertes Verhalten zeigt, in anderen jedoch unter EH leidet. Die erfolgreiche Stationsschwester einer großen Klinik, spätgeborenes Einzelkind eines älteren Ehepaares, fühlte sich besonders verantwortlich für ihren teilweise behinderten fünfundsiebzigjährigen Vater, der ihr sehr nahestand. Im Alter von vierunddreißig Jahren kreiste Megans Leben um die Sorge und die Bequemlichkeit ihres Vaters, den sie liebte, respektierte – und dem sie gleichzeitig zutiefst grollte.

»Ich habe eine ziemlich streßreiche Arbeitswoche im Krankenhaus, gewöhnlich über vierzig Stunden, um unser beider finanzielle Bedürfnisse einigermaßen befriedigen zu können«, begann sie. »Dann verbringe ich meine Freizeit, wenn man davon überhaupt noch sprechen kann, damit, mit meinem Vater zu leben und ihn zu betreuen. Er ist mit jedem Jahr weniger in der Lage, für sich selbst zu sorgen.

Das Schlimmste daran ist, daß ich meine Träume von Reisen und Abenteuern sublimieren mußte, um für ihn sorgen zu können. Ich wollte immer ein Zigeunerleben führen, wirklich, einfach meine Sachen packen und in die Welt hinausziehen. Ein

Grund, warum ich Krankenschwester wurde, war der, daß ich mir vorstellen konnte, daß man in diesem Job überall auf der Welt arbeiten kann. Aber ich bin festgebunden, weil ich mich um meinen Vater kümmern muß.« Und dann fügte sie verlegen hinzu: »Es kommt mir vor, als würde ich darauf warten, daß das Leben meines Vaters endet, damit meines beginnen kann.«

Ruth rieb sich seit achtzehn Jahren in der Schule auf und litt im wörtlichen Sinne unter chronischer Erschöpfung. Jeden Abend kam sie mit Migräne nach Hause, war aber abhängig von ihrem sicheren, wenn auch unterbezahlten Lehrerjob, um die Erfordernisse eines Lebensstils der Mittelschicht finanzieren zu können, dazu gehörte auch die Ausbildung ihrer Zwillinge, die allmählich ins College-Alter kamen. Was ihr Bedürfnis nach einem anderen Beruf vor allem lahmlegte, war die Überzeugung, daß sie dazu nicht die richtige Ausbildung besaß und daher unfähig sei, auf einem anderen Gebiet zu arbeiten.

»Ich kann nichts anderes als unterrichten«, sagte sie mit der Endgültigkeit Erlernter Hilflosigkeit. »Ich habe nichts anderes gelernt. Ich werde allmählich zu alt, um noch irgendwelche Zusatzausbildungen machen zu können.«

Ruth hatte ihren Spaß am Unterrichten verloren, und dieser Verlust war die Ursache ihrer Hilflosigkeit und der Grund dafür, warum sie an meinem Seminar teilnahm.

»In den letzten Jahren hat es in meiner Arbeit keine Freude mehr gegeben«, sagte sie der Gruppe. »Ich beginne, meine Schüler zu hassen, und das ist ein sehr schlechtes Zeichen. Inzwischen haben sie damit angefangen, mich zurückzuhassen, wir reden kaum noch miteinander, und der Lebenssinn, den ich aus dem Unterrichten früher gezogen habe, ist dahin.«

»Wie wär's mit einem ›Sabbatical‹ (bezahltes Fortbildungsjahr, A. d. Ü.)?« schlug ich vor.

»Das habe ich bereits einmal gemacht. Ich habe erst in sieben Jahren wieder das Recht dazu. Bis dahin bin ich ein Fall für den Mülleimer. Ich will nicht den Rest meines Arbeitslebens damit zubringen, mich nach der Pensionierung zu sehnen, und eine dieser alten ausgelatschten Lehrerinnen werden, die wir alle in der High-School hatten.«

Bei beiden Frauen sind Anzeichen Erlernter Hilflosigkeit ersichtlich. Jede hält eine unerträgliche Situation aus, weil sie der Überzeugung ist, angesichts ihrer besonderen Umstände besonders hilflos zu sein. Darüber hinaus hat die Überzeugung, das Problem entziehe sich ihrer Kontrolle, jeden Versuch, ein Risiko einzugehen oder nach Lösungen zu suchen, scheitern lassen.

Auf mein Drängen hin hat jede dieser beiden Frauen die verschiedenen Schichten von Blooms Modell auf ihr individuelles Dilemma angewendet, um das Problem kognitiv zu untersuchen. Beim Niveau der Analyse beginnend, werden wir betrachten, wie jede der beiden Frauen mit bestimmten Prozessen (Verben) umging, um ihr Problem aus der EH zur Bewältigungsorientierung zu bringen.

Der Prozeß der Analyse

Auseinandernehmen	Kategorisieren
Auflisten	Spezifizieren
Klassifizieren	Vergleichen / Kontrastieren
Unterscheiden	Umreißen
Trennen durch...	Arrangieren
Sortieren	Organisieren

Erinnern Sie sich: Analyse ist das Niveau, auf dem ein bewältigungsorientierter Mensch das Thema oder das Problem in verdauliche Portionen aufteilt, um sich die Einzelteile anzusehen. Wenn Sie die oben genannte Liste von Verben genau betrachten, werden Sie feststellen, daß jedes davon bedeutet, auf irgendeine Weise etwas auseinanderzunehmen oder einzelne, individuelle auseinandergenommene Teile des Problems in irgendeiner Weise zu manipulieren. Megan begann mit der *Vergleichen-und-Kontrastieren*-Technik der Analyse, um ihre Überzeugungen hinsichtlich ihres Vaters zu untersuchen, was in der Erkenntnis mündete, daß sie mit einander widersprechenden Überzeugungen operierte.

»Als ich meine Überzeugungen über meinen Vater und meine

Situation verglich, entdeckte ich, daß sie in Wirklichkeit miteinander kontrastierten.«

»Was meinen Sie damit?« wollte ich von ihr wissen.

»Tja, ich nehme an, man könnte sagen, daß ich zwei miteinander in Konflikt stehende Überzeugungen zur gleichen Zeit habe. Einerseits glaube ich, daß eine liebevolle Tochter für ein alterndes Elternteil sorgen sollte, aber andererseits glaube ich auch, daß ein liebender Vater von seiner Tochter nicht erwarten darf, daß sie ihr Leben opfert, um sich um ihn zu kümmern. Als ich diese beiden Überzeugungen miteinander verglich, half mir das, an die Quelle meines Ärgers zu kommen.«

Dann benutzte Megan ein anderes Verb in der Analyse-Kategorie und begann zu *spezifizieren*, was das Wort *Fürsorge* für sie wirklich bedeutete. Erforderte es die Fürsorge für ihren Vater, unter demselben Dach mit ihm zu leben? Könnte sie vielleicht auch bei einem anderen Wohnungs-Arrangement für ihren Vater sorgen?

»Mit anderen Worten«, warf ich ein, »indem Sie sehr spezifisch mit dem Wort *Fürsorge* umgegangen sind, begannen Sie sich die Frage zu stellen, ob Sie auch für Ihren Vater sorgen könnten, ohne Ihr Leben zu opfern?«

»Ja, ich habe mit diesem Wort gearbeitet, und das half mir zu erkennen, daß es vielleicht noch andere Alternativen gibt, die auch als Fürsorge betrachtet werden könnten. Vorher hatte es so ausgesehen, als ob ich mich nicht gleichzeitig um meinen Vater kümmern und mein Leben ändern könnte.«

Natürlich war das nicht einfach umzusetzen. Megan würde mit den Verlassenheitsgefühlen ihres Vaters zu tun bekommen, und zwar wie sie spürte, auf unvermeidliche Weise.

Ruth begann ebenfalls auf dem Niveau der Analyse, arbeitete aber mit einem anderen Verb; sie begann, die falsche oder unvollständige Logik innerhalb ihres Glaubenssystems zu *unterscheiden* (»Alles, was ich kann, ist unterrichten«) von der Schlußfolgerung (»Ich werde auch weiterhin unterrichten müssen«, was bedeutet, Grundschullehrerin im staatlichen Schulsystem zu sein).

»Als ich mir diese beiden Überzeugungen wirklich einmal aus der Nähe betrachtete«, sagte sie, »entdeckte ich einen Unterschied. Schauen Sie, es war nicht die Seite des Unterrichtens in meiner Überzeugungs-Gleichung, die aus dem Konzept geraten war, es war die Grundschul-Seite, die mich nicht länger mit Sinn und Freude erfüllte. In Wirklichkeit ist Unterrichten etwas, das ich sehr mag.«

Der Prozeß der Synthese

Vorstellen	Revidieren
Ausarbeiten	Hinzufügen
Ausschmücken	Vereinfachen
Modifizieren	Erfinden
Neu Arrangieren	Ausdrücken
Verbessern	Improvisieren
Komponieren	Zeichnen
Entwerfen	Integrieren
Vorhersagen	Ersetzen
Vermuten	Minimieren
	Maximieren

Hier beginnt der bewältigungsorientierte Mensch, die Stücke des Puzzles, die während der Analyse durchgefiltert wurden, auf neue Weise zu kombinieren. Indem die Stücke des alten Puzzles neu kombiniert oder arrangiert werden, können neue Muster, Ideen und Lösungen entstehen. Dies ist das Niveau der wahren Kreativität, weil etwas Neues oder Originelles entsteht.

Wie Sie aus dem letzten Kapitel (über Kreativität) wissen, ist dies das Niveau, bei dem das größte Ausmaß an Geduld und bewältigungsorientierten Selbstgesprächen erforderlich ist, da der Großteil dieser Aktivitäten unbewußt stattfindet. Selbst wenn wir bewußt mit diesen Verben arbeiten, wird uns die Antwort nicht unmittelbar einfallen. Besonders diejenigen unter uns, die unter EH leiden, müssen bereit sein, geduldig mit den Verben zu arbeiten und darauf zu vertrauen, daß die rechte Hirnhälfte sie mit der Zeit dazu bringen wird, die eleganteste Lösung zu finden.

Megans Arbeit auf diesem Niveau wurde durch ein zufälliges Ereignis beschleunigt – eine berufliche Chance. Eine internationale Schwesternvereinigung, der Megan angehörte, bot ein Arbeits- und Weiterbildungsprogramm in einem schwimmenden Krankenhaus an, das durch die Gewässer der dritten Welt kreuzte und freie medizinische Versorgung anbot. Alle Kosten würden für sie übernommen! Dies war das Reiseabenteuer, nach dem sich Megan so gesehnt hatte, aber da waren immer noch die finanziellen und emotionalen Bedürfnisse ihres Vaters, mit denen sie umgehen mußte. Wenn die Organisation für ihre Kosten aufkam, konnte sie genügend Geld von ihrem Gehalt sparen und dies ihren Ersparnissen hinzufügen, um ihrem Vater eine Pflegekraft zu bezahlen. Falls sie betonte, daß ihre Reise nur von vorübergehender Dauer sei, würde er sich weniger verlassen fühlen und sicher sein, daß sie schließlich zurückkäme. Wenn sie ihm offen ihre Sehnsucht gestand, etwas von der Welt zu sehen, statt es vor ihm verborgen zu halten wie ein schändliches Geheimnis, würde er möglicherweise ihre Wahl weniger als persönliche Zurückweisung erleben.

Megan begann das Synthese-Niveau zu erkunden, indem sie mit den Verben *Vermuten* und *Vorhersagen* arbeitete. Indem sie alle möglichen Reaktionen ihres Vaters vorhersagte, war sie in der Lage, eine liebevolle Reaktion für ihn bereitzuhalten. Dies gab ihr den Mut, das Risiko einzugehen und ihrem Vater zu sagen, was sie tun wollte. Sie hoffte, daß ein liebevolles und strategisch gut geplantes Gespräch den Widerstand ihres Vaters gegenüber den Veränderungen, die in seinem Leben stattfinden würden, erheblich reduzieren könnte.

Als Ruth das Synthese-Stadium ihrer strategischen Planung erreichte, begann sie sich eine Veränderung so vorzustellen, daß sie unterrichten könnte (Unterrichten war etwas, das ihr Spaß machte und das sie gut konnte), und zwar außerhalb der Grundschule. Jahrelang war Ruths Hobby Kochen gewesen, besonders die feine Küche, und sie hatte sogar einen Schnellkurs beim berühmten Cordon Bleu absolviert, als sie einmal einen Sommer in Frankreich verbracht hatte. Sehr schnell konnte Ruth sich vorstellen, Erwachsene in die Alchimie der Nahrungszubereitung einzuweisen.

Als sie sich den Spaß erlaubte, sich die wildesten Möglichkeiten ohne Einschränkung zu überlegen, begann Ruth ihre beruflichen Ziele *auszuarbeiten* und *auszuschmücken*. Sie sah sich dann als Leiterin einer erfolgreichen Kochschule, Besitzerin eines erfolgreichen Restaurants, einer Bäckerei oder eines Delikatessenladens, Autorin eines Bestseller-Kochbuchs und Gastgeberin einer Koch-Show im Fernsehen.

Der Prozeß der Bewertung

Entscheiden	Beweisen
Empfehlen	Widerlegen
Kritisieren	Überprüfen
Bestätigen	Beurteilen
Auswählen	Debattieren
Einschätzen	Vorschlagen
Rechtfertigen	Abwägen

Wie schon oben erwähnt, wenden die Bewältigungsorientierten auf diesem Niveau des strategischen Denkens und Planens ein Kriterium oder einen Standard an, um das, was sie bis zu diesem Niveau erreicht haben, zu bewerten. Die Bewertung ist die letzte Phase dieses Prozesses, nicht nur weil sie die schwierigste ist, sondern auch, weil sie, verfrüht eingesetzt, den kreativen Prozeß torpediert und EH auslöst.

Dies ist das Niveau, auf dem die Kritikerin aktiv wird, was nicht unbedingt schlecht sein muß. Wir können die Kritikerin dazu benutzen, unsere Wahlmöglichkeiten unterscheiden zu lernen, und sie kann uns dabei behilflich sein, unsere Ideen auf eine durchführbare Art anzuwenden. Aber seien Sie vorgewarnt, daß bei denjenigen mit EH die Kritikerin dazu neigt, sich viel zu sehr aufzuregen, und nicht nur Unterscheidungen trifft, sondern auch verurteilt und mißbraucht.

Megans sorgfältig ausgearbeitete Berufspläne fielen neuen Ereignissen zum Opfer, da ihr Vater kurz vor ihrer Abreise einen

Schlaganfall erlitt, woraufhin er halb gelähmt und noch bedürftiger war als je zuvor. Wie es so häufig geschieht, zwangen die Lebensumstände sie dazu, ihren ursprünglichen Plan noch einmal neu zu überdenken.

»Ich war in einem verheerenden Zustand«, erklärte sie. »Ich war so verbittert darüber, mich aufs neue opfern zu müssen. Darüber hinaus fühlte ich mich schuldig, weil ich meinen Vater dafür haßte, daß er krank war. Er litt ja schließlich, und ich dachte nur an mich. Ich bekam irrationale Gedanken wie: ›Das kriegst du eben, wenn du so selbstsüchtig bist, dir einen Plan auszudenken, wie du hier rauskommst.‹ Wie haben Sie das genannt, die überstimulierte Kritikerin! Jedenfalls war ich schon kurz davor, die immerwährende Fürsorge für meinen Vater als mein Lebensschicksal zu akzeptieren, da erinnerte ich mich an etwas, das Sie während des Workshops sagten, als wir in die Bewertungsphase kamen: ›Wenn Plan A nicht funktioniert, gehen Sie über zu Plan B.‹ Tja, ich hatte keinen Plan B.«

Megan mußte den kognitiven Prozeß noch einmal von vorn beginnen, bei den Brainstorming-Wahlmöglichkeiten. Diesmal traf sie auf eine Komponente, die sie noch nie zuvor näher betrachtet hatte (aufgrund der Blindheit gegenüber Wahlmöglichkeiten, die durch EH ausgelöst wird). Ihr Vater hatte eine Schwester, die sieben Jahre jünger war als er und gesünder und die in einem anderen Bundesstaat von einer mageren Witwenrente lebte. Megan arbeitete einen Vorschlag für ihre Tante aus, ihr als Ausgleich dafür, daß sie herkäme und bei ihrem Vater lebte, das kleine Haus des Vaters zu überschreiben.

Natürlich wäre dies für manche von uns nicht gerade eine ideale Lösung. Denn Megan mußte immer noch selbst für die Lebenshaltungskosten ihres Vaters aufkommen. Sie mußte in einer kleinen Wohnung leben und ihr Erbe schon vorher ausgeben. Aber im Austausch dafür gewann Megan die Freiheit, ihr eigenes Leben in ihren eigenen Räumen zu leben, und die Befriedigung zu wissen, daß sie sich nach wie vor um ihren Vater kümmerte.

Ich sprach mit Megan etwa achtzehn Monate nach dem Workshop, in dem sie ihr Vorhaben zum ersten Mal ins Auge gefaßt hatte. »Die Situation stellt sich für meinen Vater als recht positiv dar«, sagte sie. »Er und seine Schwester waren sich in ihrer Jugend sehr nahe gewesen, und es macht ihnen Freude, ihre Beziehung zu diesem späten Zeitpunkt in ihrem Leben noch einmal zu festigen.«

»Und wie ist es für Sie?« wollte ich wissen.

»Tja, ich bin unglaublich pleite, aber das Gefühl der Freiheit ist so großartig, daß es den Preis wert ist. Ich kann Freunde einladen. Ich kann einen Mann mit nach Hause bringen. Ich fühle mich endlich erwachsen.

Außerdem kann ich jetzt meinen Vater einfach lieben ohne all die damit im Widerspruch stehenden Schuldgefühle und den Groll. Das ist wirklich schön.«

Als es um die Bewertung ihres Planes ging, mußte auch Ruth zugeben, daß ihre phantasierten Wahlmöglichkeiten dem grellen Licht der Praktikabilität nicht recht standhielten. Sie hatte beabsichtigt, die Veränderung ihrer beruflichen Laufbahn einzuleiten, während sie noch im Schulsystem angestellt war. Also begann sie ein Gastronomiegeschäft als Teilzeitunternehmen an Wochenenden und Abenden und spezialisierte sich auf Gebäck und französische hors d'œuvres. Es dauerte sehr viel länger, das Geschäft in Gang zu bringen, als sie vorausgesehen hatte (sie vergaß, daß sie auch eine Menge Papierkram erledigen und Buchführung lernen mußte), außerdem stellte sie fest, daß sie fast die Hälfte der Zeit damit zubrachte, ihre Produkte auf den Markt zu bringen und neue Kunden anzulocken – beides hatte sie in ihrem ursprünglichen Plan nicht in Rechnung gestellt.

Um Zeit zu finden für diese zusätzlichen, nicht einberechneten, aber wesentlichen Aufgaben, bezog Ruth sehr schnell ihre Familie in das Geschäft mit ein; ihre Kinder halfen in der Konditorei, um sich das Geld fürs College zusammenzusparen, ihr Mann lieferte Lachs in Blätterteig aus und half seiner Frau auf diese Weise, ihre Träume zu verwirklichen. Zusätzlich schrieb und illustrierte Ruth in den Sommerferien ein selbst herausgegebenes Handbuch über kreative Gebäckideen. Sie verkaufte das Buch durch Mundpropaganda, und innerhalb von vierzehn Monaten nach der Veröffentlichung waren ihre Produktionskosten gedeckt.

Weniger als zwei Jahre nach ihrem Start war die Zeit, die Ruth für ihr neues Geschäft brauchte, weit über das Maß hinausgewachsen, das sie eigentlich zur Verfügung hatte. Das Geld aus ihrer neuen Teilzeittätigkeit hatte ihr ein relativ großes Ei ins Nest gelegt, immerhin groß genug, um eine Expansion zu finanzieren, jedoch nicht groß genug, um ihr Lehrerinnengehalt zu ersetzen.

Zwar hatte Ruth Angst, aber sie war doch bereit, ein kalkuliertes Risiko einzugehen. Sie ließ sich beurlauben (vorerst wollte sie nicht direkt kündigen), mietete für zwei Tage in der Woche zwei Bäckereiräume in einem belebten Stadtteil und versuchte hier, ihr Geschäft auf die Füße zu stellen, während sie ihren kleinen gastronomischen Dienst fortsetzte. Wiederum leisteten Familienmitglieder verläßliche Zusatzarbeit, eine Reihe von Neffen kassierte und lieferte aus. Ihre Kunden hielten auch schon mal am Geschäft an und kauften sich frische Windbeutel und heiße gefüllte Pilze oder planten mit ihr das Menü für eine Party. Ruth arbeitete ein Zusatzgeschäft mit zwei Freundinnen aus, die ein Präsentkorb-Geschäft aufgemacht hatten, wobei ihre Pâté und ihr Kochbuch in die Geschenkware aufgenommen wurden. Das Kochbuch förderte den Absatz ihrer Backwaren, und die Backwaren förderten den Absatz des Kochbuchs.

Ruth und ich blieben in Kontakt. Vier Jahre, nachdem sie meinen Workshop besucht, und zwei Jahre, nachdem sie endgültig ihren Lehrerinnenjob gekündigt hatte, sprach ich noch einmal mit ihr darüber. Hier ihr Kommentar:

»Das erste Jahr war hart und finanziell so schlecht, daß es danach aussah, als ob die Zwillinge ihr College für ein oder zwei Jahre hintanstellen müßten. Sie mochten das natürlich gar nicht, andererseits mußten sie aber auch nicht mehr zusehen, wie ihre Mutter unter dauernder Migräne litt. Meistens war ich viel zu beschäftigt, um mich darum besonders zu kümmern, um ehrlich zu sein. Ich begann, in Erwachsenenbildungseinrichtungen noch abends Backkurse zu geben. Jeder Dollar, den ich verdienen konnte, wurde ausgegeben.

Dann liefen die Dinge langsam besser an. Je mehr ich verdiente, desto mehr Leute konnte ich anheuern, um noch mehr Geld zu verdienen. Das Geschäft steht inzwischen auf soliden Füßen, und die Kinder haben mit der College-Ausbildung begonnen.

Wenn ich so zurückschaue, habe ich das Gefühl, daß das Unterrichten in mancher Hinsicht einfacher war, aber nicht annähernd so befriedigend. Auch wenn mein neues Leben streßreich ist, so ist es doch eine andere Art von Streß. Ich bin diejenige, die jetzt für alles verantwortlich ist. Ich treffe die Entscheidungen, und je härter ich arbeite, desto mehr kann ich verdienen, das ist ganz anders als beim Unterrichten, wo man keine Entscheidungen treffen kann und dauernd mit den Problemen anderer Leute zu tun hat, auf die man sehr wenig Einfluß hat.«

An dieser Stelle bot Ruth mir eine neue Kreation an, an deren Perfektionierung sie gerade arbeitete – einen mit Himbeersahne gefüllten Lebkuchen.

»Ich habe jetzt viele Stunden in mein Geschäft gesteckt, aber nicht die Absicht, immer so hart zu arbeiten. Ein Unternehmer und früherer Restaurantbesitzer hier am Ort hat mir angeboten, direkt neben der Bäckerei ein Café mit Buchladen aufzumachen und das Geschäft mit mir zu teilen. Vielleicht ist es noch zu früh, um an diese Art von Expansion zu denken, aber ich glaube, das Geschäft wird wachsen, und es wird genau die Karriere sein, die ich will.

Was ich über die strategisch ausgearbeiteten Wahlmöglichkeiten gelernt habe, hat mir genug Anreiz geliefert, um aufzuhören, mich ständig zu beklagen, und um etwas gegen meine Unzufriedenheit zu tun. Etwas zu tun, bringt immer Streß, das ist absolut wahr. Aber nur Pläne zu machen ist schlimmer. Ich fühlte mich leergepumpt und deprimiert. Ich will gar nicht daran denken, was aus mir geworden wäre, wenn ich an der Schule geblieben wäre. Ich habe weit mehr Selbstvertrauen in meine Fähigkeiten, etwas zu unternehmen, und dieses Vertrauen breitet sich auch auf andere Lebensbereiche aus.

Ich will noch etwas hinzufügen. Sagen Sie Ihren Leserinnen, sie sollten sich erinnern, daß Sie gesagt haben, man sollte sich Zeit nehmen. Nichts von dem, was ich geplant habe, hat sich an seinen Zeitplan gehalten. Es dauerte alles sehr viel länger.«

Aus diesen beiden Geschichten ist offensichtlich, daß nichts so vor sich geht, wie wir es erhoffen. Wenn wir uns erst einmal der Klarheit der Bewertung stellen (sowohl theoretisch als auch von den praktischen Umständen her), dann stellen wir fest, daß beide

Frauen gezwungen waren, auf andere Ebenen des Denkens zurückzukehren und wieder und wieder neue Pläne zu schmieden. Im Prozeß der Bewertung und Neubewertung entdeckten sie Bereiche, die sie bis dahin vernachlässigt hatten oder von denen sie gar nichts wußten, oder einfach unvorhergesehene Ereignisse (wie die Pause auf einem Felsvorsprung) und mußten schließlich zu anderen Verben (Prozessen) der Analyse und Synthese zurückkehren, bis sie ihr Ziel erreichen konnten.

Bloom zum Leben erwecken

Solange Blooms Taxonomie nur als ein lebloses Diagramm in einem Selbsthilfebuch oder als eine saubere Liste von Verben auf einem Stück Papier existiert, wird sie in Ihrem Leben wenig Bedeutung einnehmen. Wenn diese Verben irgend etwas bedeuten sollen, dann muß damit gearbeitet werden, *dann müssen Sie etwas damit tun*, zusätzlich zu den inneren Übungen, die in früheren Kapiteln angeboten wurden. Wie bei der Meditation findet im Tun, in der lebendigen Erfahrung, und nicht in der intellektuellen Übung Veränderung statt.

Was folgt, sind einige Möglichkeiten, diese Verben auf Ihr eigenes Leben anzuwenden. Sicherlich decken diese Vorschläge nicht alle Möglichkeiten ab. Es wäre unmöglich, alle Verben in nur einem Kapitel abzuhandeln, aber die vorgeschlagenen Ideen können Ihnen Anregungen geben, womit Sie anfangen können. Alle Ideen, die Sie bekommen, während Sie die Liste der Verben durchlesen, sollten Sie ebenfalls in Ihre strategische Planung aufnehmen.

Beginnen Sie einfach, indem Sie die verschiedenen Überzeugungen, die Sie über das Problem hegen, nach dessen Lösung Sie suchen, einfach *auflisten*, oder listen Sie die Verhaltensweisen auf, die Sie in der Vergangenheit gezeigt haben. (Denken Sie daran, die Kritikerin aus dieser Übung zu verbannen. Mit anderen Worten, beurteilen und verurteilen Sie nicht; listen Sie einfach auf. Hier wird sich die Zeugin nützlich machen können.)

Wenn die Liste erst einmal vollständig ist, ordnen Sie die einzelnen Themen nach *Kategorien*. Stellen Sie sich zum Beispiel vor, daß Sie eine emotional schmerzhafte und sehr mißbräuchliche Beziehung hinter sich haben – keine körperliche Gewalt, aber sehr viel verbale und emotionale Mißhandlung. Aus mancherlei Gründen waren Sie nicht in der Lage, alles aufzubringen, was dazu gehört hätte, die Tür von außen hinter sich zuzuschlagen. Nachdem Sie Ihre Überzeugungen und Verhaltensweisen aufgelistet haben, *sortieren* Sie sie (getrennt) in eine Vielzahl verschiedener Kategorien ein, etwa folgendermaßen:

Überzeugungen, die für das Bleiben sprechen	vs.	*Überzeugungen, die für das Gehen sprechen*
1. Ich wäre nicht in der Lage, einen anderen Mann zu finden. Ich wäre für immer einsam.		Es ist besser, einsam als mit jemandem zusammen zu sein, der mich schlecht behandelt.
2. Vielleicht wird er sich ändern.		Wahrscheinlich wird er sich erst verändern, wenn ich ihm dafür einen Grund gebe, zum Beispiel, indem ich ihn verlasse.
3. Ich liebe ihn.		Mich muß ich mehr lieben.

oder

Überzeugungen, die auf dem globalen Denken der EH beruhen	vs.	**Überzeugungen, die auf dem spezifischen Denken der Bewältigungsorientierung beruhen**
1. Es wird mir so schlecht gehen, daß ich nicht mehr arbeiten kann.		Die Arbeit wird mir das Leben retten. Da bin ich beschäftigt und muß nicht ständig an ihn denken.
2. Ich kann ohne ihn nicht leben. Er ist mein ganzes Leben – erotisch, finanziell und emotional.		Ich werde mit anderen Männern ausgehen. Ich werde mir eine Mitbewohnerin suchen, damit ich finanziell entlastet bin. Ich werde mich an meine Freundinnen wenden, um mir emotionale Unterstützung zu holen.
3. Nichts hat jemals richtig funktioniert. Warum sollte es diesmal klappen?		Was damals war, war damals, und heute ist heute. Ich habe jetzt mehr Kraft als damals.

oder

Verhalten, um ihn zu kontrollieren	vs.	**Verhalten, um mich selbst zu kontrollieren**
1. Selbstmordversuche.		Eine Psychotherapeutin aufsuchen.
2. Ihn drängen, sich ihm unterwerfen, ihn anflehen, anschreien, bedrohen usw.		Ruhig erklären, was ich tun werde, sollte er mich noch einmal mißhandeln, und es dann auch *tun*, genauso ruhig.
3. Versuchen, ihm zu gefallen.		Laut feststellen, was ich brauche.

oder

Verhalten, basierend auf Verhaltenszielen	vs.	Verhalten, basierend auf Lernzielen
1. Feststecken und immer wieder die alten Argumente wiederholen, die ich schon hundertmal zuvor vorgebracht habe.		Meine Sachen packen und ausziehen.
2. Eine Diät machen, versuchen, gut genug auszusehen, um das Interesse und die Freundlichkeit, die er in den ersten Tagen unserer Beziehung zeigte, wiederzuerwecken.		Meine Sachen packen und ausziehen.
3. Ihn zum zehnten Male beknien, er solle doch mit mir zu einer Paartherapie gehen.		Meine Sachen packen und ausziehen.

Wenn Sie erst einmal damit begonnen haben, zu sortieren, zu kategorisieren, aufzulisten und zu klassifizieren, dann betrachten Sie das Problem eher kognitiv als emotional. Ihren Verstand über ihre Emotionen siegen zu lassen ist manchmal wesentlich, um gute, gesunde Strategien entwickeln zu können. Während Sie auflisten, sortieren und Ihre Überzeugungen und Verhaltensweisen auf ein bewußtes Niveau heben, können Sie sie tatsächlich sehen und mit ihnen arbeiten, um gesündere Wahlmöglichkeiten zu finden in bezug auf diejenigen, die verändert werden und diejenigen, die betont oder erweitert werden müssen. Wenn Sie herausgefunden haben, welche Überzeugungen Sie unterstützen, können Sie sie dazu verwenden, sich selbst zu bestätigen und die positiven Selbstgespräche der Bewältigungsorientierten zu entwickeln.

Vielleicht stellen Sie zum Beispiel fest, daß Sie der Überzeugung sind, Sie seien nicht in der Lage, einen anderen Mann zu finden, dann schwächt Sie das also so weit, eine armselige Beziehung gar keiner Beziehung vorzuziehen. Oder vielleicht entdecken Sie beim Sortieren und Nachdenken die Überzeugung, daß alle Männer sowieso Neandertaler sind, also spiele es keine Rolle, mit welchem Neandertaler Sie nun fertig werden müssen. Da könnten Sie auch gleich bei dem Ihren bleiben. Wenn Sie sich erst einmal diese Überzeugungen bewußt gemacht haben, können Sie daran arbeiten, sie zu modifizieren und so zu verändern, daß sie Sie in Ihrem Wachstum und Risikoverhalten unterstützen.

Vergleichen und Kontrastieren

Da Sie jetzt die Liste Ihrer Überzeugungen und Verhaltensweisen etwas geordnet haben, können Sie sie nun *vergleichen* (sehen, wo sie ähnlich sind) und *kontrastieren* (sehen, wo sie verschieden sind). Wenn Sie zum Beispiel bleiben, weil Sie glauben, daß Sie nicht hübsch genug, sexy genug, klug genug oder was auch immer genug sind, einen anderen Mann zu finden, ist das dem Verhalten ähnlich, in einer schlechten Beziehung auszuharren, weil die besser ist als gar keine Beziehung. Wenn Sie allerdings bleiben, weil Sie glauben, daß Sie keine gute Beziehung verdienen, ist das anderes als zu bleiben, weil Sie glauben, daß Sie letztlich sein Verhalten kontrollieren können und ihn dazu bringen werden, Sie doch noch zu lieben.

Es ist sinnvoll, die Bestandteile eines Problems zu vergleichen oder einander gegenüberzustellen, weil Sie so den globalen Aspekt Erlernter Hilflosigkeit (die Tendenz, Mißerfolge aus einem Bereich Ihres Lebens in alle Bereiche zu übertragen) überwinden können. Zu vergleichen und zu kontrastieren enthüllt häufig genügend Unähnlichkeiten von Ereignissen oder Verhaltensweisen, um der Vorstellung zu widersprechen, daß Ihr vergangenes Mißgeschick auch in Zukunft Ihr Scheitern vorprogrammieren wird. Wenn andererseits die Komponenten vergangener Handlungen oder Überzeugungen unleugbar ähnlich sind, werden Sie durch diesen Prozeß die falschen herausfinden, die eine Veränderung nötig haben.

Immer noch auf dem Niveau der Analyse kann man persönliches Verhalten, das mit Aufschieben oder Versagen verbunden ist, von Verhaltensweisen unterscheiden, die mit Erfolg einhergehen. Ich habe zum Beispiel vorhin schon erwähnt, daß eine tatkräftige Managerin durchaus bewältigungsorientiert sein kann, wenn es darum geht, Tausende von Dollars ihres Unternehmens in eine Investition zu stecken, die ihrem Unternehmen eine Expansion ermöglichen soll, daß jedoch dieselbe Frau mit Zähneklappern und Leichenblässe auf den Gedanken reagieren kann, an einer Kajaktour teilzunehmen. Sollte sie beschließen, daß sie ihre Furcht (und daraus folgend ihre Hilflosigkeit) überwinden will, um mit ihrem Freund diese Kajaktour unternehmen zu können, dann könnte sie damit beginnen, ihre Selbstgespräche in zwei verschiedenen Situationen voneinander zu unterscheiden. Etwa so:

Kajak-Selbstgespräche	**Managerinnen-Selbstgespräche**
1. Ich werde wahrscheinlich ertrinken.	Ich könnte zu einem Gewinn des Unternehmens beitragen, befördert werden und eine Menge Geld machen.
2. Wasser ist gefährlich.	Geld zu riskieren ist nicht tödlich.
3. Alle auf der Reise werden wahrscheinlich Superathleten sein, und ich werde vermutlich aussehen wie ein kleines blasses Etwas.	Ich kann so tun, als strotzte ich vor Selbstvertrauen, wenn ich muß. Ich habe genügend Zeit, mich entsprechend darauf vorzubereiten.

Nehmen wir einmal an, eine enge Freundin dieser Managerin ist genau das Gegenteil von ihr – eine leidenschaftliche Sportlerin, die sich vor kaum einer körperlichen Anstrengung fürchtet, wohl aber mit Entsetzen daran denkt, welche Risiken es mit sich bringen kann, Geld zu investieren. Ihr Selbstgespräch in derselben Situation würde einen völlig anderen Erklärungsstil widerspiegeln:

1. Im Wasser habe ich einige Kontrolle. Ich kann mich selbst retten.	Ich habe keine Kontrolle darüber, wie sich unsere nationale Wirtschaft verändert.
2. Eine Reise auf dem Fluß macht auf jeden Fall Spaß.	Mit Geld umzugehen erfordert eine Menge Aufmerksamkeit und Arbeit. Ich müßte ständig die Höhen und Tiefen des Marktes und das Auf und Ab der Börse im Auge behalten. Das klingt ausgesprochen anstrengend.
3. Selbst wenn ich einmal verletzt werden sollte, kann ich mich davon mit der Zeit erholen.	Wenn ich einen Fehler mache, werde ich meinen Job verlieren, dann kann ich meine Rechnungen nicht mehr bezahlen. Ich würde mein Auto verlieren, mein Haus, alles.

Wie wir schon vorher gesehen haben, spiegelt keiner von beiden Erklärungsstilen die Wirklichkeit wider. Aber es verzerrt auch keiner von beiden die Wirklichkeit. Es geht überhaupt nicht um die Wirklichkeit, da es unmöglich ist, genau vorherzusagen, was passieren wird. Was sich widerspiegelt, wenn wir lernen, unsere Überzeugungen voneinander zu unterscheiden und sie in einem Selbstgespräch konkret werden zu lassen, ist, daß die beiden Frauen verschiedene Aspekte der Wirklichkeit betonen. Ihr Erklärungsstil ändert sich, um jeweils den angstbesetzten Bereich zu bestärken, den sie vermeiden wollen. Wenn wir das Analyse-Niveau benutzen, um diese Überzeugungen und Erklärungsstile zu untersuchen, dann erkennen wir uns in unseren eigenen Worten wieder.

Beginnen Sie damit, sich einige Alternativen *vorzustellen*. Vergessen Sie, ob diese praktisch sind oder nicht, sorgen Sie einfach dafür, daß es Ihnen Spaß macht, und überlegen Sie die wildesten Möglichkeiten. Unter keinen Umständen sollten Sie sich in diesem Stadium selbst einschränken. (In der Bewertungsphase können Sie dann realistischer sein, falls nötig.)

Denken Sie daran, sich etwas *vorzustellen*, das bedeutet eigentlich wörtlich, etwas vor sich stellen; je mehr Sie also die konkreten Bilder Ihrer rechten Hirnhälfte aktivieren, desto mehr können Sie sie sich gegenüberstellen und betrachten. Wenn sich eine Frau zum Beispiel danach sehnt, ins Geschäftsleben einzusteigen, dann beginnt sie vielleicht damit, sich ein Bild vorzustellen, wie sie in ihrem neuen Büro ist, und dann die einzelnen Elemente zusammenzustellen, von denen sie sich vorstellt, daß sie Teil dieser neuen Position seien. Sie würden sich vorstellen, sich wie jemand in dieser Stellung zu kleiden, in einem Tonfall zu sprechen, der auf ihre Autorität hinweist, Entscheidungen zu treffen, Leute einzustellen und zu feuern, verantwortlich zu sein für die Ergebnisse, sich zu verhalten wie die kompetente berufstätige Frau, die sie sich für dieses Gebiet ihres Lebens ausgedacht hat.

Dann – und dieser Teil ist wirklich bewältigungsorientiert – beginnen Sie, diese Vorstellung allmählich in die Wirklichkeit zu übertragen, selbst wenn das zunächst nur in einem kleinen Bereich gelingt. Lesen Sie noch einmal den Abschnitt über »Die innere Schauspielerin« auf Seite 235 ff. durch, um sich daran zu erinnern, wie wichtig es ist, ein Verhalten vorzuspielen, bis es endlich natürlich wird. Versuchen Sie sich in der neuen Rolle, üben Sie sie zunächst im kleinen Umfeld. Vielleicht wird das zunächst nur eine ganz leichte Veränderung sein, für andere vielleicht beinahe unsichtbar, etwa indem Sie sich anziehen oder benehmen, wie Sie sich Ihr neues, vor Selbstvertrauen strotzendes Ich vorstellen und wie dieses sich benehmen würde. Schließlich werden Sie mit der Zeit und zunehmender Übung in der Lage sein, diese neuen Merkmale in Ihr Bild von sich selbst zu integrieren, denn wenn Sie das nur lange genug machen, dann sind diese neuen Merkmale *Sie*.

Wenn Sie damit begonnen haben, sich das Bild Ihres neuen Selbst vor Ihrem geistigen Auge konkret vorzustellen und ein wenig damit in der Außenwelt herumzuexperimentieren, dann gehen Sie jetzt dazu über, an Ihren Vorstellungen und Strategien zu arbeiten, indem Sie sie ausschmücken, und zwar so viel, wie Sie es sich in Ihren kühnsten Träumen nur wünschen. Lassen Sie sie so interessant und amüsant oder glänzend erscheinen, wie Sie es möchten. Geben Sie sich selbst die Erlaubnis, auch den wildesten Möglichkeiten gedanklich nachzugehen.

Ruth, die Lehrerin, die zu einer Geschäftsfrau wurde, sagte über dieses Niveau: »Dieser Teil macht besonders viel Spaß, und zwar genau deshalb, weil man da nicht beurteilen soll, sondern einfach nur die wildesten Spekulationen anstellen darf. Ich habe festgestellt, daß es machmal gerade die wildesten und verrücktesten Ideen sind, die sich, mit kleinen Veränderungen, tatsächlich als die besten erweisen!«

Wie recht sie hat. Vielleicht erinnern Sie sich, daß Ruth sich in diesem Stadium eine Menge Zeit genommen hat, an ihrem beruflichen Ziel zu arbeiten und es auszuschmücken. Sie sah sich als Leiterin einer Kochschule, Besitzerin eines erfolgreichen Gastronomiebetriebes, als Chefin einer Bäckerei und eines Delikatessengeschäftes, Autorin eines Kochbuch-Bestsellers und Gastgeberin einer neuen Koch-Show. Das wichtigste an diesem Niveau ist: Wenn Sie nicht in der Lage sind, sich in diesen aufregenden Rollen zu sehen, dann werden Sie nie dorthin kommen. Sie vor Ihrem geistigen Auge erstehen zu lassen, ist der erste Schritt.

Schließlich sollten Sie nicht vergessen, sorgfältig auf die Kritikerin zu achten, denn Ausschmückungen und Ausarbeitungen können auch sehr negativ ausfallen, was nur Furcht und EH verstärken wird. Als ich darüber nachdachte, meine Stelle als Dozentin aufzugeben, um mich ganz dem Schreiben und meinen Vorträgen zu widmen, stellte ich fest, daß ich mich lange an dem Bild des Verkrachter-Schriftsteller-Syndroms festhielt. Ich machte mir Sorgen und wurde dabei immer unruhiger, mit anderen Worten: Ich arbeitete an dem Bild und schmückte es dahingehend aus, daß meine berufliche Veränderung mich schließlich in eine Obdachlose verwandeln würde (negatives »Was-wäre-wenn«). Wenn ich dann tatsächlich gelegentlich auf eine Penne-rin traf, dann fragte ich mich, ob sie sich wohl auch früher einmal als Künstlerin gesehen hatte, ob sie nicht eine Art von Symbol oder Omen für mich war, welch unvermeidliches Schicksal mir bevorstand, die ich dummerweise und auch noch freiwillig sämtlichen Sicherheiten den Rücken kehren wollte.

Genau wie bei der rothaarigen Politikerin in einem früheren Kapitel unterminierte diese Art negativer Ausschmückung meine Courage und verdrängte die frische Brise eines neuen Selbstkonzepts, die mein Leben positiv verändern konnte, für über ein Jahr. Es ist sicher wichtig, soviel wie möglich im Rücken zu haben, aber nur über die negativen Konsequenzen des Risikoverhaltens nachzudenken, ohne gleichermaßen die positiven Belohnungen zu betonen, trägt nur zur EH bei und stärkt sie, indem Ihnen angst und bange davor wird, überhaupt Strategien zu entwickeln.

In dieser Zeit negativer Ausschmückungen sagte ich zu meiner Mutter: »Was ist, wenn ich als Pennerin ende?« Worauf meine risikofreudige, kriegerische Mama erwiderte: »Und was ist, wenn du reich und berühmt wirst?«

Ein Punkt für sie.

Viele Monate später schaute mich mein Freund, der zusah, wie ich meinen Koffer packte, um wieder zu einem anderen Workshop in wieder einer anderen Stadt abzureisen, mit einem ironischen Lächeln an und sagte: »Weißt du was? Du bist tatsächlich ein bißchen obdachlos geworden!«

Minimieren, Maximieren

Dies sind zwei interessante Verben, mit denen wir arbeiten können und die einzigartige Ergebnisse erbringen. Das Ziel besteht hier darin, manche Aspekte des Problems, die während der Analyse-Phase entdeckt wurden und die bis dahin ein Maximum an Aufmerksamkeit auf sich gezogen hatten, zu verkleinern, also zu minimieren, und statt dessen andere Aspekte zu verstärken, also zu maximieren, die bis dahin trivial, unwichtig oder überflüssig erschienen, wie die folgende Geschichte einer Frau aus einem meiner Workshops zeigt:

»Ich bin neununddreißig Jahre alt und alleinstehend. Seit zehn Jahren wünsche ich mir verzweifelt ein Kind.

Häufiger, als ich es wagen würde zuzugeben, habe ich einen guten Mann abgeschreckt, weil ich zu sehr darauf drängte, zu heiraten und eine Familie zu gründen. Je älter ich werde, desto verzweifelter werde ich, weil die biologische Uhr unablässig weiterläuft. In letzter Zeit habe ich mir die Männer, mit denen ich angebändelt habe, nicht einmal besonders gut ausgesucht, weil ich an diesem Punkt den Mann einfach nur deswegen will, damit ich meine Familie haben kann.«

»Warum versuchen Sie es nicht mit Adoption?« schlug eine Frau vor.

»Oder sogar künstlicher Befruchtung«, sagte eine andere, »schließlich haben wir bald das Jahr 2000.«

»Tja, sehen Sie, ich wußte, daß irgend jemand von Ihnen das sagen würde. Aber meine Eltern sind orthodoxe Juden, die würden dem nie zustimmen. Sie haben mich sehr traditionell erzogen, und in ihren Augen bildet man eine Familie, indem man mit einer Mutter und einem Vater anfängt. Punkt. Das ist für sie die einzige Möglichkeit.

Dabei stelle ich fest, daß ich die Bedeutung der Tradition und die Tatsache, daß ich meinen Eltern gefallen will, in ihrer Bedeutung maximiere. Das ist offensichtlich. Aber ich habe nie darüber nachgedacht, wie ich auf diese Weise meine eigenen Bedürfnisse verkleinere, also minimiere. Das gefällt mir gar nicht. Warum tue ich das bloß?«

Wahrscheinlich gibt es dafür eine Reihe von Gründen. Einer lautet wahrscheinlich, daß auch sie – wie ihre Eltern – Traditionen sehr hoch schätzt (maximiert). Ein weiterer Grund ist wahrscheinlich das Ergebnis von EH – sie hat Angst, ein Risiko einzugehen. Sie glaubt, »gleichgültig, was sie tut«, könne sie nicht gleichzeitig ihren Eltern gefallen und ihren eigenen Bedürfnissen folgen. Wenn das stimmt, dann muß sie dazu übergehen, ihre eigenen Bedürfnisse zu maximieren und die Tradition sowie das Bedürfnis, ihren Eltern zu gefallen, zu minimieren, denn ihr gegenwärtiges Problem zeigt deutlich, daß ihr früheres Vorgehen nicht besonders gut funktioniert hat.

Die Prozesse des Maximierens und Minimierens sind sehr

wertvoll, um uns alte Probleme auf neue Weise sehen zu lassen – ein wesentlicher Schritt, um unser altes, hilfloses Selbst aus der Verstrickung zu lösen, weiterhin hilflos zu denken.

Modifizieren, Vereinfachen, Revidieren, Umstellen, Hinzufügen

Vielleicht wollen Sie eine Vorstellung oder neue Idee modifizieren, indem Sie sie vereinfachen oder sie neu ordnen oder etwas hinzufügen. Sie können eine Menge Spaß dabei haben, wenn Sie sich Ihre vielfältigen Strategien ausmalen und wieder revidieren und sich alle erdenklichen Möglichkeiten, wie Sie sie verbessern können, vorstellen. Sie werden dabei feststellen, wie unendlich zahlreich Ihre Wahlmöglichkeiten in Wirklichkeit sind, wenn Sie erst einmal die Fähigkeit zur Synthese erworben haben, denn jede beliebige Strategie kann modifiziert, verbessert, neu gestaltet oder mit anderen Strategien kombiniert werden, bis sie schließlich funktioniert. Es versteht sich fast von selbst (soll aber noch einmal betont werden), daß Sie wahrscheinlich – ebenso wie Megan und Ruth – gezwungen werden, Ihre ursprünglichen Strategien zu verändern und zu revidieren.

Da niemand in der Lage ist, all die Veränderungen vorherzusehen, die mit der Zeit eintreten werden, ist es beim Lernen von Bewältigungsorientierung von entscheidender Bedeutung, daß man lernt, zu revidieren, zu verbessern, zu verändern und so weiter. Daher sollten Sie sich immer wieder auf die Liste der Verben im Synthese-Abschnitt beziehen, wenn Sie nach neuen Möglichkeiten suchen, Ihre alten Probleme zu betrachten.

Da schließlich Synthese das Niveau der Kreativität ist, sollten Sie die Vorschläge in Kapitel 11 (über Kreativität) noch einmal durchlesen *und sie umsetzen*, um gedanklich in neue Fahrwasser zu geraten, die schließlich ins offene Meer der Bewältigungsorientierung münden werden.

Erinnern Sie sich, daß die Hauptgefahr, wenn Ihr altes, hilfloses Ich bewerten soll, auf diesem Niveau darin liegt, daß es aus Furcht, einer Verteidigungshaltung oder einer Unsicherheit heraus agiert. Diese gewohnheitsmäßige Reaktion hat Sie bislang den Weg der Vermeidung einschlagen lassen oder Sie andererseits dazu geführt, Ihre Schuldgefühle zu verinnerlichen – Wege, die Ihnen in der Vergangenheit nie genutzt haben und auch in der Zukunft nicht zu Ihrem persönlichen Wachstum beitragen werden. Ihr altes Selbst wird weiterhin jeder Veränderung widerstehen. Daher sollten Sie sich wappnen gegen diese tiefen, gewohnheitsmäßigen Gedankenstrukturen. Es sind eingefahrene Spurrillen, und wir alle wissen, was mit Spurrillen los ist: Wir bleiben in ihnen stecken. Wie Mark Twain einmal gesagt hat, liegt der einzige Unterschied zwischen einer Spurrille und dem Grab in der Tiefe.

Und denken Sie, während Sie Ihre Wahlmöglichkeiten eingrenzen, um schließlich Ihre konkrete Handlung oder Strategie oder Ihren Plan zu beschließen, daran, andere Wahlmöglichkeiten, Strategien und Pläne, die Sie auf dem Synthese-Niveau entwickelt haben, nicht einfach fallenzulassen. Der Zweck, sie und später noch viele weitere zu entwickeln, liegt darin, sich wie die Bewältigungsorientierten zu verhalten, die multiple Strategien entwickeln. Sie profitieren von der Überzeugung, daß es, falls eine Strategie versagt, auch immer noch andere gebe. Wenn Plan A versagt, dann gehen Sie zu Plan B (oder C oder Z, wenn nötig) über. Wenn Sie ebenfalls daran glauben können, können Sie sich mehr entspannen und brauchen sich weniger Sorgen darüber zu machen, ob Sie nun den einen »richtigen« Weg zu handeln eingeschlagen haben oder nicht.

Überprüfen, Beweisen / Widerlegen, Bestätigen, Rechtfertigen

Diese Verben weisen darauf hin, daß es bei der Bewertung häufig einfach darum geht, Ihren Plan entweder teilweise oder vollständig zu testen, um zu sehen, ob er funktioniert. Wenn möglich, sollten Sie versuchen, ihn zunächst in einem kleinen Bereich zu testen, um Ihre Risiken möglichst klein zu halten. Wenn Ihr Plan aus irgendeinem Grund nicht funktioniert, dann sollten Sie sich hüten, sich wieder der Furcht, nicht zu genügen, oder Ihrer Angst, Verhaltensweisen nicht ändern zu können, anheimzugeben, wie es so typisch ist für EH. Tun Sie einfach, was die Bewältigungsorientierten tun: Interpretieren Sie das Problem oder Mißgeschick oder Hindernis als einen Hinweis darauf, daß Sie Ihre Strategie verändern und modifizieren, wieder zur Analyse und Synthese zurückkehren und dort noch einmal alles durchgehen müssen.

Abwägen, Einschätzen

Man kann die verschiedenen Wahlmöglichkeiten *einschätzen*, indem man sie buchstäblich abwägt, zum Beispiel, indem man ihnen bestimmte Werte auf einer Vielzahl verschiedener Skalen zuordnet:

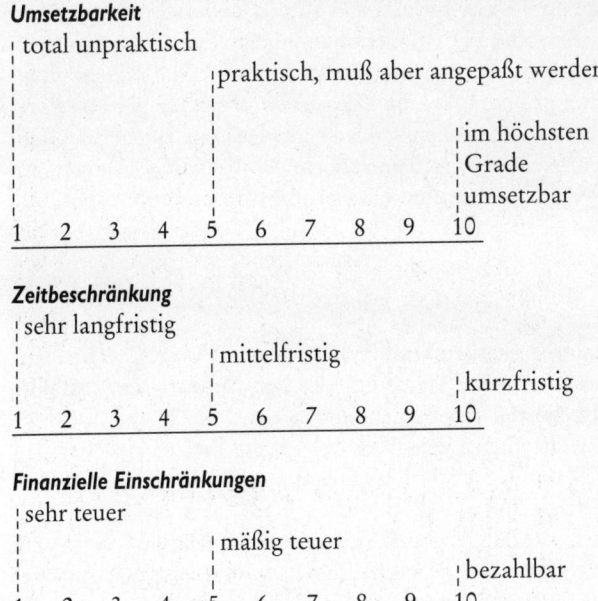

Umsetzbarkeit
total unpraktisch

praktisch, muß aber angepaßt werden

im höchsten
Grade
umsetzbar

1 2 3 4 5 6 7 8 9 10

Zeitbeschränkung
sehr langfristig

mittelfristig

kurzfristig

1 2 3 4 5 6 7 8 9 10

Finanzielle Einschränkungen
sehr teuer

mäßig teuer

bezahlbar

1 2 3 4 5 6 7 8 9 10

Persönliche Präferenz

ich verabscheue die Idee

na ja, vielleicht…

ich sehe die Möglichkeit

kann gar nicht
warten, bis es
losgeht!

1 2 3 4 5 6 7 8 9 10

Kann diese Entscheidung zurückgenommen werden?

in Stein gemeißelt

ein wenig

kein Problem!

1 2 3 4 5 6 7 8 9 10

Selbstverständlich können Sie diese Skalen auf Ihre Person zu-
schneiden, damit sie genau auf die Umstände zutreffen, mit denen Sie es gerade zu tun haben. Zum Beispiel könnte Ihre Überschrift lauten: »Das Glück meines Kindes« oder »Meine seelische
Gesundheit« oder »Die Bedeutung, mich kreativ auszudrücken«
oder »Viel Geld verdienen« oder was immer Ihnen wichtig sein
mag. Dann bewerten Sie die Kategorien selbst auf der Skala von
eins bis zehn, vielleicht stellen Sie dabei fest, daß Ihnen das Geld-
verdienen wichtiger erscheint als Ihre seelische Gesundheit. An
diesem Punkt könnte eine Überprüfung Ihrer Bewertung nötig
werden!

Entscheiden, Empfehlen, Vorschlagen

Sehr wenige Beschlüsse sind in Stein gemeißelt, auch wenn manche sicherlich zukünftigen Veränderungen ebenso wie späterem
Nachdenken eher zugänglich sind als andere. Wenn eine Entscheidung erst einmal getroffen ist, geht der Prozeß ja weiter. Mit
anderen Worten, Sie werden auch weiterhin analysieren (Dinge
auseinandernehmen und sie betrachten), synthetisieren (Ihre
Ideen und Verhaltensweisen neu ordnen und kombinieren, um
Ihre Strategien zu verfeinern) und bewerten (was hat funktioniert und was nicht?), während Sie weitermachen.

An dieser Stelle beginnen Sie festzustellen, daß bewältigungs-orientiertes Verhalten ein lebenslanger Prozeß ist, den Sie immer ausgeklügelter auf immer höheren Niveaus verfeinern und wei-terentwickeln können. Es wird Ihnen immer besser gehen, je weiter Sie vorwärtskommen, obwohl Sie sich manchmal nicht so fühlen werden, weil Sie immer größere Risiken eingehen, je mehr Fortschritte Sie machen. Jedenfalls handelt es sich hier nicht um ein Wettrennen. Wie Konfuzius einmal sagte: »Es spielt keine Rolle, wie langsam du gehst, solange du nicht stehenbleibst.«

Noch einmal: Der Wert von Blooms Taxonomie liegt ausschließ-lich in ihrer Anwendung auf die wirklichen Lebensumstände. Arbeiten Sie mit den Niveaus und ihren begleitenden Verben in Verbindung mit den anderen Übungen, die in diesem Buch vor-geschlagen werden. Auf diese Weise werden Sie sowohl Ihre in-nere Frau entwickeln – die seelische Energie aufbringt – als auch Ihre äußere Frau – die sie in die Außenwelt mit hinausnimmt.

Kapitel 13

Zen und die Kunst, ein Risiko einzugehen: Machen Sie ein Meisterstück aus Ihrem Leben

> Wir können das Leben nicht loswerden,
> bis wir dazu bereit sind. Das hervorstechendste
> Merkmal des Lebens ist seine Zwanghaftigkeit:
> Es ist immer dringend, »hier und jetzt«,
> ohne daß ein Aufschieben möglich wäre.
> Das Leben wird aus kürzester Distanz auf uns
> abgefeuert.
>
> *José Ortega y Gasset*

> Jedes Morgen sollte nicht wie jedes Gestern sein.
> *Beryl Markham*

So.

Hier sind wir schließlich beim letzten Kapitel angelangt. Wenn Sie andere Selbsthilfebücher gelesen haben, wissen Sie, daß sich der Autor oder die Autorin zu diesem Zeitpunkt regelmäßig dazu gedrängt fühlt, tröstende und aufmunternde Prosa von solcher Macht und Eloquenz von sich zu geben, daß Sie sich nun inspiriert und geradezu gedrängt fühlen, nach vorn zu gehen, die Gischt in den Haaren, den Wind im Rücken, unverzagt angesichts magerer Einkünfte oder einer mondfinsteren Nacht, um Ihr Glück zu finden.

Aufgrund der menschlichen Natur ist es allerdings eher wahrscheinlich, daß Ihr Leben in ziemlich ähnlicher Weise weiterlaufen wird wie bisher – ein Durchschnittstag im Leben einer Durchschnittserwachsenen –, vorhersagbar, unscheinbar, dankenswerterweise ohne schlimme Dramen und auf friedliche Weise trivial. Die meisten von uns sind dankbar für diese ruhige Eintönigkeit. Aber wenn diese Tage der Gleichförmigkeit sich unendlich hinziehen, sich in eine Form des betäubenden Nichts verwandeln, können sie ein anderes Risiko mit sich bringen, eines, das sich maskieren kann als bequeme Selbstzufriedenheit, eine einlullende Überzeugung, wir hätten alle Zeit der Welt, um am Tisch des Lebens zu dinieren. Morgen ist auch noch ein Tag, eine Herausforderung anzunehmen, vielen Dank, aber jetzt möchten wir uns einfach hinlegen und ein kleines Schläfchen halten.

Wir alle erleben die enorme Versuchung, den Kräften der Trägheit die Vorherrschaft zu überlassen, die ausgetretenen Pfade unseres gewohnheitsmäßigen Verhaltens einzuschlagen, endlos durch die Wohnung zu schleichen, Bücher zu lesen, Mahlzeiten zu kochen, nur die vertrauten Türen zu öffnen, die in nur vertraute Regionen führen. Wir erreichen Sicherheit (oder Langeweile) auf Kosten von Freiheit, Wachstum und Veränderung.

Doch wie Annie Dillard in *Pilgrim at Tinker Creek* sagt: »Die Welt ist wilder als das, in jeder Hinsicht gefährlicher und bitterer, extravaganter und heller.« Ich persönlich weiß, daß jedes Risiko, das ich jemals eingegangen bin, mich gelehrt hat, wie großartig das Leben ist, wie sehr sich jeder Augenblick zu leben lohnt und wie wenig Zeit mir in meinem kleinen begrenzten Leben zur Verfügung stehen wird, dies alles zu erfahren. Wenn ich mich in Furcht und Hilflosigkeit füge, schrumpft meine Welt dementsprechend zu einer sicheren, aber klaustrophobisch engen Zelle. Wenn ich dagegen ein Risiko wähle (oder mir eines aufgezwungen wird), bietet sich mir die Welt offen dar, legt sich mir zu Füßen, verführt mich zum Tanzen, zum Spielen, zum Flirten, zum Wachsen.

Jedes Ereignis im Leben, das uns drängt, zu ihm hinaufzureichen und uns zu strecken, sollte dafür respektiert und geschätzt werden, daß es uns die entsprechende Gelegenheit bietet, und muß nicht unbedingt als lästige Bürde betrachtet werden, die man nun einmal tragen muß. Es ist die Gelegenheit, im Zen der gegenwärtigen Zeit die Meisterschaft zu erlangen. Eine Gelegenheit, die uns zwingt, voll und ganz unsere Lebenserfahrung auszukosten, unser Bewußtsein für den Augenblick und unsere Denkfähigkeit zu entwickeln und unser »Selbst« neu zu bewerten, von dem wir dachten, daß wir es in- und auswendig kannten. Ob die Erfahrung bedeutet, daß wir ein Risiko eingehen müssen (wie eine ungewollte Scheidung), oder ob wir freiwillig ein Risiko eingehen (etwa an einem Überlebenstraining in der Wildnis teilzunehmen) – ihre Macht, unser Leben zu verändern, kann als ein Werkzeug zur Veränderung benutzt werden. Indem wir lernen, Risiken einzugehen, wird es uns möglich, aus unserem Leben eine Kunst, ein Meisterwerk zu machen.

Sie haben alle Informationen bekommen. Sie wissen, daß EH ein Glaubenssystem ist, das durch einen negativen Erklärungsstil (der stabil, global und intern ist) angetrieben und durch ein unverändertes Selbstbild verfestigt wird. Sie wissen, daß diese Überzeugungen zu negativen Selbstgesprächen führen, Anstrengungen vermindern, das Durchhaltevermögen (und das Ergreifen der Initiative) unterminieren und jedes strategische Denken zum Zusammenbruch bringen. Sie kennen jetzt auch die komplizierten Möglichkeiten, wie diese Kräfte zusammenwirken und einander bestärken. Und am wichtigsten ist: Sie wissen, daß Sie Ihre Neigung, möglicherweise doch noch ein Risiko einzugehen, sabotieren.

Sie haben also das Werkzeug in der Hand. Sie wissen, wie Sie beginnen können, Ihr Selbstbild sowohl intern, also seelisch, als auch extern, also in Ihrer Umwelt, zu verändern. Sie wissen jetzt, wie Sie den Streß, den die innere Veränderung und die des Selbstbildes verursacht, durch Meditation vermindern können, und Sie verfügen über die Möglichkeiten der linken Hirnhälfte, zu lernen, wie Sie strategisch Ihren Weg durch die rigorosen Anforderungen, welche die Außenwelt Ihnen auferlegt, planen können.

Die Frage ist nun: Werden Sie es auch tun? Ich gebe zu, daß es sich in gewisser Weise um ein Wagnis handelt, andererseits: Wieviel Zeit haben Sie noch? Wieviel Zeit ist bereits vergangen?

Sicher, es ist wichtig zu planen, den eigenen Mut zusammenzunehmen und die Entschlossenheit Anker werfen zu lassen. Es hat keinen Zweck, das Trapez loszulassen, wenn das andere noch nicht in Bewegung ist, besonders wenn Sie ohne Netz arbeiten. Die Gefahr liegt jedoch darin, daß Sie Ihr ganzes Leben mit Planungen verbringen. Zu irgendeinem Zeitpunkt müssen Sie es einfach tun.

Der einzige Weg, wie Sie da herauskommen, ist, loszugehen und es zu tun. Sie haben es vielleicht schon erraten, so häufig wurde darauf hingewiesen, zwischen den Zeilen und explizit, in allen Kapiteln dieses Buches, aber ich will es noch einmal sagen: Letztlich sind Sie gezwungen, wenn Sie Erlernte Hilflosigkeit überwinden wollen, einen Widerspruch zu lösen: Erst müssen Sie ein Risiko eingehen, und dann können Sie bewältigungsorientiert werden, nicht anders herum. Wir werden nicht bewältigungsorientiert und gehen *dann* Risiken ein. Wir gehen Risiken ein und werden dann bewältigungsorientiert.

Ich wünschte, es gäbe eine andere Möglichkeit. Mir ist vollkommen bewußt, daß mein Vorschlag bestenfalls schwierig und schlimmstenfalls zornerregend ist. Das heißt, um Selbstvertrauen und den Glauben an Ihre eigene Wirksamkeit zu gewinnen, müssen Sie nach außen hin *zeigen*, daß Sie an sich glauben. Um Risikoverhalten zu lernen, müssen Sie Risiken eingehen.

Auch hier gilt wieder: Der einzige Weg, der hinausführt, geht mittendurch. Sie können nicht Ski fahren lernen, indem Sie darüber etwas lesen. Sie müssen sich die Bretter unter die Füße schnallen und auf ihnen einen Abhang hinuntergleiten. Sie können nicht lernen, bewältigungsorientiert zu werden, indem Sie das Risikoverhalten aufschieben und statt dessen ein Buch lesen.

Es ist jedoch in Ordnung, wenn Sie dort beginnen, wo Sie sich gerade befinden. Wenn Sie nur ein wenig Glauben an sich selbst zusammenkratzen können, dann nehmen Sie eben das Wenige und gehen ein kleines Risiko ein (solange es irgend etwas Neues ist). Dann wird das Selbstvertrauen, das Sie aus diesem kleinen Risiko und dessen Bewältigung gewinnen, Sie ermutigen, ein anderes, etwas größeres Risiko einzugehen. Allmählich werden Sie durch diesen Prozeß und dadurch, daß Sie die Informationen, Strategien und Techniken verwenden, die in diesem Buch vorgestellt wurden, eine bewältigungsorientierte und risikofreudige Person werden, jedenfalls weit mehr, als Sie es früher waren.

Risikoverhalten ist wie die meisten anderen Dinge im Leben relativ. Bis jetzt habe ich Geschichten erzählt, mit denen die meisten von uns sich identifizieren können (mit Ausnahme der Schneeleoparden-Lady), Geschichten von sogenannten ganz gewöhnlichen Frauen, die in ihrem Alltagsleben Risiken eingegangen sind. Aber denjenigen unter Ihnen, die sich nach größeren Aufregungen sehnen, die Geschichten über weibliche Abenteurer, von Kampf und Gefahren hören wollen, möchte ich (und da-

mit auch mir) den Gefallen tun und die Geschichte dreier risi-
kofreudiger Frauen erzählen – Geschichten, die ich einfach nur
aus der reinen Freude darüber weitergebe, wie mutig Frauen sein
können. Schließlich verfügen Frauen leider bislang nur über wenige Rollenmodelle im Bereich großer Abenteuer.

Aus Platzmangel bin ich gezwungen, diese Geschichten kurz
zu halten, möchte Sie aber ermutigen, die Erzählungen beziehungsweise Autobiographien dieser Frauen selbst zu lesen. Sie
schildern einige der erregendsten Abenteuer, die jemals beim Lesen Gänsehaut verursacht haben. Die Autobiographien dieser
Frauen sind besonders erhellend für unsere Zwecke, denn dort
werden Sie entdecken, daß diese Frauen keine Wesen vom anderen Stern sind oder waren, aus ganz anderem Holz geschnitzt als
Sie oder ich. Diese Frauen waren *keineswegs* nur furchtlos, nur
tapfer, Meisterinnen des Universums. Wie Sie und ich kannten
sie Angst, Einsamkeit und Hilflosigkeit, aber sie überwanden,
entweder freiwillig oder weil sie durch die Situation dazu gezwungen wurden, ihre Furcht und ihre Selbstzweifel und wurden zu Rollenmodellen für uns alle.

Die Geschichten dieser Frauen werden Ihnen helfen, Ihre
Überzeugung zu bestärken, daß auch Sie solche Risiken eingehen
können, denn zwischen den Zeilen werden Sie alle Elemente Erlernter Hilflosigkeit und bewältigungsorientierten Verhaltens erkennen, von denen in diesem Buch die Rede war. Sie werden
feststellen, daß auch für erfahrene Abenteurerinnen die Überwindung von EH nicht einfach ist.

Beryl Markham, Pilotin

Die Autorin, Fliegerin, Pferdezüchterin und -ausbilderin ent-
zieht sich jeder Kategorisierung. Vielleicht sagt »Abenteurerin«
es am besten. Beryl flog Passagiere, Post und Güter in entlegene
Gebiete des Sudan, von Tanganjika, Kenia und Rhodesien in den
Jahren 1931 bis 1936. Sie spürte Elefantenherden aus der Luft für

reiche Jäger auf Safari auf – ein so gefährliches Unterfangen, daß selbst die besten Piloten ihrer Zeit sie davon abzuhalten versuchten. Sie nannte es eine Abwechslung von der Routine und hörte nicht auf sie.

Im Jahre 1936 war sie der erste Mensch, der erfolgreich einen Soloflug von Ost nach West über den Atlantischen Ozean unternahm. Der Entschluß zu diesem Flug fiel Beryl nicht leicht. In ihrer Autobiographie *Westwärts mit der Nacht* schildert sie einige der Ängste und Selbstzweifel, mit denen sie zu kämpfen hatte:

Ich konnte dort [im Bett] noch ein paar Augenblicke länger liegenbleiben... und mir in sinnloser Wiederholung sagen, daß ich morgen früh entweder über den Atlantik bis nach Amerika fliegen würde – oder ich würde nicht fliegen.

Ich starrte an die Decke meines Schlafzimmers in Aldenham... und fühlte mich weniger entschlossen als ängstlich, weniger tapfer als leichtsinnig.
Ich hätte mich fragen können: »Wozu das Risiko?«, wie ich es seither schon oft gefragt wurde, und ich hätte antworten können: »Jeder nach seiner Façon.« Von Natur aus muß ein Segler segeln, von Natur aus muß ein Flieger fliegen.

Schließlich unternahm sie den Flug und überlebte die Bruchlandung in Neuschottland einundzwanzig Stunden und fünfundzwanzig Minuten nach dem Start. In ihrem Buch schildert sie die unbeschreibliche Einsamkeit, in der sie ihr kleines Flugzeug durch den wilden Nachthimmel über einen stürmischen Atlantik steuerte.

Allein in einem Flugzeug sein, und sei es für eine so kurze Zeit wie eine Nacht und einen Tag, nichts betrachten zu können außer den Instrumenten und den eigenen Händen im Halbdunkel, über nichts nachdenken zu können außer über die Größe des eigenen, kleinen Mutes, sich über nichts wundern zu können außer über die Überzeugung, Gesichter und Hoffnungen, die im eigenen Gehirn verwurzelt sind – solch eine Erfahrung kann ebenso beunruhigend sein wie die Feststellung, daß nachts im Dunkeln ein Fremder neben Ihnen steht. Der Fremde sind Sie selbst.

Nach ihrem historischen Flug und der Bruchlandung (die Sie wirklich als Beschreibung aus erster Hand lesen sollten), sich auf einem Frachter auf dem Weg nach Afrika, wo sie ihren Vater besuchen wollte, erholend und als eine durch und durch bewältigungsorientierte Person sprechend, sagte sie:

Dies war das Ende einer Zeit, in der ich gewachsen war, mich abgerundet, in hohe Form gebracht hatte, unvermeidlich, wie ein Blatt. Ich hätte von irgendeinem Ort der Erde aus starten können, dachte ich, von jedem Punkt aus.[1]

Alexandra David-Neel, Forschungsreisende

»Ich lebe für das Abenteuer«, sagte Alexandra, und wenn die Ereignisse ihres Lebens dafür ein Indikator sind, lebte sie es gut, denn sie feierte noch ihren hundertsten Geburtstag.

Das Heiraten schob sie auf, bis sie sechsunddreißig war, weil sie sich geschworen hatte, nie »ihre Freiheit aufzugeben«. Die schöne Alexandra verdiente sich ihren Lebensunterhalt als Opernsängerin im Paris der Jahrhundertwende. Mit Ausnahme einer Reise nach Indien im Alter von dreiundzwanzig (über die sehr wenig bekannt ist) hatte sich ihr Forscherdrang, der zum zentralen Thema ihres Lebens werden sollte, noch nicht manifestiert.

Dann, im Jahre 1911, mit dreiundvierzig Jahren, gab sie eine finanziell abgesicherte und bequeme Existenz als Gattin eines reichen Mannes namens Philip auf und unternahm eine Expedition nach Asien, allein, vorgeblich, um ihre Kenntnis orientalischer Sprachen zu vervollkommnen, so die offizielle Sprachregelung. Sie versprach ihrem Mann, binnen eines Jahres zurück zu sein; in Wirklichkeit dauerte ihre Reise vierzehn Jahre.

Dieser Asienaufenthalt, begonnen in der Mitte des Lebens, veränderte den Rest ihres Lebens. Sie verließ Paris als Studentin der orientalischen Sprachen mit starkem Interesse an buddhistischem Gedankengut. Vierzehn Jahre später kehrte sie als Adeptin des Tantrismus und weltberühmte buddhistische Gelehrte und Schriftstellerin zurück. Während dieser Zeit begegnete sie dem Prinzen von Sikkim, in den sie sich verliebte und der später von einer mysteriösen Krankheit befallen wurde und bald darauf starb. Von 1914 bis 1916 lebte sie als Eremitin in einer Steinhütte hoch im Himalaja, wo sie, als Schülerin eines dort sehr verehrten Lamas, täglich in himmelhohen Höhlen meditierte und sich in die Geheimnisse und Zeremonien des tibetanischen tantrischen Buddhismus einweisen ließ. Zweimal gewährte ihr der Dalai-Lama eine Audienz.

Zu diesem Zeitpunkt war ihr Mann, der zu Hause in Frankreich auf sie wartete, mißgestimmt, um es vorsichtig auszudrücken. Er verlangte, Alexandra solle nach Hause zurückkehren. Doch im Oktober 1923, im Alter von fünfundfünfzig Jahren, begann sie zu Fuß einen viermonatigen Treck über fast unpassierbare Bergpässe in die heilige verbotene Stadt Lhasa in Tibet. Im Februar 1924 – ihr Leben war ständig von Banditen und von tibetanischen Beamten, die die Stadt regierten, bedroht – betrat Alexandra, als Bettler verkleidet und eine Pistole tragend, als erste westliche Frau die große heilige Stadt im Land des ewigen Schnees.

(Ich liebe den bewältigungsorientierten Kommentar eines engen Freundes von mir, als er von ihrer unglaublichen Reise erfuhr: »Mensch, *das* nenne ich eine Einstellung!«)

Nach ihrer Rückkehr nach Europa im Jahre 1925 schrieb sie *Arjopa. Die erste Pilgerfahrt einer Frau nach der verbotenen Stadt des Dalai-Lama; Heilige und Hexer. Glaube und Aberglaube im Lande des Lamaismus; Vom Leiden zur Erlösung. Sinn und Lehre des Buddhismus; Meister und Schüler. Die Geheimnisse der lamaistischen Weihen.* Sie hielt in Belgien und Frankreich Vorträge über die Rechte von Frauen und würzte ihre Vorlesungen mit gänsehauterzeugenden Geschichten über den Mut und die Unabhängigkeit tibetanischer Frauen (die häufig mehr als einen Mann hatten, Kauffrauen waren, als Heilige verehrt wurden und sehr gute Bergsteigerinnen waren); sie ehrte auf diese Weise die Frauen von Tibet, die sie zutiefst respektierte, und gleichzeitig leistete sie damit ihren Beitrag zur Frauenbewegung ihrer Zeit.

Obwohl sie nach Frankreich zurückgekehrt war, lebte Alexandra nicht mehr mit ihrem Mann zusammen. Sie kaufte sich ein kleines Anwesen im Süden Frankreichs und baute sich einen Meditationsraum, wo sie lebte. Philip wohnte zu dieser Zeit in Algerien, besuchte sie aber, wann immer er konnte. Zweifellos machte dieses Arrangement es Alexandra leichter, ihre nächste Expedition zu planen.

1937, im Alter von neunundsechzig Jahren, trotz aller Ängste und Schwierigkeiten, die sie bei ihrer letzten Reise durch Asien erlebt hatte, begann Alexandra, die unermüdliche Reisende, ein weiteres Unternehmen. Sie sagte: »Ich bin viele Male aufgebrochen, ohne je anzukommen«, und erneut reiste sie quer durch Asien und die umgebenden Länder, diesmal acht Jahre lang. Ihr Mann Philip starb 1941 während ihrer Abwesenheit. Ihre Trauer um ihn war tief und echt. Doch es dauerte weitere sechs Jahre, bis sie nach Frankreich zurückkehrte. Diese Heimreise unternahm sie im Alter von neunundsiebzig Jahren, um sich endgültig niederzulassen und dort die verbleibenden Jahre zu verbringen.

Als sie am 8. September 1969 starb, nur einen Monat vor ihrem 101. Geburtstag, vielgeehrt als Forschungsreisende, Feldanthropologin, buddhistische Lehrerin und Autorin von über vierzig Büchern, war sie immer noch dabei zu schreiben. Viele ihrer Projekte waren bei ihrem Tod noch unvollendet.

Alexandras persönliche Schilderungen ihrer Reisen und deren Mühsal sind nicht nur spannend und lehrreich, sie zeigen auch, daß selbst die größte Abenteurerin, die sich wilden Bestien stellte, asiatischen Banditen, machtvollen Schamanen, Krankheiten, Unterernährung und einem Wetter, das kein Mitleid gegenüber dem menschlichen Leben kennt, auch wußte, was Angst ist. Aus ihren Briefen:

Diese Exkursion [nach Lhasa], die für einen jungen, robusten Mann als hart angesehen würde, war für eine Frau meines Alters der reine Wahnsinn.

Mich schüttelt es vor Angst, wenn ich darüber nachdenke, was ich getan habe… Wir waren so klein, so verloren in der Unendlichkeit.

Doch trotz aller Angst beklagte sie sich gegen Ende ihres Lebens, mit weit über neunzig, als sie in Südfrankreich lebte, arbeitete und schrieb, über ein »schmutziges, dummes Ende in einem Lehnstuhl«. Sie sehnte sich nach der Rückkehr zu den Härten des Lebens in ihrem geliebten Tibet und den Steppen des zentralasiatischen Hochlandes:

Ich hätte dort sterben sollen, in der immensen grasbewachsenen Einsamkeit nahe den tibetanischen Seen; als Bett die Erde, Gras oder Schnee, als Decke die Leinwand meines Zelts und den großen sternbedeckten Himmel.[2]

Wenn Sie sich das nächste Mal zu alt fühlen, ein Abenteuer einzugehen oder ein Projekt in Angriff zu nehmen, an dem Ihnen viel liegt, dann öffnen Sie ein Buch über Alexandra David-Neel, die ihr Leben als Forschungsreisende noch nicht begonnen hatte, bevor sie dreiundvierzig Jahre alt war, und die ihre gefährlichste Reise (nach Lhasa in Tibet) im Alter von fünfundfünfzig Jahren unternahm. Die Welt schuldet dieser wunderbaren Frau Dank, besonders weil sie in der Lage war, die üblichen Ängste bezüglich des Altwerdens hinter sich zu lassen. Die westliche Welt ist ein reicherer Ort geworden aufgrund ihres Beitrags zu unserem Wissen über buddhistisches Denken. Wären da nicht Alexandras Treck nach Tibet und ihre Schriften über die Reise, wir würden nur wenig wissen über ein Tibet, das nicht länger existiert.

Vier Kamele, ein Hund und eine Robyn

Die unglaubliche Geschichte der Kamel-Dame, wie die Presse sie nannte, ist meine persönliche Lieblingsgeschichte.

Robyn Davidsons Treck quer durch 1700 Meilen australischer

Wildnis, begleitet nur von einem Hund und vier Kamelen, ist eine schwindelerregende Reise zur Bewältigung von Schwierigkeiten, zur Entdeckung des eigenen Selbst und zur persönlichen Veränderung.

Wie bei Darla Hillard weist nichts in Robyns Lebensgeschichte – außer einem etwas eklektischen Geschmack in der Wahl ihrer Studienfächer – darauf hin, daß sie eines Tages eine solche Reise unternehmen würde. Sie wurde im Jahre 1950 in Queensland, Australien, geboren. Als Kind ging sie auf eine kleine Schule mit nur dreißig Schülern, bevor sie auf ein traditionelles Internat nach Brisbane geschickt wurde. Als junge Frau studierte sie Biologie und Musik, später Japanisch und Philosophie an der Universität von Queensland.

Irgendwie gelangweilt und unzufrieden mit ihrem Leben, das sie als »halb-beendete, halbherzige Versuche« beschreibt, »verschiedene Jobs und verschiedene Studien zu probieren... ganz krank davon, die maßlose Negativität... meiner Generation, meines Geschlechtes und meiner Klasse mit mir herumzutragen«, begeisterte sie sich für die Idee, sich die notwendige Zahl wilder Kamele aus dem Busch zu besorgen, sie auszubilden, damit sie ihre Sachen trugen, und mit ihnen hinaus in die australische Wildnis zu gehen.

Sicher. Warum nicht? Macht das nicht jeder?

Ohne hier allzusehr ins Detail zu gehen, soll es genügen zu sagen, daß sowohl die Schwierigkeiten wie die Höhepunkte, die sie erlebte, fast die Grenzen der Sprache sprengen. Wenn man ihre großartige Geschichte liest, wird man sich vieler Dinge akut bewußt, nicht zuletzt, daß hier ein weiteres »Dummchen« sich an einem Abenteuer versuchte, von dem es praktisch nichts wußte. Doch wie alle bewältigungsorientierten und risikofreudigen Menschen war sie bereit, ein Lernziel zu wählen und es mit einem Plan zu unterstützen.

Robyn begann, indem sie einen erfahrenen Kamelhändler fand, der ihr die Feinheiten beibrachte, wie man diese hochintelligenten, sensiblen und witzigen Kreaturen behandeln muß. Sie arbeitete von Sonnenaufgang bis Sonnenuntergang, sieben Tage in der Woche, und entdeckte dabei ihre Liebe zu den Kamelen, perfektionierte ihre Kameltechnik und bildete sich selbst für einen Treck in die Wüste des australischen Hinterlandes aus.

Man wird sich bei der Lektüre ihrer Geschichte des Veränderungsprozesses ständig bewußt. So viel veränderte sich, von den Aktivitäten, die zum Überleben nötig waren, bis zu ihrer Persönlichkeit selbst. Sie entdeckte, wie sie ihre Ausrüstung so beschränken konnte, daß sie nicht mehr wie anfangs zweieinhalb Stunden brauchte, um aufzuladen, sondern schließlich nur noch zwanzig Minuten. Und sie lernte, sich in der kompromißlos feindseligen und gleichgültigen Umwelt der weiten Wüste zu Hause zu fühlen, so daß sie später von den Beton- und Glasschluchten, denen sie in New York bei ihrer Rückkehr begegnete, vollkommen eingeschüchtert war.

Man sollte annehmen, daß eine Frau, die sich ein solches Abenteuer auch nur vorstellen konnte, bereits furchtlos und bewältigungsorientiert gewesen sein mußte, doch in ihrer Beschreibung der Reise in ihrem Buch *Spuren* stellen wir fest, daß sie von inneren Kämpfen gegen ihre Hilflosigkeit erfüllt war.

Über Handlung, Prozeß und Veränderung:

Und ich erkannte dann, daß die größte Schwierigkeit der Entschluß zum Handeln gewesen war, der Rest war einfach Durchhaltevermögen – und die Ängste waren Papiertiger. Man konnte wirklich alles tun, was man einmal beschlossen hatte, ob es sich darum handelte, den Job zu wechseln, an einen neuen Ort zu ziehen, sich von einem Mann scheiden zu lassen oder was auch immer, man konnte handeln, um etwas zu verändern und das eigene Leben zu bestimmen; und das Vorgehen selbst, der Prozeß, enthielt die Belohnung.

Über Angst, Zweifel und das Bedürfnis, etwas auf die lange Bank zu schieben:

[Beim Aussteigen aus dem Zug in Alice Springs, wo sie ihre Reise begonnen hatte] erlebte ich das deprimierende Gefühl, das man bekommt, wenn man weiß, daß man sich dazu durchgerungen hat, etwas Schwieriges zu unternehmen, und es keinen Weg zurück gibt. Es geht ja noch, sich in den Zug zu setzen ohne Geld, sich selbst zu sagen, daß man wirklich eine tapfere und abenteuerlustige Person ist und wahrscheinlich schon mit all den Dingen fertig werden wird, die passieren werden, wenn man aber am anderen Ende wirklich ankommt… mit nichts, das einen aufrechterhalten kann, außer einer verrückten Idee, an die man selbst nicht mehr recht glaubt, dann erscheint es sehr viel attraktiver, zu Hause an der freundlichen Küste von Queensland zu sein, über Pläne zu diskutieren, auf der Veranda mit Freunden am Gin zu nippen, endlose Listen über Listen zu erstellen, die schließlich weggeworfen werden, und Bücher über Kamele zu lesen.

Über die Notwendigkeit, Risiken einzugehen:

Wir alle richten uns gern in den bequemen Gewohnheiten unseres Alltags ein. Sie sind sicher, sie binden und halten uns und sind beruhigend, sie kosten nur die Freiheit. Diese sanften Fesseln abzustreifen, der Verführung von Sicherheit zu widerstehen, das ist ein unmöglicher Kampf, aber einer der wenigen, die zählen. Frei zu sein, heißt lernen, sich selbst ständig testen, pokern. Das ist nicht »sicher«. Ich hatte gelernt, meine Ängste als Meilensteine und nicht als Stolpersteine zu sehen.

Und schließlich:

Die Reise war einfach. Es war nicht schwieriger, als die Straße zu überqueren oder zum Strand zu fahren oder Erdnüsse zu kauen. Die beiden wichtigen Dinge, die ich lernte, waren, daß man so kraftvoll und stark ist, wie man es sich selbst erlaubt, und daß der schwierigste Part eines Unternehmens darin besteht, den ersten Schritt zu tun, die erste Entscheidung zu treffen. Und ich wußte schon damals, daß ich es immer und immer wieder vergessen würde und zurückgehen und diese Worte wiederholen mußte… daß ich in nutzlose Nostalgie verfallen würde. Kamelreisen, das hatte ich schon immer vermutet…, beginnen oder enden nicht, sie ändern nur die Gestalt.[3]

Andere abenteuerlustige und risikofreudige Frauen, von denen oder über die Sie vielleicht etwas lesen wollen, sind zum Beispiel:

Shirley Muldowney	Rennfahrerin, deren Geschichte unter dem Titel *Heart Like a Wheel* verfilmt wurde.
Susan Butcher	Viermalige Gewinnerin des Iditarod, eines fast eintausendzweihundert Meilen langen Hundeschlittenrennens quer durch die gefrorene Tundra Alaskas.
Ruth Benedict	Feldanthropologin und enge Freundin und Mitarbeiterin von Margaret Mead. Sie unternahm, ähnlich wie Alexandra David-Neel, eine Reise über große Distanz und mußte dabei große Schwierigkeiten überwinden – im Alter von neunundsechzig Jahren.
Jeanette Picard	Mit ihrem Mann flog sie einen Heißluftballon bis zu einer Höhe von 57 559 Fuß. Sie war die erste Frau, die auf diese Weise die Stratosphäre erreichte. Im Jahre 1974 war sie eine der ersten Frauen, die in der Episkopalkirche zur Priesterin geweiht wurden.

Ich muß gestehen, daß ich nicht ganz sicher war, ob ich diese Geschichten noch in mein Buch aufnehmen sollte, denn ich wollte Sie ja anregen und machte mir Sorgen, ob Sie sich vielleicht mit diesen Abenteurerinnen vergleichen würden und zu dem Schluß kämen: »Gewogen und zu leicht befunden.« Ich machte mir Sorgen, daß Sie diese Geschichten als einen unangemessenen Vergleich nehmen und dadurch eher entmutigt würden, wie die junge Cellistin, die sich von dem Konzert von Yo-Yo Ma entmutigen ließ.

Aber Sie brauchen nicht das gleiche zu tun wie diese Frauen. Wenn Sie jedoch ein Risiko eingehen wollen, dann ist es gut zu wissen, wie. Wenn eine Herausforderung sich zeigt oder Sie sich danach sehnen, eine Gelegenheit beim Schopf zu ergreifen, können Sie sich, ob es sich nun um ein Spiel auf Leben und Tod handelt oder nur um eine kleine Herausforderung Ihres Egos, daran erinnern, daß die Elemente immer dieselben bleiben: den eigenen Erklärungsstil ändern, bereit sein, an die wandelbare Natur des Selbst zu glauben, Lernziele Verhaltenszielen vorziehen, positive Selbstgespräche führen, strategisches Denken entwickeln und sich weigern, sich mit anderen zu vergleichen. Dies sind die Verhaltensweisen, die schließlich in einen bewältigungsorientierten Lebensstil münden werden, unabhängig von dem Ausmaß an Risiken, das Sie eingehen müssen.

Diese Fähigkeiten zu üben erinnert mich ein wenig an den Rat, der gewöhnlich Musikern gegeben wird: »Spielen Sie jeden Tag Ihre Tonleitern«, und Tänzern: »Üben Sie täglich an der Stange.« Mit anderen Worten, ohne die einfachsten dieser Techniken täglich zu üben, können sie auf der Bühne nicht auf die komplizierteren zurückgreifen. Dasselbe gilt für den Erwerb bewältigungsorientierten Verhaltens. Wir müssen die Fähigkeiten zunächst auf dem einfachsten Niveau perfektionieren und jeden Tag daran arbeiten. Es ist wie in dem alten Witz über den Touristen in New York, der sich in den Schluchten der Stadt verirrte, einen New Yorker anhielt und ihn fragte: »Wie kommt man zur Carnegie Hall?« Die Antwort ist immer dieselbe: »Viel üben!«

Anmerkungen

Kapitel I

1 Tom Robbins: *Even Cowgirls Get the Blues.* Boston 1976, Seite 227. (*Sissy – Schicksalsjahre einer Tramperin: »Even Cowgirls Get the Blues«*, Reinbek 1983.) Ich habe dieses Zitat, basierend auf der »Bemerkung des Autors«, die zu Beginn des Buches steht, geändert, worin Robbins sich bei allen Lesern entschuldigt, die sich durch den Gebrauch der männlichen Pronomen in der dritten Person gestört fühlen könnten. Robbins stellt fest, daß es zum Zeitpunkt des Schreibens »keine Alternativen gab, die nicht entweder Verwirrung stifteten oder den Sprachfluß behinderten«. Da es Robbins soviel Schwierigkeiten bereitete, dies zuzugeben, vertraue ich darauf, daß er nichts dagegen hat, daß ich seinen Gebrauch der Pronomen *sein* und *seine* in diesem besonderen Zitat in *ihr* und *ihre* verändert habe.

Kapitel 2

1 Martin Seligman: *Helplessness: On Depression, Development and Death.* San Francisco 1975. (*Erlernte Hilflosigkeit.* 4. Aufl. München 1992.)
2 J. P. Howard: *Pluralism and Professional Development: Minorities, Women and the Psychology of Performance.* Chicago 1985.

Kapitel 3

1 A. H. Stein und M. M. Bailey: »The Socialization of Achievement Orientation in Females«, in: *Psychological Bulletin* 80 (1973), S. 345–366.
2 Carol S. Dweck und B. G. Licht: »Learned Helplessness and Intellectual Achievement«, in: M. P. Seligman and J. Garber (Hg.): *Human Helplessness: Theory and Research.* New York 1980.
3 B. G. Licht und Carol S. Dweck: »Determinants of Academic Achievement: The Interaction of Children's Achievement Orientations with Skill Area«, in: *Developmental Psychology* 20 (1984), S. 628–636. Ebenso D. J. Stipek und J. Hoffman: »Development of Children's Performance-Related Judgements«, in: *Child Development* 51 (1980), S. 912–914.
4 Jerome Kagan und Howard Moss: *Birth to Maturity.* New York 1962.
5 Wie in der »Today Show« und den Spätnachrichten der NBC am 16. 6. 1990 berichtet wurde.
6 In den Dienstleistungsberufen, die, wie wir wissen, unterbezahlt sind, bleibt der Anteil der Frauen mehr als doppelt so hoch wie der der Männer. Um die Angelegenheit noch schlimmer zu machen, enthüllt die nähe-

re Analyse, daß die Dienstleistungsberufe der Frauen von ganz anderer Gestalt sind. Frauen arbeiten viel eher als Männer in privaten Haushalten (sieben Prozent im Vergleich zu 0,5 Prozent in den USA), während Männer viel eher im beschützenden Dienstleistungssektor arbeiten – Polizei und Feuerwehr (24 Prozent im Vergleich zu zwei Prozent). Es grenzt schon an Absurdität, die Möglichkeiten einer Haushälterin und eines Feuerwehrmannes hinsichtlich Beförderung, Arbeitsplatz, Sicherheit, Lohn und Mobilität zu vergleichen – kurz: Maßstäbe für den sozialen Status.

7 J. P. Howard: *Pluralism and Professional Developments: Minorities Women and the Psychology of Performance*. Chicago 1985.

8 Jean H. Block: »Another Look at Sex Differentiation in the Socialization Behaviors of Mothers and Fathers«, in: J. A. Sherman and F. L. Denmark (Hg.): *Psychology of Women: Future Directions of Research*. New York 1979.

9 Jeffrey Z. Rubin, Frank J. Provenzano und Zella Luria: »The Eye of the Beholder: Parents' Views on Sex of Newborns«, in: *American Journal of Orthopsychiatry* 44 (1974), S. 512–519.

10 Untersuchungen variieren von einer halben Stunde täglich bis zu mehreren Stunden.

11 M. C. Shaw und J. T. McCuen: »The Onset of Academic Underachievement in Bright Children«, in: *Journal of Educational Psychology* 51 (1969), S. 103–108. Überdies bestätigen Studien auch noch im Jahre 1986 diesen Trend. In einem Artikel der *Associated Press* von Maud Beelman, der am 6.3.1986 im *Philadelphia Inquirer* erschien, sagte ein Forscher: »Besonders Mädchen mit sehr guten Leistungen scheinen im siebten Schuljahr einen Status (gute Noten) als unvereinbar mit einer positiven Selbsteinschätzung zu betrachten und reduzieren daraufhin ihre Leistungen.«
Interessierte LeserInnen seien auch hingewiesen auf Eleanor E. Maccoby und Carol N. Jacklin: *The Psychology of Sex Differences*, Stanford 1974, eine bemerkenswert informative Zusammenstellung psychologischer Unterschiede zwischen den Geschlechtern hinsichtlich Unabhängigkeit, Ängstlichkeit, Aggression usw. Das Buch ist eine wichtige Quelle und enthält eine kommentierte Literaturliste von über vierzehnhundert Titeln.

12 Lois Hoffman: »Changes in Family Roles, Socialization and Sex Differences«, in: *American Psychologist* 32 (1977), S. 649.

13 C. S. Dweck u. a.: »Sex Differences in Learned Helplessness: II. The Contingencies of Evaluative Feedback in the Classroom und III. An Experimental Analysis«, in: *Developmental Psychology* 14 (1978), S. 268–276.

14 M. S. Horner: »Toward an Understanding of Achievement-Related Conflicts in Women«, in: *Journal of Social Issues* 28 (1972), S. 157–175.

15 Wie der *Washington Post* am 6.3.1990 in einem Artikel von Jay Mathews berichtet wurde.

16 Norton Dodge, zitiert in: Sheila Tobias: *Overcoming Math Anxiety*. New York 1978, S. 89.

17 Man kann mit Sicherheit sagen, daß es jedenfalls heute für unsere Gesell-

schaft noch gar nicht möglich ist, Frauen das gleiche zu bezahlen wie Männern, daß dies als unbezahlbarer Luxus betrachtet werden muß. Eine Statistik aus dem Jahre 1970 zeigt, daß gleicher Lohn für gleiche Arbeit die Unternehmen in den USA zusätzliche 96 Milliarden Dollar gekostet hätte, und das galt nur für #Teilzeitkräfte. Heute wären die Kosten natürlich noch sehr viel höher. Eine Eliminierung der Geschlechterdiskriminierung würde heute an allen Arbeitsplätzen die Gehälter von Frauen automatisch um vierzig Prozent erhöhen. Mit anderen Worten, es »kostet« jede Frau zwischen zweitausend und dreitausend Dollar im Jahr, einfach eine Frau zu sein. Beschränkt sie sich auf den Dienstleistungssektor, der typischerweise von Frauen aufgesucht wird und den man auch als die Jobs mit den rosa Kragen bezeichnet – Kellnerinnen, Friseurinnen, Haushälterinnen, Auskunftspersonal, Erzieherinnen usw. –, muß sie sich in eine Situation fügen, die ihr nur wenig Erfolg (wenn überhaupt) bietet, keine Chance zur Beförderung, und kaum eine Gewerkschaft kann ihr Hoffnung auf Verbesserung machen.

Kapitel 4

1 Carol S. Dweck: »Motivational Processes Affecting Learning«, in: *American Psychologist* 41 (1986), S. 1040–1048.

2 J. Kagan und K. Bradway: »Intelligence at Middle Age: A Thirthy-eight-year Follow-up«, in: *Developmental Psychology* 5 (1971), S. 333–337.

3 W. Ickes, M. Layden: »Attributional Styles«, in: J. H. Harvey, W. Ickes und R. F. Kidd (Hg.): *New Directions in Attributional Research*. Bd. 2, Hillsdale, N. J. 1978, S. 121–147.

4 Linda Gannon, P. Heiser und S. Knight: »Learned Helplessness Versus Reactance: The Effects of Sex-Role Stereotyping«, in: *Sex Roles* 12 (1985), S. 791–806.

5 Erstens steigert sich der Mißbrauch einer Frau häufig. Er beginnt oft mit verbalen Quälereien (»zumindest schlägt er mich nicht«), bis zu voller körperlicher Brutalität. Es kann viele Jahre dauern, bis der Täter seine ganze Wut an der Frau ausläßt.
Zweitens lehrt die Erfahrung von Mißbrauch in der Kindheit, besonders sexuellem Mißbrauch, mit tödlicher Sicherheit Erlernte Hilflosigkeit. Wenn Sie als Kind gezwungen waren, sich Nacht für Nacht, Jahr für Jahr, unter den Händen eines allmächtigen Erwachsenen in ein Opfer zu verwandeln, lernten Sie vermutlich, daß Sie die Brutalität nicht stoppen konnten, »gleichgültig, was ich tue«. Auch wird der Täter Sie vielleicht glauben gemacht haben, Sie seien für seine Handlungen verantwortlich, und Ihnen so Schuldgefühle gemacht haben, ein wichtiger Bestandteil von EH.

6 Eric Berne: *Games People Play*. New York 1964. (*Spiele der Erwachsenen. Psychologie der menschlichen Beziehungen*. Reinbek 1967.)

Kapitel 5

1 Peter H. Johnson und Peter N. Winograd: »Passive Failure in Reading«, in: *Journal of Reading Behavior* 17 (1985), S. 290.

Kapitel 6

1 Interessierte LeserInnen seien verwiesen auf das Buch von Morris Rosenberg, *Conceiving the Self*, New York 1979, dem dieses Material entnommen wurde.

2 Interessierte LeserInnen seien verwiesen auf die faszinierenden Studien über Multiple Persönlichkeitsstörung, die vom amerikanischen National Institute of Mental Health herausgegeben wurden.

3 David K. Reynolds: *Playing Ball on Running Water*. New York 1984, S. 41.

4 Joseph Campbell: *The Power of Myth*. New York 1988, S. 58. (*Die Kraft der Mythen. Bilder der Seele im Leben des Menschen*. München 1989.)

5 Donald H. Baucom und Pamela Danker-Brown: »Sex-Role Identity and Sex-Stereotyped Tasks in the Development of Learned Helplessness in Women«, in: *Journal of Personality and Social Psychology* 46 (1984), S. 422–430.

6 Donald H. Baucom: »Sex-Role Identity and the Decision to Regain Control Among Women: A Learned Helplessness Investigation«, in: *Journal of Personality and Social Psychology* 44 (1983), S. 334–343.

7 Donald H. Baucom und Bahr Weiss: »Peers' Granting of Control to Women With Different Sex-Role Identities: Implications for Depression«, in: *Journal of Personality and Social Psychology* 51 (1986), S. 1075–1080. Darüber hinaus heißt es in dieser Studie: »Diese Ergebnisse unterstützen die Geschlechtsrollen-Erklärung für geschlechtsspezifische Unterschiede bei Depression.« Und es sei den Autoren zugute gehalten, daß sie nicht die Frauen individuell für diese Tendenz zur Depression verantwortlich machen, sondern sie als gesellschaftliches Problem begreifen: »In dem Maße, wie diese Labor-Analogie Entscheidungen widerspiegelt, die im Alltagsleben getroffen werden... könnte diese mangelnde Kontrolle über anscheinend doch erwünschte Aufgaben zur Entwicklung depressiver Symptome bei diesen Frauen beitragen.«

8 E. P. Ray und A. R. Bristow: »Sex Role Identities in Depressed Women«. Ein Vortrag, gehalten auf dem Kongreß der Southwestern Psychological Association in New Orleans, 1978. Andere Studien zeigen, daß Depression häufig von geringem Selbstwertgefühl abhängig ist. Dies ist für unsere Diskussion von Belang, weil Frauen während des Heranwachsens unter *abnehmendem* Selbstwertgefühl leiden, während Männer ein *stärkeres* Selbstwertgefühl und größere Ego-Stärke in derselben Lebensphase erleben – eine verwirrende Tatsache, die in zahlreichen Wiederholungsstudien immer wieder festgestellt wurde. Dieses verminderte Selbstwertgefühl kann damit zusammenhängen, daß unsere Gesellschaft im allgemeinen Weiblichkeit abwertet. Und da die Pubertät die Zeit ist, in der heran-

wachsende Frauen beginnen, sich stärker mit den weiblichen Aspekten ihrer Persönlichkeit zu identifizieren, ist dies natürlich die Zeit, in der sich ihr geringer werdendes Selbstwertgefühl zeigen wird.

9 Kristen Yount: »A Theory of Productive Activity: The Relationships Among Self-Concept, Gender, Sex-Role Stereotypes, and Work-Emergent Traits«, in: *Psychology of Women Quarterly* 10 (1986), S. 63–88.

Kapitel 11

1 Der Fünf-Schritte-Prozeß der Kreativität, der hier vorgestellt wird, ist eine leicht abgewandelte Form eines Vier-Schritte-Modells der Kreativität, das Graham Wallas 1926 in seinem Buch *The Art of Thought* vorgeschlagen hat. Wallas' Modell wurde häufig imitiert und mit Veränderungen und Zusätzen von anderen Forschern versehen, aber die meisten Modelle sind nur Variationen desselben Themas. Manche Forscher haben noch andere Schritte hinzugefügt (bis zu sieben) oder die Schritte umbenannt, aber das Original bleibt ziemlich die Norm.

2 Gabriele Lusser Rico: *Writing the Natural Way*. Los Angeles 1983. Ich habe eine etwas vereinfachte Version der Technik angewandt.

Kapitel 12

1 Benjamin Bloom (Hg.): *Taxonomy of Educational Objectives*. New York 1973. Von einem Komitee von College- und Universitätsprüfern. Seit diese Ausgabe gedruckt wurde, ist es bei Pädagogen üblich geworden, die Taxonomie als eine umgekehrte Pyramide zu zeichnen, um darauf hinzuweisen, daß das höchste Niveau am schwierigsten zu erreichen ist.

Kapitel 13

1 Beryl Markham: *West With the Night*. San Francisco 1983. (*Westwärts mit der Nacht*. München 1987.)

2 Barbara und Michael Foster: *Forbidden Journey: The Life of Alexandra David-Neel*. San Francisco 1987.

3 Robyn Davidson: *Tracks*. New York 1980. (*Spuren. Eine Reise durch Australien*. Reinbek 1982.)

Literatur

Bücher

Abramson, Lyn Y. (Hg.): *Social Cognition and Clinical Psychology. A Synthesis.* New York 1988.

Adams, James L.: *Conceptual Blockbusting. A Guide to Better Ideas.* New York 1979. (*Ich habs! Wie man Denkblockaden mit Phantasie überwindet.* Braunschweig, Wiesbaden 1984.)

Almaas, A. H.: *Diamond Heart Book Two. The Freedom to Be.* Berkeley 1989.

Arieti, Silvano: *Creativity. The Magic Synthesis.* New York 1976.

Bass, Ellen/Davis, Laura: *The Courage to Heal.* New York 1988. (*Trotz allem. Wege zur Selbstheilung für sexuell mißbrauchte Frauen.* Berlin 1990.)

Berne, Eric: *Games People Play.* New York 1964. (*Spiele der Erwachsenen. Psychologie der menschlichen Beziehungen.* Reinbek 1967.)

Bloom, Benjamin S. (Hg.): *A Taxonomy of Educational Objectives.* New York 1956. (Bloom, Benjamin S., Hg.: *Taxonomie von Lernzielen im kognitiven Bereich.* 5. Auflage Weinheim 1976. Krathwohl, David/Bloom, Benjamin S./Masia, Bertram B.: *Taxonomie von Lernzielen im affektiven Bereich.* 2. Auflage Weinheim 1978.)

Campbell, Joseph: *The Power of Myth.* New York 1988. (*Die Kraft der Mythen. Bilder der Seele im Leben des Menschen.* München 1989.)

Capra, Fritjof: *The Tao of Physics. An Exploration of the Parallels Between Modern Physics and Eastern Mysticism.* New York 1975. (*Das Tao der Physik. Die Konvergenz von westlicher Wissenschaaft und östlicher Weisheit.* München 1984.)

Chivington, Paul K.: *Seeing Through Your Illusions.* Denver 1983.

Dass, Ram: *Journey of Awakening. A Meditator's Guidebook.* New York 1978. (*Reise des Erwachens. Handbuch zur Meditation.* München 1986.)

Davidson, Robyn: *Tracks.* New York 1980. (*Spuren. Eine Reise durch Australien.* Reinbek 1982.)

De Bono, Edward: *Lateral Thinking.* New York 1970.

Deshimaru, Taisen: *Questions to a Zen Master.* New York 1987. (*Fragen an einen Zen-Meister.* Leimen 1987.)

Dillard, Annie: *Pilgrim at Tinker Creek.* New York 1974.

Edwards, Betty: *Drawing on the Right Side of the Brain.* Los Angeles 1979. (*Garantiert Zeichnen lernen. Das Geheimnis der rechten Hirn-Hemisphäre und die Befreiung unserer schöpferischen Gestaltungskräfte.* Reinbek 1982.)

Foster, Barbara und Michael: *Forbidden Journey. The Life of Alexandra David-Neel.* San Francisco 1987.

Frieze, Irene H., u. a.: *Women and Sex Roles. A Social, Psychological Perspective.* New York 1978.

Gardner, Herb: *A Thousand Clowns.* New York 1962.

Gilligan, Carol: *In a Different Voice. Psychological Theory and Women's Development.* Cambridge 1982. (*Die andere Stimme. Lebenskonflikte und Moral der Frau.* 3. Auflage München 1991.)

Gilson, Edith: *Unnecessary Choices. The Hidden Life of the Executive Woman.* New York 1987.

Hillard, Darla: *Vanishing Tracks. Four Years Among the Snow Leopards of Nepal.* New York 1989.

Houston, Jean: *The Search for the Beloved. Journeys in Sacred Psychology.* Los Angeles 1987.

Howard, J. P.: *Pluralism and Professional Development. Minorities, Women and the Psychology of Performance.* Chicago 1985.

Jeffers, Susan: *Feel the Fear and Do It Anyway.* New York 1987. (*Selbstvertrauen gewinnen. Die Angst vor der Angst verlieren.* München 1992.)

Jung, Carl G. (Hg.): *Man and His Symbols.* Garden City, N. Y., 1964. (*Der Mensch und seine Symbole.* Olten, Freiburg 1968.)

Kagan, J. / Moss, H.: *Birth to Maturity.* New York 1962.

Keyes, Ken, Jr.: *Handbook to Higher Consciousness.* Coos Bay, Ore., 1984. (*Das Handbuch zum höheren Bewußtsein.* München 1990.)

Lerner, Harriet G.: *The Dance of Anger.* New York 1985. (*Wohin mit meiner Wut? Neue Beziehungsmuster für Frauen.* Zürich 1987.)

Levine, Stephen: *Healing Into Life and Death.* New York 1987. (*Sein lassen. Heilung im Leben und im Sterben.* Bielefeld 1992.)

Maccoby, Eleanor E. / Jacklin, Carol N.: *The Psychology of Sex Differences.* Stanford 1974.

Markham, Beryl: *West With the Night.* San Francisco 1983. (*Westwärts mit der Nacht.* München 1987.)

Miller, Luree: *On Top of the World. Five Women Explorers in Tibet.* Seattle 1984.

O'Leary, Virginia E., u. a.: *Women, Gender and Social Psychology.* Hillsdale, N. J., 1985.

Philosophical Library: *The Wisdom of Freud.* New York 1950.

Reynolds, David K.: *Playing Ball on Running Water.* New York 1984.

Rilke, Rainer Maria: *Duino Elegies.* New York 1939. (*Duineser Elegien.* Leipzig 1923.)

Robbins, Tom: *Even Cowgirls Get the Blues.* Boston 1976. (*Sissy – Schicksalsjahre einer Tramperin: »Even Cowgirls Get the Blues«.* Reinbek 1983.)

Rosenberg, Morris: *Conceiving the Self.* New York 1979.

Roth, Geneen: *Breaking Free from Compulsive Eating.* New York 1984. (*Essen als Ersatz. Wie man den Teufelskreis durchbricht.* Reinbek 1989.)

Rubin, Lillian Breslow: *Worlds of Pain.* New York 1976.

Sanford, Linda Tschirhart / Donovan, Mary Ellen: *Women and Self-esteem.* New York 1984.

Schaef, Anne Wilson: *Women's Reality.* Minneapolis 1985. (*Weibliche Wirklichkeit. Ein Beitrag zu einer ganzheitlichen Welt.* Wildberg 1985.)

Schenkel, Susan: *Giving Away Success*. New York 1984. (*Mut zum Erfolg. Warum Frauen blockiert sind und was sie dagegen tun können*. 7. Auflage Frankfurt/M. 1992.)

Seligman, Martin: *Helplessness. On Depression, Development and Death*. San Francisco 1975. (*Erlernte Hilflosigkeit*. 4. Auflage München 1992.)

Seligman, Martin: *Learned Optimism*. New York 1991. (*Pessimisten küßt man nicht. Optimismus kann man lernen*. München 1991.)

Sinetar, Marsha: *Ordinary People As Monks and Mystics*. New York 1986. (*Die Sehnsucht, ganz zu sein. Menschen, die das neue Leben mit Gott suchen*. Freiburg, Basel und Wien 1991.)

Smith, Charles P. (Hg.): *Achievement Related Motives in Children*. New York 1969.

Storr, Anthony: *Solitude. A Return to the Self*. New York 1988. (*Die schöpferische Einsamkeit. Das Geheimnis der Genies*. Wien 1990.)

Tobias, Sheila: *Overcoming Math Anxiety*. New York 1978.

Trungpa, Chogyam: *The Myth of Freedom*. New York 1976. (*Der Mythos Freiheit. Der Weg der Meditation*. Küsnacht 1989.)

Trungpa, Chogyam: *Shambhala. The Sacred Path of the Warrior*. New York 1986. (*Das Buch vom meditativen Leben. Die Shambhala-Lehren vom »Pfad des Kämpfers« zur Selbstverwirklichung im täglichen Leben. Ein Ratgeber für alle, die Meditation begreifen und ausüben wollen*. München 1988.)

Tulku, Tarthang: *Gesture of Balance. A Guide to Awareness, Self-healing and Meditation*. Oakland 1977. (*Wege zum Gleichgewicht. Höheres Bewußtsein, Selbstheilung und Meditation*. Basel 1989.)

Tulku, Tarthang: *Knowledge of Freedom. Time to Change*. Berkeley 1984. (*Befreiendes Wissen. Zeit zur Veränderung*. Münster 1992.)

Walker, Lenore: *Terrifying Love. Why Battered Women Kill and How Society Responds*. New York 1989.

Wallas, Graham: *The Art of Thought*. New York 1926.

Watts, Alan W.: *The Way of Zen*. New York 1957. (*Zen-Buddhismus*. Reinbek 1961.)

Williams, Juanita H.: *The Psychology of Women. Behavior in a Biosocial Context*. New York 1977.

Winokur, Jon: *Zen to Go*. New York 1989.

Aufsätze

Abromowitz, Robert H./Petersen, Anne C./Schulenberg, John E.: »Changes in Self-Image During Adolescence.« In: *New Directions for Mental Health Services* 22 (1984), S. 19–28.

Anyon, Jean: »Intersections of Gender and Class. Accommodation and Resistance by Working-class and Affluent Females to Contradictory Sex-Role Ideologies.« In: *Journal of Education* 166 (1984), S. 25–48.

Bailey, William C.:»Relation of Sex and Gender Role to Love, Sexual Attitudes, and Self-esteem.« In: *Sex Roles* 16 (1987), S. 637–48.

Baker, Dale R.: »The Influence of Role-Specific Self-Concept and Sex-Role Identity on Career Choices in Science.« In: *Journal of Research in Science Teaching* 24 (1987), S. 739–56.

Baucom, Donald H.: »Sex-Role Identity and the Decision to Regain Control Among Women. A Learned Helplessness Investigation.« In: *Journal of Personality and Social Psychology* 44 (1983), S. 334–43.

Baucom, Donald H./Weiss, Bahr: »Peers' Granting of Control to Women With Different Sex-Role Identities. Implications for Depression.« In: *Journal of Personality and Social Psychology* 51 (1986), S. 1075–80.

Baucom, Donald H./Danker-Brown, Pamela: »Sex-Role Identity and Sex-Stereotyped Tasks in the Development of Learned Helplessness in Women.« In: *Journal of Personality and Social Psychology* 46 (1984), S. 422–30.

Benbow, C. P./Stanley, J. C.: »Sex Differences in Mathematical Reasoning Ability. More Facts.« In: *Science* 222 (1983), S. 1029–31.

Block, Jean H.: »Another Look at Sex Differentiation in the Socialization Behaviors of Mothers and Fathers.« In: Sherman, J. A./Denmark, F. L. (Hg.): *Psychology of Women. Future Directions of Research.* New York 1979.

Dweck, Carol S.: »Motivational Processes Affecting Learning.« In: *American Psychologist* 41 (1986), S. 1040–48.

Dweck, Carol S./Bush, C. S.: »Sex Differences in Learned Helplessness. I. Differential Debilitation with Peer and Adult Evaluators.« In: *Developmental Psychology* 12 (1976), 147–56.

Dweck, Carol S., u. a.: »Sex Differences in Learned Helplessness. II. The Contingencies of Evaluative Feedback in the Classroom and III. An Experimental Analysis.« In: *Developmental Psychology* 14 (1978), S. 268–76.

Dweck, Carol S./Elliot, E. S.: »Achievement Motivation.« In: Heatherington, E. M. (Hg.): *The Handbook of Child Psychology.* Bd. 4: *Socialization, Personality and Social Development.* 4. Auflage New York 1983.

Dweck, Carol S./Licht, B. G.: »Learned Helplessness and Intellectual Achievement.« In: Seligman, M. P./Garber, J. (Hg.): *Human Helplessness. Theory and Research.* New York 1980.

Fennema, E.: »Girls, Women and Mathematics.« In: Fennema, E./Syer, M. J. (Hg.): *Women and Education. Equity or Equality.* Berkeley 1984.

Fetler, Mark: »Sex Differences on the California Statewide Assessment of Computer Literary.« In: *Sex Roles* 3 (1985), S. 181–91.

Gannon, Linda/Heiser, P./Knight, S.: »Learned Helplessness Versus Reactance. The Effects of Sex-Role Stereotyping.« In: *Sex Roles* 12 (1985), S. 791–806.

Gill, Diane L.: »Competitiveness Among Females and Males in Physical Activity Classes.« In: *Sex Roles* 15 (1986), S. 233–47.

Gold, Erica R.: »Long-Term Effects of Sexual Victimization in Childhood. An Attributional Approach.« In: *Journal of Consulting and Clinical Psychology* 54 (1986), S. 471–75.

Hess, Robert D./Miura, Irene T.: »Gender Differences in Enrollment in Computer Camps and Classes.« In: *Sex Roles* 13 (1985), S. 193–203.

Hock, Robert A./Curry, John F.: »Sex Role Identification of Normal Adolescent Males and Females as Related to School Achievement.« In: *Journal of Youth and Adolescence* 12 (1983), S. 461–70.

Hoffmann, Lois: »Changes in Family Roles, Socialization and Sex Differences.« In: *American Psychologist* 32 (1977), S. 649.

Horner, M. S.: »Toward an Understanding of Achievement-Related Conflicts in Women.« In: *Journal of Social Issues* 28 (1972), S. 157–75.

Ickes, W./Layden, M.: »Attributional Styles.« In: Harvey, J. H./Ickes, W./Kidd, R. F. (Hg.): *New Directions in Attributional Research*. Hillsdale, N. J., 1978.

Johnson, Peter H./Winograd, Peter N.: »Passive Failure in Reading.« In: *Journal of Reading Behavior* 17 (1985), S. 290–97.

Kagan, J./Bradway, K.: »Intelligence at Middle Age. A Thirtyeight-year Follow-up.« In: *Developmental Psychology* 5 (1971), S. 333–37.

Lemkau, Jeanne P.: »Women in Male-Dominated Professions. Distinguishing Personality and Background Characteristics.« In: *Psychology of Women Quarterly* 8 (1983), S. 144–65.

Levine, Grace Ferrari: »Learned Helplessness in Local TV News.« In: *Journalism Quarterly* 3 (1987), S. 12–23.

Licht, B. G./Dweck, C. S.: »Determinants of Academic Achievement. The Interaction of Children's Achievement Orientations With Skill Area.« In: *Developmental Psychology* 20 (1984), S. 628–36.

Linn, Marcia C.: »Fostering Equitable Consequences From Computer Learning Environments.« In: *Sex Roles* 13 (1985), S. 229–40.

Lockheed, Marlaine E.: »Women, Girls and Computers. A First Look at the Evidence.« In: *Sex Roles* 13 (1985), S. 115–22.

Marini, Margaret Mooney/Brinton, Mary C.: »Sex Typing in Occupational Socialization.« In: Reskin, Barbara F. (Hg.): *Sex Segregation in the Workplace. Trends, Explanations. Remedies*. Washington, D. C., 1984.

Mark, Sandra Fay: »To Succeed or Not to Succeed. A Critical Review of Issues in Learned Helplessness.« In: *Contemporary Educational Psychology* 8 (1983), S. 1–19.

Martin, Ruth E./Light, Harriet K.: »Sex Role Orientation of University Students.« In: *Psychological Reports* 54 (1984).

Mathews, Jay. Caltech: »Science Needs a Woman's Touch.« In: *Sunday Denver Post*, 18. März 1990, S. 19.

McCammon, Susan/Golden, J./Wuensch, K. L.: »Predicting Course Performance in Freshman and Sophomore Physics Courses. Women Are More Predictable Than Men.« In: *Journal of Research in Science Teaching* 25 (1988), S. 501–10.

Miller, Arden: »Performance Impairment After Failure. Mechanism and Sex Differences.« In: *Journal of Educational Psychology* 78 (1986), S. 486–91.

Miller, Thomas W.: »Advances in Understanding the Impact of Stressful Life Events on Health.« In: *Hospital and Community Psychiatry* 39 (1988), S. 615–22.

Murphy, Patrick: »Therapist Helps Others With Fears of Being Afraid.« In: *Boulder Daily Camera*, 8. Februar 1990, S. 1 B–2 B.

Orbach, Israel/Ziva, Hadas: »The Elimination of Learned Helplessness Deficits as a Function of Induced Self-esteem.« In: *Journal of Research in Personality* 16 (1982), S. 511–23.

Parke, Ross D./Sawin, D. B.: »The Family in Early Infancy. Social Interactional and Attitudinal Analysis.« In: Pederson, F. A. (Hg.): *The Father-Infant Relationship. Observational Studies in the Family Setting*. New York 1980.

Plumb, Pat/Cowean, Gloria: »A Developmental Study of Destereotyping and Androgynous Activity Preference of Tomboys, Nontomboys and Males.« In: *Sex Roles* 10 (1984), S. 703–12.

Ray, E. P./Bristow, A. R.: »Sex-Role Identities in Depressed Women.« Ein Vortrag gehalten auf dem Kongreß der Southwestern Psychological Association in New Orleans, 1978.

Richards, Robert K.: »The Declining Status of Women… Revisited.« In: *Sociological Focus* 19 (1986), S. 315–32.

Rubin, Jeffrey Z./Provenzano, Frank J./Luria, Zella: »The Eye of the Beholder. Parents' View on Sex of Newborns.« In: *American Journal of Orthopsychiatry* 44 (1984), S. 512–19.

Shaw, M. C./McCuen, J. T.: »The Onset of Academic Underachievement in Bright Children.« In: *Journal of Educational Psychology* 51 (1960), S. 103–8.

Stein, A. H./Baily, M. M.: »The Socialization of Achievement Orientation in Females.« In: *Psychological Bulletin* 80 (1973), S. 345–66.

Stipek, D. J./Hoffman, J.: »Development of Children's Performance-Related Judgments.« In: *Child Development* 51 (1980), S. 912–14.

Wahlberg, H. J.: »Physics, Femininity and Creativity.« In: *Developmental Psychology* 1 (1969), S. 47–54.

Ware, Mary Catherine/Stuck, Mary Frances: »Sex-Role Messages Vis-à-vis Microcomputer Use. A Look at the Pictures.« In: *Sex-Roles* 13 (1985), S. 205-12.

Weintraub, Marsha, u. a.: »The Development of Sex-Role Stereotypes in the Third Year. Relationships to Gender Labeling, Gender Identity, Sex-typed Preference, and Family Characteristics.« In: *Child Development* 55 (1984), S. 215–28.

Welch, Renate/Gerrard, M./Huston, Aletha: »Gender-Related Personality Attributes and Reaction to Success/Failure. An Examination of Mediating Variables.« In: *Psychology of Women Quarterly* 10 (1986), S. 221–33.

Whitley, Bernard E., Jr.: »Sex-Role Orientation and Self-esteem. a Critical Meta-Analytic Review.« In: *Journal of Personality and Social Psychology* 44 (1983), S. 765–78.

William, Sue Winkle / McCullers, John C.: Personal Factors Related to Typicalness of Career and Success in Active Professional Women.« In: *Psychology of Women Quarterly* 7 (1983), S. 343–56.

Yount, Kristen R.: »A Theory of Productive Activity. The Relationships Among Self-Concept, Gender, Sex-Role Stereotypes, and Work-Emergent Traits.« In: *Psychology of Women Quarterly* 10 (1986), S. 63–88.

Die Frau in der Gesellschaft

Fischer Taschenbuch Verlag

Die Frau in der Gesellschaft

Chaika Grossman
**Die Unter-
grundarmee**
Der jüdische Wider-
stand in Bialystok
Ein autobio-
graphischer Bericht
Band 11598

Imme de Haen
**»Aber die
Jüngste war die
Allerschönste«**
Band 3744

Judith Jannberg
Ich bin ich
Aufgezeichnet von
Elisabeth Dessai
Band 3735
**Leben lieben -
Liebe leben**
Aufgezeichnet von
Renate Luthwig
Band 11386

H. Jansen (Hg.)
**Freundschaft über
sieben Jahrzehnte**
Rundbriefe
deutscher Lehrerin-
nen 1899 - 1968
Band 10635

M. Janssen-
Jurreit (Hg.)
**Frauen und
Sexualmoral**
Band 3766

H. Klostermann
**Alter als Heraus-
forderung**
Frauen über
sechzig erzählen
Band 3751

Katja Leyrer
**Hilfe! Mein Sohn
wird ein Macker**
Band 4748
Weiberkram
Band 10872

E. Moltmann-
Wendel (Hg.)
**Frau und Religion:
Gotteserfahrungen
im Patriarchat**
Band 3738

Kristel Neidhart
**Er ist jünger -
na und?**
Protokolle
Band 4741

Fischer Taschenbuch Verlag

fi 404 / 9 b

Die Frau in der Gesellschaft

K.Oguntoye/
M.Opitz/
D.Schultz (Hg.)
Farbe bekennen
Afro-deutsche
Frauen auf den
Spuren ihrer
Geschichte
Band 11023

Susi Piroué
**Vom Vergnügen,
mit sich selbst
zu reisen**
Band 10632

I.Rieder/
P.Ruppelt (Hg.)
**Frauen sprechen
über Aids**
Band 10033

Sabine Rohlfs
Frauen und Krebs
Vom Umgang mit
einer Krankheit
Band 11792

Erika Schilling
**Manchmal hasse
ich meine Mutter**
Gespräche
mit Frauen
Band 3749

M.Schmitt (Hg.)
Fliegende Hitze
Band 3703

Leona Siebenschön
Der achte Himmel
Wie Ehen gelingen
Band 10307

Verena Stefan
Es ist reich gewesen
Bericht vom Sterben
meiner Mutter
Band 11678

Celeste West
Lesben-Knigge
Ein Ratgeber für
alle Lebenslagen
Band 10614

Lindy Ziebell/
Chr. Schmerl/
H.Queisser
**Lebensplanung
ohne Kinder**
Band 10859

Dorit Zinn
**Mein Sohn
liebt Männer**
Band 11260

Fischer Taschenbuch Verlag

fi 404 / 3 c